● 더 멋진 내일 Tomorrow을 위한 내일 My Career ●

내일은

임형래 지음

파이썬 Python

기초 입문편 |||||||||||||||||||||||||

비전공자&입문자를 위한 파이썬의 모든 것!

입문자의 실수 패턴을 분석한 **에러 완벽 정리**

1:1 과외 학습 구성으로 실무 마스터

유튜버 코딩빌런의 쉬운 용어로 배우는 파이썬 강의 제공

김앤북
KIM&BOOK

내일은

임형래 지음

파이썬 Python

기초 입문편

김앤북
KIM & BOOK

초판1쇄 인쇄 2023년 9월 14일
초판1쇄 발행 2023년 9월 21일
지은이 임형래
기획 김응태, 정다운
디자인 서제호, 서진희, 조아현
판매영업 조재훈, 김승규, 문지영

발행처 ㈜아이비김영
펴낸이 김석철
등록번호 제22-3190호
주소 (06728) 서울 서초구 서운로 32, 우진빌딩 5층
전화 (대표전화) 1661-7022
팩스 02)3456-8073

ⓒ ㈜아이비김영
이 책은 저작권법에 따라 보호받는 저작물이므로 무단복제를 금지하며,
책 내용의 전부 또는 일부를 이용하려면 반드시 저작권자의 서면동의를 받아야 합니다.

ISBN 978-89-6512-627-0 13000
정가 22,000원

잘못된 책은 바꿔드립니다.

1. 파이썬은 모두의 도구

파이썬은 오늘날 프로그래밍 언어 중, 우리의 IT 생활에 가장 밀접한 프로그래밍 언어이다. 초창기 컴퓨터는 복잡한 문제를 해결하는 전문적인 기계였고, 이것은 일반적인 사람들의 문제를 해결해 주기 위한 도구가 아니었다. 하지만 PC(Personal Computer)와 경량화된 개인용 컴퓨팅 도구(스마트폰, 스마트태블릿 등) 보급에 이르며 컴퓨터는 우리의 생활에 깊이 관여하고 있다. 컴퓨터 프로그램이 생활과 밀접해지는 과정에서, 프로그램을 동작시키는 근간인 언어 또한 비슷한 발전 양상을 보였다. 프로그래밍 언어도 마찬가지로, 하나의 거대하고 복잡한 프로그램을 설계하는 언어는 다루기도 어렵고 전문적인 영역의 기술이었다. 하지만 프로그래밍에 많은 사람들이 참여하게 되면서 다양한 목적을 가진 프로그래밍 언어들이 생겨났고, 그중 파이썬은 오늘날 프로그래머들 사이에서 인간에게 친화적인 문법과 확장성 측면에서 가장 대중적인 프로그래밍 언어가 되었다. 2023년 현재 기준, 파이썬만으로 아래와 같은 예제 프로그램을 구현할 수 있다.

- 파이썬의 glob과 openpyxl을 통해 파일들의 내용을 한 프로그램에서 관리할 수 있다.
- 파이썬의 pytube를 통해 영상 플랫폼의 영상이나 소리 파일을 다운받을 수 있다.
- 파이썬의 PyQt5과 증권사에서 제공하는 정보를 통해 주가 관련 정보를 얻고, 매매를 수행할 수 있다.

과거에는 위 기능의 프로그램들이 주로 유료로 제공되거나, 무료로 제공되어도 제한된 기능만을 제공하는 경우가 많았다. 이 프로그램들은 다수가 공통적으로 필요로 하는 기능을 제공하기 때문에, 개인의 목적과 약간 다른 기능을 제공할 수도 있다. 하지만 프로그래밍을 직접 배워 구현할 수 있다면 내가 원하는 다양한 프로그램을 스스로 설계할 수 있다.

2. 간결한 언어, 파이썬

과거의 프로그램들은 컴퓨터의 계산 방식에 맞춰서 설계해야 했다. 컴퓨터는 기본적으로 덧셈, 뺄셈, 곱셈, 나눗셈, 이진법 연산, 통신 신호 생성 등의 원시적인 기능으로 구성되어 있다. 하지만 오늘날의 컴퓨터는 문서 작업, 미디어 컨텐츠 제작 및 시청 기능 등 다양한 기능을 제공하며, 이 기능들은 모두 컴퓨터의 원시적인 연산을 결합한 것이다. 파이썬 언어는 비교적 원시적인 연산들을 모아 인간에게 친숙하고 간결하게 구성된 언어이다. 이러한 장점 덕분에 파이썬은 프로그래밍 입문자부터 전문가에 이르기까지 다양한 사람들에게 사용되는 언어이다.

간결하고 직관적인 프로그래밍 환경이라는 것은 자동차에 비유할 수 있다. 예를 들어, 수동변속기 차량(이하 수동차)은 가속할 때 속도에 맞춰 기기 기어를 직접 조절해야 하며, 기어는 클러치와 변속기라는 장치를 통해 조절한다. 이로 인해 여러 개의 장치를 동시에 조작해야 하는 번거로움이 있다. 하지만 자동변속기 차량(이하 오토차)은 차량의 속도 등의 요인에 의해서 기어 변경이 자동으로 이루어진다. 그렇기 때문에 엑셀과 브레이크만으로도 직관적으로 운전할 수 있다.

수동차	오토차
1. 클러치를 밟는다. 2. 변속을 한다. 3. 클러치를 뗀다. 4. 엑셀을 밟는다. 5. 엑셀을 뗀다. 6. 클러치를 밟는다. 7. 변속을 한다. 8. 클러치를 뗀다. 9. 엑셀을 밟는다.	엑셀을 밟는다.

간결함의 측면에서 C와 파이썬의 차이를 수동차와 오토차에 비유할 수 있다. C라는 프로그래밍 언어와 비교하면, C는 수동차, 파이썬은 오토차에 빗댈 수 있다. 프로그램을 설계할 때 메모리를 관리해야 하는데, C는 메모리를 얼마나 사용할지, 어떤 메모리를 사용할지 직접 설계해야 한다. 하지만 파이썬은 프로그램이 동작할 때 파이썬 프로그램이 자동으로 메모리를 필요한 만큼 사용하기 때문에 코드가 간결해진다. 또한, 파이썬은 다른 기능들에서도 자동으로 수행되는 기능들이 많아 코드가 프로그램의 목적만을 간결하게 나타내기 때문에 확장과 재사용 면에서도 유리하다.

3. 본 도서의 강점

저자는 "반복적이지만 장기적인 관점"에서 학습하는 것을 중요하게 생각한다. 배웠던 것을 다른 관점에서 다시 보고, 새로운 요소를 찾아 다시 학습할 수 있도록 구성하였다. 이러한 접근 방식은 프로그래밍을 배우고 숙련하는 데 도움이 된다. 예를 들어, 어떤 코드가 효율적인 것을 알기 위해서는 비효율적이지만 동일하게 동작하는 다른 코드를 먼저 알아야 한다. 비효율적인 코드와 효율적인 코드를 비교하면서 학습자는 더 나은 방법을 발견하고 효율적인 프로

그래밍 지식을 습득할 수 있다. 본 도서에서는 반복적인 알고리즘을 바탕으로 이전에 다룬 내용을 리뷰하고 새로운 관점에서 적용하는 방식을 사용하였다.

이러한 접근 방식은 초기에는 중복으로 느껴질 수 있지만, 장기적으로는 개념을 보다 깊게 이해하고 상황에 따라 문제를 유연하게 해결할 수 있는 능력을 키울 수 있다. 이를 위해 본 도서는 학습자들이 반복적인 학습을 통해 프로그래밍 지식을 성장시키고 효율적인 프로그래밍 습관을 갖출 수 있도록 돕는다.

앞서 언급한 "반복적이지만 장기적인 관점"을 담아내는 것은 주입식으로 고정적인 컨텐츠를 다루는 책에서 유리하다고 생각한다. 하지만 저자 개인적으로 프로그래밍 언어를 학습하는 데에 책"만" 사용하는 것은 그다지 효율적인 방법이 아니라고 생각한다. 그렇기 때문에 프로그래밍 언어를 학습할 때 다른 매체를 복합적으로 활용할 여지를 남겨 두었다. 도서 본문에 수록한 "에러에서 배우기"를 학습할 때는 온라인에서 그 에러를 해결하는 법을 찾을 것을 권한다. 또한 책의 후반부에 등장하는 라이브러리 활용에서는 업데이트 버전에 따라 사용 방식이 다르기 때문에 공식 문서를 참고하거나 버전에 맞는 사용 후기 블로그 글을 참고할 것을 권한다.

저자는 독자들이 이 책을 학습한 후 "파이썬 문법은 알게 됐지만, 계속 공부해야겠다."라고 생각하길 희망한다. 고안한 알고리즘을 직접 구현하고 고쳐 나가는 과정에서 하나의 정답은 없다는 것을 느끼게 될 것이다. 책을 통해서 배우는 방법도 있지만 최신 정보를 온라인에서 얻는 것도 중요하다. 반대로 최신 정보를 온라인에서 얻는 것도 중요하지만, 전통적인 체계 위에서 반복 학습하는 것도 중요하다. 저자는 본 도서를 "반복적이고 장기적으로(체계적으로)" 학습하도록 구성하였고, 책 이외의 매체에서 더 효율적으로 배울 수도 있다는 실마리를 남겨놓았다. 본 도서를 읽은 후, 이 책의 내용이 전부가 아니고 프로그래밍은 계속 공부해야하는 것임을 느끼길 희망한다.

저자 임형래

\<내일은 시리즈\>란?

'내일(Tomorrow)의 내일(My Career)을 위해'라는 중의적인 의미를 담은, 김앤북 출판사의 '취업 실무&자격증 시리즈' 도서입니다.

\<내일은 파이썬\> 이렇게 만들었습니다.

1. 휴대 편의성 증진

무겁고 두꺼운 도서, 들고 다니기 힘들고 불편하시죠? 〈내일은 파이썬〉은 1권, 2권으로 분권하여 가볍게 들고 다닐 수 있도록 하였습니다.

2. 한 권으로 입문부터 실전까지 완성

입문용 도서와 실무용 도서를 따로 찾아 다니며 구매하시지는 않으셨나요? 이제 〈내일은 파이썬〉의 기초 입문편과 응용 실전편으로 입문부터 실전까지 마스터 하세요!

3. 코딩은 몸으로 익혀야 진짜 공부

눈으로만 읽고서 공부를 다했다고 착각하고 있지는 않으신가요? 코딩은 수학과 같아서 직접 손으로 입력하며 연습해야 진짜 학습 효과가 있습니다. 직접 연습해 볼 수 있는 여러 구성을 체험해 보세요.

4. 코딩 중 발생할 수 있는 각종 에러 해결법 제시

분명히 배운대로 코딩을 진행 중인데 자꾸 에러가 발생할 때마다 스트레스 받으시죠? 에러가 왜 발생하며, 에러를 어떻게 해결해야 하는지 그 방법을 정리해드렸습니다.

5. 실무 마스터를 위한 프로젝트 완성하기

분명 책을 읽고 다 이해했다고 생각했는데, 막상 실무에서 적용해 보려고 하니 무엇부터 시작해야 하고 어떻게 마무리 해야 하는지 혼란스러우시다고요? 이를 위해 프로젝트를 처음부터 끝까지 진행해 보는 구성을 제시하였습니다.

혜택 안내

1. 예제 부록 다운로드(PC)

김앤북(www.kimnbook.co.kr) 사이트 접속
〉 상단 카테고리 중 '자료실'의 자료 다운로드 클릭
〉 도서명 '내일은 파이썬' 클릭
〉 첨부파일 다운로드

2. 무료강의(PC/모바일)

유튜브에서 '김앤북' 또는 '코딩빌런' 검색

학습 계획표

계획을 세우고 공부한다면 의지가 더 불타오를 거예요! 중간에 포기하지 말고 끝까지 완주하시길 바랍니다. 김앤북이
여러분의 파이썬 마스터를 응원합니다.

날짜	목차	학습 내용
/		
/		
/		
/		
/		
/		
/		
/		
/		
/		
/		
/		
/		
/		
/		
/		
/		
/		

도서 구성

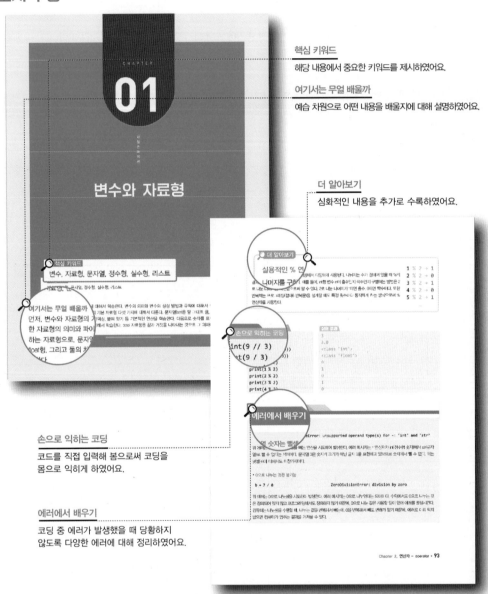

핵심 키워드
해당 내용에서 중요한 키워드를 제시하였어요.

여기서는 무얼 배울까
예습 차원으로 어떤 내용을 배울지에 대해 설명하였어요.

더 알아보기
심화적인 내용을 추가로 수록하였어요.

손으로 익히는 코딩
코드를 직접 입력해 봄으로써 코딩을
몸으로 익히게 하였어요.

에러에서 배우기
코딩 중 에러가 발생했을 때 당황하지
않도록 다양한 에러에 대해 정리하였어요.

더 멋진 내일(Tomorrow)을 위한 내일(My Career)

내일은 파이썬

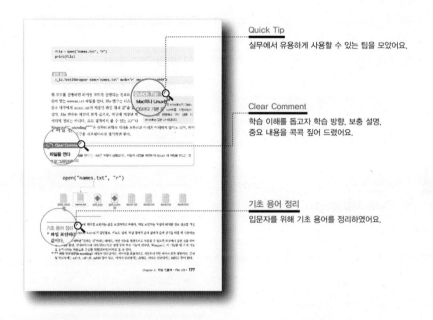

Quick Tip

실무에서 유용하게 사용할 수 있는 팁을 모았어요.

Clear Comment

학습 이해를 돕고자 학습 방향, 보충 설명,
중요 내용을 콕콕 짚어 드렸어요.

기초 용어 정리

입문자를 위해 기초 용어를 정리하였어요.

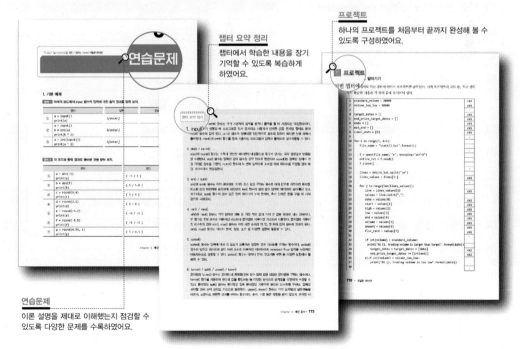

챕터 요약 정리

챕터에서 학습한 내용을 장기
기억할 수 있도록 복습하게
하였어요.

프로젝트

하나의 프로젝트를 처음부터 끝까지 완성해 볼 수
있도록 구성하였어요.

연습문제

이론 설명을 제대로 이해했는지 점검할 수
있도록 다양한 문제를 수록하였어요.

CONTENTS

내일은파이썬

Introduction

00

시작 전 준비 사항

파이썬과 IDE

파이썬을 IDE*를 통해 실행할 수 있는 환경을 설치하는 방법을 설명하고자 한다. 파이썬을 실행하는 방법은 다양한데, 기본적으로 스크립트는 텍스트 편집기(notepad 등)에서 편집하여 저장하고, 명령 줄(command line) 환경(Windows의 cmd 혹은 powershell, mac의 terminal)에서 실행하는 방법이 있다.

메모장으로 편집   cmd에서 실행

위와 같이 메모장으로 파일을 편집하여 저장한 후, cmd에서 저장한 파일을 실행해도 이 책의 학습에는 문제가 없다. 하지만 IDE를 사용하면 에러 교정이나 문법에 맞게 색상 구분 그리고 코드 작성 및 실행 통합 등 더 효율적으로 프로그래밍을 수행할 수 있다.

기초 용어 정리

* Integrated Development Environment(IDE): IDE는 말 그대로 통합된 개발 환경으로 코드 작성 및 실행을 한 프로그램에서 지원하는 환경을 말한다. 널리 쓰이는 파이썬의 IDE로는 VS Code, PyCharm, Jupyter Labs 등이 있다.

파이썬 설치 및 실행

파이썬 설치

파이썬 설치하기 먼저 파이썬을 다운로드 받아 설치한다. 다운로드는 파이썬 공식 홈페이지(https://www.python.org/)의 다운로드 메뉴에서 받을 수 있다. 아래의 과정은 Windows에서 설치하는 과정을 설명한다.

파이썬 공식 홈페이지의 다운로드 화면으로 python 3.11.2를 설치할 수 있다.

다운로드 완료 후 설치의 첫 화면으로, Install Now를 클릭한다. Install Now 바로 아래의 경로(그림에서의 C:₩Users₩...₩Python₩Python311)를 잘 알아 두어야 한다. 잠깐 메모해 둘 것을 권한다. 이후 이 경로에 파이썬이 있음을 컴퓨터에 등록해야 하기 때문이다(Path 설정).

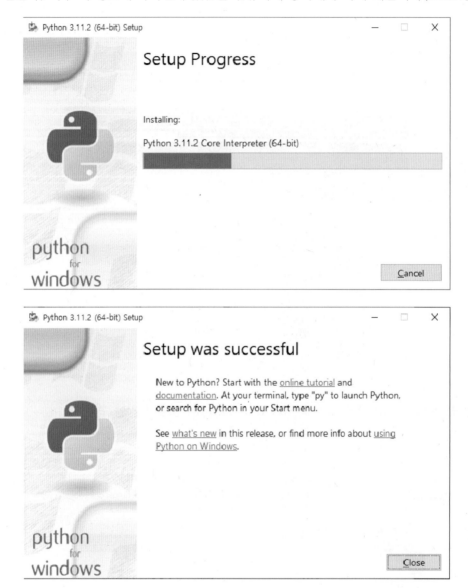

설치 진행 및 완료되면 파이썬을 실행할 수 있다.

파이썬 실행 및 Path 설정

command line에서 파이썬을 실행해 보자. Windows에서는 ⊞키+ℝ 후 cmd, Mac에서는 command + Space Bar 후 terminal을 통해 파이썬을 실행할 수 있다.

```
⊞ 명령 프롬프트 - python

C:\Users\User>python
Python 3.11.2 (tags/v3.11.2:878ead1, Feb  7 2023, 16:38:35) [MSC v.1934 64 bit (AMD64)] on win32
Type "help", "copyright", "credits" or "license" for more information.
>>>
```

파이썬을 실행 시 출력되는 텍스트를 확인하면 실행한 파이썬 버전을 확인할 수 있다. 3.11 버전이 설치된 것을 확인했으면 안내대로 파이썬 설치를 완료한 것이다. 만일 파이썬이 실행되지 않거나, 버전이 3.11이 아니라면 Path를 설정해 주어야 한다. 아래의 과정으로 Path를 설정해 주어야 한다.(Windows 기준).

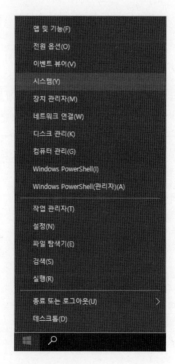

시작 버튼에 오른쪽 마우스로 시스템 메뉴에 들어간다.

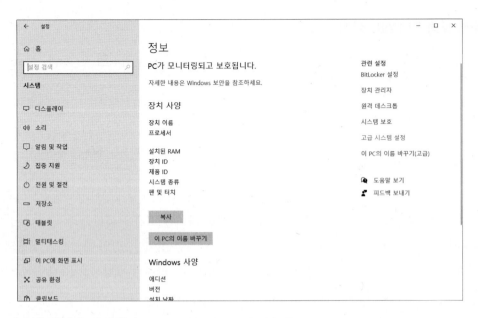

고급 시스템 설정을 클릭한다.

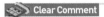
Clear Comment

고급 시스템 설정 열기

이 과정까지는 Win 키의 검색에서 "고급 시스템 설정"을 검색해도 동일한 창에 들어갈 수 있습니다.

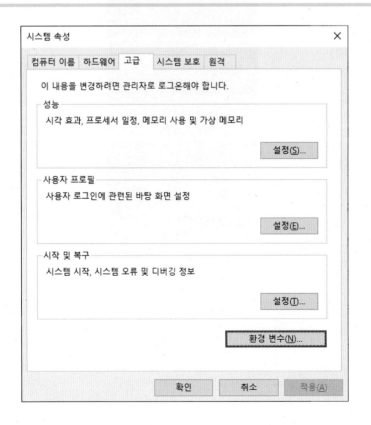

환경 변수를 클릭한다.

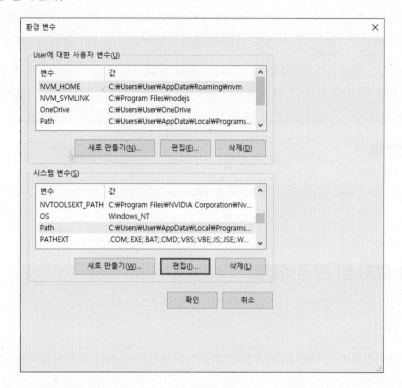

위 아래 둘 중 아래 시스템 변수의 편집 버튼을 누른다.

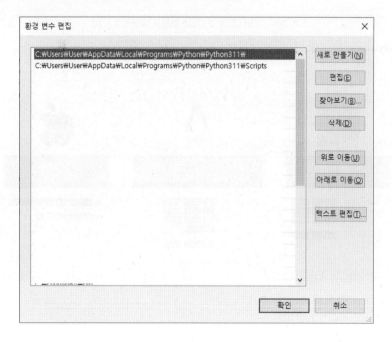

새로 만들기로 파이썬을 설치할 때 표시되었던 경로를 입력한다. 또한 해당 경로 내 Scripts 폴더를 추가한다. 만약 파이썬 버전이 3.11이 아니었을 경우 추가된 환경 변수를 맨 위로 이동시켜야 한다. 다른 버전이 실행되는 이유는 컴퓨터 내에 이미 다른 파이썬 버전이 설치되어 있기 때문이다. 컴퓨터는 파일을 실행할 때 위에 있는 경로를 우선적으로 선택하기 때문에, 지금 설치한 파이썬의 경로를 맨 위로 올려 주면, 다른 버전이 아닌 새로 설치한 파이썬을 우선적으로 찾아서 실행하게 된다.

 **Clear Comment**

추가 라이브러리 설치

인터넷 상의 파이썬의 여러 가지 추가 기능들을 받을 수 있는 프로그램(PIP)이 이 폴더에 포함되어 있습니다.

VS code 설치 및 환경 설정

VS code 설치

VS code는 파이썬뿐만 아니라 다른 프로그래밍 언어에서도 대중적으로 사용되는 IDE이다. VS code의 설치 과정은 아래와 같다.

먼저 VS code 설치를 위한 페이지로 이동한다. code.visualstudio.com에서 다운받을 수 있으며, 사용하는 컴퓨터의 OS에 맞게 설치하면 된다. 다운받은 설치 파일을 실행하여 아래의 과정으로 VS code를 설치한다.

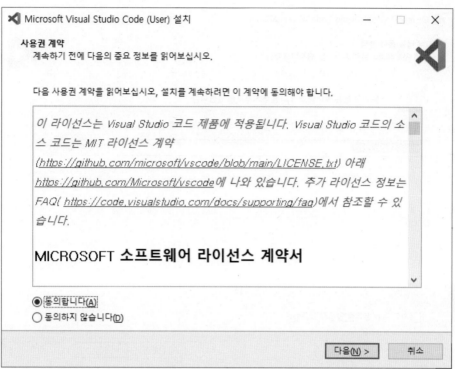

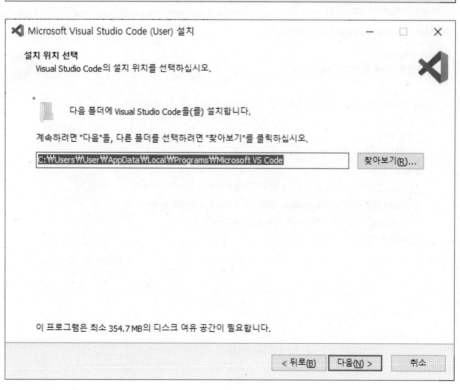

시작 메뉴 폴더 선택
어디에 프로그램 바로가기를 위치하겠습니까?

다음 시작 메뉴 폴더에 프로그램 바로가기를 만듭니다.

계속하려면 "다음"을 클릭하고, 다른 폴더를 선택하려면 "찾아보기"를 클릭하십시오.

Visual Studio Code   찾아보기(R)...

□ 시작 메뉴 폴더를 만들지 않음(D)

< 뒤로(B)   다음(N) >   취소

추가 작업 선택
수행할 추가 작업을 선택하십시오.

Visual Studio Code 설치 과정에 포함할 추가 작업을 선택한 후, "다음"을 클릭하십시오.

아이콘 추가:
□ 바탕 화면에 바로가기 만들기(D)
기타:
□ "Code(으)로 열기" 작업을 Windows 탐색기 파일의 상황에 맞는 메뉴에 추가
□ "Code(으)로 열기" 작업을 Windows 탐색기 디렉터리의 상황에 맞는 메뉴에 추가
☑ Code을(를) 지원되는 파일 형식에 대한 편집기로 등록합니다.
☑ PATH에 추가(다시 시작한 후 사용 가능)

< 뒤로(B)   다음(N) >   취소

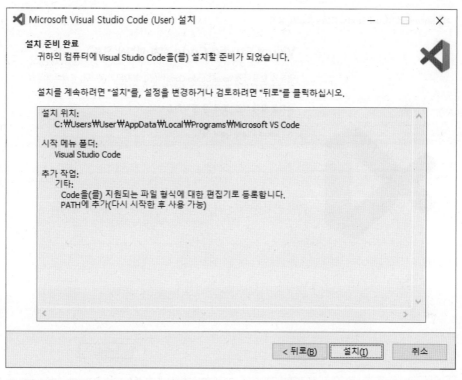

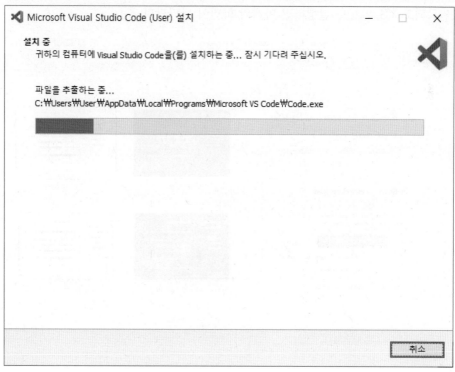

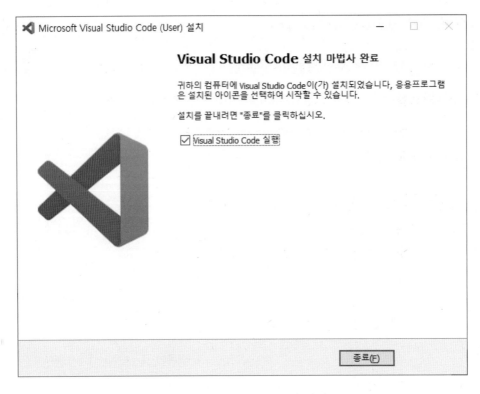

설치가 완료되고 VS code를 실행하면 아래의 화면이 나타난다.

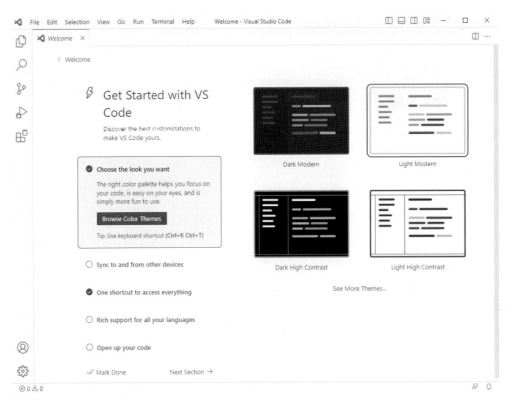

위와 같이 VS code 창이 열렸으면 오른쪽의 테마(Theme) 설정을 통해 VS code의 색상 테마를 변경할 수 있다.

VS code 환경 설정

맨 처음 VS code를 설치한 것은 메모장과 같은 편집 프로그램을 설치한 것과 같다. VS code의 확장 기능(Extension)을 통해 프로그래밍을 효율적으로 수행하기 위한 보조 도구를 사용할 수 있다. 먼저, 앞서 설치한 파이썬 프로그램과 VS code를 연동하여 VS code 프로그램 내에서 파이썬을 실행할 수 있다. 파이썬 프로그램과 연동하기 위해서는 VS code 내에서 python extension을 설치해야 한다. python extension을 통해 VS code 내에서 python 실행뿐만 아니라 문법 교정과 코드 추적 등의 편리한 기능을 사용할 수 있다. 아래의 과정을 통해 VS code의 python extension을 설치할 수 있다.

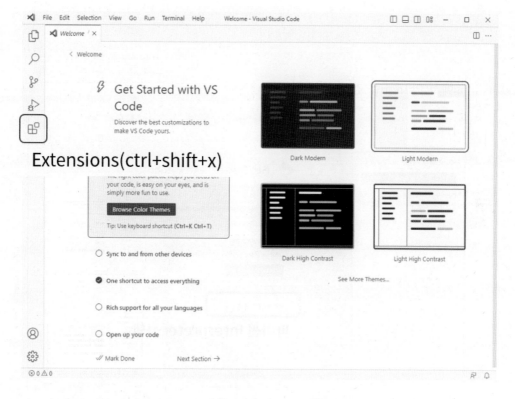

VS code의 왼쪽 메뉴의 맨 아래 아이콘(Extension)을 클릭한다.

Python 설치

Extensions에서 Python을 검색하여 설치한다.

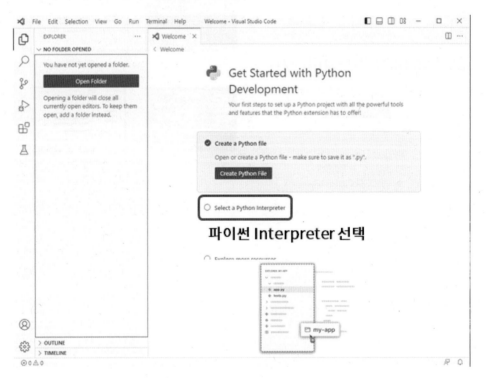

파이썬 Interpreter 선택

python extension 설치가 완료되면 Python 시작하기 창이 생성된다. 여기서 "Select a Python Interpreter"를 선택한다. 설치한 파이썬 중 어떤 파이썬 버전을 선택할지 선택하는 과정이다. 파이썬 버전을 하나만 설치했다면 하나의 리스트만 표시된다. 만약 interpreter 버전을 바꾸고 싶다면 [Ctrl]+[Shift]+[P]를 눌러 python interpreter를 검색하면 "Select a Python Interpreter"를 다시 수행할 수 있다.

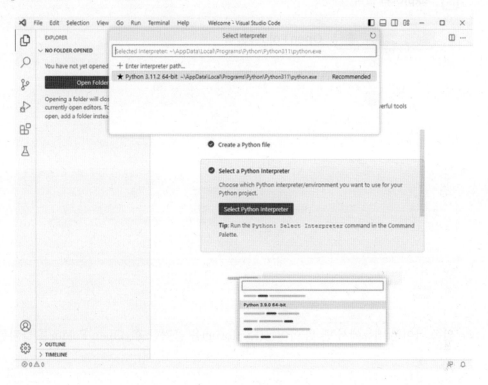

위와 같이 원하는 파이썬 버전을 선택한다. 본 도서는 파이썬 3.11 버전을 사용한다.

파이썬 실행해 보기

이제 파이썬 학습을 위한 모든 준비를 마쳤다. 파이썬 파일을 VS code에서 실행해 보자. 아래의 과정은 VS code에서 프로젝트 폴더를 지정하고 파이썬 파일을 실행하는 과정이다.

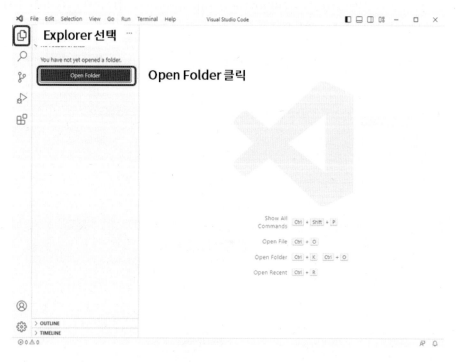

VS code 왼쪽 아이콘 메뉴에서 맨 위 아이콘(Explorer)을 클릭한 후, Open Folder를 클릭한다.

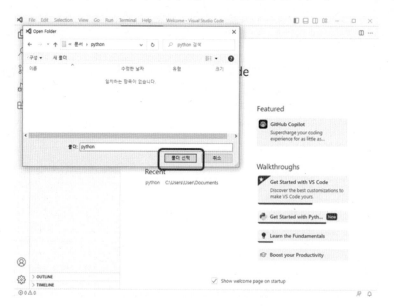

폴더를 선택하는 탐색기가 나타난다. 폴더를 선택하는 것이므로 파이썬 실행을 위한 폴더로 이동 후 선택한다.

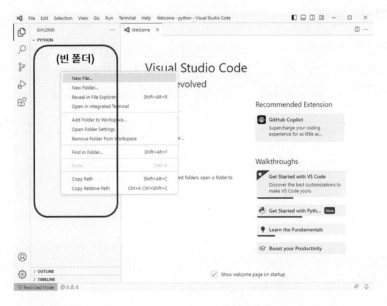

프로젝트 폴더 선택이 완료된 화면이다. Explorer 아래에 폴더명이 나타난다. 프로젝트 폴더로 지정되어도 특별히 달라지는 점은 없으며, 단순히 VS code 창이 열린 동안 이 프로젝트 폴더를 사용한다는 의미이다. 위 그림의 창에서는 빈 폴더를 선택했기 때문에 아무 파일도 나타나지 않는다. 새 파일을 만들기 위해 폴더 영역에 우클릭 후 New File을 선택한다.

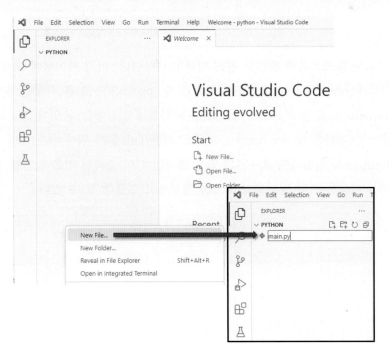

New File을 선택하면 파일이 나타나면서 파일 이름을 작성하게 된다. 파이썬 파일은 주로 확장자 .py파일을 사용한다. 이후 실행할 파일 이름은 main.py가 아닌 다른 것으로 설정해도 파이썬 동작에는 차이가 없다.

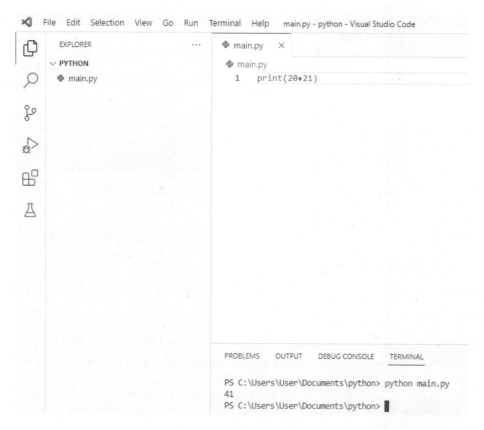

파일이 생성되고 나면 오른쪽에 텍스트 편집 화면이 나타난다. 아직 파이썬에 대해 학습하지 않았지만, 간단한 계산을 표시하는 코드를 실행해 보자. print(20+21)을 작성한 후 Terminal을 연다. python main.py를 통해 main.py 파일을 파이썬에서 실행할 수 있다. Terminal을 여는 단축키는 Ctrl + ~(이름은 Grave accent, 키보드 기준 Tab 문자 위에 위치)이다. 위 코드에서는 python main.py를 실행하여 20+21의 연산 결과인 41이 출력된 것을 확인할 수 있다. 이후 챕터에서 다루는 내용들은 이 방법으로 코드를 작성하고 실행해 볼 수 있다.

내
일
은
파
이
썬

변수와 자료형

✓ 핵심 키워드

변수, 자료형, 문자열, 정수형, 실수형, 리스트

여기서는 무얼 배울까

먼저, 변수와 자료형의 개념 대해서 학습한다. 변수의 의미와 변수의 생성 방법과 규칙에 대해서 학습한다. 또한 자료형의 의미와 파이썬의 기본 자료형 다섯 가지에 대해서 다룬다. 문자열(str)은 말 그대로 글, 문자를 표현하는 자료형으로, 문자열의 인덱싱, 붙여 잇기 등 기본적인 연산을 학습한다. 다음으로 숫자를 표현하는 int형, float형, 그리고 둘의 차이에 대해서 학습한다. bool 자료형은 참과 거짓을 나타내는 것으로 그 의미에 대해서 학습한다.

더 멋진 내일(Tomorrow)을 위한 내일(My Career) **내일은 파이썬**

변수와 자료형

변수(variable)란

변수란 프로그램 안에서 값을 저장한 공간을 나타낸 것이다. 프로그래밍에서 값은 숫자일 수도 있고, 글자일 수도, 혹은 더 복잡한 개념을 나타낼 수도 있다. 값으로서 글자는 한 문자를 표현할 수도 있고, 여러 문자의 연속을 나타낼 수도 있다. 숫자 값도 마찬가지로 오늘의 기온 데이터는 하나의 숫자일 수 있고, 과거 7일 동안의 일일 기온과 같이 여러 값으로 나타낼 수도 있다. 혹은 계정 데이터와 같이 숫자들과 문자열들을 복합적으로 사용하는 개념을 나타내기도 한다.

변수에 값을 대입하는 것을 "변수를 선언한다(declare)"라고 표현한다. 프로그램이 동작하면서 선언한 값이 메모리에 저장되고, 변수의 이름으로 이 메모리의 값에 접근한다. 프로그래밍 하는 것은 목적에 따라 변수의 값을 읽고 수정하여 원하는 결과를 이끌어내는 과정이다.

> **Clear Comment**
>
> **선언(declare)과 초기화(initialize)**
> 프로그래머들이 말하는 선언은 변수 이름을 붙이고 메모리를 확보하는 것이고, 초기화는 처음 값을 할당하는 것을 말합니다. 파이썬에서는 일반적으로 값의 할당과 초기화가 동시에 이루어집니다. 그래서 파이썬 환경에서의 코드에 대해 이야기를 나눌 때는 "변수를 선언하고 ..."나 "변수를 초기화하고 ..."라는 말을 혼용해서 사용하기도 합니다.

변수에 값 대입

값 대입 기초

파이썬에서 값을 지정하려면 다음과 같은 방식으로 선언할 수 있으며, 각 요소는 다음과 같은 의미이다.

```
변수이름 = 대입값

예시) x = 3
```

위 코드가 실행되면 메모리의 여유 공간에 3의 값을 할당하고, x라는 변수 이름이 사용될 때 메모리의 해당 지점에 접근한다.

- x: 변수의 이름은 x이다.
- =: 값을 대입하는 연산자로, 오른쪽의 값을 왼쪽의 변수에 대입한다.
- 3: literal* 3

같은 변수 이름에 다시 값을 선언할 경우, 기존에 대입한 값은 더 이상 사용할 수 없다.

```
x = 3
x = 5
```

위 코드가 실행되면 x에 3을 대입한 다음, x에 5를 대입한다. 첫 번째 줄에서는 x가 3이었지만 다음 줄에서 5로 덮어쓰기 때문에, 그 이후의 x값은 3이 아닌 5의 값을 갖는다.

> **더 알아보기**
>
> **프로그램이 사용하는 메모리 RAM**
>
> 일반적으로 파이썬 프로그램 실행되는 동안의 값이 저장되는 메모리는 RAM(Random Access Memory)이다. RAM은 CPU가 데이터를 처리할 때 사용되는 메모리 공간이다. 변수가 선언될 때 CPU는 스스로 메모리에서 사용 가능한 공간에 무작위로 접근해서(Random Access) 값을 저장하게 된다.

저장한 변수는 **print()를 사용해서 변수 값을 확인할 수 있다.** print()는 변수의 값을 확인할 수도 있고, 상수 값을 바로 입력해서 확인할 수도 있다.

기초 용어 정리

* literal: literal은 글자 표현 그 자체를 뜻한다. 3은 셋을 나타내는 숫자(decimal) literal이고, [3]은 3이 들어 있는 리스트를 나타내는 리스트 literal이다. "abc"는 문자열 abc를 나타내는 문자열(string) literal이며, []은 빈 리스트를 나타내는 리스트(list) literal이다. 이번 챕터를 배우고 나면, literal이 무슨 의미인지 이해할 수 있다. 지금은 일단 수학 시간에 배운 "상수" 같은 개념으로 받아들이면 된다.

실행 결과

```
x = 3
print(x)
print(5)
```

```
3
5
```

위 코드에서 첫 번째 줄은 3을 x 변수에 대입했다. 두 번째 줄과 세 번째 줄은 print()를 수행하는데, 각각 x의 값인 3과 숫자 값 그대로의 5를 출력한다.

동시 대입

한 줄에서 **여러 변수에 값을 동시에 대입**할 수도 있다. 콤마(,)를 사용하여 여러 변수에 값을 대입할 수 있다.

코·드·소·개

```
변수이름1, 변수이름2, ..., 변수이름n = 값1, 값2, ... 값n

예시)
x, y = 3, 4
```

위 코드와 같이 콤마(,)를 통해 변수 이름과 대입할 값을 나열하여 대입하면 같은 위치에 대응하는 값이 변수에 대입된다. 순서에 맞게 대입되는 점 및 =을 기준으로 앞 뒤의 대입 값 개수가 대응되어야 함에 유의해야 한다.

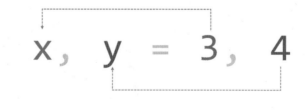

손으로 익히는 코딩

실행 결과

```
a = 3
variable = "py"
print(a)
print(variable)
```

```
3
py
```

손으로 익히는 코딩

```
n, s = 3, "py"
print(n)
print(s)
```

실행 결과

```
3
py
```

변수 이름 규칙

변수 이름은 아래와 같은 규칙을 따른다.

● 영문자, 숫자, _(underscore)를 사용할 수 있다.

● 영문자나 _로 시작할 수 있고, 숫자로 시작할 수 없다.

● 공백을 사용할 수 없다.

● 키워드, 연산자의 이름(if, while, def, is 등)을 변수 이름으로 사용할 수 없다.

● 변수 이름은 대소문자를 구분한다.

예를 들어, num, names, x, sum_x와 같은 이름을 사용할 수 있다.

Clear Comment

변수 이름 철학
변수 이름은 직관적으로 설정해야 합니다. 협업이나 코드 보수 작업 시 직관적이지 않은 이름은 작업의 비효율을 가져오기 때문입니다. 예를 들어, 가입자의 계정을 변수로 다룬다면, age 변수는 나이를 나타낼 것임을 쉽게 추론할 수 있습니다. 다만, date라고 설정하면 가입일인지, 생일인지, 아니면 최종접속일인지 헷갈릴 수 있습니다.

더 알아보기

한글 변수도 가능하지만
변수로 사용할 수 있는 문자는 한글, 한자 등의 문자도 포함할 수 있다. 이 책에서 다루는 파이썬 버전 3.11을 포함하는 python 3부터 영문자 이외 일부 글자 체계의 변수 이름을 사용할 수 있다.

Quick Tip

import sys; print(sys.version)을 파이썬에서 실행 시 현재 실행 중인 파이썬 버전을 확인할 수 있습니다.

```
숫자 = 3
名 = "python"
```

한글이나 한자로 이루어진 변수명도 사용 가능하다. 하지만 코드의 가독성 및 여러 개발 편의를 위해서 영어, 숫자, _만으로 변수 이름을 구성할 것을 권장한다. 특히 내 코드를 외국에서 사용할 일이 있을 시, 한글을 이용할 수 없으면 모든 변수 이름을 변경해야 하는 등 제한사항이 많으니 주의해야 한다.

자료형이란

문자열, 숫자와 같이 프로그램에서 사용되는 값은 여러 종류가 있는데, 이 종류를 **자료형**(data type)이라고 한다. 자료형은 값을 나타내고 저장하는 방식으로, 파이썬에서는 여러 가지 자료형 (data type)이 있다. 예를 들어, 3이라는 개념을 파이썬의 기본 자료형에서는 숫자로써 정의할 수도 있고, 문자로 정의할 수도 있다. type()을 사용하여 값이나 변수의 자료형을 확인할 수 있다.

실행 결과

```
x = 3
print(type(x))
print(type(3))
print(type("3"))
```

```
<class 'int'>
<class 'int'>
<class 'str'>
```

위 코드는 변수 x와 값 3, "3"의 자료형을 출력한다. int* 자료형은 이번 챕터에서 학습하는 자료형으로, 정수형 숫자를 표현한다. str** 또한 이번 챕터에서 학습하는 자료형으로 문자열을 표현하는 자료형이다.

자료형마다 지원되는 각각의 기능이 있다. 예를 들어, 숫자 자료형은 덧셈, 뺄셈 등의 사칙연산을 수행할 수 있다. 문자열은 문자열을 반복시키거나 다른 문자열끼리 붙이는 등의 작업을 수행할 수 있다. 이번 챕터의 나머지 절에서는 파이썬에서 사용하는 기본적인 자료형에 대해서 설명한다.

에러에서 배우기

- 문자열 따옴표 쌍 대응

```
name = "variable'          SyntaxError: unterminated string literal
```

위 에러는 문자열 선언 시 큰따옴표로 문자열을 시작했으나, 큰따옴표로 끝나지 않았기 때문에 발생한다. 에러 메시지는 unterminated(끝나지 않은) string literal 에러라고 알려 주고 있다. 문자열의 표현이 끝나지 않아 문자열을 선언하는 규칙에 어긋났기 때문에 발생한 에러이다.

- 변수는 따옴표 없이

```
"name" = "variable"        SyntaxError: cannot assign to literal here. Maybe you
                           meant '==' instead of '='?
```

기초 용어 정리
* **integer**: int 자료형의 이름은 정수를 나타내는 영어 단어 integer의 줄임말이다.
** **string**: str 자료형의 이름은 문자열을 나타내는 영어 단어 string의 줄임말이다.

위 에러는 변수가 아닌 문자열에 문자열을 대입하려고 시도하여 에러가 발생한다. 에러 메시지에서는 여기 literal에 할당할(assign) 수 없다고 알려 주고 있다. 에러 메시지의 여기(here)는 값 대입에 사용되는 "name"이다.

```
"name" = "variable"
^^^^^^
SyntaxError: cannot assign to literal here. Maybe you meant '==' instead of '='?
```

변수가 아닌 문자열에 문자열을 대입하려고 시도하니 에러가 발생하였다. 다음 문장은 = 대신 ==를 사용하려고 한 게 아니냐고 묻고 있는데, = ==이 무엇인지는 '챕터2 연산자'에서 자세히 설명한다.

• 숫자로 시작하는 변수명은 불가능

```
4things = [3.141, 2.718, 41, 1729]          SyntaxError: invalid decimal literal
```

위 에러는 변수 이름을 숫자로 시작하여 변수 이름 규칙에 어긋나기 때문에 에러가 발생한다. 에러 메시지는 해당 코드가 유효하지 않은 숫자 literal이라고 알려 주고 있다. 숫자로 시작한 단어는 변수로 사용할 수 없으며, 파이썬은 숫자로 시작한 표현을 숫자라고 여기기 때문에 유효하지 않은 숫자 표현이라는 에러를 발생시킨다.

> **Quick Tip**
>
> **1e3은 숫자**
>
> 숫자로 시작하면서 문자가 섞인 표현이 있습니다. 예를 들어 1e3은 1000.0에 해당하는 값입니다.

• for, if 등의 키워드는 변수명으로 사용 불가능

```
for = "repeat"                    SyntaxError: invalid syntax


lambda = 7                        SyntaxError: invalid syntax
```

위 에러는 파이썬의 문법에 사용되는 키워드를 변수 이름으로 사용하여 변수 이름 규칙에 어긋난다. 에러 메시지는 해당 코드가 유효하지 않은 문법이라고 알려 주고 있다. 이것은 다른 에러에 비해서는 조금 불친절하다. 파이썬 프로그램은 이 코드의 해석을 시도할 때 해당 키워드를 통해 특수한 기능을 수행할 것을 기대하기 때문이다. 이후의 챕터에서 키워드를 사용하는 프로그래밍을 학습하면 왜 키워드를 변수로 사용할 수 없는지 이해할 수 있을 것이다. for는 반복문을 수행할 때 사용되는 단어이다. lambda는 수학에서 자주 사용되는 기호인 λ를 부르는 단어지만, 파이썬에서는 키워드로 사용되어 for, while과 같은 단어처럼 사용할 수 없다.

> **Quick Tip**
>
> **invalid syntax**
>
> 변수를 선언할 때, 선언 방식을 잘 지켰음에도 invalid syntax라는 에러를 발생시킨다면 해당 변수 이름이 키워드인지 의심해 보아야 합니다.

• 변수명은 대소문자를 구별

```
name = "python"
print(Name)          NameError: name 'Name' is not defined. Did you mean: 'name'?
```

위 에러는 대입한 변수와 출력하는 변수의 대소문자를 다르게 사용하여 발생한다. 에러 메시지는 Name 변수가 정의되어 있지 않다고 알려 주고 있다. 파이썬에서 변수 name과 Name을 다른 것으로 구별하기 때문에, Name이라는 변수는 아직 사용되지 않아서 발생하는 에러이다. 대신에, 에러를 발생시키면서 존재하는 변수들 중 비슷한 글자로 이루어진 변수인 name을 쓰려고 한 것이 아닌지 에러 메시지에서 확인시키고 있다.

• 괄호 쌍 대응 주의

```
name = "python"
print(type(name)
```

```
SyntaxError: '(' was never closed
```

위 에러는 괄호 쌍이 맞지 않아 에러가 발생한다. 에러 메시지는 괄호 '('가 닫히지 않았음을 강조하고 있다. print(type(name)에서 type에 해당하는 안쪽 괄호 쌍은 잘 갖춰졌으나, print의 여는 괄호에 해당하는 닫는 괄호가 없기 때문에 에러가 발생한다. 복잡한 프로그래밍을 하다 보면 괄호가 많아지는 경우가 종종 있기 때문에 대응하는 괄호가 실수할 수 있으므로 주의해야 한다.

문자열 - string

문자열이란

문자열 선언 방법

문자열(str, string)은 글자 데이터를 표현하는 기본 자료형이다. 문자열 변수는 아래와 같이 큰따옴표나 작은따옴표로 감싸서 선언할 수 있다.

```
코·드·소·개

"문자열내용"
'문자열내용'

예시)
lang1 = "python"
lang2 = 'python'
```

따옴표로 글자 데이터를 감싸서 문자열을 표현하며, 큰따옴표, 작은따옴표 모두 사용할 수 있다. 위 코드에서 두 변수 lang1과 lang2는 같은 정보를 갖고 있다. 두 선언 방식은 특정 경우에 약간의 차이가 있다. 바로 문자열에 따옴표(", ') 문자를 사용하고 싶을 때이다. 각각의 따옴표는 문자열의 시작과 끝을 알리는 표시이기 때문에, 문자열 안에서 특정 따옴표를 포함시키고 싶다면 다른 따옴표를 사용해야 한다. 예를 들어, [I'm studying python]과, [I say, "you study python"]을 문자열로 나타내면 아래 코드와 같이 나타낸다.

```
s = "I'm studying python"
s = 'I say, "you study python"'
```

위 두 경우에서 시작 따옴표와 다른 따옴표를 만나면 그것을 문자열의 종료가 아닌 글자로 인식하게 된다. 큰따옴표로 시작한 문자열은 큰따옴표를 만나야 문자열을 끝낸다. 따라서 작은따옴표를 만나더라도 끝나지 않는다. 마찬가지로, 작은따옴표로 시작한 문자열은 작은따옴표를 만나야 문자열을 끝낸다.

문자열 시작 표시 **문자** **문자열 끝 표시**

"I'm studying python"

특수 입력은 ₩(\ )*

Enter키를 입력할 시 나타나는 줄바꿈을 문자열에 포함시키고 싶다면 ₩n을 사용한다. ₩(\)는 문자열 안에서 특수한 경우를 다루기 위해 사용하는 문자이다. 예를 들어서 위 경우와 같이 문자열을 종료하는 문자 "를 문자열로 사용하고 싶을 때 사용한다.

> **Clear Comment**
>
> \? ₩?
> ₩는 글씨체마다 생김새가 다릅니다. 역슬래시(\)로 보이기도 하고 원화 통화 표시(₩)로 보이기도 합니다. 하지만 컴퓨터는 이것을 같은 것으로 인식하니 프로그래밍을 할 때는 두 문자가 같은 것이라고 생각하시면 됩니다.

```
s = "1st line\n2nd line\n3rd line"
print(s)
```

실행 결과
```
1st line
2nd line
3rd line
```

위 코드에서 s 변수는 세 줄의 문자열이다. 두 번째 줄의 print(s)의 결과를 보면 각각 1st line, 2nd line, 3rd line이 출력된다. 세 줄 모두 s 변수에 담긴 한 문자열임에 유의하자.

기초 용어 정리

* **이스케이프 문자**(escape character): 특수 입력을 통해 입력하는 ₩n, ₩t 등의 문자를 이스케이프 문자(escape character)라고 부른다.

줄바꿈을 표현할 땐 세 따옴표

따옴표 세 개를 사용하면 \n보다 직관적으로 줄바꿈을 표현할 수 있다.

```
s = """1st line
2nd line
3rd line"""
print(s)
```

```
1st line
2nd line
3rd line
```

위 코드도 s 변수는 세 줄의 문자열이다. 큰따옴표 혹은 작은따옴표 세 개를 사용하면 코드 중간에 줄바꿈을 포함하는 문자열을 표현할 수 있다. 문자열에 따옴표를 포함하고 싶을 때도 \를 사용할 수 있다. \"와 \'는 각각 문자열 안에서 "와 '를 표현한다.

```
s = "I\'m saying, \"Hello\""
print(s)
```

```
I'm saying, "Hello"
```

위 코드에서 문자열 안에 \'와 \"를 사용하여 '와 "를 표현했다.

손으로 익히는 코딩
```
print('abc')
print("abc")
```

```
abc
abc
```

```
print("first\nsecond")
```

first
second

```
print("""first
second""")
```

first
second

문자열의 인덱싱과 슬라이싱

인덱싱: 위치 접근

문자열 중에서 특정 위치나, 특정 구간에 접근해야할 때 **인덱싱**(indexing)을 사용한다. 문자열의 인덱싱은 위치 순서를 바탕으로 문자열 내에서 특정 글자에 접근하는 방법이다. 아래는 문자열의 인덱싱을 사용하는 방법이다.

코·드·소·개

```
문자열[인덱스]

예시)
file_name = "main.py"
file_name_first = file_name[0]
```

인덱싱은 대괄호에 해당 위치의 숫자를 기입하여 사용한다. 인덱싱을 통해 문자열에서 특정 위치의 글자 하나를 선택한다. 예시 코드의 첫 번째 줄은 문자열 변수를 선언하였고, 여기서 첫 번째 글자 m에 접근하고 싶다면 두 번째 줄과 같이 접근할 수 있다. 두 번째 줄의 file_name_ first 변수는 문자열 "m"이 대입된다. 같은 원리로 file_name[1]은 a, file_name[2]는 i이다. 여기서 대괄호 [] 안에 들어가는 숫자를 인덱스(index)라고 부르며, 나열된 데이터에서 몇 번째에 위치하는지를 의미한다.

> **Clear Comment**
>
> **두 번째가 [1]번째**
>
> 파이썬처럼 0에서 시작하는 인덱스 방식에서는 "3번째 아이템"이라는 말이 [2]를 말하는지 [3]을 말하는지 헷갈릴 수 있습니다. '챕터2 연산자'부터는 혼란을 막기 위해 [0]번째, [1]번째라는 표현으로 통일하여 사용합니다. file_name의 [0]번째 아이템은 file_name[0], file_name의 [1]번째 아이템은 file_name[1]입니다.

> **더 알아보기**
>
> **0-based numbering의 이유?**
>
> 프로그래밍 언어에서 대부분 첫 번째 아이템을 인덱스 0으로 정한다. 이를 0-based numbering이라고 한다. 0을 첫 번째 요소로 사용하는 이유는 다수의 요소를 다룰 때의 컴퓨터의 접근 전략 때문이다. 컴퓨터는 특정 위치의 요소를 나타내기 위해서 "제일 첫 요소 기준 n만큼 떨어진 것에 접근한다"는 전략을 사용한다. 이 방법을 사용하면 다수의 요소 중 첫 번째 요소는 0만큼 떨어져 있고, 두 번째 요소는 1만큼 떨어져 있는 셈이다. 프로그래밍이 익숙하지 않은 사람들에게는 [1]이 두 번째 아이템인 것이 어색할 수 있으나, 파이썬 프로그래밍을 공부하다 보면 자연스럽게 익숙해질 것이다.

음수의 인덱싱: 역순 접근

파이썬에서는 인덱싱 숫자로 음수를 사용하여 문자열의 끝부터 **반대로 인덱스를 설정**할 수도 있다. 아래와 같이 음수를 인덱스로 설정하면 된다.

```
file_name = "main.py"
file_name_last = file_name[-1]
print(file_name_last)
```

> **실행 결과**
>
> y

두 번째 줄의 file_name_last 변수는 문자열 "y"가 대입된다. 같은 원리로 file_name[-2]는 p
이다. 이렇게 문자열에서 특정 위치의 문자를 얻고 싶을 때 대괄호 []와 인덱스 숫자를 사용한다.

슬라이싱: 부분 구간

인덱싱이 문자열의 특정 위치에 접근한다면, **슬라이싱**(slicing)은 문자열의 특정 부분 구간에 접
근한다. 슬라이싱은 인덱싱에서 :(콜론)을 추가하면 된다. 슬라이싱은 아래 코드의 방법으로 수
행할 수 있다.

```
코·드·소·개

문자열[시작:끝]

예시)
file_name = "main.py"
file_name_zero_to_four = file_name[0:4]
```

슬라이싱은 대괄호에 원하는 범위의 시작과 끝 위치 숫자를 :(콜론) 양쪽에 기입하여 사용한다.
슬라이싱을 통해 문자열에서 일정 범위의 부분 문자열을
선택할 수 있다. 두 번째 줄의 file_name_zero_to_four
는 [0]번째부터 뒤의 네 글자 main이 대입된다. 슬라이싱
의 규칙은 다음과 같다.

> **Quick Tip**
>
> **슬라이싱 확장**
> 슬라이싱은 콜론을 두 개 사용하여 간격을
> 나타낼 수도 있습니다. 예를 들어, [0:10:2]
> 와 같이 사용할 수도 있습니다.

● 콜론의 앞, 뒤에 인덱스를 붙여 사용한다.

● 콜론 왼쪽의 인덱스 위치 요소는 포함하며, 콜론 오른쪽의 인덱스 위치 요소는 포함하지 않
  는다.

예시 코드에서 인덱싱은 [0]부터 첫 번째 글자를 나타내기
때문에 file_name[4]는 순서 상 다섯 번째 글자인 .(온점)
이다. 하지만 file_name[0:4]에는 .(온점)이 포함되지 않
는다. 슬라이싱에서 숫자는 콜론의 오른쪽 숫자보다 1만큼
적은 인덱스까지 포함한다고 해석해야 한다. 즉, [0:4]는
[0], [1], [2], [3] 인덱스 구간에 접근한다.

> **Quick Tip**
>
> **시작은 포함, 끝은 미포함**
> 슬라이싱 결과를 file_name[1:4]을 예로 들
> 면, file_name[1]은 포함되고, file_name[4]
> 는 포함되지 않는다고 생각하면 됩니다.
> 왼쪽만 등호가 포함된 $1 \leq x < 4$의 부등
> 식과 유사한 발상이라고 생각하면 됩니다.

```
main.py    main.py
[0] [1] [2] [3] [4] [5] [6]    [0:4]    [4]
```

슬라이싱 숫자 생략: 처음부터 / 끝까지

슬라이싱에서 콜론의 왼쪽이나 오른쪽 인덱스가 생략된 경우가 있다. 콜론의 왼쪽이 생략된 것은 "처음부터"라는 의미이고, 콜론의 오른쪽이 생략된 것은 "끝까지"라는 의미이다. 아래의 코드는 인덱스가 생략된 슬라이싱이다.

```
file_name = "main.py"
file_name_to_four = file_name[:4]
file_name_from_four = file_name[4:]
file_name_all = file_name[:]
```

두 번째 줄의 file_name_to_four는 file_name의 처음부터 4개의 문자열에 접근하여 "main"이 대입된다. 세 번째 줄의 file_name_from_four는 file_name의 [4]번째부터 끝까지 접근하여 ".py"가 대입된다. 네 번째 줄의 file_name_all은 file_name의 첫 번째부터 끝까지 접근하여 "main.py"가 대입된다. 이것은 file_name_all = file_name을 실행한 결과와 같다.

음수 인덱스와 마찬가지로 음수 슬라이싱도 가능하다. 아래의 코드는 음수 슬라이싱을 수행한 것이다.

```
file_name = "main.py"
file_name_m3_to_m1 = file_name[-3:-1]
```

위 코드에서 file_name_m3_to_m1은 file_name의 끝에서 세 번째부터 끝에서 두 번째까지 (콜론 오른쪽 인덱스보다 1 작은 범위까지 포함된다.) ".p"가 대입된다.

손으로 익히는 코딩

```
s = "python"
print(s[0])
print(s[1])
print(s[-1])
print(s[-2])
print(s[0:3])
print(s[:3])
```

실행 결과

```
p
y
n
o
pyt
pyt
```

문자열의 덧셈과 곱셈

문자열의 인덱싱과 슬라이싱은 문자열의 일부에 접근하는 것이다. 반대로, 문자열을 붙여 잇거나 반복하는 **문자열 확장** 또한 종종 필요하다. 문자열의 확장에는 덧셈(+)과 곱셈(*)을 사용한다.

> **Clear Comment**
>
> **연산자는 다음 챕터에서**
> 덧셈, 곱셈을 포함한 다양한 연산자에 대해서는 '챕터2 연산자'에서 학습합니다.

덧셈: 이어 붙이기

문자열의 덧셈은 문자열을 이어 붙인다(concatenate).

```
코·드·소·개

문자열1 + 문자열2

예시)
s = "python" + "programming"
```

위 코드에서 s는 "python"에 "programming"이 더해진 "pythonprogramming"이 대입된다. 일반적인 숫자의 덧셈과는 다르게 문자열끼리의 덧셈은 두 문자열을 이어 붙이는 역할을 한다.

Quick Tip

두 문자열 사이를 띄우고 싶다면
"python programming"의 결과를 얻고 싶다면, 문자열의 띄어쓰기를 붙여서 "python " + "programming"이나, "python" + " programming"을 수행하면 됩니다.

```
"python" + "programming"
     "pythonprogramming"
```

곱셈: 반복

문자열의 곱셈은 문자열을 곱하는 횟수만큼 반복한다(repeat).

```
문자열 * 반복횟수

예시)
s = "python" * 3
```

위 코드에서 s는 "python"이 3번 반복된 "pythonpythonpython"이 대입된다. 연산 순서를 바꾼 3 * "python"도 같은 결과가 나온다.

```
"python" * 3

"pythonpythonpython"
```

```
s = "abc"
print(s + "def")
print("abc" + 'def')
print(s * 2)
```

```
abcdef
abcdef
abcabc
```

• 범위 밖의 인덱싱

```
name = "python"
n6 = name[6]                    IndexError: string index out of range
nm7 = name[-7]                  IndexError: string index out of range
```

위 에러는 문자열 길이 범위 바깥에 접근하여 에러가 발생한다. 에러 메시지는 string(문자열)의 인덱스가 범위를 벗어난다(out of range)는 의미이다. "python"은 6글자로, [0]번째부터 [5]번째 글자까지의 범위가 존재하며, [6] 이상의 인덱스에 접근 시 에러를 발생시킨다.

• 문자열의 인덱싱, 슬라이싱은 대입 불가능

```
name = "python"               TypeError: 'str' object does not support item
name[0] = "c"                 assignment
```

위 에러는 문자열 변수에서 일부를 수정하려 할 때 발생한다. 에러 메시지는 string(문자열)이 값 할당(item assignment)
은 지원하지 않는다는 의미이다. 문자열은 인덱싱이나 슬라이싱으로 해당 문자열의 일부를 수정할 수 없다. name 변수
를 "cython"으로 표현하기 위해서는 아래와 같이 재할당시켜야 한다.

```
name = "python"
name = "c" + name[1:]
```

위 코드는 name 변수를 선언 후, name 변수의 첫 번째 글자를 "c"로 변경하는 결과를 만든다. name의 [1]번째 부터 끝
까지 slicing을 통해 접근하여 첫 번째 글자를 뺀 나머지를 "c" 문자열 뒤에 붙여 name에 할당한다.

• 문자열에 숫자를 더할 수 없음

```
s = "python" + 3          TypeError: can only concatenate str (not "int") to str
```

위 에러는 문자열과 숫자의 덧셈을 시도하여 발생한다. 에러 메시지는 자료형 str과 str의 concatenate(붙여 있기)만 가
능하다고 알려 주고 있다. 아직 숫자 자료형에 대해 배우지는 않았지만, 숫자와 문자열은 서로 더할 수 없다. 만약에
"python"에 "3"을 더해 "python3"을 만들고 싶다면 아래와 같이 3을 문자열 형태로 나타내어 더해야 한다.

```
s = "python" + "3"
```

• 문자열에 문자열을 곱할 수 없음

```
s = "python" * "3"     TypeError: can't multiply sequence by non-int of type 'str'
```

위 에러는 문자열의 반복을 문자열로 수행하여 발생한다. 에러 메시지는 문자열을 정수형 숫자로 곱하지 않기 때문
에 발생했다고 알려 주고 있다. 굳이 숫자가 아닌 "정수형" 숫자라고 언급한 이유는 03(숫자 – numbers)에서 자세히 설
명한다. "python" 문자열을 세 번 반복하여 "pythonpythonpython"을 s에 대입하려면 아래와 같이 문자열이 아닌 숫자 3
을 곱해 주어야 한다.

```
s = "python" * 3
```

• 문자열은 뺄 수 없음

```
s = "python" - "on"     TypeError: unsupported operand type(s) for -: 'str' and 'str'
```

위 에러는 문자열은 뺄셈할 수 없기 때문에 발생한다. 에러 메시지는 문자열과 문자열의 뺄셈은 지원하지 않는다는 의
미이다. 문자열의 덧셈이 이어 붙이는 것이므로 뺄셈은 마지막 문자열을 빼는 것이라 생각할 수 있는데, 이는 아래와
같이 문자열의 슬라이싱으로 구현할 수 있다.

```
s = "python"[:-2]
```

위 코드에서 s는 "python"의 처음부터, 마지막에서 두 번째 글자 전까지 범위가 대입된다.

숫자 - numbers

숫자 표현

숫자는 프로그래밍에서 데이터를 다룰 때 핵심이 되는 요소이다. 파이썬에서는 숫자를 다룰 때 여러 자료형으로 나타낼 수 있다. 아래 코드와 같이 숫자 값을 표현하고 변수에 대입할 수 있다.

```
num = 3
num2 = 3.0
```

변수 num에는 숫자 3, 변수 num2에는 숫자 3.0이 대입된다. 값의 크기 측면에서는 같은 숫자지만, 두 숫자는 다른 자료형으로 다른 특성을 갖고 있다. 문자열 "3"과 숫자 3이 달랐듯, 3과 3.0은 각각 정수형(int)과 실수형(float)으로 다른 자료형이다. 소수점 이하 숫자가 포함되거나, 소수점을 명시하여 작성되는 경우 자동으로 float형으로 사용된다. 정수형과 실수형의 차이는 무엇일까?

정수형과 실수형 - int, float

자료형의 이름에서 알 수 있듯, **정수형**(int)은 정수를 나타내기 위한 자료형이고, **실수형**(float)은 실수를 나타내기 위한 자료형이다. 수 체계를 알고 있다면, 실수형이 정수형을 포함하는 개념임을 알고 있을 것이다.

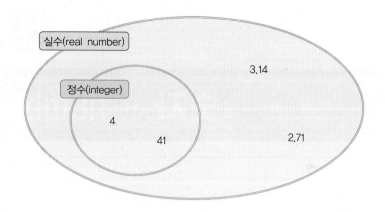

그렇다면 단순히 실수형만 사용해도 모든 수를 포함할 수 있는데, 왜 정수형과 실수형을 따로 분리한 것일까? 주요 이유는 **정확성과 범위**이다. 컴퓨터는 이진법*을 사용하는데, 대부분의 십진법** 소수들은 이진법으로 정확히 나타낼 수 없다. 반면, 소수점을 사용하지 않는 조건에서는 더 많은 범위의 숫자들을 더 정확히 표현해 낼 수 있다.

> **Clear Comment**
>
> **이진법으로 십진수 표현하기**
> 정확성에 대해 의문이 든다면, 0.1을 이진법으로 정확히 표현해 보려고 시도해 보십시오. 0.1 이외에도 이진법으로는 십진법의 소수를 간단히 나타내기 어려울 것입니다.

구분	특징	한계
정수형(int)	큰 수 표현 가능 / 오차 없음	소수점 이하 표현 불가능
실수형(float)	소수점 이하 표현 가능	오차가 있음 / 표현 범위가 상대적으로 작음

그래서 소수점 이하 숫자가 필요한 경우에는 실수형을 사용하고, 소수점 이하 숫자가 필요하지 않을 경우에는 정수형을 사용하여 정확하게 수를 나타낸다. 파이썬에서 숫자를 사용할 때 자동으로 int형과 float형을 구분해 준다. num = 3의 선언에서는 소수점을 명시하지 않았기 때문에 num은 자동으로 정수형으로 선언된다. 또한 num2 = 3.0의 선언에서는 소수점을 명시하였기 때문에 숫자상으로는 num과 동일한 3이지만 실수형으로 선언된다.

기초 용어 정리

* **이진법**(binary number): 두 종류의 기호(0, 1)로 수를 표현하는, 컴퓨터가 본질적으로 사용하는 수 체계이다.

** **십진법**(decimal number): 열 종류의 기호(0~9)로 수를 표현하는 방법으로 일상생활에서 사용하는 수 체계이다.

오버플로우? 부동소수점?

프로그래밍의 수 표현은 일반적으로 한계가 있다. 정수형은 덧셈과 같은 연산으로 숫자가 일정 범위를 넘을 시 음수나 0으로 돌아가 버리는 **오버플로우**라는 문제가 있다. 실수형은 본문에서 설명한 수 표현에서의 오차가 있는데, 큰 수일수록 그 오차가 커진다. 그 이유는 **부동소수점**이라는 개념에서 기인한다. 파이썬에서는 이것을 눈치 채지 못하게 잘 숨겨서 설계하였기 때문에, 부동소수점이나 오버플로우에 대한 개념을 설명하기 위해서는 책의 범위를 벗어난다. 하지만 이는 개발자로서 필수적인 지식이므로, '기초 입문편'이 끝난 이후에 스스로 찾아서 학습해 보기를 권한다.

복소수(Complex) 자료형

학창시절 수학 시간을 생각해 보면, 수 체계에서 허수, 복소수에 대해서 배운 기억이 있을 것이다. 파이썬에서는 복소수 체계도 complex라는 이름으로 지원한다. 파이썬에서 복소수는 실수부는 그대로, 허수부에는 끝에 j, J를 붙여 선언할 수 있다. 예를 들어, 1.2 + 3j 혹은 1.2 + 3J는 실수부 1.2, 허수부 3의 복소수를 표현한다. 또한 이 숫자들을 이용하여 복소수 규칙의 사칙연산이 가능하다. 하지만 파이썬에서 복소수 타입은 사용되는 경우가 드물다.

간단한 계산하기

프로그래밍에서 수는 주로 다른 수와 연산하게 된다. 아래 코드와 같이 연산을 수행할 수 있다.

```
num = 3
add_num = num + 5
mul_num = num * 5
```

add_num 변수에는 3이 대입된 변수 num과 5를 더한 8이 대입되며, mul_num 변수에는 num에 5를 곱한 15가 대입된다. 덧셈은 +, 곱셈은 * 기호를 사용한다. 아래와 같이 정수형과 실수형의 혼용 연산도 가능하다.

```
num = 3
add_num = num + 5.1
add_num2 = num + 5.0
```

위 코드에서 add_num 변수에는 8.1, add_num2 변수에는 8.0이 대입된다. add_num은 소수점 아래 숫자가 있으니 확실하게 실수형일 것이라고 예상할 수 있으나, add_num2의 자료형은 헷갈릴 수 있다. add_num2도 마찬가지로 실수형이 되며, 숫자의 덧셈은 하나라도 실수형 숫자가 있으면 실수형이 된다. 이는 다른 사칙연산에 대해서도 마찬가지이다.

손으로 익히는 코딩

```
n = 3
print(n + 2)
print(2 + n)
print(n - 5)
print(n / 2)
```

실행 결과

```
5
5
-2
1.5
```

더 알아보기

실수형의 오차를 직접 확인하는 법

간단한 덧셈만으로 파이썬에서 실수형이 가진 정확성의 한계에 대해서 알아볼 수 있다. a = 1.1 + 2.2로 a를 선언한 후 a의 값을 확인해 보면, 3.30이 아닌 것을 확인할 수 있다.

실행 결과

```
print(1.1 + 2.2)
```

```
3.3000000000000003
```

이런 오차가 발생하는 원인은 덧셈을 수행할 때 십진수를 이진수로 변환한 후 더하고, 다시 십진수로 변환하여 표시하는 과정에서 불가피하게 생기는 오차 때문이다.

자료형 변환

자료형 변환(type conversion / type casting)은 어떤 값이나 변수의 자료형을 다른 자료형으로 표현하는 것이다. 프로그래밍 과정에서 자료형을 바꿔야 하는 상황이 종종 발생한다. 예를 들어, 계산한 정보를 텍스트 파일에 저장할 때 저장할 값을 문자열로 바꾸어야 한다. 반대로, 텍스트 파일에서 불러온 숫자 정보로 연산을 수행할 경우 문자열을 숫자 자료형으로 바꿔야 한다. 자료형을 변환하는 방법은 아래와 같다.

```
자료형(변환할 값)

예시)
num_str = "3"
num_int = int(num_str)
num_float = float(num_str)
```

자료형 변환은 자료형 이름 오른편에 괄호로 변환할 값을 감싸서 사용한다. 위 코드에서 num_int는 "3"을 정수형으로 표현한 3이 대입되며, num_float는 "3"을 실수형으로 표현한 3.0이 대입된다. 실수형에서 정수형으로도 형 변환이 가능하다.

Quick Tip

3진법에서도 바꿀 수 있는 int()
int형 변환은 2진법부터 36진법까지의 수를 십진수로 변환할 수 있습니다. 예를 들어, int("12", 9)는 "12"가 9진법으로 적힌 것이라고 가정하여, 1 * 9 + 2 = 11로 변환합니다.

실행 결과

```
num = 3.5
num_int = int(num)
num_float = float(num_int)
print(num_int)
print(num_float)
```

```
3
3.0
```

위 코드에서 num_int는 3.5를 정수형으로 변환한다. 소수점 이하는 버림한다.

Clear Comment

실무에서의 int()
"소수점 이하는 버림한다"는 특성 때문에 실수형에서 정수형으로 형 변환은 소수점 이하를 버림한다는 목적으로도 자주 사용됩니다.

숫자에서 문자열로도 str을 사용하여 아래와 같이 형 변환이 가능하다.

```
num_int = 3
num_float = 3.5
str_int = str(num_int)
str_float = str(num_float)
```

위 코드에서 str_int는 3을 문자열로 변환하여 문자열 "3"이 대입된다. 마찬가지로 str_float는 3.5를 문자열로 변환하여 문자열 "3.5"가 대입된다.

- 인덱스에는 정수형 숫자만

| ```
name = "python"
n = name[5.0]
``` | ```
TypeError: string indices must be integers,
not 'float'
``` |

위 에러는 float형 값을 인덱스로 사용하여 발생한다. 에러 메시지는 문자열의 인덱스는 실수형이 아닌 정수형 값을 사용해야 한다는 의미이다. 문자열 변수 name에서 5번째 글자에 접근하는데, float 자료형 값인 5.0으로써 인덱싱을 시도한다. 그 결과, 문자열의 인덱싱은 int 자료형을 사용해야 한다는 에러 메시지를 출력시킨다.

- 문자열 반복에는 정수형 숫자만

| ```
name = "python"
n = name * 2.0
``` | ```
TypeError: can't multiply sequence by non-int
of type 'float'
``` |

위 에러는 float형은 문자열 반복에 사용할 수 없어서 발생한다. 해당 코드는 name 문자열을 두 번 반복하는데, float 자료형 값인 2.0으로써 반복을 시도한다. 그 결과, int형이 아닌 float형으로는 문자열을 반복할 수 없다는 에러 메시지를 출력시킨다.

🔷 **Clear Comment**

쉽게 변하는 자료형

보통 굳이 소수점을 기입해서 float형 인덱싱으로 에러를 발생시키지는 않습니다. 주로 변수를 인덱스로 사용할 때, 해당 변수가 float형인 점을 간과하여 에러가 발생하곤 합니다.

04

참/거짓 - 논리 자료형(bool)

컴퓨터의 참/거짓과 bool 자료형

컴퓨터는 1과 0을 참과 거짓을 표현하는 데 사용하는데, 파이썬에서는 참과 거짓에 해당하는 값의 자료형을 **bool 자료형**이라고 부른다. 컴퓨터가 0과 1을 사용하는 수 체계인 이진법을 사용한다는 것은 많이 알려져 있다. 0과 1을 이용한 대표적인 프로그래밍 설계는 조건문인데, 어떤 값이 1이면 실행하고, 0이면 실행하지 않는다는 규칙으로 작동한다.

> **Clear Comment**
>
> **조건문?**
> 조건문은 '챕터5 조건문'에서 학습합니다.

Bool 자료형이 사용되는 예는 아래와 같다.

```
코·드·소·개

참: True
거짓: False


예시)
a = True
b = False
```

위 코드에서 a는 True, b는 False가 대입된다. a는 참이라는 정보가 대입된 변수이고, b는 거짓이라는 정보가 대입된 변수이다. 이 코드만 놓고 보면 True와 False가 유의미하게 사용될지가 의문스러울 수 있다. 아래의 코드를 살펴보자.

```
c = 4 > 3
d = 4 > 30
print(c)
print(d)
```

```
True
False
```

위 코드에서 c는 '4가 3보다 큰가?'에 대한 결과를 대입했고, d는 '4가 30보다 큰가?'에 대한 결과를 대입한다. 〉 연산자는 앞의 값이 뒤의 값보다 큰지 비교하는 연산자로, 비교 연산자에 대한 설명은 '챕터2 연산자'에서 설명한다. 각각 참과 거짓이다. 그래서 c는 True, d는 False가 대입된다. 이처럼 bool 자료형은 두 가지 값만 가질 수 있으나, 논리 연산과 함께 다양한 곳에서 사용된다.

> **Clear Comment**
>
> **bool의 용례**
> 예를 들어, 비교를 통해 참/거짓을 가리는 연산 수행 결과로 사용할 수도 있고, 체크 박스처럼 어떤 옵션에 대한 스위치로서 사용할 수도 있습니다. 혹은 데이터의 경량화를 위해 두 값 중 하나만을 가질 수 있는 데이터에 대해 사용할 수도 있습니다.

> **더 알아보기**
>
> **빠르고 효율적인 bool 타입**
> bool 타입은 일반적으로 True, False 두 값 중 하나이기 때문에 한 값당 1bit의 자리를 가진다. 컴퓨터는 이진법 연산에 특화돼 있기 때문에 bool 타입의 연산을 보다 빠르게 수행할 수 있다. 또한 메모리 면에서도 int형이나 float형보다 훨씬 작은 크기를 차지하기 때문에 메모리의 효율적으로 사용하고 싶을 때 사용되곤 한다. 이와 유사한 원리를 사용한 것이 비트맵(bitmap)이다. 한 자리(픽셀, pixel)당 int처럼 여러 값을 사용할 수 있으면 다양한 색상을 표현할 수 있지만, 메모리를 많이 차지한다. 반대로, 1과 0으로만 한 자리를 표현한다면, 흰색/검은색 두 색만 표현 가능하지만, 훨씬 작은 크기의 메모리로 그림을 표현할 수 있다.
>
>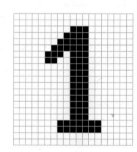
>
> 1을 표현한 비트맵 그림

bool 자료형과 자료형 변환

문자열과 숫자 자료형에서와 마찬가지로, bool 자료형 또한 자료형 변환이 가능하다. 아래의 코드를 살펴보자.

> **Clear Comment**
>
> **bool("False")가 True?**
> bool 자료형 변환은 처음 프로그래밍을 배우는 분들에게는 직관적이지 않을 수 있습니다. 따라서 아직 타 자료형의 bool 형 변환 결과를 모두 알 필요는 없습니다. '챕터5 조건문'에서 bool 형 변환 결과를 학습합니다.

```
bool_3 = bool(3)
bool_m1 = bool(-1)
bool_zero = bool("zero")
bool_True = bool("True")
bool_False = bool("False")
bool_0 = bool(0)
bool_empty = bool("")
```

대입 값
True
True
True
True
True
False
False

위 코드에서 위 다섯 줄의 변수는 모두 True가 대입되고, 아래 두 줄의 변수에만 False가 대입된다. 숫자와 문자열의 bool 자료형 변환 결과는 아래와 같다.

● 숫자: 값이 0인 경우를 제외하면 모두 True이고, 값이 0인 경우(0, 0.0) False

● 문자열: 빈 문자열("")을 제외한 모든 문자열은 True, 빈 문자열은 False

위 bool 타입형 변환은, 값이 0이거나 그 길이가 0인 경우에 False가 되며 그 이외의 경우는 True가 된다.

에러에서 배우기

• 값을 나타내는 변수명은 사용 불가능

```
True = 1                          SyntaxError: cannot assign to True
```

위 에러는 참을 의미하는 True에 값을 대입할 수 없기 때문에 발생한다. 에러 메시지는 True에 값을 할당(assign)할 수 없다고 알려 주고 있다. True라는 참을 나타내는 역할을 하는 literal이므로 다른 값을 표현하게 할 수 없다.

• True와 False는 첫 글자에 대문자

```
is_book = true                    NameError: name 'true' is not defined. Did you
                                  mean: 'True'?
```

위 에러는 True를 모두 소문자로 작성하여 발생한다. 에러 메시지는 true가 정의되어 있지 않다*(not defined)고 알려 주고 있다. 참/거짓의 참은 True로 첫 글자를 대문자로 입력하여야 한다. 혹시 true의 의도가 True를 입력하려고 한 것인지 물어보기 위해 그 다음 문장에서 True를 사용할 의도였는지 물어보고 있다.

기초 용어 정리

* **정의하다? 선언하다?**: 정의한다(define)는 어떤 이름의 값이나 동작을 정하는 것이다. 선언한다와 비슷하지만, 정의한다는 것이 더 상위 개념이다. int, float와 같이 파이썬 실행 시 사용할 수 있는 자료형도 정의된 것이다. 하지만 사용자가 직접 변수를 설정하는 경우에는 "정의한다"와 "선언한다"의 두 표현 모두 사용할 수 있다.

05

리스트 - list

리스트 선언

리스트는 다수의 데이터를 순서대로 다룰 때 사용된다. 프로그래밍에서는 여러 데이터를 묶어서 다루게 될 경우가 많다. 예를 들어, 특정 주식의 1년간의 날짜별 가격 데이터는 365개의 값을 가질 것이다. 이 값들을 각각의 변수로 설정할 수도 있지만, 변수를 일일이 지정하는 것은 비효율적이다.

```
stock_before_1 = 210.5
stock_before_2 = 211.3
stock_before_3 = 211.9
...
stock_before_365 = 312.9
```

위와 같은 프로그래밍은 비효율적이다. 이 데이터를 한 곳에 모을 수 있다면 좀 더 쉽게 관리할 수 있다. 이 경우 파이썬에서 사용하는 것이 **리스트**(list)이다. 리스트는 말 그대로 목록을 표현하는 자료형으로, 여러 개의 요소를 담을 수 있는 자료형이다. 리스트는 아래의 코드와 같이 사용할 수 있다.

코·드·소·개

```
[요소1, 요소2, 요소3, ...]

예시)
stock_prices = [210.5, 211.3, 211.9]
```

리스트는 대괄호 [ ]로 표현하며, 각 요소들은 쉼표로 구분한다. 리스트를 사용하여 여러 데이터를 한 변수에 모아서 사용할 수 있다. 추가로, 리스트의 요소*는 아래와 같이 리스트가 될 수도 있으며, 각 요소가 서로 다른 자료형으로 이루어질 수도 있다.

```
list_list = [[1, 2], [3, 4]]
list_num_string = [1, 2.0, "c", False]
```

리스트의 인덱싱과 슬라이싱

리스트 내부의 요소에 접근할 때는 인덱싱과 슬라이싱을 사용한다. 문자열의 인덱싱 및 슬라이싱과 사용 방법이 거의 유사하다. 리스트에서 특정 위치의 값에 접근하고 싶으면 아래와 같이 인덱싱을 사용한다.

```
코·드·소·개

리스트[인덱스]

예시)
stock_prices = [210.5, 211.3, 211.9]
price_0 = stock_prices[0]
```

인덱싱을 통해 리스트에서 특정 위치의 값에 접근할 수 있다. 대괄호 안에 위치에 해당하는 값을 기입하여 사용한다. 위 코드에서 price_0은 210.5 값이 대입된다. stock_prices[1]은 211.3, stock_prices[2]는 211.9 값을 갖는다. 문자열과 마찬가지로 첫 번째 값의 인덱스가 [0]에서 시작함에 유의하자.

기초 용어 정리

* **요소(element) / 아이템(item)**: 리스트 안의 각 값들을 지칭할 때, 요소(element), 아이템(item)으로 불린다. 본 도서에서는 리스트 내부의 값을 다룰 때 요소로 지칭하기로 한다.

$$[210.5, \quad 211.3, \quad 211.9]$$

```
      [0]              [1]              [2]
```

문자열에서와 마찬가지로 리스트 또한 아래와 같이 음수의 인덱싱이 가능하다.

```
stock_prices = [210.5, 211.3, 211.9]
price_last = stock_prices[-1]
```

위 코드에서 price_last에는 stock_prices 리스트의 맨 마지막 값인 211.9 값이 대입된다. 이렇게 리스트에서 역순으로 요소에 접근하려면 음수의 인덱스를 사용하면 된다.

$$[210.5, \quad 211.3, \quad 211.9]$$

```
      [-3]             [-2]             [-1]
```

리스트의 슬라이싱 또한 문자열의 슬라이싱과 유사하게 작동한다. 아래의 코드를 살펴보자.

코·드·소·개

```
리스트[시작:끝]

예시)
stock_prices = [210.5, 211.3, 211.9, 210.1, 208.5, 208.9, 206.7]
price_zero_to_two = stock_prices[0:2]
price_first_two = stock_prices[:2]
```

슬라이싱을 통해 리스트의 부분 리스트를 선택한다. 슬라이싱은 대괄호에 원하는 범위의 시작과 끝 위치 숫자를 콜론(:) 양쪽에 기입하여 사용한다. 위 코드에서 price_zero_to_two 변수는 stock_prices의 첫 번째와 두 번째 요소인 stock_prices[0], stock_prices[1]이 담긴 [210.5, 211.3]으로 선언된다. 세 번째 줄의 price_first_two는 콜론 왼쪽의 생략이 0으로 작용하여 바로 윗줄의 price_zero_to_two와 동일한 [210.5, 211.3]으로 선언된다.

```
stock_prices = [210.5, 211.3, 211.9, 210.1, 208.5, 208.9, 206.7]
price_last_two = stock_prices[-2:]
price_all = stock_prices[:]
```

인덱싱과 마찬가지로 슬라이싱에도 음수를 사용할 수 있다. price_last_two는 stock_prices의 맨 마지막 두 값인 [208.9, 206.7]로 선언된다. 마지막 줄의 price_all은 콜론의 왼쪽과 오른쪽이 모두 생략되어 stock_prices와 같은 값의 리스트로 선언된다.

[:]는 "전부 다"

"처음부터", "끝까지"이므로 리스트 전체 요소라는 말과 같은 의미입니다.

📍 더 알아보기

같은 듯 다른 [:]

아래의 코드는 문자열과 리스트에 [:]를 사용하는데, 어떤 연산자에 대해 결과가 다르게 나타나는 경우를 나타낸 것이다.

| 실행 결과 |

```
s = "abc"
n = [1, 2, 3]
print(s[:] is s)
print(n[:] is n)
```

```
True
False
```

슬라이싱에서 문자열의 [:]와 리스트의 [:]는 그 의미가 약간 다르다. 그 이유는 문자열은 immutable하고 리스트는 mutable하기 때문이고, 파이썬에서 mutable은 "해당 위치에서 변경할 수 있는"이라는 의미이다. 지금은 [:]가 문자열/리스트 전체라는 의미로만 이해해도 된다.

✍️ 손으로 익히는 코딩

실행 결과

```
nums = [1, 2, 3, 4, 5]
print(nums)
print(nums[1])
print(nums[1:3])
```

```
[1, 2, 3, 4, 5]
2
[2, 3]
```

리스트의 덧셈과 곱셈

두 리스트를 이어 붙이고 싶다면 덧셈을, 리스트의 요소들을 반복하고 싶다면 곱셈을 사용한다. 앞서 설명한 문자열에서의 덧셈 및 곱셈과 그 의미가 같다. 먼저, 두 **리스트의 덧셈은 왼쪽 리스트와 오른쪽 리스트의 요소들을 순서대로 이어 붙인다.**

```
리스트1 + 리스트2

예시)
array = [1, 2, 3] + [9, 8, 7]
```

위 코드에서 array는 [1, 2, 3]에 [9, 8, 7]를 이어 붙인 [1, 2, 3, 9, 8, 7]이 대입된다. 새 요소를 추가하고 싶을 때는 대괄호 안에 추가할 요소를 담아서 더해 주어야 하며, 대괄호 없이 요소를 그냥 더하면 에러가 발생한다.

```
a = [1, 2] + 3
```

```
TypeError: can only concatenate list (not "int") to list
```

위 에러는 list(리스트)와 list의 concatenate(이어 붙이기)만 가능하다고 알려 주고 있다. 즉, 숫자(int)를 리스트와의 덧셈에 사용할 수 없다는 뜻이다.

```
array = [1, 2, 3] + [9]
```

[1, 2, 3]의 마지막에 9를 추가하여 [1, 2, 3, 9]를 만들고 싶다면 위와 같이 9를 리스트에 담은 형태로 나타내어 더해야 한다.

$$[1, \ 2, \ 3] \ + \ [9]$$

$$\downarrow$$

$$[1, \ 2, \ 3, \ 9]$$

리스트의 곱셈은 문자열의 곱셈과 같이 리스트의 요소들을 곱하는 횟수만큼 반복하는 것이다.
아래의 코드를 살펴보자.

```
array_triple = [1, 2, 3] * 3
print(array_triple)
```

```
[1, 2, 3, 1, 2, 3, 1, 2, 3]
```

위 코드에서 array_triple은 [1, 2, 3]이 3번 반복된 **[1, 2, 3, 1, 2, 3, 1, 2, 3]**이 대입된다.
연산 순서를 바꾼 3 * [1, 2, 3]도 같은 결과가 나온다.

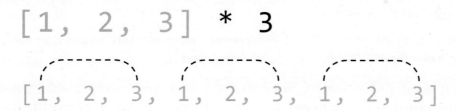

```
nums = [1, 2, 3]
print(nums)
print(nums+[5])
print(nums*2)
```

```
[1, 2, 3]
[1, 2, 3, 5]
[1, 2, 3, 1, 2, 3]
```

- 빈 리스트의 인덱싱

```
nums = []
n3 = nums[0]
```
IndexError: list index out of range

위 에러는 범위 밖의 요소에 인덱싱을 시도하여 발생한다. 에러 메시지는 리스트에서 인덱스 범위 밖의 숫자를 사용했다는 의미이다. 빈 리스트에서는 [0]을 포함한 어떤 숫자든 인덱스 사용 시 에러를 발생시킨다. 프로그래밍을 하다 보면 예기치 않게 빈 리스트의 인덱싱을 수행하게 되므로 주의해야 한다.

- 실수를 유발하는 슬라이싱

```
nums = [1, 2, 3]
n16 = nums[1:6]
n56 = nums[5:6]
```
n16: [2, 3]
n56: []

인덱싱과 달리, 슬라이싱은 범위 바깥에 접근해도 에러가 발생하지 않고, 비어 있는 리스트를 얻게 된다. 이것을 간과하면 당장은 에러가 발생하지 않아도 이후의 코드에서 예기치 않게 프로그램이 동작하게 될 수 있으므로 이후에 에러가 발생할 가능성이 높다.

- 실수형 숫자는 인덱싱에 사용 불가

```
nums = [1, 2, 3]
num1 = nums[1.0]
```
TypeError: list indices must be integers or slices, not float

위 에러는 float형 숫자를 인덱싱에 사용하여 발생한다. 문자열에서와 마찬가지로, float형은 인덱싱에 사용할 수 없으며, 인덱싱은 int형 숫자를 사용해야 한다.

```
nums = [1, 2, 3]
new_nums = nums * 2.0
```
TypeError: can't multiply sequence by non-int of type 'float'

위 에러는 float형을 리스트의 곱셈에 사용하여 발생한다. 에러 메시지는 sequence(여기서는 리스트를 뜻함)를 정수형 숫자가 아닌 float형을 사용할 수 없다는 의미이다. float형은 리스트 곱셈(반복)에 사용할 수 없으며, int형 숫자를 사용해야 한다.

Clear Comment

예기치 못한 빈 리스트
파일 입출력에서 예기치 않게 빈 리스트를 사용하는 예시에 대해서는 '챕터4 파일 입출력'에서 학습합니다.

더 어려운 에러 원인 찾기
에러가 발생한 원인과 해당 에러가 같은 위치면 에러의 원인을 찾기 쉽습니다. 하지만 에러가 발생한 근본적인 원인과 에러가 발생한 지점이 다르면 에러의 원인을 찾기가 어렵습니다.

연습문제

1. 기본 예제

문제 1 아래 각 변수의 선언에서, 변수 선언 가능 여부를 맞혀 보자.

문제		정답
①	name = "variable'	(정상 동작) / (에러)
②	number = 41	(정상 동작) / (에러)
③	int = 3	(정상 동작) / (에러)
④	"name" = "variable"	(정상 동작) / (에러)
⑤	is_book = true	(정상 동작) / (에러)
⑥	for = "repeat"	(정상 동작) / (에러)
⑦	data_types = ["", 1, 2]	(정상 동작) / (에러)
⑧	4things = [3.141, 2.718, 41, 1729]	(정상 동작) / (에러)

문제 2 아래 코드에서 각 문자열 변수의 대입 값을 맞혀 보자.

문제		정답
	string = "ABCDE"	
①	str1 = string[1]	str1:
②	str2 = string[-1]	str2:
③	str3 = string[1:3]	str3:
④	str4 = string[:3]	str4:
⑤	str5 = string[-2:]	str5:
⑥	str6 = string[1:-2]	str6:

문제 3 아래 코드에서 각 리스트 변수의 대입 값을 맞혀 보자.

	문제	정답
	nums = [1, 20, 300, 4000]	
①	n1 = nums[1]	n1:
②	n2 = nums[-1]	n2:
③	n3 = nums[1:3]	n3:
④	n4 = nums[:3]	n4:
⑤	n5 = nums[-2:]	n5:
⑥	n6 = nums[1:2]	n6:

문제 4 아래 코드에서 각 문자열 변수의 대입 값을 맞혀 보자.

	문제	정답
	string = "ABCDE"	
①	str1 = string + string	str1:
②	str2 = string + "xyz"	str2:
③	str3 = "xyz" + string	str3:
④	str4 = "string" + 'string'	str4:
⑤	str5 = string + ""	str5:
⑥	str6 = string * 2	str6:
⑦	str7 = string * 0	str7:
⑧	str8 = string * -1	str8:

문제 5 아래 코드에서 각 리스트 변수의 대입 값을 맞혀 보자.

	문제	정답
	nums = [1, 20, 300, 4000]	
①	n1 = nums + nums	n1:
②	n2 = nums + [9]	n2:
③	n3 = nums + [nums]	n3:
④	n4 = nums * 2	n4:
⑤	n5 = nums * 0	n5:
⑥	n6 = nums * -1	n6:

문제 6 아래 코드를 에러가 발생하지 않게 고쳐 보자.

	문제	정답
①	name = "variable'	
②	"name" = "variable"	
③	is_book = true	
④	True = 1	
⑤	4things = [3.141, 2.718, 41, 1729]	
⑥	for = "repeat"	

2. 심화 예제

문제 7 아래 코드에서 변수의 대입 값을 맞혀 보자

	문제	정답
	string = "10"	
①	int1 = int(string+string)	int1:
②	int2 = int(string) + int(string)	int2:
③	int3 = int(string) * 3	int3:
④	int4 = int(string*3)	int4:
⑤	int5 = int(string[0])	int5:

문제 8 아래 코드에서 변수의 대입 값을 맞혀 보자.

	문제	정답
	string = "Hello_Python"	
①	str1 = string[:5] + string[:5]	str1:
②	str2 = string[0] + string[6]	str2:
③	str3 = string[-6:]	str3:
④	str4 = string[:2] + string[2:]	str4:
⑤	str5 = string[:4] + string[4:]	str5:

문제 9 아래 코드에서 각 변수의 대입 값을 맞혀 보자.

문제		정답
	nums = [1, 20, 300, 4000]	
①	n1 = nums[0] + nums[1]	n1:
②	n2 = nums[0:1] + nums[1:2]	n2:
③	n3 = nums[1:][0]	n3:
④	n4 = nums[2] * 2	n4:
⑤	n5 = nums[2:3] * 2	n5:

문제 **1**

| ① | `name = "variable'` | 에러 |

큰따옴표로 문자열을 시작하여 작은따옴표로 끝내고 있기 때문에 파이썬 실행 시 "로 시작한 문자열을 끝내지 않았으므로 에러가 발생한다.

| ② | `number = 41` | 정상 동작 |
| ③ | `int = 3` | 정상 동작(부적절) |

위 두 문제 ②, ③에서는 변수 대입이 이루어진다. 하지만 세 번째 줄과 같이 자료형의 이름(예: str, int, float) 등은 변수 이름으로 사용하지 않는 것을 권한다. 그 이유는 자료형 이름을 변수로 사용할 경우 이후 해당 자료형으로의 자료형 변환이 불가능하기 때문이다.

> **Quick Tip**
>
> **자료형의 이름도 변수**
> int와 같은 자료형의 이름도 파이썬은 변수처럼 여깁니다. 문제의 경우 int라는 이름의 변수가 다른 값으로 변경된 것이므로 파이썬 실행이 끝날 때까지 "정수형 변환"이라는 개념의 int()는 사용할 수 없게 됩니다.

| ④ | `"name" = "variable"` | 에러 |

문자열("variable")을 문자열("name")에 대입하려고 시도하기 때문에 에러가 발생한다. 따옴표를 감싼 형태인 문자열을 변수 이름으로 사용할 수는 없다.

| ⑤ | `is_book = true` | 에러 |

bool형의 참은 True로 표현하는데, 첫 번째 글자가 소문자로 입력되었기 때문에 에러가 발생한다.

> **Quick Tip**
>
> **변수 true라면?**
> 만약 true라는 이름의 변수가 있었다면 true 변수 값이 is_book에 대입되고, 에러가 발생하지 않습니다.

| ⑥ | `for = "repeat"` | 에러 |

for는 파이썬의 특정 동작을 수행하는 문법으로 사용되기 때문에 변수 이름으로 사용할 수 없어서 에러가 발생한다.

```
⑦     data_types = ["", 1, 2]                     정상 동작
```

리스트는 서로 다른 자료형의 변수도 담을 수 있다.

```
⑧     4things = [3.141, 2.718, 41, 1729]          에러
```

변수 이름을 숫자로 시작할 수 없으므로 에러가 발생한다.

문제 ❷

```
①     string = "ABCDE"                            str1: B
      str1 = string[1]
```

str1은 string의 두 번째 글자 B가 대입된다.

> **Quick Tip**
> **[1]이 두 번째**
> 첫 번째 글자는 string[0]입니다.

```
②     string = "ABCDE"                            str2: E
      str2 = string[-1]
```

str2는 string의 마지막 글자 E값이 대입된다.

```
③     string = "ABCDE"                            str3: BC
      str3 = string[1:3]
```

str3은 string의 두 번째 글자부터 세 번째 글자까지, 즉 "BC"가 대입된다.

> **Quick Tip**
> **콜론 오른쪽 인덱스는 미포함**
> 슬라이싱의 [:3]은 [3]을 제외합니다.

```
④     string = "ABCDE"                            str4: ABC
      str4 = string[:3]
```

str4는 처음부터 string의 세 번째 글자까지 접근한다.

```
⑤     string = "ABCDE"                            str5: DE
      str5 = string[-2:]
```

str5는 string의 끝에서 두 번째 글자부터 끝까지의 범위로 "DE"가 대입된다.

| ⑥ | `string = "ABCDE"`
`str6 = string[1:-2]` | `str6: BC` |

str6은 string의 두 번째 글자부터 끝에서 세 번째 글자의 범위인 "BC"가 대입된다.

문제 ❸

| ① | `nums = [1, 20, 300, 4000]`
`n1 = nums[1]` | `n1: 20` |

n1은 nums의 두 번째 요소이다.

| ② | `nums = [1, 20, 300, 4000]`
`n2 = nums[-1]` | `n2: 4000` |

n2는 nums의 마지막 요소값이 대입된다.

| ③ | `nums = [1, 20, 300, 4000]`
`n3 = nums[1:3]` | `n3: [20, 300]` |

n3은 nums의 두 번째부터 세 번째 요소를 담은 리스트이다.

| ④ | `nums = [1, 20, 300, 4000]`
`n4 = nums[:3]` | `n4: [1, 20, 300]` |

n4는 nums의 처음부터 세 번째 요소까지 담은 리스트이다.

| ⑤ | `nums = [1, 20, 300, 4000]`
`n5 = nums[-2:]` | `n5: [300, 4000]` |

n5는 음수가 포함된 슬라이싱으로 nums 리스트 변수 내부에 접근한다. n5는 nums의 끝에서 두 번째 요소부터 끝까지의 요소들을 담은 리스트이다.

| ⑥ | `nums = [1, 20, 300, 4000]`
`n6 = nums[1:2]` | `n6: [20]` |

n6은 nums의 두 번째 요소부터 두 번째 요소까지를 담은 리스트, 즉 요소가 20 하나뿐인 리스트이다. n6에서의 결과를 보면 알 수 있듯, 슬라이싱 결과가 한 요소만 가리키더라도 해당 요소를 담은 리스트가 슬라이싱의 결과이다.

> **Clear Comment**
>
> **[1] vs [1:2]**
> nums[1]과 nums[1:2]를 확인하면 리스트에서 인덱싱과 슬라이싱의 차이를 알 수 있습니다. 전자는 요소를 꺼낸 것이고, 후자는 요소를 담은 리스트입니다.

문제 4

①
```
string = "ABCDE"
str1 = string + string
```
str1: ABCDEABCDE

str1은 string에 string을 이어 붙인 "ABCDEABCDE"가 대입된다.

②
```
string = "ABCDE"
str2 = string + "xyz"
```
str2: ABCDExyz

str2는 string에 "xyz"를 이어 붙인 "ABCDExyz"가 대입된다.

③
```
string = "ABCDE"
str3 = "xyz" + string
```
str3: xyzABCDE

str3은 "xyz" 문자열 뒤에 string 변수를 이어 붙여 "xyzABCDE"가 대입된다.

④
```
string = "ABCDE"
str4 = "string" + 'string'
```
str4: stringstring

str4는 동일한 문자열 "string"을 이어 붙인 "stringstring"이 대입된다. 큰따옴표와 작은따옴표 모두 서로 구별되지 않고 문자열을 나타낼 때 사용된다.

⑤
```
string = "ABCDE"
str5 = string + ""
```
str5: ABCDE

str5는 string 뒤에 빈 문자열을 더한다. 빈 문자열을 이어 붙인 것이므로 string 변수에서 변함 없이 "ABCDE"가 대입된다.

| ⑥ | ```
string = "ABCDE"
str6 = string * 2
``` | str6: ABCDEABCDE |

str6은 string 변수의 문자열을 2번 반복하여 "ABCDEABCDE"가 대입된다.

| ⑦ | ```
string = "ABCDE"
str7 = string * 0
``` | str7: "" (빈 문자열) |

| ⑧ | ```
string = "ABCDE"
str8 = string * -1
``` | str8: "" (빈 문자열) |

문자열을 0이나 음수로 곱하면 빈 문자열이 된다. str7과 str8의 결과는 챕터 본문에서는 언급되지 않은 내용이다.

문제 5

| ①<br>② | ```
nums = [1, 20, 300, 4000]
n1 = nums + nums
n2 = nums + [9]
``` | n1: [1, 20, 300, 4000, 1, 20, 300, 4000]<br>n2: [1, 20, 300, 4000, 9] |

n1과 n2 변수는 num 뒤에 리스트를 덧셈을 수행한다. 결과적으로 이어 붙인 리스트가 대입된다.

Quick Tip

리스트 덧셈은 리스트로
n2의 경우, 9를 이어 붙일 때 9가 아닌, [9]를 덧셈하여야 합니다.

| ③ | ```
nums = [1, 20, 300, 4000]
n3 = nums + [nums]
``` | n3: [1, 20, 300, 4000, [1, 20, 300, 4000]] |

n3은 리스트 안에 리스트(nums)를 넣은 뒤 nums에 이어 붙인다. 그 결과로 n3의 마지막 요소는 리스트가 된다.

| ④ | ```
nums = [1, 20, 300, 4000]
n4 = nums * 2
``` | n4: [1, 20, 300, 4000, 1, 20, 300, 4000] |

n4는 nums를 두 번 반복한 값이 대입된다.

```
        nums = [1, 20, 300, 4000]              nums: [1, 20, 300, 4000]
⑤       n5 = nums * 0                          n5: []
⑥       n6 = nums * -1                         n6: []
```

문자열과 마찬가지로 n6에서 리스트를 0이나 음수로 곱한 결과는 빈 리스트가 된다.

문제 6

```
①       name = "variable'                      name = "variable"
```

따옴표의 쌍을 맞추어 큰따옴표로 시작한 문자열은 큰따옴표로 끝을 맺으면 올바르게 문자열을 선언할 수 있다. 큰 따옴표를 작은따옴표로 바꾸어도 무방하다.

```
②       "name" = "variable"                    name = "variable"
```

변수 선언에는 따옴표를 사용하지 않으므로 따옴표를 제거한 변수 이름을 사용하면 된다.

```
③       is_book = true                         is_book = True
```

참을 표현하는 True는 첫 글자를 대문자로 사용하면 된다.

```
④       True = 1                               true = 1
```

참을 표현하는 True는 변수 이름으로 사용할 수 없다. 키워드나 어떤 값을 표현하는 literal이 아닌 변수 이름을 사용하면 된다.

```
⑤       4things = [3.141, 2.718, 41, 1729]     four_things    =    [3.141,
                                               2.718, 41, 1729]
```

변수 이름은 숫자로 시작할 수 없다. 변수 이름의 규칙에 맞게 변경하여야 한다.

```
⑥       for = "repeat"                         for_ = "repeat"
```

for는 특수한 기능을 수행하는 파이썬의 문법에 사용되는 키워드이기 때문에 사용할 수 없다. 이러한 키워드에는 언더스코어(_)를 붙이면 문법적 기능과 겹치지 않기 때문에 변수 이름으로 사용할 수 있다.

문제 7

```
①   string = "10"
    int1 = int(string+string)          int1: 1010
```

위 코드는 string 문자열을 합친 결과를 숫자로 자료형 변환하여 int1에 대입한다. 그 결과 10 문자열이 합쳐진 "1010"이 int형으로 자료형 변환되어 천십(1010)이 int1에 대입된다.

```
②   string = "10"
    int2 = int(string) + int(string)   int2: 20
```

위 코드는 string 문자열을 int형으로 자료형 변환 후 덧셈을 수행한다. 그 결과 숫자 10끼리 더해진 20이 int2에 대입된다.

```
③   string = "10"
    int3 = int(string) * 3             int3: 30
```

위 코드는 string 문자열을 int형으로 자료형 변환 후 곱셈을 수행한 결과를 int3에 대입한다. 그 결과, 숫자 10에 3을 곱한 30이 int3에 대입된다.

```
④   string = "10"
    int4 = int(string*3)               int4: 101010
```

위 코드는 string 문자열에 3을 곱해서 3번 반복한 후 int형으로 자료형 변환한 결과를 int4에 대입한다. 그 결과, 문자열 "101010"의 숫자 표현인 십만천십(101,010)이 int4에 대입된다.

```
⑤   string = "10"
    int5 = int(string[0])              int5: 1
```

위 코드는 string 문자열의 첫 번째 글자를 int형으로 자료형 변환 후 int5에 대입한다. 그 결과 string의 첫 번째 글자인 "1"을 숫자로 변환한 결과인 일(1)이 int5에 대입된다.

문제 **8**

```
①   string = "Hello_Python"
    str1 = string[:5] + string[:5]
```
str1: **"HelloHello"**

위 코드는 string 문자열 중 첫 다섯 번째 글자까지의 문자열을 서로 이어 붙여서 str1에 대입한다. 그 결과 첫 다섯 글자인 "Hello"가 두 번 반복한 HelloHello를 str1에 대입한다.

```
②   string = "Hello_Python"
    str2 = string[0] + string[6]
```
str2: **"HP"**

위 코드는 string 문자열 중 첫 번째 글자와 일곱 번째 글자를 서로 이어 붙여서 str2에 대입한다. 그 결과 string 문자열의 첫 번째 글자인 H와 일곱 번째 글자인 P가 합쳐진 HP가 str2에 대입된다.

```
③   string = "Hello_Python"
    str3 = string[-6:]
```
str3: **"Python"**

위 코드는 string 문자열 중 끝에서 여섯 번째 글자에서 끝까지의 글자를 str3에 대입한다. 그 결과 string 문자열의 마지막 여섯 글자인 "Python"이 str3에 대입된다.

```
④   string = "Hello_Python"
    str4 = string[:2] + string[2:]
```
str4: **"Hello_Python"**

위 코드는 string 문자열 중 첫 두 글자와 세 번째 글자부터 끝까지의 글자를 합친 결과를 str4에 대입한다. 그 결과 str4에 대입한 문자열은 원래의 string 문자열과 동일하다.

```
⑤   string = "Hello_Python"
    str5 = string[:4] + string[4:]
```
str5: **"Hello_Python"**

위 코드는 string 문자열 중 첫 네 글자와 다섯 번째 글자부터 끝까지의 글자를 합친 결과를 str5에 대입한다. 그 결과 str5에 대입한 문자열은 원래의 string 문자열과 동일하다.

문제 9

①	```nums = [1, 20, 300, 4000]``` ```n1 = nums[0] + nums[1]```	n1: **21**

위 코드는 nums 리스트의 첫 번째 요소와 두 번째 요소인 1과 20을 더해서 n1에 대입한다. 그 결과 n1에 대입된 값은 21이다.

②	```nums = [1, 20, 300, 4000]``` ```n2 = nums[0:1] + nums[1:2]```	n2: **[1, 20]**

위 코드는 nums 리스트의 슬라이싱 결과를 더한다. nums[0:1]은 첫 번째 요소만 담겨 있는 리스트이고, nums[1:2]는 두 번째 요소만 담겨 있는 리스트이다. 리스트의 덧셈은 요소들을 이어 붙이는 것이므로 n2에 대입되는 값은 첫 번째, 두 번째 요소가 들어 있는 리스트인 [1, 20]이다.

③	```nums = [1, 20, 300, 4000]``` ```n3 = nums[1:][0]```	n3: **20**

위 코드는 nums 리스트의 슬라이싱 결과에 인덱싱을 수행한다. nums[1:]은 [20, 300, 4000]이고, 이 슬라이싱 결과에 [0] 인덱싱을 수행한 결과인 20이 n3에 대입된다.

④	```nums = [1, 20, 300, 4000]``` ```n4 = nums[2] * 2```	n4: **600**

위 코드는 nums 리스트의 세 번째 요소 값인 300에 2를 곱해서 n4에 대입하므로 n4의 값은 600이다.

⑤	```nums = [1, 20, 300, 4000]``` ```n5 = nums[2:3] * 2```	n5: **[300, 300]**

위 코드는 nums 리스트의 두 번째 요소를 담은 슬라이싱 결과에 2를 곱한다. 슬라이싱 결과는 [300]이고 리스트의 곱셈은 요소의 반복이므로 n5에 대입되는 값은 [300, 300]이다.

프로젝트 알아가기

각 챕터의 마무리마다 주식 데이터 파일을 분석하는 프로젝트를 분석한다. 프로젝트 코드는 지금의 진도에서는 전체를 이해할 수 없다. 하지만 '기초 입문편'을 마무리하고 나면 전체 코드의 의미가 눈에 보일 것이다. 각 챕터를 진행하면서, 해당 챕터에서 배운 내용이 파이썬 프로그래밍에서 어떻게 사용되는지 알게 된다. 프로젝트를 시작하기 전에 김앤북 사이트(kimnbook.co.kr)에 접속하여 네 개의 데이터 파일을 다운받자. 각 데이터 파일의 이름은 다음과 같다.

> **Clear Comment**
>
> **프로젝트 코드? 프로젝트 폴더?**
>
> 프로젝트의 규모에 따라서 프로젝트 파일의 구성이 달라집니다. 비교적 간단한 목표의 프로젝트는 단일 파일로 프로젝트 코드를 구성하며, 복잡한 프로젝트는 여러 계층의 폴더 구조로 이루어져 있기도 합니다. 본 예제는 주식 데이터를 분석하는 간단한 예제로, 단일 파일로 구성되어 있습니다.

- stock1.txt

- stock2.txt

- stock3.txt

- stock4.txt

위 데이터는 국내 주식 종목의 2022년 1분기부터 4분기까지의 주식 데이터이다.

---

stock1.txt

날짜,시가,고가,저가,종가,거래량,거래대금,등락률
2022-01-03,13350,13450,13150,13150,24502,325979100,-1.5
2022-01-04,13350,13350,13100,13250,18026,238043600,0.76
2022-01-05,13300,13300,12950,13050,38173,499448750,-1.51
2022-01-06,12900,13000,12700,12800,42018,539429400,-1.92
...

위와 같이 구성된 데이터를 파이썬 프로젝트 폴더에 두고 프로젝트 파이썬 파일을 실행하여 각 데이터 파일을 분석한다.

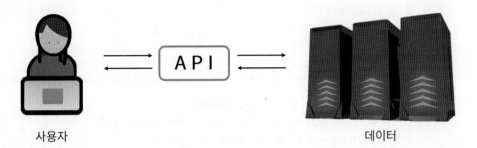
사용자   데이터

이 데이터도 파이썬 프로그래밍을 통해 주식 데이터를 제공하는 API를 통해 얻은 것이다. 프로그램을 통해서 날 것의 데이터로부터 사용하기 쉬운 가공된 데이터의 형태로 제공하는 것을 API라고 부른다. 특히 온라인상의 데이터를 API를 통해 얻는 것을 Open API라고 부른다.

프로젝트는 수십 줄의 코드로 구성되어 있다. 앞서 설명했듯, 아직 전체 코드를 이해할 필요는 없다.

```python
1    standard_volume = 30000
2    volume_too_low = 10000
3
4    target_dates = []
5    end_price_target_dates = []
6    ends = []
7    ma3_end = []
8    cumul_ends = [0]
9
10   for i in range(1, 4+1):
11       file_name = "stock{}.txt".format(i)
12
13       f = open(file_name, "r", encoding="utf-8")
14       entire_txt = f.read()
15       f.close()
16
17       lines = entire_txt.split("\n")
18       lines_values = lines[1:]
19
20       for j in range(len(lines_values)):
21           line = lines_values[j]
22           values = line.split(",")
23           date = values[0]
```

```
24        start = values[1]
25        high = values[2]
26        low = values[3]
27        end = values[4]
28        volume = values[5]
29        amount = values[6]
30        fluc_rate = values[7]
31
32        if int(volume) > standard_volume:
33            print("At {}, volume is large".format(date))
34            target_dates = target_dates + [date]
35            end_price_target_dates += [int(end)]
36        elif int(volume) < volume_too_low:
37            print("At {}, trading volume is too low".format(date))
38
39        ends = ends + [int(end)]
40
41  for j in range(len(ends)):
42      if j > 2:
43          moving_avg = (ends[j-2] + ends[j-1] + ends[j]) / 3
44          ma3_end += [moving_avg]
45
46  mean_target_end = sum(end_price_target_dates) / len(end_price_target_dates)
47
48  dates_name = "target_dates.txt"
49  f = open(dates_name, "w", encoding="utf-8")
50  for date in target_dates:
51      f.write(date)
52  f.close()
53
54  ma_name = "target_ma.txt"
55  f = open(ma_name, "w", encoding="utf-8")
56  for ma in ma3_end:
57      f.write(str(ma))
58  f.close()
```

위 코드는 어떤 주식 종목의 2022년 데이터를 분석한 것이다. 이 코드에서 시도하는 첫 번째 분석은 1분기부터 4분기까지의 데이터 파일을 열어 거래량이 일정 수준 이상인 날짜를 추려 내는 것이다. 두 번째는 3거래일의 이동 평균(moving average)*을 구한다. 그 후에 각 분석한 결과

기초 용어 정리

* **이동 평균(moving average)**: 어떤 데이터의 이동 평균(moving average)은 어떤 시점 전후 일정 구간의 평균을 구하는 것으로, 전체적인 추세를 가늠할 때 사용한다.

를 파일로 저장한다.

이번 챕터에서 배운 변수의 선언 및 여러 자료형들이 사용되는 방식을 알아보자.

```
1    standard_volume = 30000
2    volume_too_low = 10000
```

line 1의 standard_volume과 line 2의 volume_too_low는 int형 숫자로 선언되어 있다. 변수 이름으로 의미를 예상하면 기준 volume과 너무 낮은 volume인데, volume이 무슨 뜻으로 쓰였는지 안다면, 이 변수가 어떤 의미로 쓰이는지 더 잘 이해할 수 있을 것이다. 여기서는 이 파이썬 프로그램에서 설정한 기준 volume은 3만이고, 너무 낮은 volume은 1만이라는 것까지만 해석할 수 있는 정도면 충분하다.

```
4    target_dates = []
5    end_price_target_dates = []
6    ends = []
7    ma3_end = []
8    cumul_ends = [0]
```

line 4부터 line 8까지는 리스트 변수를 선언하고 있다. 리스트 변수 이름을 통해 각 리스트에 담을 정보를 유추할 수 있다. target_dates와 end_price_target_dates는 각각 날짜에 대한 정보를, 나머지 변수는 end에 대한 정보를 담을 것으로 유추된다. line 8을 제외한 줄에서는 변수를 빈 리스트로 선언해 두었으며, line 8에서는 0을 하나 넣어두고 리스트를 선언했다.

> **Clear Comment**
>
> **[]는 곧 채움**
>
> 프로젝트 진행에서 코드 초반부에 빈 리스트 변수가 종종 등장합니다. 이 변수는 이후의 프로그래밍 작업에서 리스트 안에 요소를 추가할 것으로 예상할 수 있습니다. 또한 채워지는 요소의 종류는 변수 이름으로 유추할 수 있습니다.

코드의 중간에도 이번 챕터에서 배운 내용들이 등장한다.

```
18   lines_values = lines[1:]
```

line 18에서는 슬라이싱을 사용한다. [1:]의 슬라이싱은 첫 번째 요소를 제외한 나머지를 사용하겠다는 의미이다.

```
21    line = lines_values[i]
...   ...
23    date = values[0]
24    start = values[1]
25    high = values[2]
26    low = values[3]
27    end = values[4]
28    volume = values[5]
29    amount = values[6]
30    fluc_rate = values[7]
```

line 23~30에는 values의 인덱싱이 사용된다. values가 어떤 변수인지는 모르지만, 요소가 8개 이상 있는 리스트이거나 문자열임을 유추할 수 있다.

```
34    target_dates = target_dates + [date]
35    end_price_target_dates += [int(end)]
...
39    ends = ends + [int(end)]
...
44    ma3_end += [moving_avg]
```

line 34, 35, 39, 44: 리스트의 덧셈

line 34의 target_dates는 target_dates의 뒤에 date가 요소로 담긴 리스트를 더한다. = 좌우에 같은 리스트 변수를 두고 마지막에 리스트를 덧셈한 것은 원래 리스트에 date값을 맨 뒤에 추가한다는 의미이다.

```
35    end_price_target_dates += [int(end)]
```

line 35: 자료형 변환

end가 어떤 자료형의 변수인지는 아직 알 수 없으나, 정수형으로의 자료형 변환을 수행한다.

```
48    dates_name = "result/target_dates.txt"
...
54    ma_name = "result/target_ma.txt"
```

line 48, 54: 문자열 변수 선언

dates_name과 ma_name은 모두 문자열 변수이며 각각 파일 경로에 대한 정보를 표현한다.

1. 변수, 자료형

변수를 선언하여 특정 값을 저장할 수 있고, 이후에 이 변수를 사용하여 해당 값을 다시 사용할 수 있다. 변수 이름은 영문자와 숫자, 그리고 _를 조합하여 만들 수 있다. 프로그램을 실행할 때 변수 이름이 값에 영향을 끼치지는 않지만, 프로그램을 쉽게 이해하기 위해서 변수 이름을 직관적으로 작성하는 것이 바람직하다. 자료형은 값의 종류를 나타내는 개념으로, 문자열, 숫자(int, float), bool, 리스트 등이 있다.

2. 문자열

문자열 자료형은 글자의 나열을 다루는 데에 사용되는 자료형이며, 따옴표로 표현하고자 하는 글을 감싸서 표현한다. 문자열의 오른쪽에 대괄호를 붙여 인덱싱과 슬라이싱을 통해 문자열의 일부를 표현할 수 있는데, [0] 인덱스가 첫 번째 아이템을 나타내고 [1]이 두 번째 아이템을 나타낸다. 0에서 시작하는 인덱싱이 익숙하지 않다면 주의해야 한다. 인덱싱 숫자는 음수도 가능하며, 문자열의 끝에서부터의 순서를 다룰 때 사용한다. 덧셈 및 곱셈으로는 각각 문자열에 문자열을 이어 붙이거나, 문자열을 특정 횟수만큼 반복한 문자열을 생성한다.

3. int, float

int 자료형은 숫자를 나타내는 자료형이며 그중에서도 소수점 이하가 없는 정수형 숫자를 나타내는 자료형이다. 숫자를 나타내는 데에 쓰이기도 하고, 문자열이나 리스트의 인덱싱/슬라이싱/곱셈과 같은 탐색, 확장에도 쓰인다. float 자료형 또한 숫자를 나타내는 자료형으로, 그중 소수점 이하를 포함하는 실수형 숫자를 나타내는 자료형이다. int형과 float형은 값이 같더라도 서로 다르게 동작하므로, 헷갈렸을 때 에러를 발생하는 요인이 되니 주의해야 한다.

4. bool

bool 자료형은 참과 거짓을 나타내는 자료형으로 각각 True와 False로 표현한다. bool 자료형은 파이썬에서 논리적인 설계 과정의 핵심적인 값이다.

5. 리스트

리스트 자료형은 다수의 값을 목록으로 다루는 자료형이다. 대괄호 안에서 각 값 요소를 ,(콤마)로 구별한다. 리스트에는 어떤 자료형이든 요소로 포함될 수 있고, ["abc", 1, [3, 4]]처럼 동시에 여러 자료형의 값도 담을 수 있다. 리스트의 오른쪽에 대괄호를 붙여 인덱싱과 슬라이싱을 통해 리스트의 특정 순서의 요소를 얻거나, 특정 범위의 리스트를 얻을 수 있다. 문자열과 마찬가지로 첫 번째 요소를 [0] 인덱스로 접근한다. 덧셈 및 곱셈도 문자열과 같이 리스트와 리스트를 이어 붙이거나 리스트를 특정 횟수만큼 반복한다.

더 멋진 내일(Tomorrow)을 위한 내일(My Career)

02

내
일
은
파
이
썬

연산자 - operator

연산자, 산술연산자, 비교연산자, 멤버연산자, 논리연산자, 대입연산자

여기서는 무얼 배울까

연산자란 프로그래밍에서 연산을 수행하는 기호를 뜻한다. 프로그래밍에서 연산은 산술 연산, 비교 연산, 논리 연산 등이 있다. 이번 챕터에서는 파이썬에서 지원하는 기본적인 프로그래밍 연산자를 학습한다. 먼저 산술 연산자는 사칙 연산을 포함한 수학적인 연산을 수행하는 연산자이다. 논리 관련 연산자에서는 연산 결과가 bool 자료형인 비교 및 멤버 연산자에 대해서 학습하고, 논리 연산자인 and, or, not을 학습한다. 추가적으로 =을 포함한 대입 연산자에 대해서 학습하고, 논리 연산의 조합을 이용하여 복잡한 논리식을 구성하는 방법을 학습한다.

01

산술 연산자 - arithmetic operator

사칙연산

산술 연산자

산술 연산자(arithmetic operator)란 덧셈, 뺄셈, 곱셈, 나눗셈 등 **수와 관련된 계산을 수행하는 연산자**이다. '챕터1 변수와 자료형'에서 변수나 값끼리 덧셈(+), 곱셈(*)을 수행한 것이 산술 연산자를 사용한 것이다. 산술 연산자의 종류는 다음과 같다.

+	덧셈(addition)을 수행하는 연산자로, 앞뒤 두 수의 합을 계산한다.
–	뺄셈(subtraction)을 수행하는 연산자로, 앞의 수에서 뒤의 수를 뺀 차를 계산한다.
*	곱셈(multiplication)을 수행하는 연산자로, 앞뒤 두 수의 곱을 계산한다.
/	나눗셈(division)을 수행하는 연산자로, 앞의 수에서 뒤의 수를 나눈 몫을 계산한다. 소수점 이하 몫까지 계산한다.
//	나눗셈(floor division)을 수행하는 연산자로, 앞의 수에서 뒤의 수를 나눈 몫을 계산한다. 소수점 이하는 버림한다.
%	나눈 나머지(modulus)를 계산하는 연산자로, 1의 자리 수까지 나눈 후의 나머지 결과이다.
**	거듭제곱(exponentiation)을 계산하는 연산자로 앞의 수를 밑, 뒤의 수를 지수로 한 거듭제곱 결과를 얻는다.

숫자 자료형끼리 산술 연산자를 사용할 경우, /를 제외한 모든 경우에 하나라도 실수형이 포함되어 있다면 결과는 실수형이 된다. /의 경우에는 예외적으로 정수형끼리 나누더라도 결과는 실수형이다. 또한 거듭제곱의 경우에도 예외적으로 음수 거듭제곱은 역수를 계산하기 때문에 **의 오른쪽에 음수 정수형 숫자가 오더라도 결과는 실수형이 된다.

Quick Tip

정수형과 실수형
기본적인 숫자 자료형에는 정수(int)형과 실수(float)형이 있습니다.

산술 연산자의 우선순위

연산자는 왼쪽에 등장한 연산자부터 계산하는 것을 원칙으로 한다.

```
a = 3 - 1 + 4
print(a)
```

실행 결과
```
6
```

위 코드에서 a에는 3 - 1을 계산한 결과인 2에서 4를 더한 값인 6이 대입된다.

프로그래밍 언어는 왼쪽부터 수행하는 규칙 외에도, 연산자마다 어느 연산을 먼저 계산할지에 대한 규칙인 **연산자 우선순위(Operator precedence)**가 있다. 산술연산의 우선순위는 다음과 같다.

> **Clear Comment**
> **모든 연산자 간 우선순위**
> 모든 연산자 사이의 우선순위는 부록에서 확인할 수 있습니다.

우선순위	연산자
1순위	**
2순위	* / // %
3순위	+ -

위 우선순위는 수학에서 적용되는 산술 연산의 우선순위와 같다.

> **Clear Comment**
> **다항식 계산 순서**
> 예를 들면 $2 + 3x^2$는 덧셈, 곱셈(생략됨), 거듭제곱 순서대로 적혀 있습니다. 하지만 계산하는 순서는 거듭제곱 - 곱셈 - 덧셈 순입니다.

```
num = 2 + 3 * 4 ** 2
print(num)
```

50

위 코드에서 num에 대입되는 값은 4**2의 결과에 3을 곱한 후 2를 더한 50이 된다.

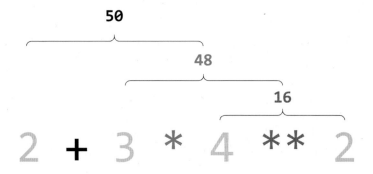

문자열, 리스트의 덧셈과 곱셈

'챕터1 변수와 자료형'에서 문자열 및 리스트의 덧셈과 곱셈을 학습하였다. 각각 문자열/리스트를 이어 붙이거나(concatenate) 반복하는(repetition) 작업을 수행한다. 이 작업에서 사용되는 +와 * 또한 연산자 우선순위를 적용하여 계산한다.

> **Clear Comment**
>
> **문자열엔 %도 가능**
>
> 문자열에서 %를 사용하는 것을 formatting이라고 합니다. 문자열 formatting은 '챕터3 내장함수'에서 배웁니다. 우선순위는 산술 연산의 우선순위와 동일합니다.

```
s = "A" + "B" * 5
print(s)
```

ABBBBB

만약 연산자 우선순위 없이 왼쪽부터 계산한다면, 결과는 ABABABABAB이지만, 곱셈 연산자를 먼저 수행하기 때문에 BBBBB 결과를 먼저 얻고 그 앞에 "A"를 이어 붙여 ABBBBB 결과를 얻는다.

```
nums = [0] + [1] * 3
print(nums)
```

```
[0, 1, 1, 1]
```

위 코드도 마찬가지로 곱셈 연산자를 먼저 수행하여 [1, 1, 1]의 결과를 먼저 얻고 그 앞에 [0]을 이어 붙여 [0, 1, 1, 1] 결과를 얻는다.

우선순위보다 우선하는 괄호

만일 프로그래밍 상에서 **특정 연산을 먼저 수행**하고 싶다면, 아래와 같이 먼저 수행할 연산을 괄호로 감싸면 된다.

> **Quick Tip**
>
> **헷갈리면 괄호를**
> 내가 먼저 계산하고 싶은 연산에 괄호를 붙이면 코드의 의도를 명확하게 전달할 수 있습니다.

```
num = (2 + 3) * 4
print(num)
```

```
20
```

위 코드는 2와 3의 덧셈 및 4의 곱셈을 수행한다. 괄호로 감싼 연산을 먼저 수행하기 때문에 2 + 3을 먼저 수행하여 5를 얻고 그 결과에 4를 곱하면 결과는 20이 된다.

손으로 익히는 코딩	실행 결과
`print(3 + 4)`	7
`print(3 + 4 * 2)`	11
`print((3 + 4) * 2)`	14
`print(2 * 3)`	6
`print(2 ** 3)`	8
`print(2 * 3 ** 2)`	18

나눗셈 관련 연산자

나눗셈 연산자 /와 //

파이썬에서는 나눗셈 연산자가 두 개 있다. **/는 소수점 아래까지**의 나눗셈을 수행하며 **//는 정수 범위에서**의 나눗셈을 수행한다.

```
a = 7 / 2
b = 7 // 2
print(a)
print(b)
```

```
3.5
3
```

위 코드에서 a에는 7을 2로 소수점 아래까지 나눈 3.5가 대입되고, b는 2를 소수점 위까지만 나눈 몫인 3이 대입된다.

```
a = 7 / 0
b = 7 // 0
```

```
ZeroDivisionError: division by zero
ZeroDivisionError: integer division or modulo by zero
```

파이썬은 0으로의 나눗셈은 지원하지 않는다. 0으로 나누려 하면 에러가 발생하며, 이것은 다른 프로그래밍 언어에서도 대부분 에러를 발생시킨다. /와 // 두 연산자 모두 0으로 나눈 경우 ZeroDivisionError라는 에러를 발생시킨다.

Quick Tip

에러의 종류

에러에는 종류가 있습니다. 에러의 종류를 확인하면 에러가 발생한 원인을 쉽게 알 수 있습니다.

나머지 연산자 %

%는 앞의 수를 뒤의 수로 나눈 나머지를 알려 주는 연산자이다.

```
c = 7 % 2
```

```
1
```

위 코드에서 c에는 7을 2로 나눈 나머지인 1이 대입된다. //에서 나누지 않은 나머지가 %의 결과가 된다.

$$3 \dashrightarrow 7 \,//\, 2$$

$$2 \,)\, 7$$

$$1 \dashrightarrow 7 \,\%\, 2$$

실용적인 % 연산자

나머지를 구하는 특성은 프로그래밍에서 다양하게 사용된다. 나눠지는 수가 정해져 있을 때 %의 결과는 순환한다는 점 때문이다. 예를 들어, int형 변수 n이 홀수인지 짝수인지 구별하는 방법은 2로 나눈 나머지를 확인함으로써 알 수 있다. 2로 나눈 나머지가 1이면 홀수, 0이면 짝수이다. 또한 반복하는 프로그래밍(챕터6 반복문)을 설계할 때도 특정 횟수마다 동작하게 하는 방식으로써 % 연산자를 사용한다.

```
1 % 2 → 1
2 % 2 → 0
3 % 2 → 1
4 % 2 → 0
5 % 2 → 1
...
```

손으로 익히는 코딩

```
print(9 // 3)
print(9 / 3)
print(type(9//3))
print(type(9/3))
print(0 % 2)
print(1 % 2)
print(2 % 2)
print(3 % 2)
print(4 % 2)
```

실행 결과

```
3
3.0
<class 'int'>
<class 'float'>
0
1
0
1
0
```

에러에서 배우기

• 문자열 숫자는 뺄셈 불가능

```
a = 5 - "3"          TypeError: unsupported operand type(s) for -: 'int' and 'str'
```

위 에러는 숫자에서 문자열을 빼는 연산을 시도하여 발생한다. 에러 메시지는 - 연산자가 int(정수형 숫자)에서 str(문자열)로 뺄 수 없다는 의미이다. 문자열 3은 숫자의 크기가 아닌 글자 3을 표현하고 있으므로 숫자에서 뺄 수 없다. 이는 덧셈(+)에 대해서도 마찬가지이다.

• 0으로 나누는 것은 불가능

```
b = 7 / 0                      ZeroDivisionError: division by zero
```

위 에러는 0으로 나눗셈을 시도하여 발생한다. 에러 메시지는 0으로 나누었다는 의미이다. 수학에서도 0으로 나누는 것은 정의되어 있지 않고 프로그래밍에서도 정의하지 않기 때문에, 0으로 나눈 값은 사용할 일이 없어 에러를 발생시킨다. 컴퓨터는 나눗셈을 수행할 때, 나누는 값을 반복해서 빼는데, 0을 반복해서 빼도 변화가 없기 때문에, 에러로 미리 막지 않으면 컴퓨터가 멈추는 결과를 가져올 수 있다.

- 나머지 연산자도 나눗셈을 수행

```
c = 7 % 0                               ZeroDivisionError: integer modulo by zero
```

위 에러는 0으로 나눈 나머지 계산을 시도하여 발생한다. 나머지를 구하는 연산자도 나눗셈을 수행해야 하므로 앞선 에러와 마찬가지의 이유로 0으로 나눌 수 없다는 에러를 발생시킨다.

- 너무 큰 float형은 표현 불가능

```
d = 5.0 ** 1000                         OverflowError: (34, 'Result too large')
```

위 에러는 굉장히 큰 범위의 실수형 숫자를 표현하려 할 때 발생한다. 에러 메시지는 (연산) 결과가 너무 크다는 의미이다. int형은 파이썬에서 숫자 크기에 제약이 없지만, float형은 숫자 크기에 제약이 있다. 위 코드의 5.0을 5로 바꾸면 에러가 발생하지 않는다.

Clear Comment

float형의 최댓값

float형으로 나타낼 수 있는 최댓값은 약 $1.79 * 10^{308}$입니다. 이 수를 넘어가는 수를 표현하려 하면, 에러를 발생시키거나 무한을 뜻하는 inf(infinity의 줄임말)로 표현됩니다.

더 알아보기

오버플로우

프로그래밍에서 오버플로우(overflow)란, 메모리상의 주어진 할당 공간을 넘어선 값을 표현하려고 할 때 발생하는 문제이다. 예를 들어, 8개의 비트(bit, 0과 1로만 표현)로 표현할 수 있는 숫자의 종류는 256개로 0~255를 표현할 수 있다. 만약, 253에서 3을 더하면 256이 되어야 한다. 이진법에서 256은 100000000으로 아홉 개의 비트를 필요로 한다. 하지만 메모리상의 할당 공간은 8비트이기 때문에 8개의 숫자만 값의 표현에 사용되어 8비트 상에서 253+3의 결과 값은 256이 아닌 0이 된다. 파이썬에서는 오버플로우가 거의 발생하지 않으나, 프로그래밍에서 중요한 개념이므로 기초 입문편의 학습을 마친 후 심화적으로 공부해 볼 것을 권한다.

02

더 멋진 내일(Tomorrow)을 위한 내일(My Career) **내일은 파이썬**

논리 관련 연산자

비교 연산자 - comparison operator

비교 연산자는 같다, 크다 등 **값의 비교를 수행하는 연산자**이다. 비교연산자의 종류는 다음과 같다.

==	값이 같은지(equal to)를 비교하는 연산자이다. 값이 같으면 True, 다르면 False이다.
!=	값이 다른지(not equal to)를 비교하는 연산자이다. 값이 다르면 True, 같으면 False이다.
<	앞의 값이 뒤의 값보다 작은지(less than)를 비교하는 연산자이다. 앞의 값이 더 작으면 True, 크거나 같으면 False이다.
>	앞의 값이 뒤의 값보다 큰지(greater than)를 비교하는 연산자이다. 앞의 값이 더 크면 True, 크거나 작으면 False이다.
<=	앞의 값이 뒤의 값보다 작거나 같은지(less than or equal to)를 계산하는 연산자이다. 앞의 값이 더 작거나 같으면 True, 크면 False이다.
>=	앞의 값이 뒤의 값보다 크거나 같은지(greater than or equal to)를 계산하는 연산자이다. 앞의 값이 더 크거나 같으면 True, 작으면 False이다.

숫자의 비교

숫자에 대한 비교 연산의 결과는 수의 대소 비교 결과이며, True 혹은 False의 bool 자료형이다.

```
print(1 == 4)
print(1 != 4)
print(1 < 4)
print(1 > 4)
print(1 <= 4)
print(1 >= 4)
```

실행 결과
```
False
True
True
False
True
False
```

위 코드는 비교 연산자를 숫자 1과 4에 대해서 수행한다. 숫자 1과 4의 대소 관계에 대해서 비교 연산자를 통해 확인할 수 있다. 숫자의 대소 비교 시, float, int형에 관계없이 값의 대소 관계에 따라 비교를 수행한다.

	실행 결과
`print(5 == 5.0)`	True
`print(5 != 5.0)`	False
`print(5 < 5.2)`	True
`print(5 > 5.2)`	False

위 코드는 5, 5.0, 5.2에 대해서 비교 연산을 수행한다. 5와 5.0은 각각 int, float 자료형이지만, 대소 관계에서 그 크기가 같으므로 연산 결과는 True이다. 나머지 비교 연산의 결과는 숫자의 다름, 대소 비교 결과에 따라 True, False의 결과를 얻을 수 있다.

문자열의 비교

문자열에 대한 비교 연산의 결과는 기본적으로 **사전 순서**를 기준으로 한다. 사전 순서에서 앞에 오는 문자열이 더 작은 값으로 취급된다. 대문자가 소문자보다 작은 값으로 해석되며, 숫자 문자열의 경우 대소문자 관계없이 알파벳보다 작은 값이며, 0이 제일 작고 9가 제일 큰 값이다. 아래의 코드 및 결과 예시를 살펴보자.

> **Clear Comment**
>
> **ASCII 코드 기준**
> 정확한 문자열의 대소 관계 기준은 아스키 코드의 숫자입니다. 아스키 코드는 알파벳 등의 글자를 숫자에 대응시켜 둔 표입니다.

	실행 결과
`print("apple" < "banana")`	True
`print("apple" < "apples")`	True
`print("apple" < "app")`	False
`print("35" < "4")`	True

위 코드는 apple, banana, apples, app 문자열 사이의 대소 관계, 그리고 문자열로 표현된 숫자의 대소관계를 확인한다. 사전 순서에 맞게 b가 a보다 나중에 등장하므로 "banana"가 "apple"보다 큰 값이다. "apples"는 "apple"보다 뒤에 등장하기 때문에 연산 결과는 True지만, "app"은 "apple"보다 먼저 등장하므로 연산 결과는 False이다. 문자열 "35"와 "4"는 사전 순서상 "35"가 먼저 등장하므로 "35"가 "4"보다 작다.

```
print("apple" < "Banana")              False
print("apple" < "A")                   False
```

위 코드는 apple, Banana, A 문자열 사이의 대소 관계를 확인한다. 뒤의 두 단어는 대문자로 시작하기 때문에, 소문자보다 작은 값으로 취급되어 비교 연산 결과는 둘 다 False이다.

손으로 익히는 코딩

```
print(5 >= 3)            True
print(5 < 3)             False
print(5 == 3)            False
print(5 != 3)            True
print(3 == 3.0)          True
print("py" < "thon")     True
print("py" < "THON")     False
print("PY" < "thon")     True
print("PY" < "THON")     True
```

멤버 연산자 - membership operator

멤버 연산자는 어떤 값이 반복 가능 데이터*에 포함되는지 여부를 True와 False로 알려 주는 연산자이다. 멤버 연산자의 종류는 다음과 같다.

in	앞의 값이 뒤의 데이터에 포함되어 있는 경우에는 결과가 True, 그렇지 않은 경우 False이다.
not in	앞의 값이 뒤의 데이터에 포함되어 있지 않은 경우에는 결과가 True, 포함된 경우에는 False이다.

> **Quick Tip**
>
> **포함된다?**
> 더 정확한 표현으로는 "값이 같은 것이 있는 경우"입니다.

멤버 연산의 결과는 True 혹은 False의 bool 자료형이다.

기초 용어 정리

* **반복 가능 객체(iterable)**: 다수의 값으로 이루어진 데이터 자료형을 iterable한 자료형이라고 부른다. 예를 들어, 여러 글자가 모아진 문자열이나, 여러 요소로 이루어진 리스트가 iterable한 자료형이다. 엄밀하게는 "반복하다"라는 뜻의 iterate에 "~할 수 있는"의 의미를 가진 able을 결합하여 "반복할 수 있는"이라는 의미이지만, 지금은 다수의 값으로 이루어진 데이터로 이해하면 된다.

Chapter 2. 연산자 - operator • **93**

```
s = "ABCDE"
print("A" in s)
print("F" in s)
nums = [1, 2, 3]
print(1 in nums)
print(4 in nums)
```

```
True
False

True
False
```

위 코드에서 먼저 변수 s는 ABCDE이고, 다음 두 줄에서 각각 A와 F가 변수 s에 포함되어 있는 지를 출력한다. A는 ABCDE 안에 존재하므로 True이고 F는 존재하지 않으므로 False이다. 다음으로 nums는 [1, 2, 3] 리스트이고, 다음 두 줄에서는 각각 1과 4가 변수 nums에 포함되어 있는지를 출력한다. 1은 [1, 2, 3] 안에 존재하므로 True이고, 4는 [1, 2, 3] 안에 존재하지 않으므로 False이다.

손으로 익히는 코딩

```
string = "python"
print("py" in string)
print("PY" in string)
print("" in string)
print("python" in string)
```

```
True
False
True
True
```

손으로 익히는 코딩

```
words = ["py", "thon"]
print("py" in words)
print("p" in words)
print("python" in words)
print("" in words)
```

```
True
False
False
False
```

논리 연산자 - logical operator

논리 연산자의 종류

논리 연산자는 여러 논리 값들의 **논리적 조합 결과를 계산**하는 연산자이다. 논리 연산자의 종류는 다음과 같다.

and	앞과 뒤의 논리 조건이 둘 다 참인 경우 True이다. 하나라도 False면 결과는 False이다. 이름은 논리곱 연산자이다.
or	논리합 연산자이다. 앞과 뒤의 논리 조건이 하나라도 참인 경우 True이다. 만일 둘 다 False이면 결과는 False이다. 이름은 논리합 연산자이다.
not	부정(否定)을 계산하는 연산자*로 True는 False로, False는 True가 되게 한다.

A and B는 "A도 참이면서 B도 참인가?"에 대한 결과이고, A or B는 "A가 참이거나 B가 참인가?"에 대한 결과이다.

and	True	False
True	**True**	**False**
False	**False**	**False**

or	True	False
True	**True**	**True**
False	**True**	**False**

손으로 익히는 코딩

```
s = "python"
print("py" in s and "thon" in s)
print("py" in s and "R" in s)
print("py" in s or "R" in s)
print(not "py" in s)
```

실행 결과

```
True
False
True
False
```

기초 용어 정리

* **단항(Unary)/이항(Binary) 연산자**: not은 not 뒤의 값 하나만을 필요로 하는 단항 연산자이다. 비교 연산자, 혹은 산술 연산자 등 연산자의 왼쪽과 오른쪽의 두 값을 사용하는 연산자는 이항 연산자라고 부른다.

- and, or, not은 소문자로

```
True AND False                    SyntaxError: invalid syntax
```

위 에러는 and를 대문자로 사용하여 파이썬이 AND를 변수 이름으로 인식하기 때문에 발생한다. and, or, not은 소문자로 사용하여야 한다.

- 숫자와 문자열 사이의 대소 비교는 불가능

```
9 >= "3"                          TypeError: '>=' not supported between instances of
                                  'int' and 'str'
```

위 에러는 숫자와 문자열의 대소 비교를 시도하여 발생한다. 에러 메시지는 int 자료형과 문자열 자료형 사이의 >= 연산자는 지원하지 않는다는 의미이다. 숫자와 문자열은 서로 크기의 기준이 다르기 때문에, 숫자와 문자열 사이에 크기 비교는 불가능하다.

- "같다"는 =이 아닌 ==

```
a = 3=3.0                         SyntaxError: cannot assign to literal
```

위 에러는 literal에 대입할 수 없다는 에러를 발생시킨다. =은 대입하는 연산자로, 파이썬은 이 코드를 3에 3.0을 대입하는 것으로 받아들이기 때문에 이와 같은 에러 메시지를 출력한다. 3과 3.0이 같은지 비교하려면 == 연산자를 사용해야 한다.

- 문자열에 in은 문자열로

```
3 in "python3"                    TypeError: 'in <string>' requires string as left
                                  operand, not int
```

위 에러는 in 문자열 사용 시 in 왼쪽에 문자열이 와야 한다는 메시지를 보이고 있다. 3은 숫자로써 문자열에 포함되어 있는지 사용할 수 없으며, "3" in "python3"와 같이 문자열이 in의 왼쪽에 올 수 있다.

- True는 문자열이 아닌 참

```
"r" in True                       TypeError: argument of type 'bool' is not iterable
```

위 에러는 bool 타입이 반복 가능(iterable)하지 않다는 메시지를 보인다. True는 참을 의미하는 값으로, 반복할 수 없다.

03

연산자 기타 지식

대입 연산자

'챕터1 변수와 자료형'에서 변수에 값을 대입할 때 사용한 =이 대입 연산자 중 하나이다. 추가적으로 파이썬에서는 산술 연산자에 =을 붙여 **산술 후 대입 연산**을 수행할 수 있다.

=	값을 변수에 대입하는 연산자이다. 오른쪽 값을 왼쪽 변수에 대입한다.
+=	연산자 왼쪽의 변수에 오른쪽 값을 더한 결과를 재대입하는 연산자이다.
-=	연산자 왼쪽의 변수에 오른쪽 값을 뺀 결과를 재대입하는 연산자이다.
*=	연산자 왼쪽의 변수에 오른쪽 값을 곱한 결과를 재대입하는 연산자이다.
/=	연산자 왼쪽의 변수에 오른쪽 값을 (소수점 아래까지) 나눈 결과를 재대입하는 연산자이다.
//=	연산자 왼쪽의 변수에 오른쪽 값을 (정수 몫까지) 나눈 결과를 재대입하는 연산자이다.
%=	연산자 왼쪽의 변수에 오른쪽 값을 나눈 나머지 결과를 재대입하는 연산자이다.
**=	연산자 왼쪽의 변수에 오른쪽 값을 거듭제곱한 결과를 재대입하는 연산자이다.

위 연산자들 중 =을 제외한 연산자들은 산술 연산자 뒤에 =을 붙인 형태이다. 이 연산자들은 변수에 대입할 때 원래 값에 =의 앞에 붙은 연산을 수행한 결과를 재대입한다.

> **Clear Comment**
>
> **실무에서의 재대입**
> 보통 실무에서 재대입은 반복적으로 같은 값이나 일정 규칙의 값을 갱신하는 경우에 사용하며, 특히 + =, − =가 많이 사용됩니다.

$$n \mathrel{+}= 3 \longleftarrow n = n + 3$$

```
n = 3
n += 3
print(n)
n = 3
n -= 3
print(n)
n = 3
n *= 3
print(n)
n = 3
n /= 3
print(n)
n = 3
n //= 3
print(n)
n = 3
n %= 3
print(n)
n = 3
n **= 3
print(n)
```

실행 결과
6
0
9
1.0
1
0
27

위 코드에서 먼저 변수 n은 모두 3으로 선언한다. 그 다음 줄에서 각각 3을 연산한 결과를 n에 다시 대입한다.

```
num = 1
num *= 2
print(num)
num *= 2
print(num)
num *= 2
print(num)
```

실행 결과
2
4
8

비교/논리 연산자 조합

and/or을 이용한 연산자 조합

논리 연산자를 사용하여 다수의 비교, 멤버 연산을 조합할 수 있다.

```
n = 5
print(1 < n and n < 7)
```

실행 결과
```
True
```

위 코드를 살펴보면, 먼저 변수 n에 5를 대입한다. 그 다음 줄에서 n이 1보다 큰지와 n이 7보다 작은지가 모두 참인지를 계산한다. 5는 1보다 크고, 동시에 5는 7보다 작으므로 결과는 True가 된다.

```
n = 9
print(1 < n and n < 7)
```

실행 결과
```
False
```

위의 코드에서는 변수 n에 9를 대입한 뒤, 같은 논리 연산을 수행한다. n이 1보다 큰 것은 참이지만, n은 7보다 크므로 뒤의 연산은 False가 되어 전체 연산 결과는 True and False를 계산한 False가 된다. 멤버 연산자도 마찬가지로 논리 연산으로 조합할 수 있다.

```
two_multiple = [2, 4, 6, 8]
three_multiple = [3, 6, 9]
print(6 in two_multiple and 6 in three_multiple)
```

실행 결과
```
True
```

위 코드에서는 6이 두 리스트 two_multiple과 three_multiple에 포함되어 있는지 확인한다. 6이 two_multiple에 포함되어 있는지, 그리고 three multiple에 포함되어 있는지 and로 확인한다. 6은 각각 two_multiple의 [2]번째, three_multiple의 [1]번째 요소로 존재하므로 둘 다 True이기 때문에 결과는 True이다.

> ## 🔍 더 알아보기
>
> **Short circuit evaluation**
>
> 논리 연산자의 결과를 보면, 앞의 논리 값만으로도 뒤의 논리 값에 상관없이 결과가 정해지는 경우가 있다. 예를 들어, False and A에서는 A의 True/False 값에 상관없이 결과는 False이다. 마찬가지로 True or A에서는 A의 True/False 값에 상관없이 결과는 True이다. 이렇게 앞의 논리 값만으로 결과가 결정될 때 파이썬은 뒤를 전혀 확인하지 않고 결과를 도출하는데, 이를 short circuit evaluation이라고 부른다. 이것을 명확하게 확인할 수 있는 방법은 고의로 에러를 발생시킬 작업을 False and나 True or 뒤에 추가해 보는 것이다.
>
> ```
> print(False and 7/0==0)
> ```
>
> **실행 결과**
> ```
> False
> ```
>
> 이 코드는 0으로 나누는 작업을 포함하고 있으므로 원래 에러를 발생시켜야 한다. 하지만 False and는 뒤의 값에 상관없이 False를 내보내도록 설계되어 있어 뒤의 작업(7/0= =0)을 실행하지 않고 결과를 False로 결정해 버린다.

이중 비교

앞서 어떤 수가 두 숫자 사이에 있는지를 확인할 때 아래와 같이 코드를 작성하였다.

```
1 < n and n < 7
```

이 코드는 n이 1보다 크고 동시에 7보다 작은지를 검사하는데, 이것은 아래와 같이 나타낼 수도 있다.

```
1 < n < 7
```

두 부등호를 연속으로 사용한 것이 보기에 직관적이다. 두 코드는 동일하게 동작하며, 파이썬은 자동으로 1 < n < 7을 1 < n and n < 7로 변경한 후에 검사한다.

> **Quick Tip**
>
> **멤버 연산자도 마찬가지**
>
> 멤버 연산자(in, not in)도 연쇄 연산을 수행할 때 가운데 값을 두 번 사용한 뒤 and로 두 조건이 모두 참인지 검사합니다. 예를 들어, 3 < n in [2, 3, 4]는 3 < n and n in [2, 3, 4]로 계산합니다.

파이썬에 버그가 있다?

두 비교, 멤버 연산을 연쇄로 작성한 것을 다른 코드로 바꿔서 해석하면 직관적으로 코드를 작성할 수 있다. 하지만 다른 코드로 바꾸는 과정이 바꾸기 전과 논리적으로 정확히 일치하지 않기 때문에 발생하는 버그가 있다. 이 버그는 에러를 발생시키는 것은 아니지만, 파이썬 사용자들을 헷갈리게 한다.

```
False == False in [False]
```

실행 결과

```
True
```

위 코드는 실무에서 쓸 일은 전혀 없지만, 파이썬이 불완전함을 확인할 수 있는 코드이다. 만일 위 코드가 두 조건의 and로 갈라지는 것을 모른다면, 코드 동작 시 두 가지 순서를 생각할 수 있다.

① (False == False) in [False]
② False == (False in [False])

두 경우를 모두 생각해 보면 결과는 모두 False이다. ①에서는 괄호 안의 연산은 True인데 True는 [False] 안에 없기 때문이고, ②에서는 괄호 안의 연산은 True인데 False == True는 False이기 때문이다. 결국 두 연산 모두 원래는 False가 나와야 하지만, 두 연산을 나눈 후 and로 조합하면 True가 된다. 이와 같이 파이썬은 직관적인 코드를 작성할 수 있지만, 이로 인해 예기치 못한 곳에서 버그가 발생할 수 있다.

손으로 익히는 코딩

```
num = 5
print(3 < num < 7)
print(3 < num < 4)
s = "python"
s += "3"
print(s)
```

실행 결과

```
True
False


python3
```

에러에서 배우기

- 반대로 대입은 불가능

```
3 + 4 = a                    SyntaxError: cannot assign to expression here. Maybe you
                             meant '==' instead of '='?
```

위 에러는 a를 3 + 4에 대입하려고 시도하여 에러가 발생한다. 에러 메시지는 수식으로 대입할 수 없다는 의미이다. 대입 연산자는 오른쪽 값을 연산자 왼쪽의 변수에 대입하는 것으로 반대로는 적용되지 않는다. 이 경우, 3 + 4를 a에 대입하려면 a = 3 + 4로 작성하여야 한다.

- 변수 선언 전 += 은 불가능

```
a += 0                       NameError: name 'a' is not defined
```

위 에러는 a가 정의되어 있지 않다는 메시지를 보이고 있다. a에 0을 더한 값을 a에 재대입하는데, a의 값이 정의되어 있지 않으므로 해당 에러가 발생한다.

04

연습문제

1. 기본 예제

문제 1 아래의 산술 연산 코드 실행 시 출력되는 결과를 맞혀 보자.

	문제	정답
①	`print(5 + 2)`	
②	`print(5 - 2)`	
③	`print(5 * 2)`	
④	`print(5 / 2)`	
⑤	`print(5 // 2)`	
⑥	`print(5 % 2)`	
⑦	`print(5 ** 2)`	
⑧	`print(5 * 2.0)`	
⑨	`print(5 + 2 * 3)`	
⑩	`print((5 + 2) * 3)`	

문제 2 아래의 문자열 및 리스트의 연산 실행 시 출력되는 결과를 맞혀 보자.

	문제	정답
①	`print("Hello" + "World")`	
②	`print("Hello" * 2)`	
③	`print("Hello" + "World" * 2)`	
④	`print([1, 2] + [1, 1])`	
⑤	`print([1, 2] * 2)`	
⑥	`print([1, 2] + [1, 1] * 2)`	

문제 3 아래의 비교 연산자 실행의 결과를 맞혀 보자.

	문제	정답
①	print(5 > 2)	(True / False)
②	print(5 > 5)	(True / False)
③	print(5 >= 5)	(True / False)
④	print(5 == 5)	(True / False)
⑤	print(5 != 5)	(True / False)
⑥	print(5 == 5.0)	(True / False)
⑦	print(5 == "5")	(True / False)

문제 4 아래의 문자열에 대한 멤버 연산 실행의 결과를 맞혀 보자.

	문제	정답
①	print("B" in "ABC")	(True / False)
②	print("b" in "ABC")	(True / False)
③	print("AB" in "ABC")	(True / False)
④	print("AC" in "ABC")	(True / False)
⑤	print("ABC" in "ABC")	(True / False)

문제 5 아래의 리스트에 대한 비교 연산자 실행의 결과를 맞혀 보자.

	문제	정답
①	print(1 in [2, 4, 6, 8])	(True / False)
②	print(2 in [2, 4, 6, 8])	(True / False)
③	print([2, 4] in [2, 4, 6, 8])	(True / False)
④	print("2" in [2, 4, 6, 8])	(True / False)
⑤	print(2.0 in [2, 4, 6, 8])	(True / False)

문제 6 아래의 재대입 연산 후 출력 결과를 맞혀 보자.

	문제	정답
①	a = 3 a += 5 print(a)	
②	b = 5 b -= 2 print(b)	
③	c = 30 c //= 2 c //= 2 print(c)	
④	c = 30 c /= 2 c /= 2 print(c)	

문제 7 아래의 비교와 논리 연산자의 조합에 대한 출력 결과를 맞혀 보자.

	문제	정답
①	print(5 > 3 and 5 > 7)	(True / False)
②	print(5 > 3 or 5 > 7)	(True / False)
③	print(5 == 3 or 5 > 5)	(True / False)
④	print(3 < 5 < 7)	(True / False)
⑤	print(3 < 8 < 7)	(True / False)

2. 심화 예제

문제 8 아래의 산술 연산 코드 실행 시 출력되는 결과를 맞혀 보자.

	문제	정답
①	print(5 + 2 * 2)	
②	print(5 + 2 % 2)	
③	print(5 * 2 ** 3)	
④	print((2 + 2) ** 3)	
⑤	print(5 % 3 - 1)	
⑥	print(9 ** 0.5 * 2)	

문제 9 아래 코드에서 변수의 대입 값을 맞혀 보자.

	문제	정답
	string = "10"	
①	int1 = int(string+string)	int1:
②	int2 = int(string) + int(string)	int2:
③	int3 = int(string) * 3	int3:
④	int4 = int(string*3)	int4:
⑤	int5 = int(string[0])	int5:

문제 10 아래 코드에서 변수의 대입 값을 맞혀 보자.

	문제	정답
	string = "Hello_Python"	
①	str1 = string[:5] + string[:5]	str1:
②	str2 = string[0] + string[6]	str2:
③	str3 = string[-6:]	str3:
④	str4 = string[:2] + string[2:]	str4:
⑤	str5 = string[:4] + string[4:]	str5:

문제 11 아래 코드에서 각 변수의 대입 값을 맞혀 보자.

	문제	정답
	nums = [1, 20, 300, 4000]	
①	n1 = nums[0] + nums[1]	n1:
②	n2 = nums[0:1] + nums[1:2]	n2:
③	n3 = nums[1:][0]	n3:
④	n4 = nums[2] * 2	n4:
⑤	n5 = nums[2:3] * 2	n5:

해설

문제 **1**

①	`print(5 + 2)`	6
②	`print(5 - 2)`	4
③	`print(5 * 2)`	10
④	`print(5 / 2)`	2.5
⑤	`print(5 // 2)`	2
⑥	`print(5 % 2)`	1
⑦	`print(5 ** 2)`	25

두 수의 사칙연산 및 거듭제곱 연산을 수행한다.

⑧	`print(5 * 2.0)`	10.0

int형에서 float형을 곱하여 결과는 float형이 된다.

⑨	`print(5 + 2 * 3)`	11

연산자 우선순위에 의해 곱셈을 먼저 수행하여 5 + 6 = 11의 결과를 얻는다.

⑩	`print((5 + 2) * 3)`	21

괄호에 의해 연산자 우선순위를 강제하여 7 * 3 = 21의 결과를 얻는다.

문제 **2**

①	`print("Hello" + "World")`	(**HelloWorld** / Hello World)
②	`print("Hello" * 2)`	(**HelloHello** / Hello Hello)

문자열의 덧셈은 두 문자열을 이어 붙이는 것으로, 사이에 공백이 생기지 않는다.

③	`print("Hello" + "World" * 2)`	(HelloWorldHelloWorld / **HelloWorldWorld**)

문자열의 덧셈 및 곱셈 또한 연산자 우선순위에 근거하여 곱셈을 먼저 수행한다.

④   print([1, 2] + [1, 1])   (**[1, 2, 1, 1]** / [2, 3])

리스트의 덧셈은 두 리스트를 이어 붙이는 것으로, 리스트 요소들 사이의 덧셈이 아니다.

⑤   print([1, 2] * 2)   (**[1, 2, 1, 2]** / [2, 4])

리스트의 곱셈은 리스트를 반복하는 것으로, 리스트 요소들 각각에 곱셈을 적용하는 것이 아니다.

⑥   print([1, 2] + [1, 1] * 2)   ([3, 4] / **[1, 2, 1, 1, 1, 1]**)

리스트의 덧셈 및 곱셈 또한 연산자 우선순위에 근거하여 곱셈을 먼저 수행한다.

문제 ❸

①   print(5 > 2)   (**True** / False)

5는 2보다 크다는 것은 참으로, True이다.

②   print(5 > 5)   (True / **False**)

5는 5보다 크다는 것은 거짓으로, False이다.

③   print(5 >= 5)   (**True** / False)

5는 5보다 크거나 같다는 것은 참으로, True이다.

④   print(5 == 5)   (**True** / False)

5는 5와 같다는 것은 참으로, True이다.

⑤   print(5 != 5)   (True / **False**)

5와 5는 같지 않다는 것은 거짓으로, False이다.

⑥   print(5 == 5.0)   (**True** / False)

5와 5.0은 같다는 것은 참으로, True이다. ==은 값이 같은지를 검사하는 것으로, 5와 5.0은 나타내는 값이 같기 때문에 True이다.

⑦　　`print(5 == "5")`　　　　　　　　(True / **False**)

문자열 "5"와 숫자 5는 다른 것으로 취급한다. 따라서 같지 않으므로, False이다.

문제 4

①　　`print("B" in "ABC")`　　　　　　(**True** / False)

B는 ABC에 포함되어 있으므로 True이다.

②　　`print("b" in "ABC")`　　　　　　(True / **False**)

문자열은 대소문자를 구별하여 다른 것으로 취급한다. 즉, b는 ABC에 포함되어 있지 않으므로 False이다.

③　　`print("AB" in "ABC")`　　　　　(**True** / False)

AB 문자열은 ABC에 포함되어 있으므로 True이다.

④　　`print("AC" in "ABC")`　　　　　(True / **False**)

A와 C 각각은 ABC 문자열에 포함되어 있으나, AC의 문자열은 ABC에 포함되어 있지 않으므로 False이다.

⑤　　`print("ABC" in "ABC")`　　　　(**True** / False)

문자열의 포함 관계는 동일한 문자열도 포함하는 것으로 한다. 즉, ABC는 ABC에 포함되어 있으므로 True이다.

문제 5

| ① | `print(1 in [2, 4, 6, 8])` | (True / **False**) |

1은 [2, 4, 6, 8]에 포함되어 있지 않으므로 False이다.

| ② | `print(2 in [2, 4, 6, 8])` | (**True** / False) |

2는 [2, 4, 6, 8]에 포함되어 있으므로 False이다.

| ③ | `print([2, 4] in [2, 4, 6, 8])` | (True / **False**) |

[2, 4]는 [2, 4, 6, 8]에 포함되어 있지 않다. 이것이 True
가 되기 위해서는 [2, 4] in [[2, 4], 6, 8]로 표현되어야 한
다. 따라서 정답은 False이다.

> **Quick Tip**
>
> **리스트 안의 리스트**
> 리스트의 요소는 리스트가 올 수도 있습
> 니다. 더 나아가 모든 자료형의 데이터가
> 리스트의 요소가 될 수 있습니다.

| ④ | `print("2" in [2, 4, 6, 8])` | (True / **False**) |

포함연산자는 값이 같은지를 검사하는데, "2"와 2는 같지 않으므로("2" != 2) 정답은 False이다.

| ⑤ | `print(2.0 in [2, 4, 6, 8])` | (**True** / False) |

앞서 설명했듯, 포함 연산자는 값이 같은지 검사한다. 2.0과 2는 같으므로(2.0 == 2) 정답은
True이다.

문제 6

| ① | ```
a = 3
a += 5
print(a)
``` | 8 |

변수 a는 3이 선언되고, 5를 더한 값이 재대입되므로 8이 출력된다.

| ② | ```
b = 5
b -= 2
print(b)
``` | 3 |

변수 b는 5가 선언되고, 2를 뺀 값이 재대입되므로 8이 출력된다.

| ③ | ```
c = 30
c //= 2
c //= 2
print(c)
``` | 7 |

변수 c는 30이 선언되고, 2를 한 번 나누어(몫 계산) 두 번째 줄에서 c에 대입되는 값은 15이다.
세 번째 줄에서 2를 한 번 더 나눈 몫이 대입되므로 c의 값으로 7이 출력된다.

| ④ | ```
c = 30
c /= 2
c /= 2
print(c)
``` | 7.5 |

변수 d는 30이 선언되고, 2를 한 번 나누어(소수점 아래 계산) 두 번째 줄에서 d에 대입되는 값은 15.0(실수형)이다. 세 번째 줄에서는 여기에 2를 한 번 더 나눈 몫이 대입되므로 d의 값으로 7.5가 출력된다.

문제 7

| ① | `print(5 > 3 and 5 > 7)` | (True / **False**) |

and는 앞 뒤 조건이 모두 True여야 True이고, 하나라도 False면 False이다. 5 > 3은 True지만, 5 > 7이 False기 때문에 정답은 False이다.

| ② | `print(5 > 3 or 5 > 7)` | (**True** / False) |

or은 앞 뒤 조건 중 하나라도 True면 True이고, 둘 다 False여야 False이다. 5 > 3이 True이기 때문에 5 > 7이 False지만 or 연산에 의해 정답은 True이다.

| ③ | `print(5 == 3 or 5 > 5)` | (True / **False**) |

5 == 3과 5 > 5 둘 다 False이므로 정답은 False이다.

| ④ | `print(3 < 5 < 7)` | (**True** / False) |

3 < 5 < 7은 5가 3과 7 사이에 있는지를 검사한다. 이 식은 3 < 5 and 5 < 7으로 해석할 수 있으며, 3 < 5와 5 < 7 모두 True이므로 정답은 True이다.

| ⑤ | print(3 < 8 < 7) | (True / **False**) |

8이 3과 7 사이에 있는지를 검사한다. 3 < 8 and 8 < 7로 해석하며 8 < 7이 False이므로 정답은 False이다.

직관적으로 해석
수학시간에 배운 a < b < c와 동일하게 해석되므로 직관적으로 해석해도 됩니다.

문제 8

연산자의 우선순위에 대한 문제로, 덧셈(+), 뺄셈(−)보다 곱셈(*), 나눗셈 관련 연산자(/, //, %)가 우선 계산되고, 곱셈, 나눗셈 관련 연산자보다 거듭제곱 연산자(**)가 우선 계산된다.

| ① | print(5 + 2 * 2) | **9** |

곱셈이 덧셈보다 우선 연산되므로 5 + 4인 9를 출력한다.

| ② | print(5 + 2 % 2) | **5** |

나머지 연산이 덧셈보다 우선 연산되므로 5 + 0인 5를 출력한다.

| ③ | print(5 * 2 ** 3) | **40** |

거듭제곱 연산자가 곱셈보다 우선 연산되므로 5 * 8인 40을 출력한다.

| ④ | print((2 + 2) ** 3) | **64** |

괄호는 연산자 우선순위를 무시하고 먼저 계산되므로 4의 세제곱인 64를 출력한다.

| ⑤ | print(5 % 3 - 1) | **1** |

나머지 연산이 뺄셈 연산보다 우선 연산되므로 2−1인 1을 출력한다.

| ⑥ | print(9 ** 0.5 * 2) | **6.0** |

거듭제곱 연산자가 곱셈보다 우선 연산되므로 9의 0.5제곱, 즉 9의 제곱근인 3.0에 2를 곱한 6.0을 출력한다.

문제 ⑨

①
```
string = "10"
int1 = int(string+string)
```
int1: 1010

int() 자료형 변환 내 문자열의 덧셈을 먼저 수행한 후 자료형 변환을 수행한다. 그 결과, 문자열의 덧셈 결과인 "1010"을 정수형 숫자로 변환한 숫자 1010이 int1에 대입된다.

②
```
string = "10"
int2 = int(string) + int(string)
```
int2: 20

문자열 string에 대해 int() 자료형 변환을 수행한 두 결과를 더한다. 그 결과, 각 자료형 변환 결과인 숫자 10을 더한 20이 int2에 대입된다.

③
```
string = "10"
int3 = int(string) * 3
```
int3: 30

문자열 string에 대해 int() 자료형 변환을 수행한 후, 3을 곱한다. 그 결과, 각 자료형 변환 결과인 숫자 10에 3을 곱한 30이 int3에 대입된다.

④
```
string = "10"
int4 = int(string*3)
```
int4: 101010

문자열 string에 대해 int() 자료형 변환을 수행하기 전에 3을 곱한 후 자료형 변환을 수행한다. 그 결과, "10"이 세 번 반복된 "101010"을 정수형 숫자로 변환한 결과인 숫자 101010이 int4에 대입된다.

⑤
```
string = "10"
int5 = int(string[0])
```
int5: 1

문자열 string의 첫 번째 요소를 숫자로 변환한 결과를 int5에 대입한다. 그 결과, "10"의 첫 번째 요소인 "1"이 정수형 숫자로 변환된 결과인 1이 int5에 대입된다.

문제 🔟

①
```
string = "Hello_Python"
str1 = string[:5] + string[:5]
```
str1: HelloHello

문자열 string의 6번째 요소 직전까지의 문자열을 두 번
반복한다. 앞 5글자를 두 번 반복한 "HelloHello"가 str1
에 대입된다.

Quick Tip

앞의 5개

5는 6번째 요소인 [5]를 제외한 그 앞까지
라는 뜻으로, 쉽게 해석하면 앞의 5개 요
소라는 뜻과 같습니다. 즉, [:n]은 앞의 n
개로 해석하면 됩니다.

②
```
string = "Hello_Python"
str2 = string[0] + string[6]
```
str2: HP

문자열 string의 첫 번째, 그리고 7번째 글자를 붙인다. 각각 "H", "P"로 이 둘을 붙인 "HP"가
str2에 대입된다.

③
```
string = "Hello_Python"
str3 = string[-6:]
```
str3: Python

문자열 string의 끝에서 6번째 요소부터 끝까지의 문자열
을 str3에 대입한다. 마지막 6글자인 "Python"이 str3에
대입된다.

Quick Tip

뒤의 6개

−6:은 끝에서 6번째 요소부터 마지막까
지의 슬라이싱으로 동작하며, 쉽게 해석
하면 마지막 6개 요소라는 뜻입니다. 즉,
[−n:]은 뒤의 n개로 해석하면 됩니다.

④
```
string = "Hello_Python"
str4 = string[:2] + string[2:]
```
str4: Hello_Python

문자열 string의 앞의 2글자와, 3번째 요소부터 마지막까지의 값을 str4에 대입한다.
string[:2]는 "He", string[2:]는 "llo_Python"으로 둘을 합치면 string과 같은 문자열인
"Hello_Python"이다.

⑤
```
string = "Hello_Python"
str5 = string[:4] + string[4:]
```
str5: Hello_Python

문자열 string의 앞의 3글자와, 4번째 요소부터 마지막까지의 값을 str5 대입한다. string[:3]는 "He", string[3:]는 "llo_Python"으로 둘을 합치면 string과 같은 문자열인 "Hello_Python"이다.

> **Quick Tip**
> **겹치지 않게 가르기**
> 문자열이나 리스트의 요소를 겹치지 않게 둘로 나눌 때, 콜론의 오른쪽, 왼쪽에 같은 숫자를 사용하여 나눌 수 있습니다. a[:n], a[n:]은 a를 앞의 n개를 기준으로 두 문자열/리스트로 나누게 됩니다.

문제 ⑪

①
```
nums = [1, 20, 300, 4000]
n1 = nums[0] + nums[1]
```
n1: 21

리스트 nums의 첫 번째, 두 번째 요소를 더하여 n1에 대입한다. 그 결과, 1과 20을 더한 21이 n1에 대입된다.

②
```
nums = [1, 20, 300, 4000]
n2 = nums[0:1] + nums[1:2]
```
n2: [1, 20]

리스트 nums의 첫 번째 요소만을 갖는 리스트와 두 번째 요소만을 갖는 리스트를 더하여 n1에 대입한다. nums[0:1]은 [1], nums[1:2]는 [20]으로 이 둘을 합친 [1, 20]이 n2에 대입된다.

③
```
nums = [1, 20, 300, 4000]
n3 = nums[1:][0]
```
n3: 20

리스트 nums의 두 번째 요소부터 끝까지 포함하는 리스트에서 첫 번째 요소를 n3에 대입한다. 그 결과, nums[1:]은 [20, 300, 4000]이고, 여기에 [0] 인덱싱 결과인 20이 n3에 대입된다.

④
```
nums = [1, 20, 300, 4000]
n4 = nums[2] * 2
```
n4: 600

리스트 nums의 세 번째 요소에 2를 곱한 값을 n4에 대입한다. 그 결과, 300에 2를 곱한 600이 n4에 대입된다.

⑤
```
nums = [1, 20, 300, 4000]
n5 = nums[2:3] * 2
```
n5: [300, 300]

리스트 nums의 세 번째 요소를 포함하는 리스트에 2를 곱한 결과를 n5에 대입한다. nums[2:3]은 [300]으로, 리스트 내 요소를 두 번 반복한 결과인 [300, 300]이 n5에 대입된다.

프로젝트 알아가기

이번 챕터에서도 지난 챕터에 이어서 프로젝트를 공부한다. 아래 프로젝트의 코드 중, 지난 챕터에서 학습한 내용은 각 줄의 끝에 표시되어 있다.

1	`standard_volume = 30000`	ch1
2	`volume_too_low = 10000`	ch1
3		-
4	`target_dates = []`	ch1
5	`end_price_target_dates = []`	ch1
6	`ends = []`	ch1
7	`ma3_end = []`	ch1
8	`cumul_ends = [0]`	ch1
9		-
10	`for i in range(1, 4+1):`	
11	`    file_name = "stock{}.txt".format(i)`	
12		-
13	`    f = open(file_name, "r", encoding="utf-8")`	
14	`    entire_txt = f.read()`	
15	`    f.close()`	
16		-
17	`    lines = entire_txt.split("\n")`	
18	`    lines_values = lines[1:]`	ch1
19		-
20	`    for j in range(len(lines_values)):`	
21	`        line = lines_values[j]`	ch1
22	`        values = line.split(",")`	
23	`        date = values[0]`	ch1
24	`        start = values[1]`	ch1
25	`        high = values[2]`	ch1
26	`        low = values[3]`	ch1
27	`        end = values[4]`	ch1
28	`        volume = values[5]`	ch1
29	`        amount = values[6]`	ch1
30	`        fluc_rate = values[7]`	ch1
31		-
32	`        if int(volume) > standard_volume:`	
33	`            print("At {}, volume is large".format(date))`	
34	`            target_dates = target_dates + [date]`	
35	`            end_price_target_dates += [int(end)]`	
36	`        elif int(volume) < volume_too_low:`	
37	`            print("At {}, trading volume is too low".format(date))`	
38		-

39	`    ends = ends + [int(end)]`	
40		-
41	`for j in range(len(ends)):`	
42	`    if j > 2:`	
43	`        moving_avg = (ends[j-2] + ends[j-1] + ends[j]) / 3`	
44	`        ma3_end += [moving_avg]`	
45		-
46	`mean_target_end = sum(end_price_target_dates) / len(end_price_target_dates)`	
47		-
48	`dates_name = "target_dates.txt"`	ch1
49	`f = open(dates_name, "w", encoding="utf-8")`	
50	`for date in target_dates:`	
51	`    f.write(date)`	
52	`f.close()`	
53		-
54	`ma_name = "target_ma.txt"`	ch1
55	`f = open(ma_name, "w", encoding="utf-8")`	
56	`for ma in ma3_end:`	
57	`    f.write(str(ma))`	
58	`f.close()`	

이번 챕터에서 배운 연산자가 사용되는 코드를 해석해 보자.

```
32              if int(volume) > standard_volume:
...                 ...
34                  target_dates = target_dates + [date]
35                  end_price_target_dates += [int(end)]
36          elif int(volume) < volume_too_low:
```

line 32에서 volume의 int형 변환 결과가 standard_volume보다 큰지 비교 연산자를 사용하여 검사한다. standard_volume은 line 1에서 30000으로 선언하였으므로, 여기서는 volume의 숫자 값이 30000보다 큰지 검사한다는 의미이다.

> **Clear Comment**
>
> **if는 조건문**
> if문과 line 36의 elif는 '챕터5 조건문'에서 학습합니다.

line 34에서는 자기 자신 리스트에 date 값을 요소로 추가하고 있다. 이 줄은 아래와 같이 변경할 수 있다.

| 34 | `            target_dates += [date]` |

line 35 또한 자기 자신 리스트에 변수 end의 int 자료형 변환 결과를 요소로 추가한다. 아직 end의 값이 무엇인지 알 수 없으나, 숫자로 자료형 변환을 할 수 있는 값이며 그것을 리스트에 추가한다는 점을 알 수 있다. line 36에서는 line 32에서와 마찬가지로 비교 연산자를 사용하여 두 변수 값의 크기를 비교하고 있다.

```
39        ends = ends + [int(end)]
40        if i > 2:
41            moving_avg = (ends[i-2] + ends[i-1] + ends[i]) / 3
42            ma3_end += [moving_avg]
```

line 39에서 ends 리스트(line 6에서 선언)에는 end값을 요소로 추가한다. 이 줄 또한 아래와 같이 변경할 수 있다.

```
39        ends += [int(end)]
```

line 40에서는 i가 2보다 큰지를 검사한다. 41번째 줄에서 moving_avg 변수는 ends의 세 요소의 합을 3으로 나눈 값을 대입하는데, 이것은 리스트에서 인접한 세 값의 평균을 구하는 것과 같다.

```
ends = [
    13150,
    13100,   } (ends[0] + ends[1] + ends[2]) / 3
    12950,
    12700,
    ...]
```

line 44에서는 ma3_end 리스트에 moving_avg를 요소로 추가한다. ma3_end는 line 7에서 빈 리스트로 선언된 변수이다.

| 46 | `mean_target_end = sum(end_price_target_dates) / len(end_price_target_dates)` |

line 46에서는 mean_target_end 변수에 end_price_target_dates에 대해, sum() 결과에서 len() 결과를 나눈 값을 대입한다.

> **Clear Comment**
>
> **내장 함수 sum(), len()**
> sum()과 len()은 파이썬의 내장 함수로, '챕터3 내장함수'에서 학습합니다.

1. 산술연산자

산술 연산자를 사용하여 숫자 값의 사칙연산 및 나머지, 거듭제곱 연산을 수행할 수 있다. 문자열 및 리스트에서는 덧셈과 곱셈 연산자를 사용하여 이어 붙이기와 반복을 수행한다. 산술 연산자에는 기본적으로 왼쪽에서 오른쪽 순서로 계산하지만, 곱셈이 덧셈에 우선하고, 거듭제곱이 곱셈에 우선하는 등의 우선순위 규칙이 존재한다. 이러한 우선순위 규칙은 수학시간에 배우는 사칙연산의 규칙과 동일하다. 연산 순서를 원하는 대로 설정하려면 괄호를 사용하여 우선 연산할 부분을 감싸면 된다.

2. 비교 연산자

비교 연산자를 사용하여 두 값의 크기를 비교할 수 있다. 왼쪽이 오른쪽보다 크다(>), 작다(<), 크거나 같다(>=), 작거나 같다(<=), 그리고 왼쪽과 오른쪽이 같다(==), 다르다(!=)를 사용하여 값을 비교한다. 비교 연산자의 결과는 True 혹은 False이다. 비교 연산자를 사용할 때 주의할 점은 같은지 비교하는 연산자인 ==와 대입 연산자 =의 사용이 헷갈릴 수 있으므로 주의해야 한다.

3. 멤버 연산자

멤버 연산자는 어떤 값이 반복 가능(iterable) 데이터에 포함되어 있는지를 검사한다. in은 왼쪽의 값이 오른쪽의 데이터에 존재하면 True, 존재하지 않으면 False의 결과를 갖는다. not in은 반대로 왼쪽의 값이 오른쪽 데이터에 존재하지 않아야 True, 존재하면 False의 결과를 갖는다.

4. 논리 연산자

논리 연산자는 참과 거짓의 or(논리합) 및 and(논리곱)와 not(부정)을 계산하는 연산자이다. and는 양 쪽의 값이 모두 True여야 결과가 True이고, 그 외에는 False이다. or은 양쪽의 값 중 하나라도 True면 결과가 True이고, 둘 다 False여야 결과가 False이다. not 연산자는 not 뒤의 True/False를 반대로 바꾸는 연산자이다. 논리연산자를 조합하여 복잡한 논리식을 표현할 수 있으며, 3 < n < 5와 같은 이중 비교를 and 없이 사용할 수 있다.

5. 대입 연산자

대입 연산자는 어떤 값을 변수에 대입하는 연산자이다. =은 기본적인 대입 연산자로 연산자 오른쪽의 값을 왼쪽의 변수에 대입한다. +=, -=과 같이 산술연산자를 = 앞에 붙여 대입연산자로 사용할 수 있는데, 이는 이미 존재하는 변수 값에 연산자의 오른쪽 값을 산술 연산한 결과를 재대입하는 연산자이다.

내장 함수

입력과 출력, 내장 함수

여기서는 무얼 배울까

내장 함수(built-in function)는 프로그래밍 편의를 위해 파이썬에서 기본적으로 제공되는 함수들이다. 내장 함수 중 input(), print() 함수는 각각 데이터를 입력받고, 출력하는 함수이다. abs()와 round() 함수는 숫자에 사용되는 함수로, 각각 절댓값과 반올림을 수행하는 함수이다. len(), sum(), max(), min(), sorted()는 여러 요소로 이루어진 자료형에 사용할 수 있으며, 각각 길이, 합, 최댓값, 최솟값을 구하고, 정렬을 수행하는 함수이다. 리스트 변수에서 사용되는 함수인 append(), index(), pop(), remove() 함수에 대해서도 학습한다. 예제에서는 이번 챕터에서 배운 기본 함수들을 사용하는 방법에 대해서 익히고, 프로젝트 알아가기에서는 기본 함수들이 실무 프로그래밍에서 어떻게 사용되는지를 살펴본다.

01

입력과 출력

input()

input() 함수 사용 방법

input() 함수는 사용자로부터 키보드 입력을 받으며, 입력한 문자열이 함수의 값이 된다. input() 함수를 사용하면 파이썬이 실행되고 있는 도중에* 입력을 통해 변수에 원하는 값을 할 당할 수 있다. input() 함수를 사용하는 방법은 다음과 같다.

	사용자 입력	**실행 결과**
```name = input()``` ```print(name)```	python	python

위 코드를 실행하면 input() 함수는 사용자 입력을 받을 때까지 그 이후를 실행하지 않고 기다린다. 위 코드에서는 python을 입력한 후 enter를 통해 입력을 종료하며, 그 결과로 변수 name에는 python 문자열이 대입된다.

> **Quick Tip**
>
> **줄바꿈은 불가능**
> 한 번의 input() 함수로는 여러 줄의 문자열을 입력할 수 없고, input() 함수를 여러 번 사용해야 합니다.

입력을 숫자로

input() 함수의 결과는 문자열이기 때문에, 입력한 숫자를 계산에 사용하려면 자료형 변환을 통해 숫자 값으로 바꿔 주어야 한다. 숫자 값으로 바꾸는 방법은 다음과 같다.

기초 용어 정리
* **런타임(Runtime):** 런타임이란 코드가 실행되고 있는 도중의 시점을 의미한다. 일반적으로 코드를 설계 중인 시점과 대조되는 개념으로 사용된다.

	사용자 입력	실행 결과

`a = input()`
`b = input()`
`print(int(a) + int(b))`
	3
	4
		
		7

위 코드를 실행하면 변수 a, b에 대입될 두 번의 키보드 입력을 받는다. 첫 번째 입력에는 3을, 두 번째 입력에는 4를 입력하면 마지막 줄에서 3과 4가 각각 int형으로 변환된 후 더해져 7이 된다.

	사용자 입력	실행 결과

`a = input()`
`b = input()`
`print(float(a) + float(b))`
	3.0
	0.5
		
		3.5

위 코드는 주어진 입력을 float형으로 변환하여 더한 값을 출력한다. a와 b는 각각 문자열 3.0과 문자열 0.5지만 3번째 줄에서 float로 자료형 변환을 수행한 후 더하여 결과는 3.5가 출력된다.

입력 직관성 높이기

코드가 실행되는 중간에 input() 함수를 만나면 동작을 중단하고 사용자의 입력을 기다린다. 이때 입력을 요구하는 메시지를 추가할 수 있다.

	사용자 입력	실행 결과
`num = input("숫자를 입력하시오: ")` `print(num)`	*숫자를 입력하시오:* 3	 3

위 코드와 같이 input() 함수의 괄호 안에 문자열을 넣으면 입력하기 직전에 해당 문자열을 출력한다. 입력의 "*숫자를 입력하시오:*"는 입력을 받기 전에 표시되며 이때 3을 입력하면 그 다음 줄에서 변수 num의 3이 출력된다.

print()

print() 함수

지금까지 값을 확인할 때 print() 함수를 사용하였다. **print() 함수**는 괄호 안에 입력된 값들을 출력한다.

```
print("ABC")
print(3)
print(3, 4, 5)
```

```
ABC
3
3 4 5
```

여러 값들을 출력할 때는 콤마(,)로 구분할 수 있으며, 콤마로 구분된 값들 사이에는 공백문자(" ")가 기본적으로 들어간다.

줄바꿈은 ₩n

'챕터1 변수와 자료형'에서 문자열에 대해 설명할 때 줄바꿈 문자 ₩n에 대해서 학습하였다. print() 함수의 문자열 안에 ₩n이 포함되면 그 뒤의 문자열은 다음 줄에서 출력한다.

```
print("python\nprogramming")
```

```
python
programming
```

위 코드에서 python과 ₩n(줄바꿈), 그리고 "programming"이 한 번에 출력됨을 확인할 수 있다.

```
print("python")
print("programming")
```

```
python
programming
```

위 코드는 두 번의 print()를 통해 두 줄의 문자열을 출력하였다. print()는 기본적으로 문자열 출력을 마친 뒤 줄바꿈을 수행한다.

표준 입력? 표준 출력?

프로그래밍을 공부하다보면 표준 입력, 표준 출력이라는 용어를 종종 볼 수 있다. 이 용어들은 영어로 각각 standard input, standard output으로 표현하며 줄임말로 stdin, stdout를 사용하기도 한다. 표준 입/출력을 간단히 설명하면 표준 입력은 기본적으로 키보드 입력을 의미하고, 표준 출력은 기본적으로 파이썬을 실행한 창에 출력되는 내용을 의미한다. 표준 입/출력이 아닌 경우는 입력을 저장된 파일에서 받거나, 출력을 파일 형태로 저장하는 경우를 뜻한다.

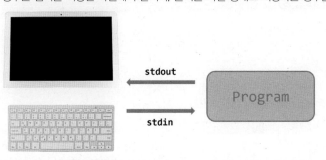

• input()의 결과는 문자열

	사용자 입력	실행 결과
a = input()	3	34
b = input()	4	
print(a + b)		

위 코드는 에러를 발생시키지는 않으나, input() 함수를 사용할 때 저지르는 대표적인 실수 중 하나이다. int형으로 자료형 변환을 하지 않았기 때문에 문자열의 덧셈이 수행된다. 즉, 문자열 3과 문자열 4가 이어 붙여진 "34"가 출력된다. 이 출력은 숫자 34가 아닌 문자열 "34"임을 유의해야 한다. 만일 숫자의 덧셈을 수행하고 싶다면, int() 자료형 변환을 먼저 수행해야 한다.

	사용자 입력	실행 결과
a = input()	3.0	3.00.5
b = input()	0.5	
print(a + b)		

위 코드도 마찬가지로 숫자를 더하지 않고 문자열의 이어 붙이기를 수행하게 되는 경우이다. float형으로 자료형 변환을 하지 않았기 때문에 문자열의 덧셈이 수행된다. 문자열 3.0과 문자열 0.5가 이어 붙은 3.00.5가 출력된다. 만일 숫자의 덧셈을 수행하고 싶다면, float() 자료형 변환을 먼저 수행해야 한다.

• 문자열과 숫자는 더할 수 없음

```
print("number is"+ 3)      TypeError: can only concatenate str (not "int") to str
```

위 에러는 문자열과 숫자의 덧셈을 시도하여 발생한다. 에러 메시지는 문자열에 int형 값을 이어 붙일 수 없다는 의미이다. print() 함수 사용 시 다른 타입의 값을 출력하기 위해서는 아래와 같이 콤마(,)로 값을 구분하여야 한다.

```
print("number is", 3)
```

실행 결과
```
number is 3
```

• 소수점이 포함된 숫자는 int() 자료형 변환 불가능

	사용자 입력	**실행 결과**
`num = int(input())`	1.5	`ValueError: invalid literal for int()` `with base 10: '1.5'`

위 에러는 소수점이 포함된 숫자를 int()형으로 형변환 시도하여 발생한다. 에러 메시지는 "1.5"를 int형으로 변환할 수 없다는 의미이다. 온점(.)이 포함된 문자열은 int형으로 바꿀 수 없고, float형으로 바꾼 후 int형으로 변환해 주어야 한다.

Clear Comment

int(1.5)는 1
float형을 int형으로 형 변환 시 소수점 아래 자리는 버림합니다.

124 • 내일은 파이썬

02

숫자 관련 내장 함수

abs()

abs()는 절댓값(absolute value)을 구하는 함수로, 다음과 같이 사용한다.

실행 결과

```
print(abs(3))          3
print(abs(-3))         3
print(abs(3.5))        3.5
print(abs(-3.5))       3.5
```

위와 같이, 숫자를 입력으로 받아서 그 절댓값을 구하는 함수이다.

round()

round() 함수

round()는 반올림을 수행하는 함수로, 다음과 같이 사용한다.

실행 결과

```
print(round(3.5))      4
print(round(3.4))      3
```

위 코드는 두 수 3.5와 3.4를 반올림한 결과를 출력한다. 0.5에서는 올림하며 0.4에서는 버림하기 때문에 첫 번째 줄에서는 4를 출력하며, 두 번째 줄에서는 3을 출력한다.

다른 자리 수 반올림

소수점 둘째 자리에서 혹은 백의 자리에서 반올림하는 경우에는 두 번째 입력으로 자릿수에 대응되는 숫자를 넣으면 된다.

| ```python
num = 41.54
print(round(num))
print(round(num, 1))
print(round(num, -1))
``` | 42<br>41.5<br>40.0 |

round() 함수의 두 번째 입력은 소수점 몇 번째 자리에서 반올림할지를 뜻한다. 음수 입력은 정수 부분의 몇 번째 자리에서 반올림할지이다. 위 코드에서 세 번째 줄의 round() 함수 결과는 소수점 첫째 자리로 반올림한 41.5이다. 네 번째 줄의 round() 함수 결과는 1의 자리에서 반올림한 40.0이 된다.

> **Clear Comment**
>
> **부정확한 실수형**
>
> 실수형 숫자는 오차가 있어 반올림이 정확하지 않을 수 있습니다. 예를 들어, round(2.675, 2)는 결과가 2.680이 되어야 하지만, 실제로는 2.67입니다. 따라서 정확한 반올림 결과를 필요로 하는 경우에는 반올림 함수를 직접 설계하여야 합니다.

손으로 익히는 코딩

| ```python
num = -4.17
anum = abs(num)
print(anum)
print(round(anum))
print(round(anum, 1))
``` | 4.17<br>4<br>4.2 |

더 멋진 내일(Tomorrow)을 위한 내일(My Career) **내일은 파이썬**

길이, 합, 최대, 최소, 정렬

길이 - len()

len() 함수는 괄호 안에 입력된 값의 길이, 개수를 계산하여 결과를 내보낸다. 여러 요소로 이루어진 자료형*이 len() 함수의 입력으로 사용될 수 있다.

실행 결과

```
s = "python"
nums = [1, 2, 3, 4]
print(len(s))
print(len(nums))
```

```
6
4
```

위 코드는 len() 함수에 문자열과 리스트를 입력으로 사용한 결과이다. s는 총 6글자의 문자열로 이 문자열을 len() 함수에 입력 시 글자 수인 6이 함수 결과가 된다. nums는 4개의 요소를 가진 리스트로, 이것을 len() 함수에 입력 시 요소의 개수인 4가 함수 결과가 된다.

Quick Tip

줄바꿈은 한 글자
s = "abc\ndef"는 abc와 def 사이에 줄바꿈이 포함된 문자열입니다. 이 문자열의 길이는 7입니다. \와 n이 합쳐져서 줄바꿈의 한 입력을 나타내기 때문입니다.

$$\mathtt{len("python")=6}$$

6글자

기초 용어 정리

* **반복 가능한 객체(iterable):** 여러 요소로 이루어져 있다는 말을 정확하게 표현하면 iterable한 자료형이라는 뜻이다. iterate가 "반복하다"라는 의미로 쓰여서 iterable은 "반복 가능한"의 의미로 쓰인다. iterable 및 반복은 '챕터6 반복문'에서 학습한다.

```
print(len("name"))
print(len("number"))
print(len(["name"]))
print(len(["name", "number"])
```

```
4
6
1
2
```

합 - sum()

sum() 함수는 괄호 안에 입력된 리스트의 합을 구해 주는 함수이며, 아래와 같이 사용할 수 있다.

> **Clear Comment**
>
> **리스트 외에도**
> 지금은 리스트의 요소들을 모두 합하는 데에 사용하지만, 실제로는 더 많은 자료형의 요소 합을 구할 수 있습니다.

```
nums = [1, 2, 3, 4]
print(sum(nums))
```

실행 결과
```
10
```

두 번째 줄에서 sum() 함수의 결과는 리스트 안 요소의 전체 합인 10이 된다. sum() 함수는 시작 값을 정해 줄 수 있는데, 두 번째 입력에 사용되는 숫자가 전체 합을 구할 때의 시작 값이 된다.

```
nums = [1, 2, 3, 4]
print(sum(nums, 100))
```

실행 결과
```
110
```

위 코드에서 sum() 함수의 두 번째 값에 100을 주었다. 이 값을 시작 값으로 두어 하나씩 순서대로 더한 결과인 110이 sum() 함수의 결과가 된다.

```
nums1 = [1, 20, 300]
nums2 = [1, 20.0, 300]
print(sum(nums1))
print(sum(nums2))
```

실행 결과

```
321
321.0
```

최대, 최소 - max(), min()

max()와 min() 함수는 각각 주어진 값들 중에서 **가장 큰 값과 작은 값**을 결과로 내보낸다.

```
nums = [1, 2, 3, 4]
print(max(nums))
print(min(nums))
```

실행 결과

```
4
1
```

위 코드는 리스트 내 최댓값과 최솟값을 출력한다. 두 번째 줄에서는 nums 리스트에 있는 요소들 중 가장 큰 값인 4를, 세 번째 줄에서는 가장 작은 값인 1을 출력한다.

문자열로 이루어진 리스트에서도 max(), min() 함수를 사용할 수 있다. 각각 사전 순서상 가장 나중인/처음인 것이 결과가 된다.

> **Clear Comment**
>
> **대문자가 소문자보다 먼저**
> 문자열에서 크기를 정할 때 모든 대문자가 소문자보다 작은 것으로 정해져 있습니다. 즉, 파이썬의 알파벳 문자의 크기는 A, B, ..., Y, Z, a, b, ..., y, z 순으로, 대문자가 소문자보다 순서상 먼저입니다.

```
words = ["apple", "orange", "grape"]
print(max(words))
print(min(words))
```

실행 결과

```
orange
apple
```

위 코드는 리스트 내 사전 순서 상 가장 나중에, 그리고 가장 먼저 등장하는 문자열을 출력한다. 두 번째 줄에서는 사전 순서상 가장 나중인 orange가 max() 함수의 결과가 된다. min() 함수의 결과는 사전 순서상 가장 먼저인 apple이 된다.

```
nums = [30, 4, 50, 6]
print(max(nums))
print(min(nums))
```

```
50
4
```

```
words = ["monkey", "ape", "gorilla"]
print(max(words))
print(min(words))
```

```
monkey
ape
```

정렬 - sorted()

정렬 함수

sorted() 함수는 정렬*하는 함수이며, 아래와 같이 사용할 수 있다.

```
nums = [10, 20, 30, 100, 1, 2, 3]
print(sorted(nums))
```

```
[1, 2, 3, 10, 20, 30, 100]
```

위 코드는 리스트의 요소들을 값의 크기순으로 나열하였다. 값이 제일 작은 1이 맨 앞에 오고 그 뒤로 점차 값이 커지며 제일 큰 값인 100이 마지막에 온다. 문자열들로 구성된 리스트도 sorted 를 사용할 수 있다. max(), min()에서 설명했듯, 문자열의 크기는 사전 순서상 앞, 뒤의 개념으로 sorted() 함수의 결과는 사전 순서대로 나열된다.

기초 용어 정리

* **정렬**(sort): 정렬이란 요소들을 순서대로 나열하는 것이다. 작은 것에서 큰 순서대로 나열하면 오름차순, 큰 것에서 작은 순서대로 나열하면 내림차순 정렬이다.

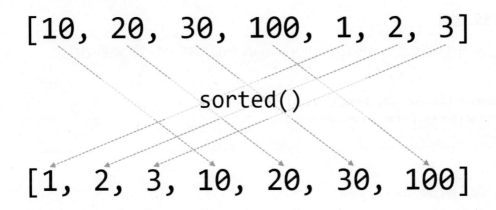

```
words = ["apple", "orange", "grape"]
print(sorted(words))
```

실행 결과

```
['apple', 'grape', 'orange']
```

위 코드는 문자열이 나열되어 있는 리스트로, 이 리스트를 sorted()의 함수로 사용할 시 함수의 결과는 사전 순서대로 나열된 리스트이다.

더 알아보기

다른 기준으로 정렬하기

정렬을 할 때 기준을 크기가 아닌 다른 것으로 설정할 수 있다. 예를 들어, 아래와 같이 절댓값이라는 기준으로 정렬하기 위해서는 절댓값 함수를 괄호 없이 key에 대입해서 입력*해 주면 된다.

실행 결과

```
nums = [1, -2, 5, -10]
print(sorted(nums))
print(sorted(nums, key=abs))
```

```
[-10, -2, 1, 5]
[1, -2, 5, -10]
```

위 코드에서 두 번째 줄은 nums를 단순 비교하여 작은 것부터 큰 것의 순서대로 나열하였다. 세 번째 줄을 살펴보면, 단순 비교가 아닌 절댓값을 비교하여 절댓값이 가장 작은 1이 제일 앞에 오고 절댓값이 가장 큰 -10이 맨 마지막에 온다. 크기를 비교할 기준을 key를 통해서 사용하여 원하는 기준으로 정렬할 수 있다. 추가적으로, max()와 min() 함수에서도 마찬가지로 key를 사용할 수 있다.

기초 용어 정리

* **인자(argument):** 인자는 함수 사용 시 전달해 주는 값을 의미한다. 일단은 함수 입력이라는 의미로 받아들이면 된다. 인자의 자세한 의미 및 사용 방법은 응용 실전편에서 학습한다.

반대로 정렬

정렬을 내림차순으로 정렬하고 싶다면 reverse=True 입력을 추가로 주면 된다.

```
nums = [10, 20, 30, 100, 1, 2, 3]
print(sorted(nums, reverse=True))
```

```
[100, 30, 20, 10, 3, 2, 1]
```

위 코드는 리스트의 요소들을 크기순으로 정렬한 결과를 출력한다. reverse=True 입력을 사용하여 반대로 나열하였고, 그 결과 내림차순으로 정렬된 리스트가 출력된다.

손으로 익히는 코딩

```
nums = [30, 4, 50, 6]
print(sorted(nums))
words = ["monkey", "ape", "gorilla"]
print(sorted(words))
print(sorted(words, reverse=True))
```

실행 결과

```
[4, 6, 30, 50]

['ape', 'gorilla', 'monkey']
['monkey', 'gorilla', 'ape']
```

에러에서 배우기

- 숫자는 길이가 정의되어 있지 않음

```
len(5)                    TypeError: object of type 'int' has no len()
```

위 에러는 숫자의 len() 계산을 시도하여 발생한다. 에러 메시지는 int 자료형은 len()을 사용할 수 없다는 의미이다. int나 float와 같은 숫자는 문자열, 리스트와 달리 그 자체로 길이의 개념이 존재하지 않기 때문에 len() 함수에 입력할 시 에러를 발생시킨다.

- 길이는 하나의 입력만 가능

```
len(1, 2, 3, 4)           TypeError: len() takes exactly one argument (4 given)
```

위 에러는 len() 함수에 여러 개의 입력을 시도하여 발생한다. 에러 메시지는 len() 함수는 단 하나의 입력만 가능하다는 의미이다. len()에서 여러 값을 입력하여 개수를 구하는 것은 불가능하며, 입력의 개수를 구하기 위해서는 리스트에 이 값들을 넣은 후 len() 함수에 입력해야 한다.

- 숫자가 아닌 것의 sum()은 시작 값 필요

```
sum([[1, 2,], [3, 4]])    TypeError: unsupported operand type(s) for +: 'int' and
                          'list'
```

위 에러는 숫자가 아닌 데이터를 시작 값을 생략하고 sum() 함수에 입력하여 발생한다. 에러 메시지는 int형과 리스트의 덧셈은 지원하지 않는다는 에러를 보이고 있다. 위 코드에는 int형 값이 없지만, sum() 함수는 기본적으로 덧셈을 시도할 때 처음 시작을 숫자 0으로 설정하기 때문에, 숫자가 아닌 데이터를 합하려 할 때 이와 같은 에러가 발생한다. sum() 함수를 이용하여 모든 리스트를 이어 붙인 리스트를 구하고 싶으면, 아래와 같이 sum() 함수의 start 입력으로 빈 리스트를 주면 된다.

```
sum([[1, 2,], [3, 4]], start=[])
```

- sum()으로 문자열의 이어 붙임은 불가능

```
sum(["py", "thon"], "")    TypeError: sum() can't sum strings [use ''.join(seq)
                           instead]
```

위 에러는 문자열은 sum()을 사용할 수 없다는 메시지를 보이고 있다. 리스트들을 이어 붙이는 것은 가능하지만, 예외적으로 문자열에서는 이것을 에러로 인식한다. 대신 ''.join(["py", "thon"])과 같은 방식을 사용하라는 메시지를 추가로 주고 있다. 위 리스트의 문자열들을 합치려면 아래의 코드를 사용하면 된다.

```
"".join(["py", "thon"])
```

- 숫자, 문자열 혼용 리스트는 최댓값이 모호함

```
max(1, 2, 3, "apple", "banana")    TypeError: '>' not supported between instances
                                   of 'str' and 'int'
```

위 에러는 문자열과 숫자가 같이 포함된 리스트에서 최댓값 구하기를 시도하여 발생한다. 에러 메시지는 문자열과 int형 사이에서는 > 연산자를 지원하지 않는다는 의미이다. 값의 대소 비교를 수행하는 연산자가 등장한 이유는, 최댓값을 구하기 위해서 대소비교를 수행해야 하기 때문이다. 대소 비교 수행 시, 숫자는 값의 크기순으로 비교하고 문자열은 사전 순서로 비교한다. 하지만 숫자와 문자열이 혼용되어 있다면 기준이 서로 달라 대소 비교를 사용할 수 없어 에러를 발생시킨다.

- 정렬된 리스트를 구하는 함수는 sorted

```
sort([1,4,2])    NameError: name 'sort' is not defined. Did you mean: 'sorted'?
```

위 에러는 sort가 정의되어 있지 않다는 메시지를 보이고 있다. 정렬된 값의 리스트를 구하는 함수는 sorted()이다. 위 에러 메시지에서는 sorted를 사용하려는 의도였는지 추가적으로 묻고 있다.

- 숫자와 문자열의 대소비교는 불가능

```
sorted([3, 5, 1, "2", "4"])      TypeError: '<' not supported between instances of
                                 'str' and 'int'
```

위 에러는 문자열과 int형 사이에서는 〈 연산자를 지원하지 않는다는 메시지를 보이고 있다. 최댓값을 구할 때 문자열과 숫자가 혼용된 경우 에러를 보인 것과 마찬가지로, 정렬을 구하기 위해서는 대소비교를 수행해야 하기 때문에 발생하는 에러이다. 숫자의 값 크기와 문자열의 사전 순서를 혼용한 대소 비교는 사용할 수 없으므로 에러를 발생시킨다.

> **Clear Comment**
>
> **리스트의 .sort() 함수**
> 리스트에는 sort() 함수가 있습니다. .sort() 함수 사용 시 리스트 안의 요소들이 정렬됩니다.

04

문자열의 내장 함수

문자열의 내장 함수는 다음과 같이 온점(.)을 붙이고 함수 이름에 괄호 쌍을 붙여 사용한다.

```
s = "python".upper()
```

위 코드를 해석할 때는 "python 문자열에 upper() 함수를 적용한 결과를 s에 대입한다."로 해석하면 된다.

format()

format() 함수의 정의와 사용 방식

문자열의 format() 함수는 문자열 내부의 **중괄호 쌍({})**을 format() 함수 입력으로 **대체**한 문자열을 결과로 내보낸다. 문자열의 format() 함수는 아래와 같이 사용한다.

```
a = 3
print("num a = {}".format(a))
```

실행 결과
```
num a = 3
```

위 코드에서 format() 함수가 없다고 가정하면 "num a = {}"가 출력되어야 한다. 문자열의 format() 함수는 변수의 문자열 자료형 변환 값을 중괄호 쌍({})에 대입하여 출력한다.

Quick Tip

문자열 자료형 변환
str()를 통해 문자열 자료형 변환을 수행할 수 있습니다. 예를 들어, int형 3의 문자열형 변환 결과인 str(3)은 문자열 "3"입니다.

문자열 내에서 여러 개의 중괄호 쌍에 대해 format() 함수를 사용할 수 있다.

```
a = 3
b = 4
print("a: {}, b: {}".format(a, b))
```

```
a: 3, b: 4
```

위 코드의 세 번째 줄에서 첫 번째 {}는 3으로, 두 번째 {}는 4로 대체되었다. 이것은 각각 format() 함수의 첫 번째, 두 번째 입력이다. 여러 개의 중괄호 쌍이 등장하면 {}가 등장한 순서와 format()에서 입력한 순서가 대응하여 대체된다.

$$\text{str(a)} \qquad \text{str(b)}$$
$$\downarrow \qquad \downarrow$$

"a: {}, b: {}".format(a, b)

위치를 명시한 format()

긴 문자열에 여러 개의 {}를 사용할 경우 format() 함수의 어떤 입력이 어떤 중괄호 쌍에 대응되는지 헷갈릴 수 있다. {} 안에 0부터 시작하는 인덱스를 붙여 몇 번째 입력 값을 사용하는지 명시할 수 있다.

```
print("{0} + {1} = {2}".format(10, 20, 10 + 20))
print("{0} == {0}".format(5))
```

```
10 + 20 = 30
5 == 5
```

위 코드에서 {} 안에 있는 숫자는 format() 함수 안의 몇 번째 입력을 사용할지를 나타낸 것이다. 첫 번째 줄에서는 순서대로 {0}, {1}, {2}를 사용하여 format() 함수의 [0], [1], [2]번째 입력을 대입한다. 두 번째 줄에서는 {0}을 두 번 사용하였는데, format() 함수의 [0]번째 입력을 두 번 사용하겠다는 의미이다.

Quick Tip

[0]이 첫 번째
문자열, 리스트의 인덱싱에서 [0]이 제일 첫 요소를 가리킨다는 점을 기억하시나요? 함수의 입력도 제일 첫 입력이 [0]에 해당합니다.

format() 함수를 사용할 때 각 중괄호 쌍에 이름을 붙여 주고 format() 함수에서 이름을 명시하여 대입할 수도 있다.

```python
print("n1: {n1}, n2: {n2}".format(n1=3, n2=4))
```

```
n1: 3, n2: 4
```

위 코드에서 {n1}에는 format() 함수 안의 n1 대입 값이 출력되고, {n2}에는 format() 함수 안의 n2 대입 값이 출력된다.

$$\text{"n1: \{n1\}, n2: \{n2\}".format(n1=3, n2=4)}$$

손으로 익히는 코딩

```python
num = 41.2
print("num = {}".format(num))
print("num*2 = {}".format(num*2))
print("numnum = {}".format(str(num)*2))
```

실행 결과

```
num = 41.2
num*2 = 82.4
numnum = 41.241.2
```

upper(), lower()

문자열의 upper()와 lower() 함수는 각각 **소문자를 대문자로, 대문자를 소문자로** 바꾼 결과를 내보내는 함수이다. 각 함수는 아래와 같이 사용한다.

실행 결과

```python
s = "It is Python!"
print(s.upper())
print(s.lower())
```

```
IT IS PYTHON!
it is python!
```

위 코드에서 문자열 s는 알파벳의 소문자, 대문자가 모두 포함되어 있고, 그 외의 문자인 공백문자와 느낌표(!)도 포함되어 있다. 두 번째 줄에서는 문자열 s의 upper() 함수 결과를 출력하며, upper() 함수의 결과는 모든 알파벳 소문자가 대문자로 바뀐 문자열이다. 반대로 lower() 함수의 결과는 모든 알파벳 대문자가 소문자로 바뀐 문자열이다. 그 외의 문자는 변하지 않고 유지된다.

```
word = "Banana"
num_word = "41.2"
print(word.upper())
print(word.lower())
print(num_word.upper())
print(num_word.lower())
```

```
BANANA
banana
41.2
41.2
```

split()

split() 함수는 **문자열을 일정 기준으로 나누어** 리스트에 담는다. split() 함수는 아래와 같이 사용할 수 있다.

```
s = "It is Python!"
print(s.split())
```

```
['It', 'is', 'Python!']
```

위 코드에서 s는 세 개의 단어 It, is, Python!의 사이에 공백문자가 들어 있는 문자열이다. split()은 공백문자를 기준으로 문자열을 나누어 순서대로 들어 있는 리스트를 결과로 내보낸다.

공백문자가 아닌 다른 문자열을 기준으로 문자열을 나눌 수도 있다. split() 함수의 입력에 문자열을 입력하면 해당 문자열을 기준으로 문자열을 나눈다.

Quick Tip

split()의 분리 기준

문자열의 split() 함수에 입력을 생략할 시, 공백문자를 포함하여 줄 바꿈(\n), 탭 문자(\t)는 모두 분리의 기준이 됩니다. 예를 들어 "It\nis Python\t!".split()의 결과는 ['It', 'is', 'Python', '!']입니다.

```
s = "orange,apple,grape"
print(s.split(","))
```

```
['orange', 'apple', 'grape']
```

위 코드에서 두 번째 줄의 split() 함수는 콤마(,)를 기준으로 문자열을 나누어 orange, apple, grape의 문자열 요소로 이루어진 리스트를 결과로 내보낸다.

> **Clear Comment**
>
> **csv 확장자를 아시나요?**
> csv 확장자는 Comma Seperated Values의 줄임말입니다. csv 확장자는 값들을 comma와 줄바꿈으로 구분하는 데이터를 다룰 때 사용합니다. csv 데이터는 자주 사용되는 데이터 유형 중 하나로, .csv 파일을 다룰 때 .split(",")를 유용하게 사용할 수 있습니다.

```
s = "orange,apple,grape"
              ↓
         s.split(",")
              ↓
["orange", "apple", "grape"]
```

split() 함수에서 나누는 횟수를 지정할 수도 있다. 기준 문자열 이후에 0 이상의 int형 숫자를 입력하면 문자열을 해당 숫자만큼 나눈다.

```
s = "orange,apple,grape"
print(s.split(",", 1))
```

실행 결과

```
['orange', 'apple,grape']
```

위 코드에서 split() 함수는 콤마를 기준으로 나누는데, 두 번째 입력 숫자가 주어진 경우 해당 숫자의 횟수만큼만 문자열을 나눈다. 그러면 문자열의 처음부터 콤마를 처음 만날 때 한 번만 나누게 되고, 나머지 문자열은 모두 리스트의 마지막 요소가 된다.

손으로 익히는 코딩

```
formula = "x+y+z=12"
left_right = formula.split("=")
left_vars = left_right[0].split("+")
print(left_right)
print(left_vars)
```

실행 결과

```
['x+y+z', '12']
['x', 'y', 'z']
```

- {}와 format 개수는 대응되어야 함

```
s = "{} + {} = {}".format(1, 2)        IndexError: Replacement index 2 out of range
                                       for positional args tuple
```

위 에러는 문자열 내에서 중괄호보다 적은 수의 format() 입력 개수를 사용하여 발생한다. 에러 메시지는 {}를 대체할 때 입력의 개수 범위를 넘어서 발생한다는 의미이다. 문자열 내에서 {}는 총 세 개로, 이를 위해 필요한 format()의 입력 개수는 3개인데, 2개의 입력만 format()에 존재하므로 에러를 발생시킨다.

- 입력 이름을 명시한 경우 대응하는 입력 필요

```
s = "{left}, {right}".format(1, 2)        KeyError: 'left'
```

위 에러는 "left"라는 키가 없다는 메시지를 보이고 있다. 문자열의 .format() 함수 사용 시, {}에 입력 이름을 명시할 경우, 해당 입력 이름에 대한 값을 입력해야 한다. left, right에 대한 입력 값을 주지 않았는데, left가 문자열에서 먼저 등장하여 left 입력이 없다는 에러가 발생한다.

- split()의 입력은 문자열만 가능

```
s = "ab0cd0ef0g".split(0)        TypeError: must be str or None, not int
```

위 에러는 문자열이 아닌 값을 split()에 입력하여 발생한다. 문자열의 .split() 함수 사용 시, 입력에는 문자열이나, None만 가능하다는 메시지를 보이고 있다. 문자열 .split() 함수의 입력에는 문자열만 사용할 수 있다. 해당 예시에서는 숫자 0이 아닌 문자열 "0"을 입력으로 주면 문자 0을 기준으로 나눈 문자열 리스트를 얻을 수 있다.

🔖 Clear Comment

KeyError

KeyError는 서로 대응하는 쌍으로 이루어진 자료형(주로 key-value 쌍이라고 불립니다.) 변수에서, 주어진 키가 없을 때 발생합니다. KeyError에 대한 내용은 응용 실전편의 딕셔너리 자료형에서 학습합니다.

None

None은 "없다"는 개념을 표현하기 위한 값으로 NoneType이라는 자료형입니다. 주로 입력이 주어지지 않거나, 해당 값이 없음을 표현할 때에 쓰입니다. None 등의 추가적인 자료형에 대해서는 응용 실전편에서 학습합니다.

리스트의 내장 함수

append()

append() 함수는 리스트에 **새로운 요소를 추가**하는 함수이다. append() 함수의 사용 방법은 아래와 같다.

```
words = ["orange", "apple", "grape"]
words.append("banana")
print(words)
```

실행 결과

```
['orange', 'apple', 'grape', 'banana']
```

위 코드에서 words는 처음에 3개의 문자열 "orange", "apple", "grape"로 이루어진 리스트이다. 두 번째 줄에서 문자열 "banana"가 append() 함수의 입력으로 쓰여서 words 리스트의 마지막 요소에 추가된다. 그 결과 마지막 줄에서 words 리스트를 출력하면 기존의 세 단어의 뒤에 "banana"가 추가된 리스트가 출력된다.

```
words = ["orange", "apple", "grape"]

words.append("banana")
```

손으로 익히는 코딩

```
nums = [3, 2, 1]
nums.append(0)
print(nums)
nums.append("number")
print(nums)
nums = [3, 2, 1]
nums.append([0, -1])
print(nums)
```

실행 결과

```
[3, 2, 1, 0]

[3, 2, 1, 0, 'number']


[3, 2, 1, [0, -1]]
```

index()

index() 함수는 리스트 안에서 **입력 요소의 위치를 찾는 함수**이며, 사용 방법은 아래와 같다.

```
words = ["orange", "apple", "grape"]
idx = words.index("apple")
print(idx)
```

```
1
```

위 코드에서 index() 함수는 문자열 "apple"을 입력받아서 words 내에서 apple이 몇 번째에 있는지를 검사한다. apple 문자열은 [1]번째에 위치하므로 idx에는 index() 함수의 결과 1이 대입된다. index() 함수는 시작 인덱스와 끝 인덱스를 설정할 수 있다.

```
nums = [8, 5, 3, 0, 1, 3]
idx1 = nums.index(3, 0, 4)
idx2 = nums.index(3, 3)
print(idx1, idx2)
```

```
2 5
```

위 코드에서 nums는 숫자들이 들어 있는 리스트로, 숫자 3은 [2]번째와 [5]번째에 존재한다. 두 번째 줄에서 index(3, 0, 4)의 의미는 3을 찾는데, [0:4]의 범위에서 찾는다는 의미이다. 즉, [0], [1], [2], [3]번째 요소들 중에서 값이 3인 것을 찾는다. 세 번째 줄에서는 두 개의 입력만을 사용했는데, 이것은 3을 찾는데 [3]번째 요소부터 시작해서 끝까지 찾겠다는 의미이다.

```
           [0]   [1]   [2]   [3]   [4]   [5]

   nums = [8,   5,   3,   0,   1,   3]

        nums.index(3, 0, 4) ⟶ 2
```

```
nums = [4, 3, 2, 1, 2]
i1 = nums.index(1)
i2 = nums.index(2)
print(i1)
print(i2)
```

실행 결과
```
3
2
```

pop()

pop() 함수는 리스트 안에서 **입력 숫자 인덱스의 요소를 결과로 내보내며 리스트 안에서 해당 위치의 요소를 제거**한다.

> **Clear Comment**
>
> **pop()은 "꺼낸다."**
> 함수 결과는 요소이고, 해당 요소는 리스트에서 삭제한다는 의미는 한 단어로 "꺼낸다"로 해석할 수 있습니다. 프로그래밍에서 어떤 꺼내는 상황은 자주 등장하기 때문에 pop() 함수는 실무에서 많이 사용됩니다.

```
words = ["orange", "apple", "grape"]
fruit = words.pop(1)
print(fruit)
print(words)
```

실행 결과
```
apple
['orange', 'grape']
```

위 코드에서, 두 번째 줄의 pop() 함수는 1을 입력으로 받아서 words의 [1]번째 요소를 결과로 내보내서 fruit에 대입한 후, words의 [1]번째 아이템을 제거한다. 그 이후에 fruit와 words를 출력해 보면 fruit는 문자열 apple이고, words는 [1]번째 요소가 제거된 리스트임을 확인할 수 있다.

```
words = ["orange", "apple", "grape"]

                    words.pop(1)  ⟶  "apple"
```

```
words = ["orange", "apple", "grape"]
fruit = words.pop()
print(fruit)
print(words)
```

실행 결과
```
grape
['orange', 'apple']
```

위 코드와 같이 pop()의 입력을 주지 않으면 맨 마지막 요소를 꺼낸다. 이것은 pop(-1)을 수행한 것과 동일한 결과이다.

```
nums = [4, 3, 2, 1]
last = nums.pop(-1)
print(last, nums)
first = nums.pop(0)
print(first, nums)
```

```
1 [4, 3, 2]

4 [3, 2]
```

remove()

remove() 함수는 리스트 안에서 **입력된 값을 찾아 제거**한다. pop() 함수는 인덱스로 위치 값을 받는 반면 remove() 함수는 일치하는 요소값을 찾아서 제거한다. remove() 함수는 아래와 같이 사용할 수 있다.

```
words = ["orange", "apple", "grape"]
words.remove("apple")
print(words)
```

```
['orange', 'apple']
```

위 코드에서 리스트의 remove() 함수는 입력된 값을 찾아서 값을 제거한다. remove() 함수는 pop() 함수와 달리 결과로 제거한 요소를 내보내지 않는다. 리스트 안에 같은 값의 요소가 여러 개 존재할 경우에, remove() 함수의 입력이 중복으로 존재하면 제일 처음 등장한 요소 하나만 제거한다.

```
nums = [8, 5, 3, 0, 1, 3]
nums.remove(3)
print(nums)
```

```
[8, 5, 0, 1, 3]
```

위 코드에서 리스트의 remove() 함수로 3을 제거하는데, 3은 nums의 [2]번째와 [5]번째에 존재한다. 둘 중 먼저 등장하는 [2]번째 요소를 제거한다.

```
nums = [1, 2, 3, 4, 3]
nums.remove(1)
print(nums)
nums.remove(3)
print(nums)
```

```
[2, 3, 4, 3]

[2, 4, 3]
```

에러에서 배우기

- 리스트의 append()는 한 개의 입력만 가능

```
arr = [1, 2, 3]              TypeError: list.append() takes exactly one argument
arr.append(4, 5)             (2 given)
```

위 에러는 리스트의 append() 함수에 여러 개의 입력을 사용하여 발생한다. 리스트의 append() 함수 사용 시 2개 이상의 값을 입력 시 에러를 발생시키며, 둘 이상의 값을 붙이고 싶다면, 리스트의 덧셈을 사용하여 arr += [4, 5]처럼 나타내면 된다.

- 리스트에 없는 값을 index() 입력으로 사용한 경우

```
arr = [1, 2, 3]
arr.index(5)                 ValueError: 5 is not in list
```

위 에러는 리스트의 .index() 함수의 입력이 리스트의 요소 중에 존재하지 않는다는 메시지를 보이고 있다. 리스트의 .index() 함수는 입력이 리스트 안의 몇 번째 값인지를 계산한다. 입력의 값이 리스트 안에 없으면 에러를 발생시킨다. [1, 2, 3] 리스트 안에 5가 없으므로 에러를 발생시킨다.

- pop() 입력이 인덱스 범위 밖인 경우

```
arr = [1, 2, 3]
n = arr.pop(4)               IndexError: pop index out of range
```

위 에러는 리스트의 .pop() 함수의 인덱스가 범위 밖이라는 메시지를 보이고 있다. 리스트의 .pop() 함수는 입력 숫자 인덱스 위치의 값을 제거하고, 제거한 값이 함수의 결과가 된다. 입력한 숫자 값이 인덱스 범위 밖이면 에러를 발생시킨다. [1, 2, 3] 리스트는 [0], [1], [2]번째 값이 존재하고, [4]번째 값은 존재하지 않는 범위 밖이므로 .pop(4)가 에러를 발생시킨다.

- 리스트의 pop()은 하나의 입력만 가능

```
arr = [1, 2, 3]              TypeError: pop expected at most 1 argument,
nums = arr.pop(0, 1)         got 2
```

위 에러는 리스트의 .pop() 함수가 최대 한 개의 입력만 받을 수 있다는 메시지를 보이고 있다. 두 개 이상의 값을 pop() 함수에 입력하면 에러를 발생시킨다.

> **Quick Tip**
>
> **입력이 없으면 -1**
>
> 리스트의 pop() 함수에 입력이 없으면 -1을 입력한 것과 같습니다. 즉, 맨 마지막 요소를 꺼내게 됩니다.

- 빈 리스트에서는 pop() 불가능

```
arr = [1]
num = a.pop()                    IndexError: pop from empty list
num = a.pop()
```

위 에러는 빈 리스트에서 .pop() 함수를 실행한다는 메시지를 보이고 있다. 빈 리스트에서 .pop()을 시도하면 꺼낼 요소가 없기 때문에 에러를 발생시킨다. 첫 번째 pop() 함수 실행*에서는 num에 1이 대입되지만, 두 번째 함수 실행에서 에러가 발생한다.

- 리스트에 없는 값은 remove() 불가능

```
arr = [1, 2, 3]
arr.remove(5)                    ValueError: list.remove(x): x not in list
```

위 에러는 리스트의 remove() 함수의 입력이 리스트 안에 없다는 메시지를 보이고 있다. 리스트의 .remove() 함수는 입력 값을 리스트 안에서 찾아서 제거한다. 입력 값을 리스트 안에서 찾을 수 없는 경우, 에러를 발생시킨다. 해당 예제에서는 [1, 2, 3]에는 5가 존재하지 않기 때문에, 에러를 발생시킨다.

- 리스트의 remove()는 하나의 입력만 가능

```
arr = [1, 2, 3]                  TypeError:  list.remove()  takes  exactly  one
arr.remove(2, 3)                 argument (2 given)
```

위 에러는 리스트의 remove() 함수의 입력은 하나만 받을 수 있다는 메시지를 보이고 있다. 리스트의 .remove() 함수는 하나의 입력만을 받으며, 위 코드에서는 [1, 2, 3]에 2와 3이 둘 다 존재하지만, 둘 이상의 입력을 받을 수 없기 때문에 에러를 발생시킨다.

> **Clear Comment**
>
> **extend()**
> 리스트의 extend() 함수는 리스트를 입력받아 리스트의 요소들을 뒤에 덧붙이는 기능을 합니다. 만약 append(), extend를 외우기 번거롭다면 속도는 약간 느리고 메모리를 더 쓰지만, 리스트의 덧셈을 사용하는 것이 더 직관적입니다.

기초 용어 정리

* **호출하다(call)**: 함수를 실행하는 것을 프로그래머들은 종종 함수를 호출(call)한다는 표현으로 사용하곤 한다.

연습문제

1. 기본 예제

문제 1 아래의 코드에서 input 함수의 입력에 대한 출력 결과를 맞혀 보자.

	문제	입력	정답
①	`a = input()` `print(a)`	3*[enter]*	

②	`a = input()`
	`b = int(a)`
	`print(b * 2)`
		3*[enter]*	

③	`a = int(input())` `print(a * 2)`	3*[enter]*	

문제 2 각 코드의 출력 결과로 올바른 것을 맞혀 보자.

	문제	정답
①	`a = abs(-5)` `print(a)`	(-5 / 5)
②	`b = abs(5)` `print(b)`	(5 / 5.0)
③	`c = round(3.4)` `print(c)`	(3 / 4)
④	`d = round(3.5)` `print(d)`	(3 / 4)
⑤	`e = round(-5.2)` `print(e)`	(-6 / -5)
⑥	`f = round(-5.5)` `print(f)`	(-6 / -5)
⑦	`g = round(4.54, 1)` `print(g)`	(5 / 4.5)

문제 3 각 코드의 출력 결과를 맞혀 보자.

	문제	정답
①	a = "python" print(len(a))	
②	b = "" print(len(b))	
③	c = "ABC\nDEF" print(len(c))	
④	d = [1, 2, 3] print(len(d))	
⑤	e = [1, [2, 3]] print(len(e))	
⑥	f = [] print(len(f))	

문제 4 아래의 sum, max, min 함수에 대한 출력 결과를 맞혀 보자.

	문제	정답
①	a = [1, 2, 3] print(sum(a))	
②	b = [3, 4, 5] print(sum(b, 1))	
③	c = [[1, 2], [0], [9]] print(sum(c, []))	
④	d = [4, 5, 6] print(max(d))	
⑤	e = [4, 5, 6] print(min(e))	
⑥	print(max(4, 5, 6))	
⑦	print(min(4, 5, 6))	

문제 5 아래의 sorted 함수에 대한 출력 결과를 맞혀 보자.

	문제	정답
①	`a = [5, 4, 2, 6]` `print(sorted(a))`	
②	`b = [5, 4, 2, 6]` `print(sorted(b, reverse=True))`	
③	`c = ["orange", "apple", "grape"]` `print(sorted(c))`	
④	`d = ["orange", "apple", "grape"]` `print(sorted(d, reverse=True))`	
⑤	`e = ["orange", "apple", "Grape"]` `print(sorted(e))`	
⑥	`f = sorted("apple")` `print(f)`	

문제 6 아래 문자열의 format 함수에 대한 출력 결과를 맞혀 보자.

	문제	정답
①	`a = 3` `print("a = {}".format(a))`	

②	`a = 3`
	`b = 4`
	`print("b = {1}, a = {0}".format(a, b))`	

③	`print("A = {a},  B  =  {b}".format(b=5,` `a=9))`	
④	`print("A  =  {a},  B  =  {b}".format(a=9,` `b=5))`	

문제 7 아래 문자열의 내장 함수들에 대한 출력 결과를 맞혀 보자.

	문제	정답
①	`a = "Apple"` `print(a.upper())`	
②	`b = "Banana"` `print(b.lower())`	

	문제	정답
③	`c = "41, 52"` `print(c.upper())`	
④	`d = "41, 52"` `print(d.lower())`	
⑤	`e = "1, 2, 3, 4"` `print(e.split())`	
⑥	`f = "1, 2, 3, 4"` `print(f.split(","))`	
⑦	`g = "1, 2, 3, 4"` `print(g.split(", "))`	
⑧	`h = "1, 2, 3, 4,5"` `print(h.split(", "))`	

문제 8 아래 리스트의 내장 함수들에 대한 출력 결과를 맞혀 보자.

	문제	정답

①	`a = [1, 2, 3]`
	`a.append(4)`
	`print(a)`	

②	`b = [1, 2, 3]`
	`b.append([4, 5])`
	`print(b)`	

③	`c = [1, 2, 3]`
	`c.append("four")`
	`print(c)`	

④	`d = ["apple", "grape", "orange"]`
	`idx = d.index("apple")`
	`print(idx)`	

⑤	`e = ["apple", "grape", "orange"]`
	`p0 = e.pop(0)`
	`print("p0 = {}, e = {}".format(p0, e))`	

⑥	`f = ["apple", "grape", "orange"]`
	`pm1 = f.pop(-1)`
	`print(f)`	

문제		정답
| ⑦ | ```python
g = ["apple", "grape", "orange"]
gm1 = g.pop(-1)
gm1 = g.pop(-1)
print(g)
``` | |
| ⑧ | ```python
h = ["apple", "grape", "orange"]
h.remove("apple")
print(h)
``` | |

2. 심화 예제

문제 9 아래의 코드에서 input 함수의 입력에 대한 출력 결과를 맞혀 보자.

문제		입력	정답
| ① | ```python
a = input()
print(a*2)
``` | 3[enter] | |
| ② | ```python
a = input()
b = input()
print(a + b)
``` | 3[enter]<br>4[enter] | |
| ③ | ```python
a = int(input())
print(a * 2)
``` | 3[enter] | |
```

[객관식] 사용자 입력으로 두 int형 숫자를 받아 두 수의 합을 출력하려 한다. 아래의 코드 중 문제의 의도대로 프로그래밍하지 않은 것을 골라 보자(예시 입/출력 참고).

보기		예시
| ⓐ | ```python
a = input()
b = input()
c = int(a) + int(b)
print(c)
``` | 입력1: 3*[enter]*4*[enter]*<br>출력1: 7<br><br>입력2: 10*[enter]*5*[enter]*<br>출력2: 15<br><br>입력3: -5*[enter]*4*[enter]*<br>출력3: -1 |
| ⓑ | ```python
a = int(input())
b = int(input())
c = a + b
print(c)
``` | |
| ⓒ | ```python
a = input()
b = input()
c = int(a + b)
print(c)
``` | |
| ⓓ | ```python
c = int(input() + input())
print(c)
``` | |

[객관식] 띄어쓰기로 구분된 단어들을 입력하고 구별된 각 단어들 중 사전 순서 상 가장 먼저 등장하는 단어를 출력하려 한다. 해당 의도대로 프로그래밍하기 위해 빈칸에 올 수 있는 코드를 골라 보자(예시 입/출력 참고).

문제	예시	보기	
| ```python
words = input()
words_list = words.split()
( ⓐ / ⓑ / ⓒ / ⓓ )
print(first)
``` | 입력1: fox ape zebra<br>출력1: ape<br><br>입력2: abc def<br>출력2 abc | ⓐ | `first = max(words_list)` |
		ⓑ	`first = max(words)`
		ⓒ	`first = min(words_list)`
		ⓓ	`first = min(words)`
```

문제 12 [객관식] 띄어쓰기로 구분된 단어들을 입력하고 구별된 각 단어들 중 사전 순서 상 두 번째에 등장하는 단어를 출력하려 한다. 보기들 중, 코드의 빈칸에 들어갔을 때 의도한 동작을 수행하지 못하는 코드를 골라 보자.

문제	예시	보기	

`words = input()`
`words_list = words.split()`
`( ⓐ / ⓑ / ⓒ / ⓓ )`
`print(second)`
	입력1: fox ape zebra
	출력1: fox
	
	입력2: abc def
	출력2: def
		ⓐ	`words_sorted =`
			`sorted(words_list)`
			`second =`
			`words_sorted[1]`

		ⓑ	`second =` `sorted(words_list[1])`

		ⓒ	`words_list.remove(min`
			`(words_list))`
			`second =`
			`min(words_list)`

		ⓓ	`words_sorted =`
			`sorted(words_list)`
			`words_sorted.pop(0)`
			`second =`
			`words_sorted[0]`

문제 **1**

```
①   a = input()              3[enter]
     print(a)
```

변수 a는 input() 함수를 통해 키보드로 3을 입력받은 후 입력된 3 값을 출력한다.

```
     a = input()
②    b = int(a)               3[enter]
     print(b * 2)
```

변수 a에 input() 함수를 통해 문자열 3이 입력된다. 변수 b에는 이 문자열의 정수형 변환 결과로 숫자 3이 대입된다. print(b * 2)에서는 정수형 변수 b에 2를 곱한 결과인 6이 출력된다.

```
③   a = int(input())          3[enter]
     print(a * 2)
```

input() 함수를 통해 입력한 문자열 3이 정수형 변환 int()을 거쳐 a에 대입된다. ②에서 input() 함수와 int()의 과정을 한 줄에 나타낸 것이다.

문제 **2**

```
①   a = abs(-5)              ( -5 / 5 )
     print(a)
```

절댓값을 구하는 abs() 함수에 -5를 입력 시 결과는 5이다.

```
②   b = abs(5)               ( 5 / 5.0 )
     print(b)
```

abs() 함수는 자료형을 바꾸지 않기 때문에 결과는 입력과 같은 int 자료형의 숫자 5이다.

```
③   c = round(3.4)           ( 3 / 4 )
     print(c)
```

round() 함수는 반올림을 수행한다. 그 결과 3.4를 반올림한 결과인 3이 출력된다.

| ④ | `d = round(3.5)`
`print(d)` | (3 / **4**) |

3.5를 반올림한 결과인 4가 출력된다.

| ⑤ | `e = round(-5.2)`
`print(e)` | (-6 / **-5**) |

−5.2를 반올림한 결과인 −5가 출력된다.

| ⑥ | `f = round(-5.5)`
`print(f)` | (**-6** / -5) |

음수의 경우 0.5의 경계에서 반올림할 경우, 양수와는 반대로 더 작은 수로 내린다. 그 결과 −5.5의 반올림 결과는 −6이 된다.

| ⑦ | `g = round(4.54, 1)`
`print(g)` | (5 / **4.5**) |

round() 함수의 두 번째 입력은 소수점 몇 째 자리로 반올림할지를 나타낸다. 문제에서는 소수점 첫 번째 자리로 반올림한 결과인 4.5를 출력한다.

문제 ❸

| ① | `a = "python"`
`print(len(a))` | 6 |

len() 함수의 문자열 입력 결과는 문자열의 길이이다. 변수 a는 6글자의 문자열 python이므로 6을 출력한다.

| ② | `b = ""`
`print(len(b))` | 0 |

빈 문자열의 길이는 0이다.

| ③ | ```
c = "ABC\nDEF"
print(len(c))
``` | 7 |

\n는 합쳐서 줄바꿈 문자 하나를 나타낸다. 따라서 c 문자열의 len() 함수 결과는 3 + 1 + 3 = 7이다.

| ④ | ```
d = [1, 2, 3]
print(len(d))
``` | 3 |

len() 함수의 리스트 입력 결과는 리스트의 요소 개수이다. 변수 d는 3개의 요소를 가진 리스트이므로 결과는 6을 출력한다.

| ⑤ | ```
e = [1, [2, 3]]
print(len(e))
``` | 2 |

리스트 안에서 리스트는 하나의 요소로 인식한다. 따라서 리스트 변수 e의 len() 결과는 2이다.

| ⑥ | ```
f = []
print(len(f))
``` | 0 |

빈 리스트의 길이는 0이다.

문제 ④

| ① | ```
a = [1, 2, 3]
print(sum(a))
``` | 6 |

sum() 함수에 리스트를 입력하면 모든 리스트 요소들의 합을 구한다. 따라서 1 + 2 + 3의 결과인 6이 출력된다.

| ② | ```
b = [3, 4, 5]
print(sum(b, 1))
``` | 13 |

sum() 함수의 두 번째 입력은 합을 구하기 전 시작하는 값이다. 따라서 출력은 1 + 3 + 4 + 5의 결과인 13이다.

| ③ | `c = [[1, 2], [0], [9]]`
`print(sum(c, []))` | `[1, 2, 0, 9]` |

리스트의 덧셈은 요소들 간의 이어 붙이기이다. 시작하는 값을 빈 리스트로 준 후 리스트가 든 리스트의 합을 구하면 모든 리스트의 요소를 이어 붙인 결과를 얻을 수 있다.

| ④ | `d = [4, 5, 6]`
`print(max(d))` | `6` |

max() 함수에 리스트를 입력하면 리스트의 모든 요소들 중 가장 큰 값이 결과가 된다. 따라서 결과는 d 리스트 안의 가장 큰 값인 6이다.

| ⑤ | `e = [4, 5, 6]`
`print(min(e))` | `4` |

min() 함수에 리스트를 입력하면 리스트의 모든 요소들 중 가장 작은 값이 결과가 된다. 따라서 결과는 d 리스트 안의 가장 작은 값인 4이다.

| ⑥ | `print(max(4, 5, 6))` | `6` |

max() 함수는 리스트뿐만 아니라, 입력을 콤마로 구분하여 받을 수도 있다. 입력한 값들 중 가장 큰 값이 함수의 결과가 된다. 따라서 출력 결과는 6이다.

| ⑦ | `print(min(4, 5, 6))` | `4` |

min() 함수는 리스트뿐만 아니라, 입력을 콤마로 구분하여 받을 수도 있다. 입력한 값들 중 가장 작은 값이 함수의 결과가 된다. 따라서 출력 결과는 4이다.

문제 5

| ① | `a = [5, 4, 2, 6]`
`print(sorted(a))` | `[2, 4, 5, 6]` |

sorted() 함수에 리스트를 입력하면 작은 것부터 오름차순으로 나열한 리스트를 결과로 내보낸다. 그 결과로, a를 순서대로 정렬한 [2, 4, 5, 6]을 출력한다.

| ② | ```
b = [5, 4, 2, 6]
print(sorted(b, reverse=True))
``` | [6, 5, 4, 2] |

sorted() 함수의 reverse 입력은 True 입력 시 큰 것부터 내림차순으로 정렬한 리스트를 결과로 내보낸다. 그 결과로, a를 큰 것부터 순서대로 정렬한 [6, 5, 4, 2]를 출력한다.

| ③ | ```
c = ["orange", "apple", "grape"]
print(sorted(c))
``` | ["apple", "grape", "orange"] |

문자열로 구성된 리스트를 sorted() 함수에 입력하면 사전 순서대로 정렬한다. 그 결과, 각 단어의 앞 글자가 빠른 순서인 ["apple", "grape", "orange"]를 출력한다.

| ④ | ```
d = ["orange", "apple", "grape"]
print(sorted(d, reverse=True))
``` | ["orange", "grape", "apple"] |

reverse 입력을 통해 사전 순서의 역순으로 정렬한다. 그 결과 ["orange", "grape", "apple"]를 출력한다.

| ⑤ | ```
e = ["orange", "apple", "Grape"]
print(sorted(e))
``` | ["Grape", "apple", "orange"] |

문자열을 sorted() 함수 입력 시 대문자가 소문자보다 앞에 등장한다. 따라서 대문자가 먼저 등장하여 ["Grape", "apple", "orange"] 순으로 출력한다.

| ⑥ | ```
f = sorted("apple")
print(f)
``` | ["a", "e", "l", "p", "p"] |

문자열을 sorted() 함수로 입력 시 알파벳 순서대로 정렬한 리스트를 결과로 내보낸다. 그 결과 ["a", "e", "l", "p", "p"]를 출력한다.

문제 6

| ① | ```
a = 3
print("a = {}".format(a))
``` | a = 3 |

문자열의 format() 함수로 변수 값을 문자열에 포함시킬 수 있다. 문자열의 중괄호 쌍 {}에 format() 함수의 입력이 대입된다.

| ② | ```
a = 3
b = 4
print("b = {1}, a = {0}".format(a, b))
``` | b = 4, a = 3 |

문자열의 format()을 사용할 때 중괄호 쌍 내부에 숫자 입력 시 해당 숫자 순서대로 값이 대입된다. {0}에 format() [0]번째 입력 a, {1}에 format() 입력의 [1]번째 입력인 b가 대입된다.

| ③ | `print("A = {a}, B = {b}".format(b=5, a=9))` | A = 9, B = 5 |

문자열의 format()을 사용할 때 중괄호 쌍 내부에 문자열을 입력 시 해당 문자열을 format() 입력의 이름으로 사용된다. {a}에는 format()의 a 이름 입력, {b}에는 format()의 b 이름 입력이 대입된다.

| ④ | `print("A = {a}, B = {b}".format(a=9, b=5))` | A = 9, B = 5 |

문자열의 format() 입력에서 중괄호 쌍 내부에 문자열을 입력하고, 입력 이름을 명시할 경우 format() 함수 내부에서 순서는 바뀌어도 동작은 동일하다. 따라서 문제 ③의 결과와 동일한 결과를 출력한다.

문제 7

| ① | ```
a = "Apple"
print(a.upper())
``` | APPLE |

문자열의 upper() 함수는 주어진 문자열의 알파벳을 모두 대문자로 바꾼 결과를 내보낸다. 따라서 Apple 내 pple가 대문자로 변환된 APPLE을 출력한다.

| ② | ```
b = "Banana"
print(b.lower())
``` | banana |

문자열의 lower() 함수는 주어진 문자열의 알파벳을 모두 소문자로 바꾼 결과를 내보낸다. 따라서 Banana의 첫 알파벳 B가 소문자로 변환된 banana를 출력한다.

| ③ | ```
c = "41, 52"
print(c.upper())
``` | 41, 52 |
| ④ | ```
d = "41, 52"
print(d.lower())
``` | 41, 52 |
```

문자열에 알파벳이 포함되어 있지 않은 경우 변환되는 문자열이 없으므로 upper(), lower() 결과는 원래 문자열과 동일하다.

⑤
```
e = "1, 2, 3, 4"
print(e.split())
```
`['1,', '2,', '3,', '4']`

문자열의 split() 함수는 문자열을 split() 함수 입력을 기준으로 분리한 리스트를 결과로 내보낸다. 함수 입력이 생략되면 공백문자, 줄 바꿈 문자(Wn), 탭 문자(Wt)를 기준으로 나눈다. 따라서, "1, 2, 3, 4"를 공백문자로 나눈 결과인 ['1,', '2,', '3,', '4']가 출력된다. [0], [1], [2]번째 요소에는 콤마(,)가 뒤에 붙어 있다.

⑥
```
f = "1, 2, 3, 4"
print(f.split(","))
```
`['1', ' 2', ' 3', ' 4']`

split(",")을 통해 ⑤와 동일한 문자열을 콤마(,)를 기준으로 분리하였다. 그 결과 ['1', ' 2', ' 3', ' 4']가 출력된다. [1], [2], [3]번째 요소에는 앞에 공백 문자가 포함되어 있다.

⑦
```
g = "1, 2, 3, 4"
print(g.split(", "))
```
`['1', '2', '3', '4']`

⑥에서의 split() 입력과 달리 콤마와 공백문자를 합친 ", "를 사용하여 문자열을 분리하였다. 공백문자를 포함하여 문자열을 나누게 되어 g의 각 요소는 공백문자가 들어 있지 않다.

⑧
```
h = "1, 2, 3, 4,5"
print(h.split(", "))
```
`['1', '2', '3', '4,5']`

⑦과 동일하게 split()의 입력에 콤마와 공백문자를 합친 ", "를 사용하여 문자열을 분리하였다. h의 마지막에는 콤마(,) 뒤에 공백문자가 들어 있지 않으므로 결과는 ['1', '2', '3', '4,5']가 대입된다.

> **Clear Comment**
>
> **입력에 민감한 결과**
> 사람은 데이터를 읽을 때 콤마(,)를 기준으로 데이터를 나눌 시 h를 1부터 5까지의 숫자로 인식합니다. 하지만 이것을 코드로 구현 시 연습문제에서처럼 예상치 못한 데이터 분리 결과를 얻을 수 있으므로 주의해야 합니다.

문제 8

| ① | ```
a = [1, 2, 3]
a.append(4)
print(a)
``` | `[1, 2, 3, 4]` |

리스트의 append() 함수는 입력 값을 리스트의 마지막에 이어 붙이는 함수이다. [1, 2, 3] 리스트에 4 값을 append()한 후 출력하여 결과는 [1, 2, 3, 4]이다.

| ② | ```
b = [1, 2, 3]
b.append([4, 5])
print(b)
``` | `[1, 2, 3, [4, 5]]` |

append() 함수로 리스트를 받을 시 해당 리스트를 요소로 사용하여 이어 붙인다. [1, 2, 3] 리스트에 append([4, 5])를 할 시 [4, 5]를 한 요소로 이어 붙이므로 결과는 [1, 2, 3, [4, 5]]이다.

| ③ | ```
c = [1, 2, 3]
c.append("four")
print(c)
``` | `[1, 2, 3, 'four']` |

리스트에는 다른 자료형의 데이터를 담을 수 있다. int 자료형의 리스트 [1, 2, 3]에 문자열 "four"를 append() 시 [1, 2, 3, "four"]가 된다.

| ④ | ```
d = ["apple", "grape", "orange"]
idx = d.index("apple")
print(idx)
``` | `0` |

리스트의 index() 함수는 입력이 해당 리스트에 존재하는지 확인하여 몇 번째에 존재하는지의 인덱스를 결과로 내보낸다. "apple"은 ["apple", "grape", "orange"] 리스트의 [0]번째에 존재하므로 idx에는 0이 대입된다.

| ⑤ | ```
e = ["apple", "grape", "orange"]
p0 = e.pop(0)
print("p0 = {}, e = {}".format(p0, e))
``` | `p0 = apple, e = ['grape', 'orange']` |

리스트의 pop() 함수는 입력 인덱스를 입력으로 받아서 리스트의 입력 인덱스 위치의 요소를 제거하고 함수 결과는 제거한 요소가 된다. p0에는 제거한 요소인 apple이 대입되고, e는 apple이 제거된 ["grape", "orange"]가 된다.
```

⑥
```
f = ["apple", "grape", "orange"]
pm1 = f.pop(-1)
print(f)
```
`['apple', 'grape']`

pop() 함수의 입력은 음수의 인덱스로써 대입할 수도 있다. pop() 함수를 실행한 후 리스트 f는 [-1]번째 요소가 제거된 ["apple", "grape"]이다.

⑦
```
g = ["apple", "grape", "orange"]
gm1 = g.pop(-1)
gm1 = g.pop(-1)
print(g)
```
`['apple']`

pop() 함수를 여러 번 사용하여 여러 아이템을 꺼낸다. 첫 번째 pop(-1)에서는 리스트 g의 맨 마지막 요소인 "orange"를 제거하며, 두 번째 pop(-1)에서는 첫 번째 pop() 이후의 리스트 g ["apple", "grape"]에서 맨 마지막 요소를 제거하므로 결과적으로 마지막 줄에서 리스트 g의 출력 결과는 ["apple"]이 된다.

⑧
```
h = ["apple", "grape", "orange"]
h.remove("apple")
print(h)
```
`['grape', 'orange']`

리스트의 remove() 함수는 입력에 해당하는 아이템을 찾아서 제거한다.

문제 🖪

| ① | `a = input()`
`print(a*2)` | 3*[enter]* |

input() 함수를 통해 입력된 것은 문자열 자료형으로 취급된다. 따라서, input() 함수를 통해 a
에 입력된 값에 2를 곱하면 숫자의 곱셈이 아닌 문자열의 반복을 수행한다.

| ② | `a = input()`
`b = input()`
`print(a + b)` | 3*[enter]*
4*[enter]* |

①과 같이 input() 함수를 통해 입력된 것은 문자열 자료형으로 취급되므로 두 input()의 결과
가 대입된 변수를 더하면 이 문자열들을 이어 붙인다.

| ③ | `a = int(input())`
`print(a * 2)` | 3*[enter]* |

input() 함수를 통해 입력된 것을 int()를 통해 자료형 변환하여 a에 대입한다. a의 자료형은
int로, a에 2를 곱한 것을 출력하면 숫자의 곱셈을 수행하여 6을 출력하게 된다.

문제 🔟

ⓐ	`a = input()`
	`b = input()`
	`c = int(a) + int(b)`
	`print(c)`

ⓑ	`a = int(input())`
	`b = int(input())`
	`c = a + b`
	`print(c)`

ⓒ	`a = input()`
	`b = input()`
	`c = int(a + b)`
	`print(c)`

ⓓ	`c = int(input()) + int(input())` `print(c)`

input() 함수를 통해 숫자를 입력하면 숫자를 표현하는 문자열로 받아들인다. 그렇기 때문에 int형으로 자료형 변환을 수행해야 숫자의 합을 구할 수 있다. ①, ②, ④ 모두 두 번의 input() 함수에 각각 int() 자료형 변환을 수행하여 값을 더한다. 하지만 ③에서는 input() 함수의 결과를 대입한 a, b를 더해서 이어 붙인 후에 자료형 변환을 수행하기 때문에, 두 숫자의 합이 아닌 이어 붙인 문자열의 숫자 값을 출력하게 된다.

문제 ⑪

```
words = input()
words_list = words.split()

print(first)
```

ⓐ first = max(words_list)
ⓑ first = max(words)
ⓒ first = min(words_list)
ⓓ first = min(words)

위 문제에서 코드를 먼저 해석하면, words에는 사용자 입력을 받은 문자열로, 단어들이 띄어쓰기로 구분된 문자열이다. words_list는 words 문자열을 띄어쓰기 단위로 구분한 단어들이 담긴 리스트이다. 문자열의 리스트에서 min(), max()는 각각 사전 순서 상 맨 앞, 맨 뒤의 값을 구하는 것으로, 위 문제의 정답은 ⓒ first = min(words_list)이다. 참고로, min(words)를 할 경우 각 글자 단위로 순서상 앞, 뒤를 계산한다.

문제 ⑫

```
words = input()
words_list = words.split()

print(second)
```

ⓐ
```
words_sorted = sorted(words_list)
second = words_sorted[1]
```

ⓑ second = sorted(words_list[1])

ⓒ
```
words_list.remove(min(words_list))
second = min(words_list)
```

ⓓ
```
words_sorted = sorted(words_list)
words_sorted.pop(0)
second = words_sorted[0]
```

위 문제의 코드는 문제 11과 동일하며 마지막 변수의 이름만 second로 표시된다. 사전 순서상 앞에서 두 번째 단어를 구하기 위해 각 보기는 둘 중 하나의 전략을 사용한다.

● 각 단어들을 사전 순서대로 나열하고 두 번째([1]번째) 값을 second에 대입

● 각 단어들 중 사전 순서상 가장 앞의 단어를 제거한 후, 사전 순서상 가장 앞의 단어를 second에 대입

ⓐ에서는 첫 번째 전략을 사용한다. sorted() 함수를 통해 문자열들의 리스트를 사전 순서대로 나열한 리스트 words_sorted에서 [1]번째 값을 second에 대입한다.

ⓑ에서는 words_list 리스트 내 [1]번째 단어의 각 알파벳에 대해 정렬을 수행하므로 문제의 의도와 다른 값이 second에 대입된다.

ⓒ에서는 두 번째 전략을 사용한다. 리스트의 remove() 함수를 통해 words_list의 사전 순서상 가장 앞의 단어를 제거한 후 다시 words_list의 사전 순서상 가장 앞의 단어를 구하여 second에 대입하여 원래의 단어들 중 사전 순서상 두 번째 단어가 second에 대입된다.

ⓓ에서도 두 번째 전략을 사용한다. 먼저 words_list를 정렬한 후, words_sorted의 [0]번째 값을 리스트의 pop() 함수를 통해 제거하여 사전 순서상 가장 앞의 단어를 제거한다. 그 후에 second에는 words_sorted의 [0]번째 요소를 대입하여 사전 순서상 두 번째 단어가 second에 대입된다.

프로젝트 알아가기

이번 챕터에서도 지난 챕터에 이어서 프로젝트를 공부한다. 아래 프로젝트의 코드 중, 지난 챕터에서 학습한 내용은 각 줄의 끝에 표시되어 있다.

Line	Code	Chapter
1	`standard_volume = 30000`	ch1
2	`volume_too_low = 10000`	ch1
3		-
4	`target_dates = []`	ch1
5	`end_price_target_dates = []`	ch1
6	`ends = []`	ch1
7	`ma3_end = []`	ch1
8	`cumul_ends = [0]`	ch1
9		-
10	`for i in range(1, 4+1):`	
11	`    file_name = "stock{}.txt".format(i)`	
12		-
13	`    f = open(file_name, "r", encoding="utf-8")`	
14	`    entire_txt = f.read()`	
15	`    f.close()`	
16		-
17	`    lines = entire_txt.split("\n")`	
18	`    lines_values = lines[1:]`	ch1
19		-
20	`    for j in range(len(lines_values)):`	
21	`        line = lines_values[j]`	ch1
22	`        values = line.split(",")`	
23	`        date = values[0]`	ch1
24	`        start = values[1]`	ch1
25	`        high = values[2]`	ch1
26	`        low = values[3]`	ch1
27	`        end = values[4]`	ch1
28	`        volume = values[5]`	ch1
29	`        amount = values[6]`	ch1
30	`        fluc_rate = values[7]`	ch1
31		-
32	`        if int(volume) > standard_volume:`	
33	`            print("At {}, volume is large".format(date))`	
34	`            target_dates = target_dates + [date]`	ch2
35	`            end_price_target_dates += [int(end)]`	ch2
36	`        elif int(volume) < volume_too_low:`	
37	`            print("At {}, trading volume is too low".format(date))`	
38		-

39	`        ends = ends + [int(end)]`	ch2
40		-
41	`for j in range(len(ends)):`	
42	`    if j > 2:`	
43	`        moving_avg = (ends[j-2] + ends[j-1] + ends[j]) / 3`	ch2
44	`        ma3_end += [moving_avg]`	ch2
45		-
46	`mean_target_end = sum(end_price_target_dates) / len(end_price_target_dates)`	
47		-
48	`dates_name = "target_dates.txt"`	ch1
49	`f = open(dates_name, "w", encoding="utf-8")`	
50	`for date in target_dates:`	
51	`    f.write(date)`	
52	`f.close()`	
53		-
54	`ma_name = "target_ma.txt"`	ch1
55	`f = open(ma_name, "w", encoding="utf-8")`	
56	`for ma in ma3_end:`	
57	`    f.write(str(ma))`	
58	`f.close()`	

이번 챕터에서 학습한 내장 함수가 쓰인 코드를 해석해 보자.

11	`        file_name = "stock{}.txt".format(i)`
...	...
33	`            print("At {}, volume is large".format(date))`
...	...
37	`            print("At {}, trading volume is too low".format(date))`

line 11, 33, 37에서 문자열의 format() 함수를 사용하여 변수의 값을 표시하고 있다. file_name 변수는 "stock{}.txt"의 중괄호에 i 값을 넣는데, stock1.txt~stock4.txt가 사용되므로 i의 값은 1, 2, 3, 4가 사용될 것임을 유추할 수 있다. line 33, 37에서는 변수 date의 값과 함께 문자열을 출력한다. line 33, 37에서 각각 trading volume이 목표보다 높거나 너무 낮다는 뜻의 메시지를 출력한다.

> **Clear Comment**
>
> **for i in range(1, 4+1)**
> 실제로 range()를 for문에 사용하여 i의 값에 1, 2, 3, 4를 대입합니다. i에 숫자를 대입하는 부분은 '챕터6 반복문'에서 학습합니다.

```
17        lines = entire_txt.split("\n")
...  ...
22            values = line.split(",")
```

line 17, 22에서 문자열의 split() 함수를 사용하여 각각 줄바꿈 문자와 콤마를 기준으로 문자열의 리스트로 나눈다. line 17에서는 줄바꿈 문자로 문자열을 나누는 것으로 보아, 여러 줄로 이루어진 문자열임을 유추할 수 있다. 또한 line 22에서는 콤마를 기준으로 문자열을 나누는 것으로 보아, 해당 문자열은 콤마로 구분된 데이터가 있음을 유추할 수 있다. line 23~30까지를 살펴보면 values의 인덱싱을 [7]번째까지 수행하는 것으로 보아 line에는 콤마를 기준으로 최소 8개 이상의 데이터가 있음을 유추할 수 있다.

```
46    mean_target_end = sum(end_price_target_dates) / len(end_price_target_dates)
```

line 46에서, sum() 함수와 len() 함수에 모두 end_price_target_dates를 입력하여, sum() 함수 결과에서 len() 함수 결과로 나눈다. end_price_target_dates는 line 35에서 end 값의 int() 자료형 변환 결과를 담은 리스트이다. 리스트의 숫자 값의 총합에서 리스트의 요소 개수를 나눈 것은 리스트 값들의 평균이며, 이 평균값이 mean_target_end에 대입된다.

1. input() / print()

input() 함수와 print() 함수는 각각 사용자의 입력을 받거나 출력을 할 때 사용되는 내장함수이다. input() 함수가 실행될 때 프로그램을 일시 중지하고 사용자가 입력한 값을 문자열 형태로 받아 input() 함수의 값이 된다. print() 함수가 실행되면 일반적으로 함수의 입력이 파이썬 실행 창에서 출력된다. input()과 print() 함수를 통해 사용자는 프로그램과 입력과 출력으로 상호작용할 수 있다.

2. abs() / round()

abs()와 round() 함수는 수학과 관련된 파이썬의 내장함수로 함수의 결과는 각각 절댓값과 반올림을 수행한다. abs() 함수는 입력한 값이 음수일 경우 양수로 변환되며 round()는 입력한 값에서 가장 가까운 정수를 구한다. round() 함수의 두 번째 입력으로 소수점 이하 자리수를 지정할 경우 해당 자리수까지 반올림한다.

3. len() / sum()

len()과 sum() 함수는 각각 데이터의 크기와 요소 합을 구하는 함수로 여러 값으로 이루어진 문자열, 리스트 등의 데이터에 유용하게 사용된다. len() 함수의 결과 값은 입력한 데이터의 길이(혹은 요소 개수)이고, sum() 함수의 결과 값은 입력 데이터의 누적 합이며, 추가 입력은 합을 구할 때 시작 값으로 사용된다.

4. min() / max()

min()과 max() 함수는 각각 입력한 것들 중 가장 작은 값과 가장 큰 값을 결과로 내는 함수이다. 두 함수는 주로 숫자로 이루어진 리스트나 문자열로 이루어진 리스트에 사용된다. 문자열로 이루어진 리스트의 경우 min(), max() 함수는 각각 사전 순서상 맨 앞, 맨 뒤의 값이 함수의 결과가 된다. min(), max() 함수는 데이터 분석, 정렬, 조건 등 다양한 상황에 활용될 수 있다.

5. sorted()

sorted() 함수는 입력에 대해 각 요소가 오름차순 정렬된 결과 리스트를 구하는 함수이다. sorted() 함수의 입력은 리스트와 같이 여러 요소로 이루어진 데이터이며, reversed=True 입력을 사용하면 내림차순으로 정렬할 수 있다. sorted() 함수는 데이터 분석, 알고리즘 구현 등 다양한 상황에서 활용될 수 있다.

6. format() / split() / upper() / lower()

문자열의 format() 함수는 문자열 내 중괄호({})에 함수 입력 값을 대입한 문자열을 구하는 함수이다. format() 함수를 사용하여 변수의 값을 확인하는 등 다양한 방식으로 문자열을 유연하게 구성할 수 있다. 문자열의 split() 함수는 문자열을 입력 문자열을 기준으로 분리한 리스트를 구한다. 입력을 생략할 경우 공백 문자를 기준으로 분리한다. upper(), lower() 함수는 각각 문자열의 알파벳들을 대문자, 소문자로 변환한 결과를 구하는 함수이다. 숫자, 기호 등은 영향을 받지 않으며, 문자열 비교시 대소문자를 무시하고 비교하는 상황 등에 사용한다.

7. append() / index() / pop() / remove()

리스트의 append() 함수는 리스트에 요소를 추가시킨다. 이 함수를 사용하여 리스트의 끝에 새로운 요소를 추가할 수 있다. 한 번에 하나의 값을 추가할 수 있다. index() 함수는 입력 값이 리스트 내 몇 번째 위치에 있는지를 구하는 함수로, 같은 값이 중복으로 존재할 경우 가장 낮은 인덱스를 구한다. 만일 입력 값이 없으면 에러를 발생시킨다. pop() 함수는 리스트에서 입력 인덱스 위치의 값을 제거하며 해당 값이 함수의 결과가 된다. 입력을 생략할 시 맨 마지막 인덱스의 값을 제거한다. remove() 함수는 리스트에서 입력 값을 찾아 제거한다. 요소의 인덱스 위치를 알 필요가 없으며, 중복으로 값이 존재할 경우 낮은 인덱스 위치의 값을 제거한다. 만일 입력 값이 없으면 에러가 발생한다.

04

내
일
은
파
이
썬

파일 입출력 - File I/O

✓ 핵심 키워드

파일 입출력, open(), close(), read(), write()

여기서는 무얼 배울까

파이썬에서 파일을 열고 닫는 방법에 대해서 학습한다. 파일 입출력을 통해 파일에 저장된 데이터를 읽거나 새로운 파일에 데이터를 쓰는 등의 작업을 수행할 수 있다. 기본적인 파일 입출력 과정은 파일을 열고, 해당 파일의 정보를 읽은 뒤에 파일을 닫는 과정으로 이루어져 있으며, 파일을 여는 과정에서는 파일 이름과 열기 모드를 입력으로 받는다. 열기 모드는 읽기("r")와 쓰기("w") 모드가 있으며 용도에 따라 다르게 지정하여 파일을 연다. 파일의 데이터를 읽는 것은 read(), 새로 쓰는 것은 write() 함수를 사용한다. 파일 입출력은 프로그래밍에서 중요한 요소이며, 복잡한 프로그래밍을 수행할 때 유용하게 활용할 수 있다.

─01

파일 열고 닫기

파일 열기 - open()

파일 열어보기

파이썬에서 open() 함수를 통해 **컴퓨터의 파일에 접근할 수 있다.** open() 함수는 저장된 파일을 읽어올 수도 있고, 원하는 내용을 작성하여 새로운 파일을 만들 수도 있다. 파일을 읽어 오기 위해서 파이썬 코드를 실행하기 전에, 읽어올 텍스트 파일을 만들어야 한다.

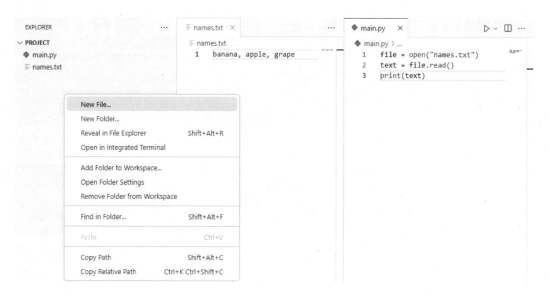

VS Code에서 위 화면과 같이, 프로젝트 경로에 오른쪽 마우스로 New File(새 파일)을 클릭하면 새 파일을 만들 수 있다. name.txt 파일로 저장하여 사진의 text인 banana, apple, grape를 입력 후 ctrl+s(Mac은 command + s)를 눌러 저장한다. 메모장 등의 편집기 프로그램으로 내용 작성 후 저장해도 무방하다. 아래의 코드를 통해 텍스트 파일의 내용을 읽어올 수 있다.

```
file = open("names.txt", "r")
print(file)
```

실행 결과

```
<_io.TextIOWrapper name='names.txt' mode='r' encoding='cp949'>
```

위 코드를 실행하면 파이썬 코드가 실행되는 경로와 같은
곳에 있는 names.txt 파일을 연다. file 변수는 디스크 저
장소 내부에서 name.txt가 저장된 파일 위치 값*을 갖고
있다. file 변수는 파일의 위치 값으로, 파일에 저장된 데
이터의 정보는 아니다. 코드 결과에서 볼 수 있는 IO**나

Quick Tip

Mac이나 Linux는 utf-8
OS마다 기본 문자열 encoding이 다릅니
다. Windows는 cp949를 사용하는데,
Mac, Linux 환경에서 코드 실행 시
encoding 값은 utf-8입니다.

Wrapper***, encoding****은 컴퓨터 과학적 지식을 요하므로 아직은 이해하지 않아도 되며, 파이
썬의 파일 관리 도구용 자료형이라고 생각하면 된다.

Clear Comment

파일을 연다
프로그래밍에서 "파일을 연다."는 개념은 파일의 실행보다는, 파일의 내용을 확인하거나(read) 새 파일을 만드는 것
(write)에 가깝습니다.

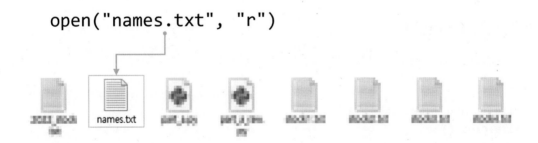

기초 용어 정리
* **파일 포인터(file pointer)**: 위치를 표현하는 값을 포인터라고 부른다. 파일 포인터는 파일이 위치한 경로 정보를 가진
값이다.
** **IO**: 입력 및 출력(Input/Output)의 줄임말로, 키보드 입력, 파일 입력과 같이 입력과 출력 방식을 다룰 때 사용하는
단어이다.
*** **Wrapper**: 직역하면 "감싸는 것"이라는 의미로, 어떤 기능을 직관적으로 사용할 수 있도록 외부에서 감싼 것을 의미
한다. 예를 들면, 전자레인지의 시작/취소/시간 설정 등의 핵심 기능이 있다면, Wrapper는 이 기능들 및 추가 기능
을 동작시키는 버튼들로 구성된 외형(프레임)이라고 볼 수 있다.
**** **파일 인코딩(File encoding)**: 파일의 인코딩이란, 데이터를 효율적으로 저장하기 위한 데이터 표현 방법이다. 문자
열 인코딩에는 utf-8, utf-16, cp949 등이 있고, 이미지 인코딩에는 JPEG, 비디오 인코딩에는 MPEG 등이 있다.

파일 모드

파일을 열 때 다양한 모드로 파일을 열 수 있다. 파이썬에서 사용할 수 있는 파일 입출력 모드는 아래와 같다.

"r" 모드	파일을 읽기 위한 모드로, 모드를 따로 설정하지 않을 시 기본으로 "r" 모드로 실행된다. 존재하지 않는 파일의 경우 에러가 발생한다.
"w" 모드	파일을 쓰기 위한 모드로, 파일을 새로 생성하며, 동일한 이름의 파일이 이미 존재할 경우 해당 파일은 삭제하고 새로 생성된다.
"a" 모드	기존의 파일 내용에 추가하는 모드로, 파일이 없다면 새로 생성한다. 이미 존재하는 파일이 있으면 기존의 내용 뒤에 새로운 내용을 추가할 수 있다.
"x" 모드	파일을 배타적으로 쓰기 위한 모드로, 파일을 쓰기 위한 모드이나 동일한 이름의 파일이 이미 존재하면 에러가 발생한다.
"t" 모드	"rt", "wt"와 같이 각 모드의 뒤에 추가하여 사용하며, 파일을 텍스트 데이터로 읽고 쓰는 모드이다. 기본적으로 "t"로 실행하므로 명시하지 않아도 "t" 모드를 사용한다.
"b" 모드	"rb", "wb"와 같이 각 모드의 뒤에 추가하여 사용하며, 파일을 이진 데이터*로 읽거나 쓸 때 사용하는 모드이다.
"+" 모드	"r+"와 같이 각 모드의 뒤에 추가하여 사용한다. 파일을 읽거나 쓰는 한 가지 모드가 아닌 동시에 읽기와 쓰기를 모두 수행할 때 사용한다.

주로 사용하는 파일 입출력 모드는 "r" 모드와 "w" 모드이다.

파일 닫기 - close()

파일 변수의 close() 함수를 사용하면 파일을 닫을 수 있다.

```
file = open("names.txt", "r")
file.close()
```

이 코드가 실행되면 파일 읽기를 멈추고 더 이상 file 변수로 파일에 접근할 수 없다. 쉽게 말해서 close() 함수는 **저장 후 닫기**와 같은 기능이다.

기초 용어 정리

* **이진 데이터(binary data)**: 컴퓨터는 이진수로 데이터를 취급한다. 텍스트 모드는 사람이 읽기 편한 형태로 변환하여 보여 주지만, 바이너리 모드로 데이터를 볼 경우 컴퓨터가 인식하는 데이터 그대로를 보여 준다.

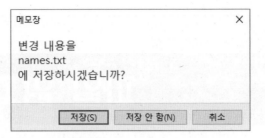

더 알아보기

파일을 닫은 것과 닫지 않은 것의 차이?

파일을 닫은 것과 닫지 않은 것은 외부에서 파일을 삭제하는 등 변경하려 할 때 차이를 확인할 수 있다.

```
file = open("names.txt", "r")
a = input()
```

위 코드를 실행하면 파일을 열고 나서 입력을 받기 위해 파이썬 동작을 멈추고 기다린다. 문자열을 입력하지 않은 상태에서 names.txt를 삭제하려 하면 아래와 같은 메시지를 확인할 수 있다.

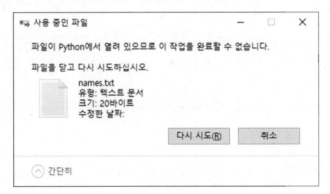

아직 파이썬이 실행 중이고 파일이 열려 있는 상태이므로 삭제할 수 없다. 만일 아래와 같이 파일을 닫은 후에는 파이썬이 실행 중이더라도 파일을 삭제할 수 있다.

```
file = open("names.txt", "r")
file.close()
a = input()
```

만일 파일을 닫지 않고 종료하더라도 파이썬 실행이 종료되면 마지막까지 열려 있던 파일은 자동으로 닫히고 파이썬을 종료하게 된다.

02

파일 읽고 쓰기

파일 읽기 - read()

파일 읽어 오기

open() 함수에서 "r" 모드로 파일을 열었다면, read() 함수를 통해 해당 파일의 데이터를 읽어올 수 있다.

```
file = open("names.txt", "r")
text = file.read()
print(text)
```

실행 결과

```
banana, apple, grape
```

file 변수는 디스크 저장소 내부에서 name.txt가 저장된 파일 위치 값을 갖고 있다. file 변수는 파일의 위치 값으로, 파일에 저장된 데이터는 아니다. 이 위치로부터 값을 읽는 것을 read() 함수로 실행하며 위 코드에서는 text 변수에 파일에 저장된 값을 대입한다.

> 🔍 **더 알아보기**
>
> **영어, 숫자 외 기호 사용 시 인코딩 에러 발생**
>
> names.txt 파일의 내용에 한글을 포함시키면 read() 실행 시 에러가 발생할 수 있다.
>
> names.txt
>
> | banana, apple, | ```file = open("names.txt", "r")``` | **실행 결과** |
> |---|---|---|
> | grape, 귤 | ```text = file.read()``` | ```UnicodeDecodeError: 'cp949' codec can't decode byte 0xa4 in position 24: incomplete multibyte sequence``` |

이 에러는 cp949의 encoding으로 파일 읽기를 시도했으나, cp949의 규칙에 어긋나는 데이터가 존재하여 발생한다. 마치 같은 알파벳을 사용하지만, 영어와 독일어의 규칙이 완전히 다르기 때문에 뜻을 이해하지 못하는 것과 같다. 다만, 영어 알파벳은 문자열 인코딩에서 값을 읽는 규칙이 동일하기 때문에 에러가 발생하지 않는다. 이를 해결하기 위해서는 names.txt의 encoding 저장 방식과 open() 함수의 encoding 값을 둘 다 cp949, 혹은 utf-8로 통일시켜 주어야 한다.

names.txt

banana, apple, grape, 귤

```
file = open("names.txt", "r", encoding="utf-8")
text = file.read()
```

줄 단위로 나누기

텍스트 파일은 줄 단위로 해석하는 경우가 많다. 텍스트 파일의 줄들을 리스트로 정리하면 파일 데이터를 효율적으로 분석할 수 있다.

names_price.txt

banana, 2000

apple, 1500

grape, 3000

만일 위와 같이 문자열이 줄마다 각각 한 단어씩 저장되어 있는 경우에는 아래의 코드를 통해 데이터의 각 줄을 요소로 하는 리스트를 얻을 수 있다.

```
file = open("names_price.txt", "r")
text = file.read()
text_lines = text.split("\n")
print(text_lines)
```

실행 결과

```
['banana, 2000', 'apple, 1500', 'grape, 3000']
```

위 코드에서 두 번째 줄의 변수 text에는 줄바꿈 문자를 포함한 텍스트 파일의 내용 전체가 문자열로 대입되어 있다. 세 번째 줄에서는 문자열의 split() 함수를 이용하여 줄바꿈 문자인 ₩n을 기준으로 문자열을 나눈 리스트가 text_lines에 대입된다.

Quick Tip

줄 단위 리스트 얻기

file.readlines()를 사용해도 각 줄을 요소로 하는 리스트를 얻을 수 있습니다. 다만, 이 경우에는 요소의 마지막에 줄바꿈 문자가 포함되니 유의해야 합니다.

파일 쓰기 - write()

파일 쓰기

open() 함수에서 "w" 모드로 파일을 연 후, write() 함수의 입력에 문자열을 사용하여 파일을 쓸 수 있다.

```
file = open("new_name.txt", "w")
file.write("orange")
file.write("melon")
```

실행 결과 (new_name.txt)
```
orangemelon
```

위 코드를 실행한 후 파이썬이 실행된 경로를 확인해 보면, new_name.txt 파일이 존재하고, 파일 내용을 확인하면 write() 함수에서 입력받은 두 입력이 붙어서 작성되어 있음을 확인할 수 있다. 여러 줄의 파일을 작성하고 싶다면, 줄바꿈(₩n) 문자를 사용하면 된다.

Quick Tip

writelines()도 있지만

writelines() 함수를 사용하면 문자열의 리스트를 입력받아 모두 파일에 쓸 수 있습니다. 예를 들어, 본문 예시의 경우 file.writelines(["orange", "melon"])으로 작성할 수도 있습니다. 하지만 writelines() 함수는 자주 사용되는 편은 아닙니다.

```
file = open("new_names.txt", "w")
file.write("orange")
file.write("\n")
file.write("melon")
```

실행 결과 (new_names.txt)
```
orange
melon
```

위 코드를 실행한 후 new_names.txt 파일을 확인하면 orange와 melon의 두 문자열이 줄바꿈으로 구분되어 작성되어 있는 것을 확인할 수 있다.

- 빈 문자열의 split(",")의 결과는 [""]

```
names_price.txt

banana,2000
apple,1500
grape,3000
```

names_price.txt 파일을 위 표의 내용으로 저장되어 있다. 주의할 점은 4번째 줄의 빈 줄도 포함되어 있다.

```python
file = open("names_price.txt", "r")
text = file.read()
text_lines = text.split("\n")
price0 = text_lines[0].split(",")[1]
price1 = text_lines[1].split(",")[1]
price2 = text_lines[2].split(",")[1]
price3 = text_lines[3].split(",")[1]
```

실행 결과

```
IndexError: list index out of range
```

위 코드에서, 세 번째 줄의 text_lines는 텍스트 파일의 각 줄의 문자열을 요소로 하는 리스트이다. 즉, text_lines[0]은 "banana, 2000"와 같이 각 줄이 순서대로 text_lines 리스트에 들어 있다. 코드의 네 번째 줄부터 등장하는 price 변수들은 text_lines의 각 텍스트에서 ","를 기준으로 나눈 뒤, [1]번째 요소 값을 갖는다. price0, price1, price2는 각각 2000, 1500, 3000이 대입되지만, price3이 대입될 때는 에러가 발생한다. 에러 메시지는 리스트의 인덱스가 범위 밖이라 값을 얻을 수 없을 때 발생하는 에러이다. 이 에러가 발생한 이유는, 맨 마지막 줄의 문자열은 빈 문자열(" ")의 split(",") 결과가 [" "]이기 때문이다. 이 리스트는 요소가 하나뿐이므로, [1]번째 요소가 없어 인덱스 범위 밖이기 때문에 에러가 발생한다.

03

파일 경로 지정

파일 저장 경로

파일을 저장하면 기본적으로 파이썬이 실행된 위치에서 파일을 찾는다. 만약 특정 경로에 있는 파일을 읽거나 쓰고 싶다면, 해당 파일 경로를 나타내는 문자열을 입력으로 사용해야 한다.

```
file = open("C:/Users/User/Desktop/name.txt", "w")
file.write("orange")
```

실행 결과 **(C:/Users/User/Desktop/name.txt)**
```
orange
```

위 코드에서 파일은 C:/Users/User/Desktop/name.txt 경로에 파일을 새로 써서 저장하였다. C:/Users/User/Desktop* 경로에서 name.txt 파일을 확인하면 orange 내용이 작성된 파일을 확인할 수 있다.

폴더 내/외부로 파일에 접근

폴더 내의 파일을 읽거나 쓰고 싶다면 폴더 내부에 슬래시(/)를 사용해서 접근할 수 있다. 폴더 내에 파일을 쓰기 위해서는 폴더를 먼저 만들어 두어야 한다.

Quick Tip

Windows의 기본은 백슬래시(₩)지만

Windows에서는 폴더 내부에 접근하는 기본 문자는 백슬래시(₩)입니다. 하지만 거의 대부분의 최신 Windows 환경은 Mac, Linux에서 사용하는 /를 사용한 폴더 내부 접근을 지원합니다.

기초 용어 정리
* **절대 경로(Absolute path), 상대 경로(Relative path):** 절대 경로는 시작(root) 디렉터리 위치부터 시작하여 파일의 위치를 나타내는 것이다. 상대 경로는 실행되는 파이썬 파일을 기준으로 파일 위치를 나타내는 것이다. 본문의 예제에서 C:/Users/User/Desktop/project/name.txt로 파일에 접근하는 것은 절대 경로이고, name.txt로 파일에 접근하는 것은 상대 경로이다.

```
file = open("folder/name.txt", "w")
file.write("orange")
```

실행 결과 **(folder/name.txt)**

```
orange
```

위 코드에서 folder 디렉터리 내부에 name.txt를 쓰기 모드로 열어 파일을 저장하였다. 해당
파이썬 코드를 실행한 이후 folder 디렉터리 내부를 확인하면 orange가 작성된 name.txt 파일
을 확인할 수 있다.

에러에서 배우기

- "w"모드에서 필요한 폴더가 없으면 에러

```
file = open("nofolder/names_price.txt", "w")
```

실행 결과

```
FileNotFoundError: [Errno 2] No such file or directory: 'nofolder/names_ price.txt'
```

위 코드는 파일을 names_price.txt 파일을 nofolder 폴더 안에서 생성을 시도한다. 이때, 파일 생성 경로에 nofolder가 없
으면 에러가 발생한다. 폴더가 없어서 발생한 에러지만, 에러 메시지에서 폴더가 아닌 파일이 없다는 메시지를 출력하
여 헷갈릴 수 있으니 주의해야 한다.

- (Windows)백슬래시는 두 번 입력해야 함

```
file = open("folder\names_price.txt", "w")
```

실행 결과

```
OSError: [Errno 22] Invalid argument: 'folder\names_price.txt'
```

문자열 내에서 백슬래시를 입력하기 위해서는 두 번의 백슬래시가 필요하다. 백슬래시를 한 번 사용할 경우 직후에 등
장한 글자와 조합하여 특수한 문자로 사용된다. 위 코드의 경우 ₩n은 줄바꿈 문자로 사용되며, 줄바꿈이 포함된 파일
이름은 유효하지 않기 때문에 에러가 발생한다.

Clear Comment

Windows os에서의 예제

Windows에서는 폴더 내부를 나타낼 때 백슬래시(₩)를 이용합니다. 이 에러는 Windows에서 프로그래밍할 때 실수 할
가능성이 있는 에러입니다.

연습문제

먼저, 아래의 내용을 names_price.txt 파일로 파이썬이 실행되는 폴더에 저장한 후, 이 파일을 열어 연습문제를 수행해 보자. 세 번째 줄은 내용 없이 바로 줄바꿈된다.

---

names_price.txt

banana, 2000
apple, 1500

grape, 3000

---

1. 기본 예제

문제 1 아래는 names_price.txt 파일을 열어서 각 줄의 내용을 정리하는 과정이다. 각 변수의 값을 맞혀 보자.

```
file = open("names_price.txt", "r")
text = file.read()
lines = text.split("\n")
line0 = lines[0]
name_price0 = line0.split(",")
line2 = lines[2]
name_price2 = line2.split(",")
```

문제		정답
①	`print("text = {}".format(text))`	text = _
②	`print("lines = {}".format(lines))`	lines = _
③	`print("line0 = {}".format(line0))`	line0 = _
④	`print("name_price0 = {}".format(name_price0))`	name_price0 = _
⑤	`print("line2 = {}".format(line2))`	line2 = _
⑥	`print("name_price2 = {}".format(name_price2))`	name_price2 = _

문제 2 아래의 코드는 리스트 내 물건들의 가격을 1000으로 나누어 names_price_k.txt에 저장하는 코드이다. 각 변수의 값과 코드 결과를 맞혀 보자.

```python
file = open("names_price_k.txt", "w")
names = ["banana", "apple", "grape"]
prices = [2000, 1500, 3000]
prices[0] = prices[0] / 1000
prices[1] = prices[1] / 1000
prices[2] = prices[2] / 1000
file.write("{}, {}k\n".format(names[0], prices[0]))
file.write("{}, {}k\n".format(names[1], prices[1]))
file.write("{}, {}k\n".format(names[2], prices[2]))
file.close()
```

①~③ 위 코드의 아래에 다음 코드를 삽입했을 때 출력 결과를 맞혀 보자.

문제		정답
①	`print("prices[0] = {}".format(prices[0]))`	prices[0] = _
②	`print("prices[1] = {}".format(prices[1]))`	prices[1] = _
③	`print("prices[2] = {}".format(prices[2]))`	prices[2] = _

④ 실행한 프로그램에서 생성된 names_price_k.txt 파일의 내용을 맞혀 보자.

---

names_price_k.txt

banana, ＿＿＿

apple, ＿＿＿

＿＿＿, 3.0k

---

⑤ 파이썬 코드에서, 7, 8, 9번째 줄의 코드에서 아래와 같이 문자열에 ₩n을 제거하면 생성된 파일의 내용은 어떻게 될까?

	문제	정답 (names_price_k.txt)
7	`file.write("{}, {}k".format(names[0], prices[0]))`	
8	`file.write("{}, {}k".format(names[1], prices[1]))`	
9	`file.write("{}, {}k".format(names[2], prices[2]))`	

2. 심화 예제

문제 3 아래의 코드는 names_price.txt 파일의 내용을 바탕으로 price를 1000으로 나눈 값을 names_price_k.txt에 저장하는 과정을 나타낸 것이다. 아래의 코드는 names_price.txt에 빈 줄이 있는 등의 이유로 에러가 발생하는 코드이다. 아래의 문제들을 해결하여 에러 코드를 교정해 보자.

```
1    file = open("names_price.txt", "r")
2    text = file.read()
3    lines = text.split("\n")
4    file.close()
5
6    name0 = lines[0].split(",")[0]
7    name1 = lines[1].split(",")[0]
8    name2 = lines[2].split(",")[0]
9    names = [name0, name1, name2]
10   price0 = lines[0].split(",")[1]
11   price1 = lines[1].split(",")[1]
12   price2 = lines[2].split(",")[1]
13   prices = [price0, price1, price2]
14
15   file = open("names_price_k.txt", "w")
16   prices[0] = prices[0] / 1000
17   prices[1] = prices[1] / 1000
18   prices[2] = prices[2] / 1000
19   file.write("{}, {}k\n".format(names[0], prices[0]))
20   file.write("{}, {}k\n".format(names[1], prices[1]))
21   file.write("{}, {}k\n".format(names[2], prices[2]))
22   file.close()
```

① 위 코드의 12번째 줄은 실행 시 아래의 에러를 발생시킨다. 해당 에러가 발생하는 이유는 무엇일까?

에러 코드	에러 메시지	정답
price2 = lines[2].split(",")[1]	IndexError: list index out of range	

② names_price.txt 파일에서 세 번째 줄은 데이터가 없이 공백이다. 코드에서 다섯 번째 줄에서 lines.pop() 함수를 이용하여 공백인 데이터를 제거하려 할 때, lines.pop() 함수의 입력 값으로 올바른 것을 골라 보자.

문제	정답
5 lines.pop(_)	(2 / 3 / "")

③ 공백 데이터를 제거한 뒤 코드를 실행하면 16, 17, 18번째 줄에서 에러가 발생한다. 해당 에러가 발생하는 이유는 무엇일까?

문제	정답
코드: prices[0] = prices[0] / 1000	
에러 메시지: TypeError: unsupported operand type(s) for /: 'str' and 'int'	

④ 앞서 발생한 에러를 해결하기 위해 자료형 변환을 수행한다. 자료형 변환을 위한 적절한 코드를 골라 보자.

문제	정답
16 prices[0] = ___(prices[0]) / 1000	
17 prices[1] = ___(prices[1]) / 1000	(str / int)
18 prices[2] = ___(prices[2]) / 1000	

문제 **1**

```
file = open("names_price.txt", "r")
text = file.read()
lines = text.split("\n")
line0 = lines[0]
name_price0 = line0.split(",")
line2 = lines[2]
name_price2 = line2.split(",")
```

| ① | `print("text = {}".format(text))` | text = banana, 2000
apple, 1500

grape, 3000 |

"r"모드로 텍스트 파일을 열어 해당 변수에 read() 함수를 사용하면 텍스트 내용 전체를 읽어 온다. 따라서 변수 text를 출력하면 줄바꿈을 포함한 텍스트 파일 내용 전체를 출력한다.

| ② | `print("lines = {}".format(lines))` | lines = ['banana, 2000', 'apple, 1500', '', 'grape, 3000'] |

변수 lines는 파일 전체의 내용을 담은 문자열 text를 줄바꿈 문자 ₩n으로 구분한 리스트가 대입된다. 그 결과, lines를 출력하면 텍스트 파일에서 각 줄의 문자열이 담긴 리스트를 출력한다.

| ③ | `print("line0 = {}".format(line0))` | line0 = banana, 2000 |

변수 line0은 인덱싱을 통해 lines의 [0]번째 문자열을 대입한 것이다. 결과적으로 텍스트 파일 내 첫 번째 줄의 내용이 출력된다.

| ④ | `print("name_price0 = {}".format(name_price0))` | name_price0 = ['banana', '2000'] |

변수 name_price0은 변수 line을 콤마(,)를 기준으로 분리하여 순서대로 나열한 리스트가 대입된다. 결과적으로 텍스트 파일 내 첫 번째 줄의 내용을, 콤마를 기준으로 구분한 결과가 대입된다.

| ⑤ | `print("line2 = {}".format(line2))` | line2 = |

변수 line2는 텍스트 파일에서 각 줄의 내용이 들어 있는 리스트의 [2]번째 요소가 대입된다. names_price.txt 파일의 세 번째 줄은 비어 있으므로 빈 문자열을 출력하여 변수 값 위치에는 아무것도 출력되지 않는다.

⑥	`print("name_price2 = {}".format(name_price2))`	`name_price2 = ['']`

변수 name_price2는 빈 문자열 line2를 콤마를 기준으로 구분한 것으로, 콤마가 없기 때문에 원래 문자열(빈 문자열)만 들어 있는 리스트가 대입된다. 그 결과, name_price2의 값을 확인하면 빈 문자열이 들어 있는 리스트가 출력된다.

문제 ❷

```
file = open("names_price_k.txt", "w")
names = ["banana", "apple", "grape"]
prices = [2000, 1500, 3000]
prices[0] = prices[0] / 1000
prices[1] = prices[1] / 1000
prices[2] = prices[2] / 1000
file.write("{}, {}k\n".format(names[0], prices[0]))
file.write("{}, {}k\n".format(names[1], prices[1]))
file.write("{}, {}k\n".format(names[2], prices[2]))
file.close()
```

①	`print("prices[0] = {}".format(prices[0]))`	`prices[0] = 2.0`
②	`print("prices[1] = {}".format(prices[1]))`	`prices[1] = 1.5`
③	`print("prices[2] = {}".format(prices[2]))`	`prices[2] = 3.0`

4, 5, 6번째 줄에서 리스트 변수 prices의 각 요소들에 1000을 나눈 값을 리스트의 각 요소에 다시 대입하였다. 그 결과 prices의 각 요소를 출력하면 2000, 1500, 3000을 1000으로 나눈 결과인 2.0, 1.5, 3.0를 확인할 수 있다.

```
names_price_k.txt
banana, 2.0k
apple, 1.5k
grape, 3.0k
```

④ 텍스트 파일 names_price_k.txt의 각 줄의 내용은 문제의 코드 내 7, 8, 9번째 줄을 실행 시
작성된다. names, prices 리스트의 요소들이 순서대로 작성되어 첫 번째 줄의 빈칸은
prices[0]에 k를 붙인 2.0k, 두 번째 줄의 빈칸은 prices[1]에 k를 붙인 1.5k, 그리고 마지막
줄의 빈칸은 names[2]가 들어간다.

```
7   file.write("{}, {}k".format(names[0], prices[0]))
8   file.write("{}, {}k".format(names[1], prices[1]))
9   file.write("{}, {}k".format(names[2], prices[2]))
```
```
banana, 2.0kapple,
1.5kgrape, 3.0k
```

⑤ 위 코드들은 기존 코드의 문자열의 마지막에 줄바꿈 문자 ₩n이 생략된다. 따라서 파일에 문
자열을 작성한 후, 줄바꿈을 하지 않기 때문에 모든 데이터가 한 줄에 작성된다.

문제 ❸

```
1    file = open("names_price.txt", "r")
2    text = file.read()
3    lines = text.split("\n")
4    file.close()
5
6    name0 = lines[0].split(",")[0]
7    name1 = lines[1].split(",")[0]
8    name2 = lines[2].split(",")[0]
9    names = [name0, name1, name2]
10   price0 = lines[0].split(",")[1]
11   price1 = lines[1].split(",")[1]
12   price2 = lines[2].split(",")[1]
13   prices = [price0, price1, price2]
14
15   file = open("names_price_k.txt", "w")
16   prices[0] = prices[0] / 1000
17   prices[1] = prices[1] / 1000
18   prices[2] = prices[2] / 1000
19   file.write("{}, {}k\n".format(names[0], prices[0]))
20   file.write("{}, {}k\n".format(names[1], prices[1]))
21   file.write("{}, {}k\n".format(names[2], prices[2]))
22   file.close()
```

문제	정답
코드: price2 = lines[2].split(",")[1]	lines[2]는 빈 문자열로, split(",") 결과는 ['']으로 [1]번째 값이 없다. 따라서 해당 리스트의 [1]번째 값에 접근하면 인덱스 에러를 발생시킨다.
에러 메시지: IndexError: list index out of range	

① lines[2]는 문자열로, names_price.txt 파일의 세 번째 줄의 내용을 담고 있다. names_price.txt 는 세 번째 줄이 비어 있으므로 lines[2]는 빈 문자열이고 이것을 콤마로 구분한 결과는 빈 문자열 이 담긴 리스트([''])이다. 이 리스트에서 [1]을 통해 두 번째 요소에 접근하면 에러를 발생시킨다.

```
5      lines.pop(_)                               ( 2 / 3 / "" )
```

② 각 줄의 내용이 들어 있는 리스트인 lines는 [2]번째 값이 빈 문자열이다. 리스트의 pop() 함 수는 입력 숫자 인덱스의 값을 제거하므로, 정답은 2이다.

코드: prices[0] = prices[0] / 1000	prices[0]의 자료형은 문자열, 숫자로 나눌 수 없음
에러 메시지: TypeError: unsupported operand type(s) for /: 'str' and 'int'	

③ 리스트 변수 prices는 price0, price1, price2가 순서대로 들어 있으며, 해당 변수들은 문자 열의 split(",") 함수의 [1]번째 요소 값이 대입된 것이다(6, 7, 8번째 줄 참고). 따라서 prices 리스트 각 요소의 자료형은 문자열이다. prices 리스트에는 숫자가 문자열의 형태로 담겨 있 으므로, 나눗셈을 수행할 수 없다.

```
16     prices[0] = ___(prices[0]) / 1000
17     prices[1] = ___(prices[1]) / 1000          ( str / int )
18     prices[2] = ___(prices[2]) / 1000
```

④ 리스트 변수 prices의 각 요소들에 자료형 변환을 수행하여 숫자로 변환하면 1000으로 나눗 셈을 수행할 수 있다.

프로젝트 알아가기

이번 챕터에서도 지난 챕터에 이어서 프로젝트를 공부한다. 아래 프로젝트의 코드 중, 지난 챕터에서 학습한 내용은 각 줄의 끝에 표시되어 있다.

#	code	ch
1	`standard_volume = 30000`	ch1
2	`volume_too_low = 10000`	ch1
3		-
4	`target_dates = []`	ch1
5	`end_price_target_dates = []`	ch1
6	`ends = []`	ch1
7	`ma3_end = []`	ch1
8	`cumul_ends = [0]`	ch1
9		-
10	`for i in range(1, 4+1):`	
11	`    file_name = "stock{}.txt".format(i)`	ch3
12		-
13	`    f = open(file_name, "r", encoding="utf-8")`	
14	`    entire_txt = f.read()`	
15	`    f.close()`	
16		-
17	`    lines = entire_txt.split("\n")`	ch3
18	`    lines_values = lines[1:]`	ch1
19		-
20	`    for j in range(len(lines_values)):`	
21	`        line = lines_values[j]`	ch1
22	`        values = line.split(",")`	ch3
23	`        date = values[0]`	ch1
24	`        start = values[1]`	ch1
25	`        high = values[2]`	ch1
26	`        low = values[3]`	ch1
27	`        end = values[4]`	ch1
28	`        volume = values[5]`	ch1
29	`        amount = values[6]`	ch1
30	`        fluc_rate = values[7]`	ch1
31		-
32	`        if int(volume) > standard_volume:`	
33	`            print("At {}, volume is large".format(date))`	ch3
34	`            target_dates = target_dates + [date]`	ch2
35	`            end_price_target_dates += [int(end)]`	ch2
36	`        elif int(volume) < volume_too_low:`	
37	`            print("At {}, trading volume is too low".format(date))`	ch3
38		-

39	`        ends = ends + [int(end)]`	ch2
40		-
41	`for j in range(len(ends)):`	
42	`    if j > 2:`	
43	`        moving_avg = (ends[j-2] + ends[j-1] + ends[j]) / 3`	ch2
44	`        ma3_end += [moving_avg]`	ch2
45		-
46	`mean_target_end = sum(end_price_target_dates) / len(end_price_target_dates)`	ch3
47		-
48	`dates_name = "target_dates.txt"`	ch1
49	`f = open(dates_name, "w", encoding="utf-8")`	
50	`for date in target_dates:`	
51	`    f.write(date)`	
52	`f.close()`	
53		-
54	`ma_name = "target_ma.txt"`	ch1
55	`f = open(ma_name, "w", encoding="utf-8")`	
56	`for ma in ma3_end:`	
57	`    f.write(str(ma))`	
58	`f.close()`	

이번 챕터에서 학습한 파일 입출력이 쓰인 코드를 해석해 보자.

```
13        f = open(file_name, "r", encoding="utf-8")
14        entire_txt = f.read()
15        f.close()
```

line 13, 14, 15에서 파일을 읽기 모드("r")로 열어 파일 전체 텍스트를 entire_txt 변수에 대입한 뒤, 파일을 닫는다. entire_txt에는 file_name 문자열의 이름을 갖는 파일의 전체 내용이 담긴 문자열임을 알 수 있다. 아직 i 값을 정확히 알지 못하지만, stock1.txt~stock4.txt 중 하나의 파일을 열어 해당 내용을 읽어 왔음을 유추할 수 있다.

> **Clear Comment**
>
> **1, 2, 3, 4 순서대로**
>
> 프로젝트 코드를 실행하면 line 13, 14, 15를 각각 4번 실행하게 되며, i의 값은 1, 2, 3, 4가 되어 모든 파일이 숫자 순서대로 열리게 됩니다. 자세한 원리는 '챕터6 반복문'에서 학습합니다.

'챕터3 내장 함수'에서 학습한 line 17에서 lines는 entire_txt를 줄바꿈 문자로 나눈 결과 리스트이다. 그런데 entire_txt가 파일 내용 전체를 담은 문자열이므로, 변수 lines는 텍스트 파일의 내용이 줄 순서대로 담긴 리스트임을 알 수 있다.

```
49    f = open(dates_name, "w", encoding="utf-8")
...   ...
51        f.write(date)
52    f.close()
...   ...
55    f = open(ma_name, "w", encoding="utf-8")
...   ...
57        f.write(str(ma))
58    f.close()
```

line 49, 55에서는 파일을 쓰기 모드("w")로 열고, line 51, 57에서는 쓰기 함수 write()를 실행하여 각각 date, str(ma)값을 파일에 쓴다. 그 후 line 52, 58에서 f.close()를 사용하여 파일을 닫는다. 프로젝트 코드를 실행한 후 얻은 date, ma 값을 write() 함수를 통해 파일로 기록하였다. 변수 ma는 문자열 자료형으로 변환한 후 작성하는 것으로 보아, 원래는 문자열이 아님을 유추할 수 있다.

1. 파일 입출력

파일 입출력은 컴퓨터에서 파일의 데이터를 읽어 오거나 데이터를 파일에 기록하는 것을 의미한다. 다양한 컴퓨터 프로그램을 통해 파일을 읽어 오고 쓸 수 있지만, 파이썬을 통해서도 파일의 데이터를 작성하여 저장하거나 불러올 수 있다. 파일을 다룰 때 크게 텍스트 모드와 바이너리 모드로 열 수 있다. 텍스트 모드는 사람이 읽을 수 있는 글을 다룰 때, 바이너리 모드는 프로그램에서 사용되는 데이터 형식에 따라 구조화되어 있는 파일을 다룰 때 사용한다.

2. open() / close()

파이썬에서 open() 함수는 파일을 열 때 사용되며, open()을 통해 연 파일의 변수에 .close()를 사용하여 파일을 닫는다. open() 함수는 두 개의 입력, 파일 이름과 파일을 열 때 사용되는 모드를 지정한다. open() 함수를 통해 파일을 열면 해당 함수의 결과가 대입된 변수는 해당 파일의 디스크 내 위치를 가리키며, 읽기, 쓰기, 추가하기 등의 작업을 수행할 수 있다. 파일 작업이 끝나면 파일 변수에 close() 함수를 실행하여 파일을 닫는다. close() 함수기 실행되면 더 이상 디스크에 접근하지 않고, 쓴 내용이 있을 시 저장 후 닫기를 수행한다.

3. read()

open() 함수의 결과가 대입된 파일 변수에 read() 함수를 사용하면 파일에서 데이터를 읽어 오는 작업을 수행한다. read() 함수는 파일의 모든 내용을 읽어온다. 만일 파일의 내용에 줄바꿈이 포함되어 있더라도 줄바꿈을 포함한 텍스트 내용 전체를 읽어 온다.

4. write()

open() 함수의 결과가 대입된 파일 변수에 write() 함수를 사용하면 데이터를 파일에 쓰는 작업을 수행한다. write() 함수의 입력은 하나의 문자열 입력을 받는다. write() 함수가 실행되고, close() 함수를 실행하거나 파이썬이 종료되면 파일이 저장 후 닫히게 되어 write() 함수의 입력이 파일에 작성되어 있는 것을 확인할 수 있다.

05

조건문

bool 자료형, 비교/멤버/논리 연산자, if문, if-elif-else문

여기서는 무얼 배울까

프로그래밍에서 특정 조건에 따라서 다른 동작을 수행하도록 설계할 때 조건문을 사용한다. 파이썬에서는 if문을 사용하여 특정 범위의 코드를 수행할지의 여부를 정한다. if문에는 기본적으로 bool 자료형과 이와 관련된 연산자인 비교/멤버/논리 연산자가 사용된다. 이번 챕터에서는 bool 자료형 및 비교/멤버/논리 연산자에 대해 복습하고, if문의 사용 방법에 대해서 학습한다.

01

논리의 참/거짓

bool 자료형 복습

bool 자료형은 True와 False 두 가지로 표현하며, 각각 논리적 참과 거짓을 표현하는 literal이다. 조건문에서는 주어진 조건의 값이 True인지 False인지 검사하여 True이면 실행하고, False면 실행하지 않는다.

```
a = 4 > 3
b = 4 > 30
```

위 코드에서 a는 '4가 3보다 큰가?'에 대한 결과를 대입했고, b는 '4가 30보다 큰가?'에 대한 결과를 대입한다. 각각 참과 거짓이다. 그래서 c는 True, d는 False가 대입된다.

비교/멤버/논리 연산자 복습

비교 연산자

비교 연산자는 두 데이터의 값을 비교할 때 쓰인다. 비교 연산자의 종류는 아래와 같다.

a == b	두 데이터의 값이 같은지 검사하여 같으면 True이고 다르면 False이다.
a != b	두 데이터의 값이 다른지 검사하여 다르면 True이고 같으면 False이다.
a > b	a의 값이 b보다 큰지 검사한다. a 값이 b보다 크면 True이고 작거나 같으면 False이다.
a < b	a의 값이 b보다 작은지 검사한다. a 값이 b보다 작으면 True이고 크거나 같으면 False이다.
a >= b	a의 값이 b보다 크거나 같은지 검사한다. a 값이 b보다 크거나 같으면 True이고, 작으면 False이다.
a <= b	a의 값이 b보다 작거나 같은지 검사한다. a 값이 b보다 작거나 같으면 True이고, 크면 False이다.

비교 연산자를 이용하여 변수 값들 사이의 크기 비교 후, True 혹은 False의 결과를 얻을 수 있다.

멤버 연산자

멤버 연산자는 연산자 앞의 데이터가 뒤의 iterable 데이터에 포함되는지를 검사하는 연산자이다.

Quick Tip

iterable한 자료형

멤버연산자의 오른쪽에는 iterable한 값이나 변수가 등장해야 합니다. iterable은 "반복 가능한"이라는 뜻으로, iterable한 데이터는 여러 요소로 이루어진 데이터라고 받아들이면 됩니다. iterable한 자료형은 문자열(str), 리스트(list) 등이 있습니다.

a in b	a가 b 데이터 안에 포함되어 있는지 검사하여 포함되어 있으면 True이고, 포함되어 있지 않다면 False이다.
a not in b	a가 b 데이터 안에 포함되어 있는지 검사하여 포함되어 있지 않으면 True이고, 포함되어 있다면 False이다.

멤버 연산자를 이용하여 특정 값이나 변수가 문자열, 리스트 등에 포함되어 있는지 검사하여 True 혹은 False의 결과를 얻을 수 있다.

	실행 결과

```
print(1 in [1, 2, 3])
print(1 not in [1, 2, 3])
```

```
True
False
```

위 코드에서, 1이 [1, 2, 3] 리스트에 속해 있는지 검사하여 그 결과를 출력한다. 1은 [1, 2, 3] 리스트에 포함돼 있으므로 in의 결과는 True이고 not in의 결과는 False이다.

논리 연산자

논리 연산자는 논리합과 논리곱, 그리고 부정 연산자로 구성되어 참과 거짓의 논리적 연산을 수행한다. 논리 연산자의 종류는 아래와 같다.

a and b	a와 b의 논리곱을 계산한다. a와 b 데이터의 논리 값을 확인 후 둘 다 True이면 결과가 True가 된다. a, b 둘 중 하나라도 False이면 결과는 False이다.
a or b	a와 b의 논리합을 계산한다. a와 b 데이터의 논리 값을 확인 후 둘 중 하나라도 True이면 결과가 True이다. a, b 둘 다 False인 경우 결과는 False이다.
not a	a의 논리 부정을 계산한다. a 데이터의 논리 값을 확인하여 True이면 결과는 False이고, a의 논리 값이 False이면 결과는 True이다.

	실행 결과

```
print(4 > 3 and 5 < 4)
print(4 > 3 or 5 < 4)
```

```
False
True
```

위 코드에서, 4 > 3과 5 < 4의 비교연산을 논리 연산자로 조합하여 그 결과를 출력한다. 4 > 3은 True이고 5 < 4는 False인데, and는 두 조건을 모두 만족해야 True이므로 결과는 False이고, or은 두 조건 중 하나라도 만족하면 True이므로 결과는 True이다.

손으로 익히는 코딩

```
num = 3
print(num<5)
print(num>4 and num<8)
print(num>4 or num<8)
```

실행 결과

```
True
False
True
```

손으로 익히는 코딩

```
num = 3
print(num in [3, 6, 9])
print(num in ["3", "6", "9"])
```

실행 결과

```
True
False
```

더 멋진 내일(Tomorrow)을 위한 내일(My Career) **내일은 파이썬**

if문

if문의 기본 구조

조건문 사용 방법

조건문(conditional statement)은 프로그램에서 특정 조건에 따라 코드 블록을 실행할지 여부를 제어하는 데 사용된다. 조건문은 작성한 프로그램의 유연성과 다양성을 높이는 주요 개념 중 하나이다.

파이썬에서는 if를 사용하여 조건문을 작성할 수 있다. if문은 주어진 표현식*이 참(True)값일 경우 뒤따르는 들여쓰기 코드 블록을 실행한다. if문의 기본 사용 방법은 아래와 같다.

코·드·소·개

```
if 조건식:
    실행 코드1
실행 코드3

예시)
if sum([1, 2, 3]) > 10:
    print([1, 2, 3])
print("out of if")
```

기초 용어 정리

* **표현식(Expression)과 구문(Statement):** 파이썬에서는 코드를 표현식과 구문으로 구별할 수 있다. 표현식은 그 자체로 값을 가지는 것으로, 예를 들어 연산자를 통한 값 계산이 표현식이며, 1+2라는 표현식은 3이라는 값을 갖는다. 구문은 코드 줄(들)로 프로그램을 실행할 수 있는 코드 단위를 지칭한다. 파이썬에서 표현식은 구문의 부분집합이다.

조건식은 참(True) 혹은 거짓(False)으로 나타내어지는 값으로 구별된다. 조건식 뒤에 콜론(:)으로 조건문이 시작됨을 표시한다. 들여쓰기가 사용된 코드 블록은 조건식이 참일 때 실행되며, 조건식이 거짓일 경우 실행되지 않는다. 조건문에서 제어되는 코드 블록의 범위는 들여쓰기로 구분한다. if문을 사용한 조건문의 예시는 아래와 같다.

Quick Tip

콜론 뒤에는 들여쓰기

조건문을 포함하여, 이후 챕터에서 학습하는 반복문, 함수에서 콜론이 사용됩니다. 일반적으로 콜론 뒤에는 들여쓰기를 통해 조건, 반복, 함수의 범위를 지정합니다.

실행 결과

```
if 5 > 4:
    print("first")
    print("second")
print("third")
```

```
first
second
third
```

위 코드의 경우 5 > 4는 True이기 때문에, 들여쓰기 블록의 두 문자열 출력을 포함하여 총 세 문자열의 출력이 코드 결과로 나타난다.

실행 결과

```
if 5 < 4:
    print("first")
    print("second")
print("third")
```

```
third
```

위 코드의 경우 5 < 4는 False기 때문에, 들여쓰기 블록의 두 문자열 출력은 실행되지 않는다. 따라서 들여쓰기가 끝난 이후의 문자열 출력 결과인 third만 출력한다.

```
                    (True)
① ···· if 5 > 4:
② ············ print("first")
③ ············ print("second")
④ ···· print("third")
```

```
                    (False)
① ···· if 5 < 4:
          print("first")
          print("second")
② ···· print("third")
```

들여쓰기

if문의 조건부 실행 코드의 범위는 들여쓰기로 구분된다. 들여쓰기 기준은 한 칸 이상의 공백문자나, tab 문자로 가능하다. 일반적으로는 4칸의 공백문자를 사용한다.

```
if 5 > 4:
  print("two space")
```

실행 결과

```
two space
```

위 코드에서 if문 이후의 공백 문자 두 칸을 사용하여 들여쓰기를 수행하였다. 한 칸 이상의 공백 문자를 사용하기만 하면 들여쓰기로 사용할 수 있다.

Clear Comment

들여쓰기의 정석은 공백문자 4칸

일반적으로(PEP8, Pylint 등) 들여쓰기에는 공백 문자 4칸을 사용합니다. 구글에서는 공백 문자 2칸을 권장하고 있으나 가독성 등의 이유로 구글 이외에서는 잘 사용되지 않습니다. 또한 탭 문자도 들여쓰기에 사용할 수 있으나, 권장하지 않는 추세입니다.

```
if 5 > 4: print("just one")
```

실행 결과

```
just one
```

위 코드와 같이 실행할 코드가 한 줄로 표현 가능한 경우, 조건식의 콜론 직후에 줄바꿈 없이 바로 코드가 올 수 있다.

조건식의 True/False

if문에서 조건식이 True인 경우에 if문 아래의 들여쓰기 영역을 실행한다. 하지만 조건식으로 True/False가 아닌 다른 자료형이 올 수도 있다. 예를 들어, 숫자 1, 3, −1은 True로 여기기 때문에 조건문을 실행시키고, 0은 False로 여겨 조건문을 실행시키지 않는다. 자료형의 True와 False의 기준은 아래와 같다.

값	True / False	설명
"abc"	True	내용이 있는 문자열은 True, 빈 문자열은 False
""	False	
1	True	
2.2	True	
−3	True	숫자는 0이 아니면 True, 0이면 False
0	False	
0.0	False	
[0]	True	리스트에 값이 하나 이상 있으면 True, 빈 리스트만 False
[]	False	

위 표의 True/False 기준을 보면, 표현하는 자료가 하나 이상이거나, 값이 0이 아닌 경우 True 이며, 표현하는 자료가 비어 있거나 0으로 표현되는 것이 False이다. bool("abc")와 같이 bool() 자료형 변환을 통해 해당 값이 if문을 실행시키는지 아닌지 확인할 수 있다. '응용 실전편'에서 추가로 배우는 자료형들이 있는데, 해당 자료형들을 포함한 자료형들의 True, False 값 판별은 부록에서 확인할 수 있다.

실행 결과

```
if 3:
    print("three")
if 0:
    print("zero")
```

```
three
```

위 코드에서 3은 True 값으로 인식하기 때문에 "three"를 출력하고, 0은 False 값으로 인식하기 때문에 "zero"는 출력하지 않는다.

실행 결과

```
if "string":
    print("string")
if "":
    print("blank")
```

```
string
```

위 코드에서 "string"은 비어 있지 않은 리스트로써, True 값으로 인식하기 때문에 "string"를 출력한다. 빈 문자열 ""는 False 값으로 인식하기 때문에 "blank"는 출력하지 않는다.

```
if [1, 2, 3]:
    print("list")
if []:
    print("empty")
```

실행 결과

```
list
```

위 코드에서 [1, 2, 3]은 True 값으로 인식하기 때문에 "list"를 출력한다. 빈 리스트 []는 False 값으로 인식하기 때문에 "empty"는 출력하지 않는다.

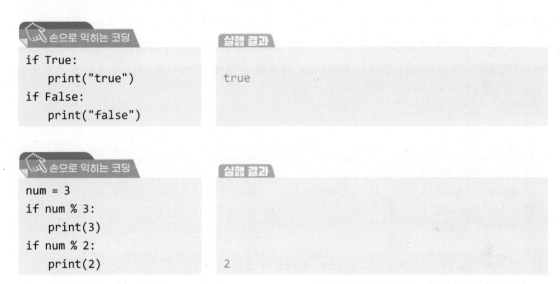

손으로 익히는 코딩

```
if True:
    print("true")
if False:
    print("false")
```

실행 결과

```
true
```

손으로 익히는 코딩

```
num = 3
if num % 3:
    print(3)
if num % 2:
    print(2)
```

실행 결과

```
2
```

비교/멤버 연산자로 if문 설계

앞서 설명한 예제에서 if문의 조건으로 비교 연산자의 결과를 사용하였다. 비교 및 멤버 연산자는 조건문을 설계할 때 자주 사용된다. 비교 연산자를 사용하여 아래와 같이 조건문을 작성할 수 있다.

```
a = 3
if a > 4:
    print("a > 4")
if a <= 4
    print("a <= 4")
```

a <= 4

위 코드는 a가 4보다 큰지, 작거나 같은지 검사하여 그 결과를 출력한다. a의 값은 3으로, 4보다 작거나 같은 범위에 해당한다. 따라서 두 번째 줄의 if문의 들여쓰기 영역은 실행하지 않고, 네 번째 줄의 if문의 들여쓰기 영역을 수행한다. 아래와 같이 멤버 연산자 또한 조건문의 조건으로 자주 사용된다.

```
j = ".jpg"
if j in "cat.jpg":
    print("CAT")
if j in "dog.png":
    print("DOG")
```

CAT

위 코드는 ".jpg"가 "cat.jpg", "dog.png" 문자열에 포함되어 있는지 각각 검사한다. "cat.jpg"는 ".jpg"를 포함하기 때문에 들여쓰기 영역의 print()를 수행한다. 반면, "dog.png"는 ".jpg" 문자열을 포함하지 않기 때문에 해당 if문 들여쓰기 영역의 print를 실행하지 않는다. 이처럼 파일 이름에서 확장자와 같이 어떤 문자가 들어 있는 경우에만 실행하고 싶은 코드가 있으면 멤버 연산자를 사용하여 확인한다.

```
num = 5
if num == 5:
    print("num == 5")
if num > 3:
    print("num > 3")
if num < 3:
    print("num < 3")
```

num == 5

num > 3

중첩 if문

중첩 if문을 작성하여 if문 안에 또 다른 if문을 포함시킬 수 있다. 이를 사용하여 더 복잡한 조건에 따라 실행되는 조건문을 설계할 수 있다.

```
num1 = 4
num2 = 6
if 12 % num1 == 0:
    if 16 % num1 == 0:
        print("num1 = {}".format(num1))

if 12 % num2 == 0:
    if 16 % num2 == 0:
        print("num2 = {}".format(num2))
```

```
num1 = 4
```

위 코드는 num1과 num2가 12와 16의 공약수인지 검사한다. 첫 번째 if문을 통해 주어진 숫자가 12로 나누어떨어지는지 검사하고, True일 경우 16으로 나누어떨어지는지도 검사한다. 두 조건을 모두 만족할 경우 해당 숫자를 출력한다. 변수 num1 = 4의 경우, 12와 16 두 숫자에서 나누었을 때 모두 나누어떨어지므로, num1 값을 출력한다. 반면, num2의 경우 12에서는 나누어떨어지지만, 16으로는 나누어떨어지지 않으므로, num2값은 출력되지 않는다.

조건문을 중첩하면 복잡한 조건을 설계할 수 있으나, 가독성이 떨어질 수 있다. 곧 설명하는 논리 연산자를 통해 보다 직관적으로 복잡한 조건문을 설계할 수 있다.

손으로 익히는 코딩

실행 결과

```
score = 80
if score > 70:
    print("pass")
    if score % 2 == 1:
        print("odd")
```

```
pass
```

손으로 익히는 코딩

실행 결과

```
score = 80
if score > 70:
    print("pass")
if score > 70 and score % 2 == 1:
    print("award")
```

```
pass
```

논리 연산자로 if문 설계

2개의 조건식 조합

앞선 예제에서 중첩 if문의 경우 12에서 나누어떨어진다는 조건과 16에서 나누어떨어진다는 조건은 서로 포함되지 않는다. 각각을 대등한 조건으로 검사한다면, 두 가지 이상의 조건을 설정하는 상황에서 논리 연산자를 사용하는 것이 더 직관적이다. if문에서 논리 연산자를 사용하면 복잡한 조건을 설계할 수 있다.

```
num1 = 4
if 12%num1 == 0 and 16%num1 == 0:
    print("num1 = {}".format(num1))
```

실행 결과
```
num1 = 4
```

위 코드에서 12와 16에서 num1을 나눈 나머지를 계산한다. 4는 12와 16 두 수에 대해 모두 나누어떨어지므로, 전체 논리 연산 결과는 True가 되어, 들여쓰기 영역을 실행한다.

```
num2 = 3
if 12%num2 == 0 and 16%num2 == 0:
    print("num2 = {}".format(num2))
```

실행 결과
```
(출력 없음)
```

위 코드는 앞서 설명한 코드에서 변수 값만 3으로 변경하여 동일한 조건을 검사한다. 12%num2==0은 True이지만, 16%num2==0은 False이다. and 연산자는 둘 다 참이어야 결과가 참이기 때문에 전체 논리 연산 결과는 False가 되어 들여쓰기 영역을 실행하지 않는다.

or 연산자를 사용하여 조건문을 구성하면 둘 중 하나의 조건이 참일 때 실행하는 조건문을 설계할 수 있다.

```
num = 10
if num % 4 == 0 or num % 5 == 0:
    print("num = {}".format(num))
```

```
num=10
```

위 코드의 조건문은 변수 num이 4의 배수거나 혹은 5의 배수인지 검사한다. 10%4는 0이 아니지만, 10%5는 0이고, or은 둘 중 하나라도 True이면 결과가 True이므로 들여쓰기 아래 영역을 실행한다.

3개 이상의 조건식 조합

셋 이상의 조건식을 조합할 때도 논리 연산자를 사용하면 된다.

```
name = "python"
if name[0] == "k" or len(name) == 6 and "X" in name:
    print("name = {}".format(name))
```

```
(출력 없음)
```

위 코드에서, if문의 조건식은 세 개의 조건을 조합해서 사용하고 있다. name의 [0]번째 요소가 "k"이거나 name의 길이가 6이어야 하고, "X"가 name에 들어가 있는지 검사한다. 순서대로 False, True, False이므로 세 논리 값에 의한 논리 연산 결과는 False로, 출력을 실행하지 않는다. 세 개 이상의 조건식을 논리 연산자를 사용하여 조합할 때는 연산자 우선순위에 주의해야 한다.

```
name = "python"
if name[0] == "p" or len(name) == 6 and "X" in name:
    print("name = {}".format(name))
```

```
name = python
```

위 코드는 앞선 코드에서 조건식의 첫 번째 조건만 변경한 것이다. 논리 값 결과는 순서대로 True, True, False인데, 만일 왼쪽부터 차례대로 실행한다면, True or True는 True이고, 마지막으로 True and False를 실행하면 최종 결과는 False가 되어야 한다. 하지만 이 코드를 실행해 보면 출력이 되는데, 이는 연산자 우선순위에서 and가 or보다 우선하기 때문이다. 먼저 뒤의 논리 연산 True and False를 실행하여 False가 되고, 그 뒤에 True or False를 실행하여 최종 결과는 True가 된다. 논리 연산자의 우선순위가 헷갈린다면, **괄호를 사용하여 의도한 연산 순서를 명확히** 하면 된다.

```python
name = "python"
if (name[0] == "p" or len(name) == 6) and "X" in name:
    print("name = {}".format(name))
```

(출력 없음)

위 코드는 앞선 코드에서 or 연산의 양쪽을 괄호로 감싸고 있다. 그 결과, or 연산을 먼저 실행하여 True or True = True가 되고 이후에 True and False를 실행하여 조건식의 결과는 False가 되어 출력을 실행하지 않는다.

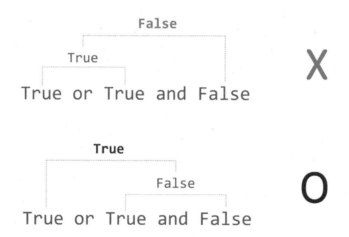

```
a_words = ["ape", "apple", "ant"]
fruits = ["apple", "banana", "grape"]
word1 = "apple"
word2 = "ant"
if word1 in a_words and word1 in fruits:
    print("word1 is a-fruit")
if word2 in a_words and word2 in fruits:
    print("word2 is a-fruit")
```

```
word1 is a-fruit
```

에러에서 배우기

- if문에는 콜론(:)을

```
if 6 > 1                          SyntaxError: expected ':'
    print("6 > 1")
```

위 에러는 if문 설계 시 콜론을 생략하여 발생한다. 에러 메시지는 :가 붙어야 할 것 같다고 알려 주고 있다. 콜론을 생략하는 실수는 기초적이지만, 처음 파이썬 사용 시 문법이 익숙하지 않아 자주 하게 된다. 에러 메시지를 잘 읽어 보면 쉽게 해결할 수 있다.

- if문에는 들여쓰기를

```
if 6 > 1:                         IndentationError: expected an indented block
print("6 > 1")                    after 'if' statement on line 1
```

위 에러는 if문 뒤에 들여쓰기를 하지 않아서 발생한다. 에러 메시지는 if문 뒤에 들여쓰기 영역이 필요하다는 의미이다. if문 이후에는 해당 조건이 True일 때 실행할 한 줄 이상의 들여쓰기 된 코드가 필수적으로 있어야 한다.

- 비일관적인 들여쓰기

```
if 6 > 1:
  print("6 > 1")                  IndentationError: unexpected indent
    print("six > one")
```

위 에러는 예상치 못한 들여쓰기가 있다는 메시지를 표시하고 있다. 한 조건문에 속한 들여쓰기 구간은 동일한 들여쓰기를 사용해야 한다. if문 이후 들여쓰기 구간에서 첫 번째 들여쓰기 줄은 두 번의 공백문자로, 두 번째 줄은 네 번의 공백문자로 들여쓰기를 사용하므로 에러가 발생한다. 들여쓰기의 공백문자를 같게 만들어서 해결할 수 있다.

- 똑같이 생긴 탭문자와 띄어쓰기

```
if 6 > 1:
        print("6 > 1")
          print("six > one")
```

TabError: inconsistent use of tabs and spaces in indentation

위 에러는 들여쓰기에서 tab문자와 공백문자를 혼용하여 발생한 에러이다. VS code와 같은 편집기에서 탭문자는 주로 공백문자 4칸의 크기인데, 둘 모두를 사용한 코드는 눈으로만 봐서는 문제점을 찾을 수 없다. 그렇기 때문에 처음 겪었을 때 문제점을 찾기까지 오래 걸리는 에러 중 하나이다. 코드에서 tab문자를 공백문자 들여쓰기로 바꿔 주면 해결된다.

- "같다"는 ==

```
num1 = 3
if num = 3:
    print("three")
```

SyntaxError: invalid syntax. Maybe you meant '==' or ':=' instead of '='?

위 에러는 ==이 아닌 =을 사용하여 발생하는 에러이다. 에러 메시지는 같다는 의미를 표현하기 위해서는 = 대신 ==을 써야 한다는 의미이다. =은 오른쪽 값을 왼쪽 변수에 대입하는 연산자이고, ==은 양쪽의 값이 같은지 비교하는 연산자이다. "같다"는 비교를 수행할 때 실수로 =을 사용하는 경우가 있으니, 주의해야 한다.

더 멋진 내일(Tomorrow)을 위한 내일(My Career) **내일은 파이썬**

if-elif-else문

else문

else문은 if문의 뒤에 붙일 수 있는 문법으로, if문의 조건이 참이 아닐 경우 else문을 실행한다.
아래는 if-else문의 기본 구조이다.

코·드·소·개

```
if 조건식:
    실행 코드1
else:
    실행 코드2

예시)
if 10 > 1:
    print("10 > 1")
else:
    print("10 <= 1")
```

if문의 조건식이 True면, if문 아래의 실행 코드1을 실행한다. 하지만 조건식이 False이면, 실행
코드 1을 실행하지 않고 else문 아래의 실행 코드2를 실행한다.

```
score = 68
if score >= 70:
    print("PASS")
else:
    print("FAIL")
```

실행 결과

```
FAIL
```

위 코드에서는 점수에 따라서 합격과 불합격을 조건문을 사용하여 구별하여 출력한다. 만약 score가 70 이상이면 합격(pass)이고, 그렇지 않으면 불합격(fail)이다. 위 코드에서 score 변수의 값은 68이므로, 70보다 작아 else문 아래를 실행하여 FAIL을 출력한다.

```
                (True)                           (False)
① ····· if 78 >= 70:          ① ····· if 68 >= 70:
② ··········· print("PASS")                print("PASS")
       else:                   ② ·····else:
           print("FAIL")       ③ ··········· print("FAIL")
```

◉ 더 알아보기

한 줄에 들어간 if-else

파이썬에서는 if-else를 한 줄에 사용하는 문법이 있다. 이 문법은 아래와 같이 사용한다.

```
num1 = 1 if 10 > 5 else 0
num2 = 1 if 10 < 5 else 0
```

이번 챕터에서 학습한 if문과 다르게 콜론과 들여쓰기가 사용되지 않는다. 이 문법은 엄밀하게 말해서는 연산자이며, 세 개의 값이 필요하기 때문에 삼항 연산자라고 불린다. A if B else C로 사용되며, 이 연산자의 결과 값은 B가 True일 경우 A, False일 경우 C 값이다. if와 else가 사용되지만 if문과는 전혀 별개의 문법이며, 구체적인 사용 방식은 '응용 실전편'에서 학습한다.

🐻 손으로 익히는 코딩

```
score = 90
if score > 70:
    print("score: pass")
else:
    print("score: fail")
score = 55
if score > 70:
    print("score: pass")
else:
    print("score: fail")
```

실행 결과

```
score: pass




score: fail
```

elif문

elif문은 if문을 실행할 때 해당 if문의 조건이 거짓일 경우, 다음 조건문을 검사한다. elif문은 if문과 else문의 사이에 위치한다.

```
if 조건식1:
    실행 코드1
elif 조건식2:
    실행 코드2
elif 조건식3:
    실행 코드3

예시)
if 82 > 90:
    print("A grade")
elif 82 > 80:
    print("B grade")
elif 82 > 70:
    print("C grade")
```

만일 조건이 True 값이면 if문 아래의 실행 코드1을 실행하고 elif, else의 들여쓰기 영역은 실행하지 않는다. 만약 조건식1이 False 값이면 다음 elif문으로 넘어가서 조건식2를 검사한다. elif문의 조건을 다시 검사하여 실행 코드2를 실행할지 다음 elif로 넘어갈지 결정한다. elif문은 여러 번 사용할 수 있다.

```
score = 68
if score >= 70:
    print("A")
elif score >= 60:
    print("B")
elif score >= 50:
    print("C")
```

```
B
```

위 코드에서 elif를 사용하여 여러 조건을 조합한 조건문을
설계하였다. score 변수가 70 이상인 경우 A를 출력하며,
그렇지 않고 60 이상인 경우 B를 출력한다. score는 50 이
상이기도 하지만, C는 출력되지 않는다. 이미 앞선 elif를
실행한 경우에는 이후의 elif문의 조건이 True이더라도 실
행하지 않는다.

Quick Tip

검사도 하지 않습니다

만일 앞선 elif를 실행한 경우, 뒤의 조건은
검사도 하지 않습니다. 조건의 True/False
를 검사하되, 실행하지 않는 것과 검사조
차 하지 않는 것은 실행 시간 등에서 차이
가 있습니다.

손으로 익히는 코딩

```
score = 85
if score > 90:
    print("A grade")
elif score > 80:
    print("B grade")
elif score > 70:
    print("C grade")
```

실행 결과

```
B grade
```

if-elif-else를 이용한 논리 구성

if문을 사용할 때 if-elif-else문을 사용하여 여러 경우로 나뉘는 조건문을 설계할 수 있다. 여
러 개의 조건식을 체크하면서 가장 먼저 True가 되는 조건문을 실행하며, 모든 조건식이 False
인 경우 else문의 들여쓰기 영역을 실행한다.

```
if 조건식1:
    실행 코드1
elif 조건식2:
    실행 코드2
elif 조건식3:
    실행 코드3
else:
    실행 코드4

예시)
if 62 > 90:
    print("A grade")
elif 62 > 80:
    print("B grade")
elif 62 > 70:
    print("C grade")
else:
    print("F grade")
```

if-elif-else문은 위에서 아래의 순서대로 조건식을 검사한다. 조건식1이 True 값이면 실행 코드 1이 실행되며 조건식1이 False 값이면 elif문의 조건식2를 검사한다. 가장 먼저 True인 조건식에 대해서 해당 실행 코드를 실행하며 모든 조건식이 False인 경우 else: 이후의 들여쓰기 영역인 실행 코드4를 실행한다.

```
score = 65
if score >= 70:
    print("A")
elif score >= 60:
    print("B")
elif score >= 50:
    print("C")
else:
    print("F")
```

실행 결과

```
B
```

위 코드에서, if-elif-else문을 사용하여 score 변수에 따라 적절한 grade를 출력한다. 모든 조건식 score는 70보다 작으므로 처음 if문의 조건식은 실행하지 않고, 다음 elif를 검사한다. score는 60보다 크거나 같음이 True이므로 "B"를 출력한다. elif에서 True인 조건식에 대응하는 코드를 실행하면 아래의 elif, else문은 실행하지 않는다.

```python
score = 35
if score >= 70:
    print("A")
elif score >= 60:
    print("B")
elif score >= 50:
    print("C")
else:
    print("F")
```

실행 결과

```
F
```

위 코드에서, 앞서 설명한 코드와 조건문은 동일하며 변수 score의 값만 35로 변경하였다. 모든 조건식(score>=70, score>=60, score>=50)이 False이므로, else 이후의 코드를 실행하여 F가 출력된다.

```python
num = 68
①···· if num >= 70: ········(False)
          print("A")
②···· elif num >= 60: ·····(True)
③············ print("B")
       elif num >= 50:
          print("C")
       else:
          print("F")
```

```
word = "banana"
if len(word) < 4:
    print("short word")
elif len(word) < 8:
    print("long word")
else:
    print("too long word")
word = "watermelon"
if len(word) < 4:
    print("short word")
elif len(word) < 8:
    print("long word")
else:
    print("too long word")
```

실행 결과

```
long word




too long word
```

에러에서 배우기

- if 다음 elif 다음 else

```
score = 85
if score > 90:
    print("A")
else:                          SyntaxError: invalid syntax
    print("F")
elif score > 80:
    print("B")
```

위 에러는 elif를 else 뒤에 위치시켜 발생하는 에러이다. 에러 메시지는 단순히 유효하지 않은 문법이라는 의미만을 전달하고 있다. else문이 등장하면 파이썬은 if문이 모두 끝난 것으로 해석하기 때문에, 뒤에 등장한 elif문은 이전의 if—else문과 별도로 취급한다. elif문 단독으로 조건문을 구성할 수 없어 위의 에러 메시지가 발생하며, elif문은 if문과 else 사이에서만 사용할 수 있다.

- else에는 조건이 올 수 없음

```
score = 40
if score > 90:
    print("A")                 SyntaxError: expected ':'
else score < 60:
    print("F")
```

위 에러는 else에 조건을 설정하여 발생한다. 에러 메시지는 "else 뒤에 콜론이 와야 한다"는 의미를 전달하고 있는데, 문법상 else 뒤에는 조건이 아니라 무조건 콜론이 오기 때문에 이러한 에러 메시지를 출력한다. else는 if문, if—elif문의 조건이 모두 False인 경우에 무조건 실행되는 문법이므로 추가 조건이 오지 않는다. 추가 조건을 달 때는 elif문을 사용해야 한다.

04

연습문제

1. 기본 예제

문제 1 각 코드의 출력 결과를 맞혀 보자.

	문제	정답
①	print(5 > 4)	
②	print(5 > 6)	
③	print(3 == 3.0)	
④	print("3" == 3)	
⑤	print("py" in "python")	
⑥	print("PY" in "python")	
⑦	print(3 in [1, 2, 3])	
⑧	print(3 < 4 and 4 < 7)	
⑨	print(3 in [1, 2, 3] or 4 in [1, 2, 3])	
⑩	print(4 in [1, 2, 3] or 5 in [1, 2, 3])	

문제 2 [객관식] 아래 코드를 실행되는 순서대로 나열해 보자.

		문제	정답
①	ⓐ	n = 3	
	ⓑ	if n < 5:	
	ⓒ	n = 5	
	ⓓ	print("n = {}".format(n))	

②	ⓐ	`n = 7`
	ⓑ	`if n < 5:`
	ⓒ	`    n = 50`
	ⓓ	`print("n = {}".format(n))`
③	ⓐ	`n = 8`
	ⓑ	`if n < 5:`
	ⓒ	`    print("small")`
	ⓓ	`else:`
	ⓔ	`    print("big")`
④	ⓐ	`n = 2`
	ⓑ	`if n < 5:`
	ⓒ	`    print("small")`
	ⓓ	`else:`
	ⓔ	`    print("big")`
⑤	ⓐ	`n = 75`
	ⓑ	`if n > 90:`
	ⓒ	`    print("A")`
	ⓓ	`elif n > 80:`
	ⓔ	`    print("B")`
	ⓕ	`elif n > 70:`
	ⓖ	`    print("C")`
	ⓗ	`elif n > 60:`
	ⓘ	`    print("D")`
⑥	ⓐ	`n = 35`
	ⓑ	`if n > 90:`
	ⓒ	`    print("A")`
	ⓓ	`elif n > 80:`
	ⓔ	`    print("B")`
	ⓕ	`elif n > 70:`
	ⓖ	`    print("C")`
	ⓗ	`elif n > 60:`
	ⓘ	`    print("D")`

⑦	ⓐ	`n = 35`
	ⓑ	`if n > 90:`
	ⓒ	`    print("A")`
	ⓓ	`elif n > 80:`
	ⓔ	`    print("B")`
	ⓕ	`elif n > 70:`
	ⓖ	`    print("C")`
	ⓗ	`elif n > 60:`
	ⓘ	`    print("D")`
	ⓙ	`else:`
	ⓚ	`    print("F")`

문제 3 아래 코드를 실행했을 때 출력 결과를 작성해 보자.

문제	정답

① `nums = [2, 1, 0, -1, -2]`
`if nums[0]: print(nums[0])`
`if nums[1]: print(nums[1])`
`if nums[2]: print(nums[2])`
`if nums[3]: print(nums[3])`
`if nums[4]: print(nums[4])`	

② `nums = [1.5, 0.5, 0.0, -0.5, -1.0]`
`if nums[0]: print(nums[0])`
`if nums[1]: print(nums[1])`
`if nums[2]: print(nums[2])`
`if nums[3]: print(nums[3])`
`if nums[4]: print(nums[4])`	

③ `names = ["python", "False", "", "True"]`
`if names[0]: print(names[0])`
`if names[1]: print(names[1])`
`if names[2]: print(names[2])`
`if names[3]: print(names[3])`	

④ `lists = [[1, 2], [True], [False], [], [0]]`
`if lists[0]: print(lists[0])`
`if lists[1]: print(lists[1])`
`if lists[2]: print(lists[2])`
`if lists[3]: print(lists[3])`
`if lists[4]: print(lists[4])`	

문제 4 아래 코드를 실행 시 출력 결과를 작성해 보자.

	문제	정답

①	```python
	s1 = "cat1.jpg"
	s2 = "cat2.JPG"
	if s1[-3:] == "JPG":
	    print(s1)
	if s2[-3:] == "JPG":
	    print(s2)
	``	

②	```python
	files = ["2022-1.txt", "2022-2.txt", "2023-1.txt"]
	if "2022" in files[0]:
	    print(files[0])
	if "2022" in files[1]:
	    print(files[1])
	if "2022" in files[2]:
	    print(files[2])
	``	

③	```python
	nums = [1, 2, 3]
	if nums[0] % 2 == 0:
	    print(nums[0])
	if nums[1] % 2 == 0:
	    print(nums[1])
	if nums[2] % 2 == 0:
	    print(nums[2])
	``	

④	```python
	s1 = "cat1.JPG"
	s2 = "cat2.jpg"
	if s1[-3:].upper() == "JPG":
	    print(s1)
	if s2[-3:].upper() == "JPG":
	    print(s2)
	``	

⑤	```python
	fruits = ["apple", "banana", "", "grape"]
	if fruits[3] == "":
	    fruits.pop(3)
	if fruits[2] == "":
	    fruits.pop(2)
	if fruits[1] == "":
	    fruits.pop(1)
	if fruits[0] == "":
	    fruits.pop(0)
	print(fruits)
	``	

2. 심화 예제

문제 5 [객관식] 아래의 코드는 파일 이름 문자열 file에서 확장자가 .jpg인 파일 이름만 출력하는 프로그램의 일부이다. 그런데 소문자 확장자 .jpg뿐만 아니라 대문자가 확장자에 포함된 경우에도 출력하도록(아래의 코드1, 코드2 모두 file이 출력되도록) 설계하고 싶다. 다음 중 의도한 동작을 수행할 수 있는 코드를 골라 보자.

코드1	코드2	보기

`file = "cat1.jpg"`
`if (        ):`
`    print(file)`
	`file = "cat2.JPG"`
	`if (        ):`
	`    print(file)`
		ⓐ `".jpg" in file`
		ⓑ `".jpg".upper() in file`
		ⓒ `".jpg" in file.upper()`
		ⓓ `".JPG" in file.upper()`

문제 6 [객관식] 아래의 코드는 사용자의 입력을 받아 조건에 따라 출력 여부를 결정하는 프로그램의 일부이다. 아래 input() 함수의 입력에서 사용자에게 출력을 원할 경우 yes를 입력하게 하였다. 하지만 사용자는 yes 대신 y를 입력하거나 대문자로 입력하는 등 yes의 의도로 다른 문자열을 입력할 수도 있다. 이 경우에도 대응할 수 있도록 "yes", "YES", "y", "Y" 중 하나의 입력이 들어올 때만 조건문 내부를 동작시키는 코드를 골라 보자.

문제	보기

`answer = input("yes: print hi")`
`if (        ):`
`    print("hi")`
	ⓐ `answer == "yes"`
	ⓑ `answer in ["yes", "YES", y", "Y"]`
	ⓒ `answer.upper() == "YES" or "Y"`
	ⓓ `answer in "yesYESyY"`

문제 7 [객관식] 아래의 코드는 문자열 변수 string이 빈 문자열이 아니면 "no empty"를 출력하는 프로그램의 일부이다. 아래의 빈칸에 올 수 없는 코드를 골라 보자.

문제	보기

`string = ""`
`if (        ):`
`    print("no empty")`
	ⓐ `string != ""`
	ⓑ `string`
	ⓒ `len(string) != 0`
	ⓓ `string[0] != ""`

문제 1

①	`print(5 > 4)`	True
②	`print(5 > 6)`	False
③	`print(3 == 3.0)`	True
④	`print("3" == 3)`	False

값의 비교 연산자 결과는 참일 경우 True, 거짓일 경우 False이다. int형과 float형 사이의 비교 연산은 표현하는 값이 같을 경우 True이며, 숫자와 문자열의 비교 연산은 False이다.

⑤	`print("py" in "python")`	True
⑥	`print("PY" in "python")`	False

멤버 연산자 in은 왼쪽 값이 오른쪽 값에 들어 있는지(포함되는지) 검사하여 True/False의 결과를 낸다. 문자열은 대문자와 소문자를 구별하므로 py는 python에 포함되지만, PY는 python에 포함되지 않으므로 연산 결과는 각각 True와 False이다.

⑦	`print(3 in [1, 2, 3])`	True

리스트를 멤버 연산자의 대상으로 사용할 경우 왼쪽 값이 오른쪽 리스트의 요소 중 값이 같은 것이 있는지 검사한다. 3은 [1, 2, 3]에 포함되어 있으므로 결과는 True이다.

⑧	`print(3 < 4 and 4 < 7)`	True
⑨	`print(3 in [1, 2, 3] or 4 in [1, 2, 3])`	True
⑩	`print(4 in [1, 2, 3] or 5 in [1, 2, 3])`	False

논리 연산자를 통해 복잡한 논리식을 구성할 수 있다. ⑧은 두 조건이 모두 True이므로 결과도 True이다. ⑨는 왼쪽 논리식은 True이지만, 오른쪽 논리식은 False이다. or 연산자는 둘 중 하나라도 True면 결과가 True이므로 결과는 True이다. ⑩에서는 양쪽 논리 값이 모두 False이므로 결과는 False이다.

문제 2

①
```
ⓐ  n = 3
ⓑ  if n < 5:
ⓒ      n = 5
ⓓ  print("n = {}".format(n))
```
ⓐ - ⓑ - ⓒ - ⓓ

ⓐ를 실행 후 ⓑ에서 조건문을 검사하여 True이므로 ⓒ를 실행하고 이어서 ⓓ를 실행한다.

②
```
ⓐ  n = 7
ⓑ  if n < 5:
ⓒ      n = 50
ⓓ  print("n = {}".format(n))
```
ⓐ - ⓑ - ⓓ

ⓐ를 실행 후 ⓑ에서 조건문을 검사하여 False이므로 ⓒ를 실행하지 않고 바로 ⓓ를 실행한다.

③
```
ⓐ  n = 8
ⓑ  if n < 5:
ⓒ      print("small")
ⓓ  else:
ⓔ      print("big")
```
ⓐ - ⓑ - ⓓ - ⓔ

ⓐ를 실행 후 ⓑ에서 조건문을 검사하여 False이므로 else(ⓓ)와 그 아래 ⓔ를 실행한다.

④
```
ⓐ  n = 2
ⓑ  if n < 5:
ⓒ      print("small")
ⓓ  else:
ⓔ      print("big")
```
ⓐ - ⓑ - ⓒ

ⓐ를 실행 후 ⓑ에서 조건문을 검사하여 True이므로 ⓒ를 실행한다. else는 if의 조건식이 False일 경우 실행하므로 ⓓ와 ⓔ는 실행되지 않는다.

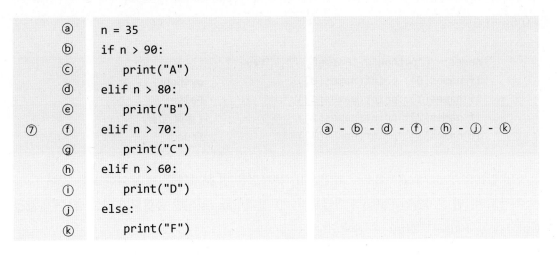

```
ⓐ    n = 75
ⓑ    if n > 90:
ⓒ        print("A")
ⓓ    elif n > 80:
⑤ ⓔ        print("B")
ⓕ    elif n > 70:
ⓖ        print("C")
ⓗ    elif n > 60:
ⓘ        print("D")
```

ⓐ - ⓑ - ⓓ - ⓕ - ⓖ

if문을 시작으로 True인 조건식을 찾을 때까지 elif문을 순서대로 검사한다. 처음으로 조건식이 참인 elif문은 ⓕ이므로 ⓐ − ⓑ − ⓓ − ⓕ − ⓖ의 순서대로 실행된다. 이후에는 참인 조건식이 있어도 실행하지 않고 조건문은 종료된다.

```
ⓐ    n = 35
ⓑ    if n > 90:
ⓒ        print("A")
ⓓ    elif n > 80:
⑥ ⓔ        print("B")
ⓕ    elif n > 70:
ⓖ        print("C")
ⓗ    elif n > 60:
ⓘ        print("D")
```

ⓐ - ⓑ - ⓓ - ⓕ - ⓗ

if문을 시작으로 True인 조건식을 찾을 때까지 elif문을 순서대로 검사한다. 조건식이 참인 if, elif문이 없으므로 조건식만 검사하여 ⓐ − ⓑ − ⓓ − ⓕ − ⓗ 순으로 실행된다.

```
ⓐ    n = 35
ⓑ    if n > 90:
ⓒ        print("A")
ⓓ    elif n > 80:
ⓔ        print("B")
⑦ ⓕ    elif n > 70:
ⓖ        print("C")
ⓗ    elif n > 60:
ⓘ        print("D")
ⓙ    else:
ⓚ        print("F")
```

ⓐ - ⓑ - ⓓ - ⓕ - ⓗ - ⓙ - ⓚ

if문을 시작으로 True인 조건식을 찾을 때까지 elif문을 순서대로 검사하고, 모든 조건식이 False인 경우 else문 아래를 실행한다. ⓐ 이후, 모든 조건식(ⓑ, ⓓ, ⓕ, ⓗ)이 False이므로 else 아래를 실행하여 ⓐ − ⓑ − ⓓ − ⓕ − ⓗ − ⓙ − ⓚ 순으로 실행된다.

문제 ❸

①
```
nums = [2, 1, 0, -1, -2]
if nums[0]: print(nums[0])
if nums[1]: print(nums[1])
if nums[2]: print(nums[2])
if nums[3]: print(nums[3])
if nums[4]: print(nums[4])
```
```
2
1
(출력 없음)
-1
-2
```

int형 값들의 True/False 여부를 확인한다. int형 숫자는 0을 제외한 모든 값이 True로 취급되며, 0만 False로 취급된다. 그 결과 nums[2]만 출력되지 않고, 나머지 값들(2, 1, −1, −2)은 출력된다.

②
```
nums = [1.5, 0.5, 0.0, -0.5, -1.0]
if nums[0]: print(nums[0])
if nums[1]: print(nums[1])
if nums[2]: print(nums[2])
if nums[3]: print(nums[3])
if nums[4]: print(nums[4])
```
```
1.5
0.5
(출력 없음)
-0.5
-1.0
```

float형 값들의 True/False 여부를 확인한다. float형 숫자는 0.0을 제외한 모든 값이 True로 취급되며, 0.0만 False로 취급된다. 그 결과 nums[2]만 출력되지 않고, 나머지 값들(1.5, 0.5, −0.5, −1.0)은 출력된다.

③
```
names = ["python", "False", "", "True"]
if names[0]: print(names[0])
if names[1]: print(names[1])
if names[2]: print(names[2])
if names[3]: print(names[3])
```
```
python
False
(출력 없음)
True
```

문자열 값들의 True/False 여부를 확인한다. 문자열은 빈 문자열("")을 제외한 모든 값이 True로 취급되며, 빈 문자열만 False로 취급된다. 그 결과 names[2]만 출력되지 않고, 나머지 값들("python", "False", "True")은 출력된다.

```
④    lists = [[1, 2], [True], [False], [], [0]]
     if lists[0]: print(lists[0])          [1, 2]
     if lists[1]: print(lists[1])          [True]
     if lists[2]: print(lists[2])          [False]
     if lists[3]: print(lists[3])          (출력 없음)
     if lists[4]: print(lists[4])          [0]
```

리스트의 True/False 여부를 확인한다. 리스트는 빈 리스트([])을 제외한 모든 값이 True로 취급되며, 빈 리스트만 False로 취급된다. 그 결과 lists[3]만 출력되지 않고, 나머지 값들([1, 2], [True], [False], [0])은 출력된다.

문제 ④

```
①    s1 = "cat1.jpg"
     s2 = "cat2.JPG"
     if s1[-3:] == "JPG":
         print(s1)                        cat2.JPG
     if s2[-3:] == "JPG":
         print(s2)
```

s1과 s2는 파일 이름 문자열 변수이다. if문에서는 각각 s1, s2 문자열이 JPG로 끝나는지 검사하는데, 문자열은 대/소문자를 구별하기 때문에, 첫 번째 if문은 실행되지 않고, 두 번째 if문의 조건식만 True가 되어 실행된다.

```
②    files = ["2022-1.txt", "2022-2.txt",
     "2023-1.txt"]
     if "2022" in files[0]:
         print(files[0])                  2022-1.txt
     if "2022" in files[1]:
         print(files[1])                  2022-2.txt
     if "2022" in files[2]:
         print(files[2])
```

files 리스트에는 파일 이름 문자열들이 담겨 있다. 이후의 if문들은 각각 files의 요소들에 대하여 "2022"가 포함되어 있는지 검사하여 True일 경우 해당 요소를 출력한다. 마지막 요소를 제외한 [0], [1]번째 요소는 2022가 포함되어 있으므로 파일 이름을 출력한다.

<table>
<tr>
<td>③</td>
<td>

```
nums = [1, 2, 3]
if nums[0] % 2 == 0:
    print(nums[0])
if nums[1] % 2 == 0:
    print(nums[1])
if nums[2] % 2 == 0:
    print(nums[2])
```

</td>
<td>2</td>
</tr>
</table>

nums 리스트는 0, 1, 2의 int형 값이 담겨 있다. 이후의 if문들은 각각 nums 리스트의 요소들이 2로 나누어떨어지는지 검사하여 True일 경우 해당 값을 출력한다. 0과 2가 2로 나누어떨어지므로 0과 2가 출력된다.

Clear Comment

짝수, 배수

2로 나누어떨어지는 수는 짝수입니다. 또한 n으로 나누어떨어지는 수는 n의 배수입니다. 특정 숫자가 n의 배수인지 검사하는 조건문은 자주 사용되는 프로그래밍 방식입니다. 이에 대해서는 '챕터6 반복문'에서 학습합니다.

<table>
<tr>
<td>④</td>
<td>

```
s1 = "cat1.JPG"
s2 = "cat2.jpg"
if s1[-3:].upper() == "JPG":
    print(s1)
if s2[-3:].upper() == "JPG":
    print(s2)
```

</td>
<td>

cat1.JPG

cat2.jpg

</td>
</tr>
</table>

①과 마찬가지로 s1과 s2는 파일 이름 문자열 변수이다. ④에서는 if문에서 각 문자열의 .upper() 함수 결과가 JPG로 끝나는지 검사한다. 이 경우 문자열의 마지막 세 글자가 대소문자를 구별하지 않고, jpg순으로 적힌 것인지 검사하여 True일 경우 문자열을 출력한다. 그 결과 s1과 s2가 모두 출력된다. 출력되는 문자열은 .upper()를 사용하지 않았기 때문에 "cat2.jpg"의 경우 소문자로 출력된다.

```
⑤        fruits = ["apple", "banana", "", "grape"]
         if fruits[3] == "":
             fruits.pop(3)
         if fruits[2] == "":
             fruits.pop(2)
         if fruits[1] == "":
             fruits.pop(1)
         if fruits[0] == "":
             fruits.pop(0)
         print(fruits)
```

`['apple', 'banana', 'grape']`

fruits 리스트에는 과일 이름의 문자열들과 빈 문자열이 담겨 있다. 이후의 if문에서는 리스트 순서상 역순으로([3], [2], [1], [0])으로 검사하여 빈 문자열이면 해당 요소를 제거한다. 모든 if 문을 수행 후 fruits 리스트를 출력해서 값을 확인해 보면 원래 리스트의 [2]번째 요소가 제거되어 있음을 확인할 수 있다.

> **Clear Comment**
> **제거는 역순으로**
> 리스트 요소를 제거할 경우, 이후 인덱스의 요소들이 한 칸씩 당겨지므로 인덱스 값이 달라집니다. 이 경우 정방향 순서대로 리스트 요소의 값을 제거하면 원하는 결과를 얻지 못할 수 있어 역순으로 제거하는 것이 바람직합니다.

문제 ⑤

```
file = "cat1.jpg"
if (   ⓓ   ):
    print(file)
```

```
file = "cat2.JPG"
if (    ⓓ    ):
    print(file)
```

ⓐ ".jpg" in file

ⓑ ".jpg".upper() in file

ⓒ ".jpg" in file.upper()

ⓓ ".JPG" in file.upper()

".jpg" 혹은 ".JPG"처럼 대소문자에 관계없이 동작시키고 싶다면, 비교할 문자열들을 먼저 대문자 혹은 소문자로 통일시키면 된다. ⓐ는 소문자 확장자에 대해서만 비교하는 코드이고, ⓑ는 upper()를 붙일 위치가 잘못되었다. file 문자열의 대소문자를 통일시켜야 하므로 file에 .upper()나 .lower()를 사용해야 한다. ⓒ는 ".jpg"는 소문자인데 포함 연산자 대상은 대문자 문자열을 사용했기 때문에 if문 아래는 동작하지 않는다. ⓓ를 if문 빈칸에 작성하면 확장자 문자열 ".JPG"와 file 문자열에 .upper()를 사용하여 대문자로 통일하여 문제의 의도대로 동작하는 코드가 완성된다.

문제 ⑥

```
answer = input("yes: print hi")
if (    ⓑ    ):
    print("hi")
```

ⓐ answer == "yes"

ⓑ answer in ["yes", "YES", y", "Y"]

ⓒ answer.upper() == "YES" or "Y"

ⓓ answer in "yesYESyY"

문제의 의도와 같이 다양한 문자열 중 하나를 만족하는 코드를 작성하기 위해, 멤버 연산자를 이용하는 방법이 있다. ⓐ에서는 answer 문자열이 정확히 "yes"인 경우에만 if문 아래를 수행한다. ⓑ를 if문의 빈칸에 작성하면 멤버 연산자를 사용하여 answer가 리스트 내의 문자열 중 같은 것이 있는지 검사하여 문제의 의도대로 동작하는 코드를 완성한다. ⓒ는 answer의 대문자 변환 결과가 YES이거나 Y인지 검사하는 것처럼 보이지만, 실제로는 if문 아래를 무조건 수행하도록 만드는 코드이다. 왜냐하면 == 연산을 먼저 수행하고 or을 계산하여, ... or "Y"에서 "Y"가 빈 문자열이 아니어서 결과는 무조건 True로 작용하기 때문이다. ⓓ는 문제에서 언급한 네 가지 입력에 대해 출력을 수행하지만, "SyY"처럼 다른 문자열 입력에 대해서도 출력을 수행하므로 오답이다.

문제 ⑦

```
string = ""
if (          ):
    print("no empty")
```

ⓐ string != ""

ⓑ string

ⓒ len(string) != 0

ⓓ string[0] != ""

if문에서 string이 빈 문자열이 아닌 경우를 설계하기 위해서 아래의 전략을 사용할 수 있다.

● string과 빈 문자열의 비교 연산자를 사용한다.

● 문자열은 빈 문자열일 때만 False임을 이용한다.

● len() 함수를 통해 문자열의 길이로 빈 문자열 여부를 검사한다.

ⓐ, ⓑ, ⓒ는 위 전략을 순서대로 사용한 것이다. 문제의 정답 ⓓ는 string의 [0]번째 위치 문자열을 입력하는데, string이 빈 문자열인 경우 [0] 인덱싱은 에러를 발생시킨다.

이번 챕터에서도 지난 챕터에 이어서 프로젝트를 공부한다. 아래 프로젝트의 코드 중, 지난 챕터에서 학습한 내용은 각 줄의 끝에 표시되어 있다.

#	코드	ch
1	`standard_volume = 30000`	ch1
2	`volume_too_low = 10000`	ch1
3		-
4	`target_dates = []`	ch1
5	`end_price_target_dates = []`	ch1
6	`ends = []`	ch1
7	`ma3_end = []`	ch1
8	`cumul_ends = [0]`	ch1
9		-
10	`for i in range(1, 4+1):`	
11	`    file_name = "stock{}.txt".format(i)`	ch3
12		-
13	`    f = open(file_name, "r", encoding="utf-8")`	ch4
14	`    entire_txt = f.read()`	ch4
15	`    f.close()`	ch4
16		-
17	`    lines = entire_txt.split("\n")`	ch3
18	`    lines_values = lines[1:]`	ch1
19		-
20	`    for j in range(len(lines_values)):`	
21	`        line = lines_values[j]`	ch1
22	`        values = line.split(",")`	ch3
23	`        date = values[0]`	ch1
24	`        start = values[1]`	ch1
25	`        high = values[2]`	ch1
26	`        low = values[3]`	ch1
27	`        end = values[4]`	ch1
28	`        volume = values[5]`	ch1
29	`        amount = values[6]`	ch1
30	`        fluc_rate = values[7]`	ch1
31		-
32	`        if int(volume) > standard_volume:`	
33	`            print("At {}, volume is large".format(date))`	ch3
34	`            target_dates = target_dates + [date]`	ch2
35	`            end_price_target_dates += [int(end)]`	ch2
36	`        elif int(volume) < volume_too_low:`	
37	`            print("At {}, trading volume is too low".format(date))`	ch3
38		-

39	`        ends = ends + [int(end)]`	ch2
40		-
41	`for j in range(len(ends)):`	
42	`    if j > 2:`	
43	`        moving_avg = (ends[j-2] + ends[j-1] + ends[j]) / 3`	ch2
44	`        ma3_end += [moving_avg]`	ch2
45		-
46	`mean_target_end = sum(end_price_target_dates) / len(end_price_target_dates)`	ch3
47		-
48	`dates_name = "target_dates.txt"`	ch1
49	`f = open(dates_name, "w", encoding="utf-8")`	ch4
50	`for date in target_dates:`	
51	`    f.write(date)`	ch4
52	`f.close()`	ch4
53		-
54	`ma_name = "target_ma.txt"`	ch1
55	`f = open(ma_name, "w", encoding="utf-8")`	ch4
56	`for ma in ma3_end:`	
57	`    f.write(str(ma))`	ch4
58	`f.close()`	ch4

이번 챕터에서 배운 if문이 사용되는 코드를 해석해 보자.

32	`    if int(volume) > standard_volume:`
33	`        print("At {}, trading volume is larger than target".format(date))`
34	`        target_dates = target_dates + [date]`
35	`        end_price_target_dates += [int(end)]`
36	`    elif int(volume) < volume_too_low:`
37	`        print("At {}, trading volume is too low".format(date))`

line 32에서 volume의 int형 변환 결과가 standard_volume보다 큰지 검사한다. volume은 28번째 줄에서 선언한 변수로, open으로 접근한 데이터 파일에서 각 줄별로 콤마(,) 기준 [5]번째 데이터이다. 이 데이터의 int() 자료형 변환 결과가 standard_volume보다 클 경우, if문 아래 들여쓰기 영역을 수행한다. standard_volume은 1번째 줄에서 30,000으로 정하였다. 즉, volume 데이터가 30,000보다 크면 if 아래의 코드 구간(33~35)을 실행한다. 만일, if문의 조건식이 False이면 elif문의 조건식을 검사한다. volume_too_low는 10,000으로, volume의 값이 10,000 이하인 경우 37번째 줄의 출력을 실행한다. 정리하면, 위 조건문 코드는 아래의 기능을 수행한다.

- volume 숫자 값이 standard_volume(30,000)보다 클 경우의 date와 end값만 리스트에 담는다.

- volume 숫자 값이 volume_too_low(10,000)보다 작으면 date 값을 출력한다.

```
42    if j > 2:
43        moving_avg = (ends[j-2] + ends[j-1] + ends[j]) / 3
44        ma3_end += [moving_avg]
```

line 40에서 j 값이 2보다 큰지 검사한다. j는 20번째 줄에서 등장하는 값으로, 해당 줄의 내용은 '챕터6 반복문'에서 학습한다. j에 대해 미리 설명하면, j는 0에서부터 len(lines_values)−1까지 1씩 증가하는 값으로 0, 1, 2, 3, …의 순서대로 대입된다. line 40의 if문을 보면 j의 값이 0, 1, 2일 때는 실행되지 않고, 3일 때부터 실행된다. 이때 moving_avg 값은 ends 리스트에 있는 연속된 세 요소의 평균이다. 만일 j가 0일 때도 해당 코드를 실행했다면, ends[−2], ends[−1]과 ends[0]의 평균을 구하여 서로 떨어진 요소들의 평균을 구하게 되었을 것이다.

1. True/False, 논리 연산자

bool 자료형인 True와 False는 참과 거짓을 표현하며 주로 비교, 멤버, 논리 연산의 결과로 사용된다. 논리 연산자는 and, or, not이 있으며, 각각 논리곱, 논리합, 논리 부정을 계산한다. and 연산자는 연산자 앞/뒤의 조건이 모두 True일 때 결과가 True이다. or 연산자는 연산자 앞/뒤 중 하나라도 True이면 결과가 True이며 둘 다 False일 때 결과가 False이다. not 연산자는 not 뒤에 하나의 값을 받으며, 해당 값을 부정하여 값이 True인 경우 False, 값이 False인 경우 True의 결과를 낸다. True/False 및 논리 연산자를 이용하여 조건문의 조건을 다양한 방식으로 설계할 수 있다.

2. if문

if문은 조건식을 평가하여 True, False 결과에 따라 if문 아래의 들여쓰기 영역을 실행하는 문법이다. 조건식은 True, False의 두 경우로 구분되며, 숫자, 문자열 등 True/False가 아닌 값이 조건식으로 사용될 경우, 데이터 값에 따라 True/False 여부가 결정된다. 조건식이 True일 때 실행되는 코드 블록은 들여쓰기로 구분되며, 들여쓰기는 주로 4개의 공백문자를 사용한다.

3. else문

else문은 if문의 뒤에 사용되어 if문의 조건식이 거짓일 경우 실행할 코드 영역을 정의한다. else문은 if문의 마지막에 위치하며 앞서 등장한 조건식이 모두 거짓일 때 else문 아래의 들여쓰기 영역을 실행한다. else문은 앞서 등장한 조건식들에 해당하지 않을 경우에 수행할 동작을 설계하여 if문 내에서 가능한 모든 조건에 대한 동작을 설계할 때 사용된다.

4. elif문

elif문은 if문의 뒤에 사용되어 해당 elif문보다 먼저 등장한 if문, elif문들이 거짓일 때 조건식을 검사한다. 만약 먼저 등장한 if문이나 elif문의 조건식이 참인 경우에는 이후 등장하는 elif문의 조건식은 검사하지 않고 if문은 종료된다. elif문의 조건식이 True인 경우, 아래의 들여쓰기 영역을 실행한다. elif문은 여러 개의 조건을 순차적으로 검사하여 조건에 맞는 실행 코드를 나누어 설계할 때 사용된다.

06

내일은파이썬

반복문 - loop

for문, range, while문, break, continue

여기서는 무얼 배울까

이번 챕터에서는 반복문을 학습한다. 반복문은 프로그램에서 반복적으로 실행되는 코드를 설계할 때 사용한다. for문에서는 리스트, 문자열과 같은 반복 가능한(iterable)한 데이터 유형의 요소를 하나씩 사용하여 반복적으로 코드를 실행한다. for문에서 range를 사용하여 특정 범위의 숫자에 대해 반복할 수 있다. while문도 for문과 같이 반복을 수행할 때 사용되는 문법이나, 사용 방법이 약간 다르다. while문은 조건이 True인 동안 반복하여 코드를 실행한다. break나 continue는 반복문 내에서 사용되는 키워드로, 반복문을 종료하거나 다음 반복으로 넘어갈 때 사용한다.

━01

for문의 기본

for문의 기본 구조

for문은 반복문의 대표적인 문법중 하나로 반복 가능한* 객체**의 각 요소를 사용하여 해당 요소를 사용한 작업을 수행한다. 첫 요소를 사용하여 반복문 아래를 실행한 후, 실행되는 지점은 다시 for문으로 돌아간다. for문의 기본적인 문법은 아래와 같다.

> 코·드·소·개

```
for 변수 in ITERABLE:
    반복 코드

예시)
for i in [1, 2, 3, 4, 5]:
    print(i)
```

위 사용 방법에서, ITERABLE은 리스트, 문자열 등의 반복 가능한 객체를 나타낸다. 첫 번째 줄이 실행되면 for문이 ITERABLE에서 요소를 순서대로 하나씩 선택하여 변수에 저장한다. for문 아래의 들여쓰기 영역은 변수가 모든 요소를 선택하는 동안 반복적으로 실행된다.

> 🔵 더 알아보기
>
> iterable? iterator?
> 파이썬에는 iterable과 iterator라는 개념이 있다. 둘은 반복과 관련된 개념으로, 비슷하면서도 약간 다르다. iterator는 반복을 직접 수행하는 객체이고, iterable은 iterator를 만들 수 있는 객체이다. 예를 들어서 리스트를 for문에 사용하여 반복을 수행할 때에는 리스트를 list_iterator로 변환시킨 뒤에 반복한다. 그렇기 때문에 리스트는 iterable이지만, iterator는 아니다. 객체를 iterator로 변환시키는 함수는 iter()이다.

기초 용어 정리

* **반복 가능 객체(iterable)**: 반복을 수행할 수 있는 객체를 iterable 객체라고 표현한다. iterate가 "반복하다"라는 뜻이고, 여기에 -able을 붙인 단어이다.
** **객체 – object**: 프로그래밍에서 객체는 표현하고자 하는 대상을 정의하는 개념이다. 예를 들어, 리스트는 여러 데이터를 순서대로 가지는 기능을 수행하는 객체이고, 5는 정수형 숫자 다섯을 표현하는 객체이다.

```
name = "apple"
for c in name:
    print(c)
```

```
a
p
p
l
e
```

위의 코드에서 name 문자열의 요소들인 "a", "p", "p", "l", "e"가 c 변수에 순서대로 대입되면서 print()를 통해 각 요소들이 출력된다.

```
for num in [0, 1, 2]:
    print(num)
```

```
0
1
2
```

위의 코드에서 [0, 1, 2] 리스트의 요소들인 0, 1, 2가 num에 순서대로 대입되면서 print()를 통해 각 요소들이 출력된다.

```
words = ["apple", "banana", "grape"]
for item in words:
    print(item)
```

```
apple
banana
grape
```

```
nums = [5, 4, 3]
for i in nums:
    print(i * 3)
```

```
15
12
9
```

range()

range(num)

range() 함수를 이용하여 일정한 간격의 숫자 값들로 반복할 수 있다. range()는 주로 1 이상의 int형 숫자를 입력으로 사용한다. for문의 대상으로 range()를 사용 시 입력 변수 값에는 0에서부터 1씩 증가하여 (입력-1)이 대입될 때까지 반복한다.

 Clear Comment

엄밀하게는 함수가 아니라 클래스
range()를 통해 생성된 객체는 정확하게는 클래스입니다. '응용 실전편'에서 클래스에 대해서 학습합니다.

```
for i in range(3):
    print(i)
```

```
0
1
2
```

위 코드에서 for i in range(3)은 0부터 시작하여 1씩 증가하는 값을 대입하여 3번 반복시키며, print를 통해 0부터 2까지 출력된다. range(num)에서 num 값은 반복문의 대입 값에 포함되지 않음에 주의해야 한다.

range(int1, int2)

range()는 두 개의 int형 숫자 입력을 받을 수 있다. 두 개의 입력을 받을 시, 첫 번째 입력의 숫자를 시작으로 1씩 증가하여 두 번째 입력보다 1 작은 값까지 변수에 대입하여 반복한다.

```
for i in range(1, 3):
    print(i)
```

```
1
2
```

위 코드에서 for i in range(1, 3)은 1부터 시작하여 1씩 증가하는 값을 대입하여 2번 반복시키며, print를 통해 1부터 2까지 출력된다. range(num1, num2)에서 num1 값은 대입 값에 포함되지만 num2는 반복문의 대입 값에 포함되지 않음에 주의해야 한다. 0에서 시작하지 않고 원하는 범위의 값에 대해서 반복할 때 두 입력을 통해서 범위를 지정해 줄 수 있다.

> **Quick Tip**
>
> **세 번째 입력은 간격**
>
> range(a, b, c)처럼 세 값을 지정할 경우에는 a에서 시작하여 b보다 작을 때까지 c의 간격으로 올라가는 반복을 실행합니다. 예를 들어, range(1, 5, 2)를 사용할 시, 1, 3이 변수에 대입되는 반복문을 실행합니다.

$$range(1, 10)$$

$$1 \leq n < 10$$

```
for i in range(3):
    print(i * 2)
```

```
0
2
4
```

```
for i in range(1, 3):
    print(i * 3)
```

```
3
6
```

```
nums = [10, 20, 30]
for i in range(len(nums)):
    print(nums[i])
```

```
10
20
30
```

- for문에는 콜론(:)을

```
for i in [1, 2, 3]                    SyntaxError: expected ':'
    print(i)
```

위 에러는 for문 설계 시 콜론을 생략하여 발생한다. 에러 메시지는 :가 붙어야 할 것 같다고 알려 주고 있다. 콜론을 생략하는 실수는 기초적이지만, 처음 파이썬 사용 시 문법이 익숙하지 않아 자주 하게 된다. 에러 메시지를 잘 읽어 보면 쉽게 해결할 수 있다.

- 숫자는 반복 불가능

```
for i in 5:                    TypeError: 'int' object is not iterable
    print(i)
```

위 에러는 int형 숫자를 반복 대상으로 사용하여 발생한다. 에러 메시지는 int는 반복 가능하지 않다는 의미이다. 숫자는 그 자체로 반복을 수행할 수 없으며, 만약 5번 반복하는 코드를 만들고자 한다면 range()를 사용하면 된다.

- float형은 range() 사용 불가능

```
for i in range(3.0):           TypeError: 'float' object cannot be interpreted
    print(i)                   as an integer
```

위 에러는 float형 숫자를 range()의 입력으로 사용하여 발생한다. 에러 메시지는 float가 정수로 해석될 수 없다는 의미이다. range()의 입력에는 int형 숫자만 올 수 있다.

—02

for문의 활용

if문 활용(조건부 반복)

for문과 if문을 조합하여 조건부 반복문을 설계할 수 있다. if문에 필요한 조건을 작성하여 반복 중 조건을 충족하는 상황에서만 실행하는 경우는 프로그래밍에서 자주 등장한다.

```
for num in range(1, 10):
    if num % 3 == 0:
        print(num)
```

실행 결과

```
3
6
9
```

위 코드에서 for문은 1부터 9까지의 정수를 num에 반복적으로 대입한다. if문에서는 num 3으로 나누어떨어지는지 검사하여 결과가 True일 경우 num 값을 출력한다. 그 결과, 반복문은 1에서 9까지 아홉 번 반복되지만, 출력은 조건을 만족하는 세 번의 경우에만 발생한다.

Clear Comment

3으로 나눈 나머지가 0
3으로 나눈 나머지가 0인 자연수는 3의 배수라는 의미로 해석할 수 있습니다.

```
files = ["apple.jpg", "banana.png", "names.txt", "grape.jpg", "profiles.txt"]
jpgs = []
for f in files:
    if f[-4:] == ".jpg":
        jpgs += [f]
print(jpgs)
```

실행 결과

```
['apple.jpg', 'grape.jpg']
```

위 코드에서 files에는 다양한 확장자*의 파일 이름 문자열이 담긴 리스트이다. 반복문에서는 files 리스트의 각 요소 문자열을 f에 대입하여 반복한다. 반복 코드에서는 if문을 사용하여 f의 마지막 네 글자가 ".jpg"이면 jpgs 리스트에 f 문자열을 추가한다. 그 결과, jpgs 리스트에서는 files의 문자열 요소들 중 ".jpg"로 끝나는 문자열만 요소로 가진 것을 확인할 수 있다.

손으로 익히는 코딩

```
for i in range(5):
    if i % 2 == 0:
        print(i)
```

실행 결과

```
0
2
4
```

손으로 익히는 코딩

```
words = ["ape", "monkey", "gorilla"]
for w in words:
    if len(w) > 5:
        print(w)
```

기초 용어 정리

* **확장자(extension)**: 확장자란, 파일의 형식 및 역할을 표시하기 위해 파일명 뒤에 마침표(.)를 찍고 사용하는 문자이다. jpg, png는 사진 파일의 확장자, txt는 텍스트 파일의 확장자, 그리고 py는 파이썬 스크립트 확장자이다.

monkey
gorilla

이중 for문 기초

for문을 중첩해서 사용하여 이중 for문을 설계할 수 있다. 보다 복잡한 반복문을 구현할 때 사용한다. 들여쓰기를 통해 이중 for문의 반복 영역이 구분된다. 이중 for문을 설계할 때는 의도한 대로 동작할 수 있도록 주의해야 한다.

```python
num_lists = [[1, 2, 3], [7, 8, 9]]
for item in num_lists:
    for num in item:
        print(num)
```

실행 결과

```
1
2
3
7
8
9
```

위 코드에서 num_lists 변수는 리스트가 담긴 리스트이다. 첫 번째 for문에서 item 변수에는 [1, 2, 3], [7, 8, 9] 리스트가 차례로 대입된다. 두 번째 for문에서는 item 리스트의 각 요소를 num에 대입하여 1, 2, 3을 출력하며, [7, 8, 9] 리스트에 들어왔을 때 다시 두 번째 for문이 실행되어 7, 8, 9가 출력된다.

손으로 익히는 코딩

```python
for i in range(3):
    for j in "ABC":
        print(i, j)
```

```
0 A
0 B
0 C
1 A
1 B
1 C
2 A
2 B
2 C
```

```python
nums = [10, 20, 30]
for i in range(len(nums)):
    for j in range(len(nums)):
        print(nums[i] * nums[j])
```

```
100
200
300
200
400
600
300
600
900
```

• 에러를 부르는 값이 포함된 경우

```
for i in [2, 1, 0, -1, -2]:
    print(10 / i)
```

```
5.0
10.0
ZeroDivisionError: division by zero
```

위 에러는 for문의 들여쓰기 영역에서 0으로 나누는 경우로 인해 발생한다. for문의 반복 대상인 리스트에는 0이 포함되어 있고, 들여쓰기 영역에서는 리스트의 각 요소를 대입한 i를 나눗셈의 대상으로 사용한다. 따라서 반복 수행의 첫 번째, 두 번째에서는 에러가 발생하지 않지만, 세 번째 반복에서 i가 0일 때 에러가 발생한다.

• 인덱스 초과 주의

```
nums = [1, 2, 3, 4, 5]
for i in range(len(nums)):
    mul = nums[i] * nums[i+1]
    print(mul)
```

```
2
6
12
20
IndexError: list index out of range
```

위 코드는 인덱스의 범위가 초과하는 에러를 발생시킨다. for문은 nums 리스트의 요소 개수만큼 반복한다. 매 반복에서 i에 각각 0, 1, 2, 3, 4가 대입되는데, i에 4가 대입되었을 때 nums[i+1]는 nums의 [5]번째 값에 접근한다. 해당 인덱싱은 리스트의 인덱스 범위를 초과하기 때문에 에러가 발생한다. 반복문의 반복 변수를 인덱스로 사용할 때는 리스트의 인덱스를 초과하지 않도록 주의해야 한다.

더 멋진 내일(Tomorrow)을 위한 내일(My Career) **내일은 파이썬**

while문의 기본

while문의 기본 구조

while문은 조건식이 True인 동안 반복문을 실행한다. while문의 사용 방법은 아래와 같다.

> 코·드·소·개

```
while 조건식:
    반복 코드

예시)
while True:
    print("endless while")
```

위 사용 방법에서 조건식이 True 값이면 반복 코드를 실행하고, 조건식이 False 값이면 반복 코드를 실행하지 않는다. if문과 사용 방식 및 동작 구조가 비슷하지만, 다른 점은 while문에서는 반복 코드를 실행 후 다시 while로 돌아와서 조건식 검사부터 반복한다.

```
i = 0
while i < 3:
    print(i)
    i += 1
```

> 실행 결과

```
0
1
2
```

위 코드에서 먼저 변수 i를 0으로 선언한 후, while문을 실행한다. 처음에는 i가 3보다 작으므로, while문 아래의 들여쓰기 영역을 실행한다. i값 0을 출력하고 i 변수 자신에 1을 더한다. 이 과정을 두 번 더 반복한 후 i가 3이 되면 i < 3은 False이므로, while문은 종료된다.

손으로 익히는 코딩

```
i = 1
while i < 5:
    i += 2
    print(i)
```

실행 결과
```
3
5
```

변수를 이용한 반복 횟수 제어

for문과 달리 반복 횟수가 미리 정해져 있지 않고 특정 조건을 만족할 때만 반복문을 실행하기 때문에, for문과는 다른 용도로 사용된다.

```
names = ["apple", "anything", "afternoon", "banana", "breakfast", "cream"]
i = 0
while names[i][0] == "a":
    print(names[i])
    i += 1
```

실행 결과
```
apple
anything
afternoon
```

위 코드에서, i는 처음에 0으로 선언되는데, 이 i는 while의 조건문에서 names의 인덱스로 사용된다. 첫 번째 while문의 조건 확인에서 names의 [i]번째는 "apple"이고, 이것의 [0]번째는 "a"로, 조건을 만족한다. 이후의 들여쓰기 영역에서는 names[i]를 출력하고, i값에 1을 더한다. 즉, names 리스트의 [0]번째 요소부터 차례로 확인하여 첫 글자가 "a"인 동안 해당 요소를 출력하게 된다.

```
nums = []
i=1
while sum(nums) < 20:
    nums.append(i)
    i += 1
print(nums)
```

```
[1, 2, 3, 4, 5, 6]
```

• while문에는 콜론(:)을

```
i = 0
while i < 10                    SyntaxError: expected ':'
    print(i)
    i += 1
```

위 에러는 while문 설계 시 콜론을 생략하여 발생한다. 에러 메시지는 :가 붙어야 할 것 같다고 알려 주고 있다. 콜론을 생략하는 실수는 기초적이지만, 처음 파이썬 사용 시 문법이 익숙하지 않아 자주 하게 된다. 에러 메시지를 잘 읽어 보면 쉽게 해결할 수 있다.

• while 조건을 반대로 하지 않도록 주의

```
i = 0
while i > 5:                    (출력 없음)
    print(i)
    i += 1
```

위 코드는 에러를 발생시키지는 않는다. 하지만 i가 5보다 커질 때까지 반복하려는 의도의 코드를 설계할 때 자주 저지르는 실수이다. i가 5보다 클 때까지 반복하는 코드를 설계하려면 i가 5보다 작거나 같은 조건으로 while문을 설계해야 한다.

04

while문의 활용

input() 함수 조합

while문의 조건에 input() 함수를 사용하여 종료 입력을 받을 때까지 반복하는 프로그램을 작성할 수 있다.

사용자 입력	실행 결과
while input("(종료: q) > ") != "q": print("while not end")	**사용자 입력** (종료: q) > **a** (종료: q) > **b** (종료: q) > **c** (종료: q) > **q**	**실행 결과** while not end while not end while not end

```
while input("(종료: q) > ") != "q":
    print("while not end")
```

위 코드에서 while의 조건식을 살펴보면, input() 함수의 결과가 "q"가 아니면 들여쓰기 영역을 실행한다. 즉, q 외의 다른 문자를 입력하면 조건식이 True이고, q를 주면 조건식이 False가 되어 while문이 종료된다. 만일 input() 함수의 실행에서 a, b, c를 각각 입력할 경우 "while not end"를 출력하고 다시 while의 조건식으로 돌아간다. 마지막에 q를 입력할 경우 while문 아래의 들여쓰기 영역을 실행하지 않고 while문은 종료된다.

무한 루프

무한히 반복하는 반복문*을 설계할 때 while True를 사용한다. 조건식을 만들어서 True인지 검사하지 않고, "**무조건 계속 반복하겠다.**"는 의미로 사용된다.

```
while True:
    print("inf")
```

기초 용어 정리

* **무한 루프**(infinite loop): 프로그램이 끝없이 반복하는 경우를 뜻한다. 반복문의 종료 조건을 만날 수 없을 때 발생한다.

```
inf
inf
inf
...
```

위 코드를 실행하면 inf를 계속 출력하며 반복된다. 이를
멈추기 위해서는 ctrl + c로 강제 멈춤을 통해 무한 루프를
탈출할 수 있다.

Quick Tip

KeyboardInterrupt

키보드를 통한 개입이라는 뜻으로, 파이
썬 실행 중에 에러를 강제로 주입합니다.
주로 실행 중인 파이썬을 강제로 종료할
때 사용합니다.

05

break, continue

break

for문 탈출

파이썬에서 break는 반복문에서 사용되는 키워드이다. 반복문을 중단시키고 종료할 때 사용한다. break문을 실행 시 해당 들여쓰기의 반복문을 종료하며 반복문 다음에 오는 코드를 실행하게 된다.

```
for i in range(10):
    if i == 3:
        break
    print(i)
```

실행 결과

```
0
1
2
```

위 코드에서 for문에 의해 i에 0에서 9까지 대입되며 반복된다. 반복되는 코드에서는 if문을 사용하여 i 값이 3일 때 break로 반복문을 빠져나오게 하였다. 그 후 print로 i값을 확인하면, 0, 1, 2를 출력한 후 i에 3이 대입된 반복 차례에서 if문의 조건식이 참이 되어 break로 반복문을 빠져나온다. 그 결과 반복을 i가 2일 때까지만 수행한다.

while문 탈출

while문도 for문과 마찬가지로 break를 사용하여 탈출할 수 있다. 주로 while True:로 시작한 무한 루프의 탈출 조건으로 사용된다.

```
i = 0
while True:
    i += 1
    if i > 12:
        break
print(i)
```

```
13
```

위 코드에서 while의 조건식은 True로, 무조건 들여쓰기 아래를 실행하게 된다. 만일 break문이 없다면 while문을 영원히 반복하게 되지만, if문에서 i가 12보다 크면 반복문을 탈출하므로 i가 0에서부터 1씩 더해지다가 13이 됐을 때 break에 의해 반복문을 탈출한다.

break의 탈출 범위

break로 for문을 빠져나올 때는 break가 포함된 들여쓰기를 포함하는 가장 내부의 반복문을 빠져 나온다.

```
for i in range(3):
    for c in "abcde":
        if c == "c":
            break
        print("i: {}, c: {}".format(i, c))
```

```
i: 0, c: a
i: 0, c: b
i: 1, c: a
i: 1, c: b
i: 2, c: a
i: 2, c: b
```

위 코드에서는 range(3)과 "abcde"로 이중 for문을 수행한다. if문에서는 내부 for문의 변수 c 가 문자열 "c"인지 검사하여 True일 경우 반복문을 탈출한다. 반복문을 탈출하고 나서도, 바깥 의 for문은 탈출하지 않기 때문에 i에 0, 1, 2가 대입되는 반복을 수행하게 된다.

```
for i in range(10):
    if i == 3:
        break
    print(i)
```

```
0
1
2
```

```
nums = [1]
while True:
    i = sum(nums)
    nums += [i]
    if sum(nums) > 10:
        break
print(nums)
```

```
[1, 1, 2, 4, 8]
```

```
for i in range(3):
    for j in range(3):
        print(j * 2)
    break
```

```
0
2
4
```

손으로 익히는 코딩

```
for i in range(3):
    for j in range(3):
        print(j * 2)
        break
```

```
0
0
0
```

더 알아보기

반복문에도 사용할 수 있는 else문

반복문에도 if문에서 사용한 else문을 사용할 수 있다. for문 뒤에 오는 else문은 for문이 break로 종료되지 않을 때 실행된다.

```
for i in range(3):
    if i == 10:
        break
    print(i)
else:
    print("no break")
```

실행 결과

```
0
1
2
no break
```

```
for i in range(3):
    if i == 2:
        break
    print(i)
else:
    print("no break")
```

실행 결과

```
0
1
```

위 코드는 if문의 조건을 제외하고 동일하게 작성된 것이다. i가 10인지 검사하는 코드의 if문은 한 번도 조건식이 True가 되지 않지만, i가 2인지 검사하는 코드의 if문의 조건식은 True일 때가 있어 break를 실행한다. 이 차이에 의해 else문의 실행 여부가 결정된다. break를 통해 for문을 탈출하면 else문 아래의 들여쓰기 영역을 실행하지 않고, 반복 대상의 요소 반복을 마쳐 for문이 종료되면 else문 아래를 실행한다.

continue

continue는 break와 마찬가지로 반복문에서 사용되는 키워드이다. continue가 실행되면 아래의 들여쓰기 영역을 실행하지 않고 다시 for 혹은 while 줄로 돌아가서 변수 입력이나 조건식 검사를 실행한다.

```
for i in range(5):
    print("i = {}".format(i))
    continue
    print("not printed")
```

실행 결과

```
i = 0
i = 1
i = 2
i = 3
i = 4
```

위 코드에서, for문 아래에 continue를 사이에 두고 print()를 실행한다. 위 print()는 i값을 출력하고 0에서 4까지 반복되며 출력되지만, 아래 print()는 실행되지 않는다. 그 이유는 continue에 의해 반복문 실행을 중단하고 다시 for로 돌아가서 반복 대입을 수행하기 때문이다.

```
i = 0
while i < 5:
    i += 1
    if i == 3:
        print("three")
        continue
    print("i = {}".format(i))
```

```
i = 1
i = 2
three
i = 4
i = 5
```

위 코드에서 i는 0에서 시작하여, 반복문 내에서는 세 가지를 수행하며 반복된다. 첫 번째는 i 값에 1을 더하고, 두 번째는 i가 3인지 검사하며, 마지막은 i값을 출력하는 코드를 실행한다. i가 3일 때는 three를 출력하고 continue를 실행하여 마지막 i값 출력은 실행되지 않는다. 따라서 출력 결과를 살펴보면, i가 3일 때 출력되어야 할 i = 3은 출력되지 않은 것을 확인할 수 있다.

손으로 익히는 코딩

```
for i in range(5):
    if i % 2 == 0:
        continue
    print(i)
```

```
1
3
```

손으로 익히는 코딩

```
texts = ["1st", "2nd", "", "4th"]
for text in texts:
    if text == "":
        continue
    print(text[0])
```

```
1
2
4
```

에러에서 배우기

- break, continue는 반복문에서

```
num = 41
if num > 10:                        SyntaxError: 'break' outside loop
    break
```

위 코드는 break를 반복문 내에서 사용하지 않아 발생한다. 에러 메시지는 break를 반복문 밖에서 사용한다는 의미이다. break나 continue는 들여쓰기 구간을 탈출하는 것이 아니라, 반복문을 탈출하는 것이므로 for문이나 while문의 들여쓰기 영역에서 사용할 수 있다.

1. 기본 예제

문제 1 [객관식] 아래의 각 코드에서 ⓑ가 실행되는 횟수를 맞혀 보자.

		문제	정답
①	ⓐ	`for i in [1, 20, 300]:`	
	ⓑ	`    print(i)`	
②	ⓐ	`for i in ["apple", "banana"]:`	
	ⓑ	`    print(i)`	
③	ⓐ	`for i in range(3):`	
	ⓑ	`    print(i)`	
④	ⓐ	`for i in range(2, 5):`	
	ⓑ	`    print(i)`	
⑤	ⓐ	`for i in range(2, 2):`	
	ⓑ	`    print(i)`	
⑥	ⓐ	`for i in [1, 20, 300]:`	
	ⓑ	`    print(i * 2)`	
⑦	ⓐ	`for i in range(3):`	
	ⓑ	`    print("o" * i)`	
⑧	ⓐ	`for i in range(4):`	
	ⓑ	`    print(3)`	

문제 2 아래 코드의 출력 결과를 맞혀 보자.

문제	정답

①
``python
arr = []
for i in range(5):
    arr = arr + [i * 2]
print(arr)
``	

②
``python
arr = []
for i in range(5):
    arr = arr + [str(i)]
print(arr)
``	

③
``python
arr = []
for i in range(5):
    arr = arr + [i * str(i)]
print(arr)
``	

④
``python
arr = []
for i in range(5):
    if i < 2:
        arr = arr + [i]
print(arr)
``	

⑤
``python
arr = []
for i in range(5):
    if i % 2 == 0:
        arr = arr + [i]
print(arr)
``	

문제 3 아래 코드의 출력 결과를 맞혀 보자.

문제	정답

① `num = 1`
`while num < 10:`
`    num = num + 1`
`print(num)`
	(10 / 11)

② `num = 1`
`while num < 10:`
`    num = num * 2`
`print(num)`
	(8 / 16)

③ `arr = []`
`num = 1`
`while sum(arr) < 10:`
`    arr += [num]`
`print(num)`
	(1 / 10)

④ `num = 10`
`while num == 0:`
`    num -= 1`
`print(num)`
	(10 / 0)

⑤ `arr = [-2, -1, 0, 1, 2]`
`i = 0`
`while arr[i]:`
`    i += 1`
`print(i)`
	(1 / 2)

문제 4 아래 코드의 출력 결과를 맞혀 보자.

	문제	정답
| ① | ```python
arr = []
for i in range(5):
    arr.append(i)
    break
print(arr)
``` | ( [] / [0] ) |
| ② | ```python
arr = []
for i in range(5):
    arr.append(i)
    if i == 3:
        break
print(arr)
``` | ( [0, 1, 2] / [0, 1, 2, 3] ) |
| ③ | ```python
arr = []
for i in range(5):
    if i == 3:
        break
    arr.append(i)
print(arr)
``` | ( [0, 1, 2] / [0, 1, 2, 3] ) |
| ④ | ```python
arr = []
for i in range(5):
    if i == 2:
        continue
    arr.append(i)
print(arr)
``` | ( [0, 1, 3, 4] / [0, 1, 2, 3, 4] ) |
| ⑤ | ```python
arr = []
for i in range(5):
    arr.append(i)
    if i == 2:
        continue
print(arr)
``` | ( [0, 1, 3, 4] / [0, 1, 2, 3, 4] ) |
| ⑥ | ```python
arr = []
for i in range(5):
    if i % 2 == 0:
        continue
    arr.append(i)
print(arr)
``` | ( [1, 3] / [0, 2, 4] ) |

문제 5 아래 코드의 출력 결과를 맞혀 보자.

문제	정답

①
``
arr = []
for i in [1, 2]:
    for j in ["A", "B"]:
        arr += [i]
print(arr)
``
	([1, 2, 1, 2] / [1, 1, 2, 2])

②
``
arr = []
for i in [1, 2]:
    for j in ["A", "B"]:
        arr += [j]
print(arr)
``
	(["A", "B", "A", "B"] / ["A", "A", "B", "B"])

③
``
arr = []
for i in [1, 2]:
    for j in ["A", "B"]:
        break
    arr += [i]
print(arr)
``
	([1, 2] / [])

④
``
arr = []
for i in [1, 2]:
    for j in ["A", "B"]:
        arr += [i]
        break
print(arr)
``
	([1, 2] / [1, 1])

2. 심화 예제

문제 6 [객관식] 아래의 코드들은 피보나치 수열을 구하는 알고리즘의 코드이다. 피보나치 수열은 첫 두 숫자는 1, 1로 시작하여 이후의 수열은 직전 두 수의 합으로 나열되는 수열이다. 예를 들어, 피보나치 수열을 7번째 숫자까지 구하면 [1, 1, 2, 3, 5, 8, 13]이다. 아래의 코드 중, 마지막 줄의 print(fibo)에 의해 출력되는 결과가 다른 하나를 골라 보자.

$$[1, \quad 1, \quad 2, \quad 3, \quad 5, \quad 8, \quad \mathbf{13}]$$

보기

| ⓐ | ```
n = 10
fibo = [1, 1]
for i in range(n):
    num = fibo[-1] + fibo[-2]
    fibo = fibo + [num]
print(fibo)
``` |
| ⓑ | ```
n = 10
fibo = []
for i in range(n):
    if i == 0 or i == 1:
        fibo = fibo + [1]
    else:
        num = fibo[-1] + fibo[-2]
        fibo = fibo + [num]
print(fibo)
``` |
| ⓒ | ```
n = 10
fibo = [1, 1]
for i in range(n):
    if i == 0 or i == 1:
        continue
    num = fibo[-1] + fibo[-2]
    fibo = fibo + [num]
print(fibo)
``` |
| ⓓ | ```
n = 10
fibo = [1, 1]
while len(fibo) < n:
    num = sum(fibo[-2:])
    fibo = fibo + [num]
print(fibo)
``` |

문제·7 아래의 코드는 정수형 숫자 n이 소수(prime number)인지 구하는 알고리즘의 미완성 코드이다. 소수는 자연수 중에서 1과 자기 자신을 제외하고 나누어떨어지는 수가 없는 자연수를 의미한다. 아래의 코드는 숫자 n이 소수인지 구하기 위해서 2부터 n−1까지의 숫자로 나누어서 나머지가 모두 0이 아닌지 검사하는 방법을 사용한다. n_is_prime이 True이면 n이 소수이고, n_is_prime이 False면 소수가 아니도록 알고리즘을 구성하려고 한다. 아래의 문제들을 해결하여 알고리즘을 완성해 보자.

```
n = 31
n_is_prime = True
for i in range(n):
    if n % i == 0:
        n_is_prime = False
print(n_is_prime)
```

① 위 코드는 **에러를 발생시킨다**. 해당 에러가 발생하는 이유는 무엇일까?

에러 코드	에러 메시지	정답
if n % i == 0:	ZeroDivisionError: integer modulo by zero	

② [객관식] 에러를 해결하기 위해 세 번째 줄에서 range()의 입력을 수정하였다. 이 경우 에러는 발생하지 않지만, n_is_prime 출력 결과는 False이다. 31은 소수가 맞기 때문에 알고리즘에 문제가 있다. 아래의 보기 중, 코드 알고리즘이 소수를 판별하지 못하는 이유로 적절한 것을 골라 보자.

```
n = 31
n_is_prime = True
for i in range(1, n):
    if n % i == 0:
        n_is_prime = False
print(n_is_prime)
```

	보기
ⓐ	반복 과정에서 i=n일 때 i로 나눈 나머지는 무조건 0이기 때문이다.
ⓑ	반복 과정에서 i=2일 때 i로 나눈 나머지가 0이기 때문이다.
ⓒ	반복 과정에서 n=1일 때 i로 나눈 나머지는 무조건 0이기 때문이다.
ⓓ	반복 과정에서 i=1일 때 i로 나눈 나머지는 무조건 0이기 때문이다.

③ [객관식] 위의 문제들을 해결하여 소수를 올바르게 판별하기 위해서, 아래의 코드의 빈칸에 들어올 수 있는 코드로 옳은 것을 골라 보자.

문제	보기	

`n = 31`
`n_is_prime = True`
`(          )`
`    if n % i == 0:`
`        n_is_prime = False`
`print(n_is_prime)`
	ⓐ	`for i in range(n, 2):`

	ⓑ	`for i in range(n+1, 2):`
	ⓒ	`for i in range(2, n):`
	ⓓ	`for i in range(2, n+1):`

문제 **1**

① ⓐ ⓑ
```
for i in [1, 20, 300]:
    print(i)
```
3

i에 1, 20, 300이 순서대로 대입되어 print(i)는 3번 실행된다.

② ⓐ ⓑ
```
for i in ["apple", "banana"]:
    print(i)
```
2

i에 "apple", "banana"가 순서대로 대입되어 print(i)는 2번 실행된다.

③ ⓐ ⓑ
```
for i in range(3):
    print(i)
```
3

range(n)는 0부터 n-1까지의 정수형 숫자들이 순서대로 대입된다. 그 결과, i에 0, 1, 2가 대입되어 print(i)는 3번 실행된다.

④ ⓐ ⓑ
```
for i in range(2, 5):
    print(i)
```
3

range(m, n)은 m부터 n-1까지의 정수형 숫자들이 순서대로 대입된다. 그 결과, i에 2, 3, 4가 대입되어 print(i)는 3번 실행된다.

⑤ ⓐ ⓑ
```
for i in range(2, 2):
    print(i)
```
0

range(m, n)에서 n이 m보다 작거나 같으면 해당 range()를 반복 대상으로 하는 반복문은 실행되지 않는다. 따라서 print(i)의 실행 횟수는 0이다.

⑥ ⓐ ⓑ
```
for i in [1, 20, 300]:
    print(i * 2)
```
3

i에 1, 20, 300이 순서대로 대입되어 print(i*2)는 3번 실행된다.

⑦	ⓐ ⓑ	`for i in range(3):` `    print("o" * i)`	3

i에 0, 1, 2가 순서대로 대입되어 print("o" * i)는 3번 실행된다.

⑧	ⓐ ⓑ	`for i in range(4):` `    print(3)`	4

i에 0, 1, 2, 3이 순서대로 대입되어 print(3)은 4번 실행된다.

문제 ❷

①		`arr = []`
		`for i in range(5):`
		`    arr = arr + [i * 2]`
		`print(arr)`
			`[0, 2, 4, 6, 8]`

for문에서 i가 0, 1, 2, 3, 4가 순서대로 대입된다. 매 반복마다 arr에는 i * 2가 추가되어 결과 리스트에는 0, 2, 4, 6, 8이 순서대로 들어 있게 된다.

②		`arr = []`
		`for i in range(5):`
		`    arr = arr + [str(i)]`
		`print(arr)`
			`['0', '1', '2', '3', '4']`

for문에서 i가 0, 1, 2, 3, 4가 순서대로 대입된다. 매 반복마다 arr에는 i의 문자열 변환 결과가 추가되어 결과 리스트에는 '0', '2', '4', '6', '8'이 순서대로 들어 있게 된다.

③		`arr = []`
		`for i in range(5):`
		`    arr = arr + [i * str(i)]`
		`print(arr)`
			`['', '1', '22', '333', '4444']`

for문에서 i가 0, 1, 2, 3, 4가 순서대로 대입된다. 매 반복마다 arr에는 i의 문자열 변환 결과를 i 횟수만큼 반복한 문자열이 추가된다. 예를 들어, 첫 번째 반복에서는 '0' * 0, 두 번째 반복에서는 '1' * 1, 세 번째 반복에서는 '2' * 2가 대입된다. 결국, arr 리스트에는 ['', '1', '22', '333', '4444']가 순서대로 들어 있게 된다.

```
arr = []
for i in range(5):
    if i < 2:
        arr = arr + [i]
print(arr)
```

④   [0, 1]

for문에서 i가 0, 1, 2, 3, 4가 순서대로 대입된다. 반복문 내에 조건문을 추가하여 i가 2보다 작을 때만 arr에 i를 요소로 추가한다. i가 2, 3, 4일 때는 조건문 아래의 들여쓰기 영역을 실행하지 않으므로, arr 리스트에는 [0, 1]이 순서대로 들어 있게 된다.

```
arr = []
for i in range(5):
    if i % 2 == 0:
        arr = arr + [i]
print(arr)
```

⑤   [0, 2, 4]

for문에서 i가 0, 1, 2, 3, 4가 순서대로 대입된다. 반복문 내에 조건문을 추가하여 i가 2로 나눈 나머지가 0일 때만 arr에 i를 추가한다. i가 1, 3일 때는 2로 나눈 나머지가 1이기 때문에 조건문 아래의 들여쓰기 영역을 실행하지 않으므로, arr 리스트에는 [0, 1]이 순서대로 들어 있게 된다.

문제 3

```
num = 1
while num < 10:
    num = num + 1
print(num)
```

①   (10 / 11)

num은 1에서 시작해서 num이 10보다 작은 동안 while문 아래의 들여쓰기 영역을 수행한다. num이 1씩 더해지다가 10이 되면 while의 조건이 False가 되어 while문을 종료한다. 그 결과, while문이 종료된 후 num 값은 10이다.

```
num = 1
while num < 10:
    num = num * 2
print(num)
```

②   (8 / 16)

num은 1에서 시작해서 num이 10보다 작은 동안 while문 아래의 들여쓰기 영역을 수행한다.

num은 2씩 곱해지므로 2, 4, 8, 16의 순서대로 늘어난다. num이 16이 되면 while의 조건이 False가 되어 while문을 종료한다. 그 결과, while문이 종료된 후 num 값은 16이다.

③
```
arr = []
num = 1
while sum(arr) < 10:
    arr += [num]
print(num)
```
(1 / 10)

arr은 빈 리스트이며, while문에서 num 값이 계속 요소로 추가된다. num 값은 1로써 변하지 않고, arr에 추가되며, num 값에는 변화가 없으므로 출력되는 값은 1이다.

④
```
num = 10
while num == 0:
    num -= 1
print(num)
```
(10 / 0)

num은 10이 대입되었고 while문은 조건식이 True일 때 들여쓰기 영역을 실행한다. 10 == 0은 False이므로 while문 아래의 들여쓰기 영역은 실행하지 않는다. 따라서 num의 출력 결과는 10 이다.

⑤
```
arr = [-2, -1, 0, 1, 2]
i = 0
while arr[i]:
    i += 1
print(i)
```
(1 / 2)

arr 리스트에는 5개의 값이 들어 있고, i는 0이 대입되어 while문 조건식의 인덱스로 사용된다. 조건식에서 int 자료형은 0일 때만 False로 동작하므로 i가 0일 때는 arr[i]는 -2로써 True로 작용하여 들여쓰기 영역을 수행한다. 이 때 i값이 1씩 증가하며, i가 2가 되어 arr[i]가 0일 때 while문의 조건식이 False로 동작하여 while문을 종료한다. 그 결과 마지막으로 i에 대입된 2 가 출력된다.

문제 4

```
     arr = []
     for i in range(5):
①        arr.append(i)        ( [] / [0] )
         break
     print(arr)
```

반복문 내에서 arr 리스트에 i값을 추가한 후 break를 실행한다. 그 결과 for문을 0, 1, 2, 3, 4 까지 모두 실행하지 않고, arr에는 0만 추가된 후 for문은 종료되어 첫 번째 반복의 i=0만 리스트에 담긴 [0]이 출력된다.

```
     arr = []
     for i in range(5):
         arr.append(i)
②        if i == 3:           ( [0, 1, 2] / [0, 1, 2, 3] )
             break
     print(arr)
```

반복문 내에서 조건문을 통해 break를 실행할지 여부를 검사한 후, arr 리스트에 i값을 추가한다. i가 3일 때 for문은 종료되며, 조건문에 의한 탈출이 append()보다 나중에 등장하므로, arr 리스트에는 마지막에 3이 포함된 [0, 1, 2, 3]이 출력된다.

```
     arr = []
     for i in range(5):
         if i == 3:
③            break               ( [0, 1, 2] / [0, 1, 2, 3] )
         arr.append(i)
     print(arr)
```

반복문 내에서 arr 리스트에 i값을 추가한 후 조건문을 통해 break를 실행할지 여부를 검사한다. i가 3일 때 for문은 종료되며, 조건문에 의한 탈출이 append()보다 먼저 등장하므로, arr 리스트에는 3이 추가되지 않은 [0, 1, 2]가 출력된다.

```
     arr = []
     for i in range(5):
         if i == 2:
④            continue            ( [0, 1, 3, 4] / [0, 1, 2, 3, 4] )
         arr.append(i)
     print(arr)
```

반복문 내에서 조건문을 통해 continue를 실행할지 여부를 검사한 후, arr 리스트에 i값을 추가
한다. i가 2일 때 append가 실행되기 전에 continue를 통해 for문으로 돌아가 다음 반복을 수
행하여 2는 arr에 담기지 않는다. 반복은 리스트의 마지막까지 실행되어 arr 리스트에는 2가 제
외된 [0, 1, 3, 4]가 출력된다.

⑤
```
arr = []
for i in range(5):
    arr.append(i)
    if i == 2:
        continue
print(arr)
```
([0, 1, 3, 4] / **[0, 1, 2, 3, 4]**)

반복문 내에서 arr 리스트에 i값을 추가한 후, 조건문을 통해 continue를 실행할지 여부를 검사
한다. i가 2일 때 우선 append()를 통해 i값을 arr에 추가한 뒤 continue를 실행하므로, arr에
는 모든 반복의 i값이 대입된다. 그 결과 arr 리스트에는 [0, 1, 2, 3, 4]가 출력된다.

문제 5

①
```
arr = []
for i in [1, 2]:
    for j in ["A", "B"]:
        arr += [i]
print(arr)
```
([1, 2, 1, 2] / **[1, 1, 2, 2]**)

이중 for문의 가장 안쪽 들여쓰기 영역에서 i값을 arr 리스트에 추가한다. i 값은 바깥 for문의
반복 대상을 대입한 값으로 1과 2가 순서대로 대입된다. 처음에 i에 1이 대입되면 안쪽 for문을
실행할 때, i값은 변하지 않고 arr에 추가된다. 이후, 안쪽 for문이 종료되면 i값에 2가 대입되고
다시 안쪽 for문을 실행하여 arr에 2가 대입된다. 그 결과, arr 리스트 출력 시 1이 두 번, 2가
두 번 대입된 [1, 1, 2, 2]가 출력된다.

②
```
arr = []
for i in [1, 2]:
    for j in ["A", "B"]:
        arr += [j]
print(arr)
```
(**["A", "B", "A", "B"]** / ["A", "A", "B", "B"])

이중 for문의 가장 안쪽 들여쓰기 영역에서 j값을 arr 리스트에 추가한다. j 값은 안쪽 for문의

반복 대상을 대입한 값으로, "A", "B"가 순서대로 대입된다. 안쪽 for문이 끝나고 바깥 for문이 다시 실행되어 i값에 2가 대입되면 다시 "A", "B"가 arr에 순서대로 대입된다. 그 결과, arr 리스트 출력 시 "A", "B"가 두 번 대입된 ["A", "B", "A", "B"]가 출력된다.

③
```
arr = []
for i in [1, 2]:
    for j in ["A", "B"]:
        break
    arr += [i]
print(arr)
```
(**[1, 2]** / [])

이중 for문의 가장 안쪽 들여쓰기 영역에서는 break를 실행하고, 직후에 arr에 i값을 요소로 추가한다. break는 현재 들여쓰기 영역의 반복문을 종료하므로 바깥 for문은 종료하지 않는다. 따라서 arr에 i값이 추가되는 코드는 생략되지 않고 실행되어 arr을 출력 시, i값이 차례대로 대입된 [1, 2]가 출력된다.

④
```
arr = []
for i in [1, 2]:
    for j in ["A", "B"]:
        arr += [i]
    break
print(arr)
```
([1, 2] / **[1, 1]**)

이중 for문의 가장 안쪽 들여쓰기 영역에서 i값을 추가한다. 안쪽 for문이 두 번 실행되므로 arr 에는 1이 두 번 추가된다. 안쪽 for문이 실행된 이후 break문에 의해 바깥 for문이 종료되어 arr 출력 시, i가 1일 때만 추가된 결과인 [1, 1]이 출력된다.

문제 6

ⓐ
```
n = 10
fibo = [1, 1]
for i in range(n):
    num = fibo[-1] + fibo[-2]
    fibo = fibo + [num]
print(fibo)
```

ⓑ
```
n = 10
fibo = []
for i in range(n):
    if i == 0 or i == 1:
        fibo = fibo + [1]
    else:
        num = fibo[-1] + fibo[-2]
        fibo = fibo + [num]
print(fibo)
```

ⓒ
```
n = 10
fibo = [1, 1]
for i in range(n):
    if i == 0 or i == 1:
        continue
    num = fibo[-1] + fibo[-2]
    fibo = fibo + [num]
print(fibo)
```

ⓓ
```
n = 10
fibo = [1, 1]
while len(fibo) < n:
    num = sum(fibo[-2:])
    fibo = fibo + [num]
print(fibo)
```

위 코드는 피보나치 수열을 구하는 코드로, ⓐ는 피보나치 수열의 n+2번째 위치까지의 리스트를 구하고 ⓑ, ⓒ, ⓓ는 n번째 위치까지의 리스트를 구한다. ⓐ의 경우 fibo 리스트는 [1, 1]에서 시작하여 반복문에서 fibo에 요소 추가를 n번 반복하기 때문에, 총 n+2개의 요소가 존재한다. ⓑ에서는 빈 리스트에서 시작하여 반복문에서 n번 반복하여 요소를 담고, ⓒ에서는 [1, 1]에서 시작하고 반복문은 i 값을 0부터 n−1까지 총 n번 반복하지만, i가 0, 1일 때는 continue를 통해 요소 추가를 실행하지 않으므로 총 n개의 값이 fibo에 들어 있게 된다. ⓓ에서는 fibo의 요소 개수가 n개보다 작을 때만 요소를 하나씩 추가하므로 요소 개수가 n개가 되면 while문이 종료된다.

```
n = 31
n_is_prime = True
for i in range(n):
    if n % i == 0:
        n_is_prime = False
print(n_is_prime)
```

if n % i == 0:	ZeroDivisionError: integer modulo by zero	**i**가 **0**일 때 **0**으로 나누기 시도

① 0으로 나누는 것은 에러를 발생시킨다. i는 0, 1, 2, …, n-1까지 반복되는데, i가 0일 때 i로 나눈 나머지를 구하면 에러가 발생한다. 반복의 시작 혹은 끝에서 에러를 발생시키는 실수는 종종 발생하므로 주의해야 한다.

```
n = 31
n_is_prime = True
for i in range(1, n):
    if n % i == 0:
        n_is_prime = False
print(n_is_prime)
```

ⓐ 반복 과정에서 i=n일 때 i로 나눈 나머지는 무조건 0이기 때문이다.
ⓑ 반복 과정에서 i=2일 때 i로 나눈 나머지가 0이기 때문이다.
ⓒ 반복 과정에서 n=1일 때 i로 나눈 나머지는 무조건 0이기 때문이다.
ⓓ 반복 과정에서 i=1일 때 i로 나눈 나머지는 무조건 0이기 때문이다.

② 소수는 1과 자기 자신을 제외한 자연수로 나누어떨어지지 않는 수이다. 하지만 위 코드에서는 1을 나눈 나머지가 0인지 검사하는 작업을 수행하므로 모든 자연수에서 n_is_prime은 False가 되어 소수를 판별하는 알고리즘이 아니게 된다. 따라서 정답은 ⓓ이다.

```
n = 31
n_is_prime = True
(        )
    if n % i == 0:
        n_is_prime = False
print(n_is_prime)
```

ⓐ for i in range(n, 2):
ⓑ for i in range(n+1, 2):
ⓒ **for i in range(2, n):**
ⓓ for i in range(2, n+1):

③ ①과 ②에서 i가 0일 때와 1일 때는 검사하지 않아야 한다. 따라서 i의 반복을 2에서부터 시작하여 i로 나눈 나머지를 검사하면 소수 판별을 수행할 수 있다. 2에서부터 n−1까지 i에 반복 대입하는 코드는 ⓒ이다. 참고로 ⓓ의 경우, 마지막 반복에서 i에 n값이 대입되므로, n_is_prime이 False가 되어 소수를 올바르게 판별하지 못한 코드가 된다.

프로젝트 알아가기

이번 챕터에서도 지난 챕터에 이어서 프로젝트를 공부한다. 아래 프로젝트의 코드 중, 지난 챕터에서 학습한 내용은 각 줄의 끝에 표시되어 있다. 이번 챕터에서 프로젝트 코드의 전체 설명이 완성된다. 변수의 선언부터 연산자, 기본 함수, 파일 입출력, 조건문, 반복문을 사용하여 어떤 프로그램을 완성하였는지 살펴보자.

행	코드	챕터
1	`standard_volume = 30000`	ch1
2	`volume_too_low = 10000`	ch1
3		-
4	`target_dates = []`	ch1
5	`end_price_target_dates = []`	ch1
6	`ends = []`	ch1
7	`ma3_end = []`	ch1
8	`cumul_ends = [0]`	ch1
9		-
10	`for i in range(1, 4+1):`	
11	`    file_name = "stock{}.txt".format(i)`	ch3
12		-
13	`    f = open(file_name, "r", encoding="utf-8")`	ch4
14	`    entire_txt = f.read()`	ch4
15	`    f.close()`	ch4
16		-
17	`    lines = entire_txt.split("\n")`	ch3
18	`    lines_values = lines[1:]`	ch1
19		-
20	`    for j in range(len(lines_values)):`	
21	`        line = lines_values[j]`	ch1
22	`        values = line.split(",")`	ch3
23	`        date = values[0]`	ch1
24	`        start = values[1]`	ch1
25	`        high = values[2]`	ch1
26	`        low = values[3]`	ch1
27	`        end = values[4]`	ch1
28	`        volume = values[5]`	ch1
29	`        amount = values[6]`	ch1
30	`        fluc_rate = values[7]`	ch1
31		-
32	`        if int(volume) > standard_volume:`	ch5
33	`            print("At {}, volume is large".format(date))`	ch3
34	`            target_dates = target_dates + [date]`	ch2
35	`            end_price_target_dates += [int(end)]`	ch2

36	`        elif int(volume) < volume_too_low:`	ch5
37	`            print("At {}, trading volume is too low".format(date))`	ch3
38		-
39	`        ends = ends + [int(end)]`	ch2
40		-
41	`for j in range(len(ends)):`	
42	`    if j > 2:`	ch5
43	`        moving_avg = (ends[j-2] + ends[j-1] + ends[j]) / 3`	ch2
44	`        ma3_end += [moving_avg]`	ch2
45		-
46	`mean_target_end = sum(end_price_target_dates) / len(end_price_target_dates)`	ch3
47		-
48	`dates_name = "target_dates.txt"`	ch1
49	`f = open(dates_name, "w", encoding="utf-8")`	ch4
50	`for date in target_dates:`	
51	`    f.write(date)`	ch4
52	`f.close()`	ch4
53		-
54	`ma_name = "target_ma.txt"`	ch1
55	`f = open(ma_name, "w", encoding="utf-8")`	ch4
56	`for ma in ma3_end:`	
57	`    f.write(str(ma))`	ch4
58	`f.close()`	ch4

이번 챕터에서 배운 반복문을 사용하는 코드를 해석해 보자.

```
10      for i in range(1, 4+1):
11          file_name = "stock{}.txt".format(i)
12
13          f = open(file_name, "r", encoding="utf-8")
...     ...
20          for j in range(len(lines_values)):
21              line = lines_values[j]
22              values = line.split(",")
```

line 10에서 range()를 사용하여 i에 1, 2, 3, 4를 반복 대입한 반복문을 실행한다. 다음 줄에서 i 변수 값을 사용하여 file_name 변수를 결정하는데, 각각 stock1.txt에서 stock4.txt까지의 문자열이 대입된다. f에서는 해당 이름의 파일을 순서대로 열어서 파일 내용을 읽어온다.

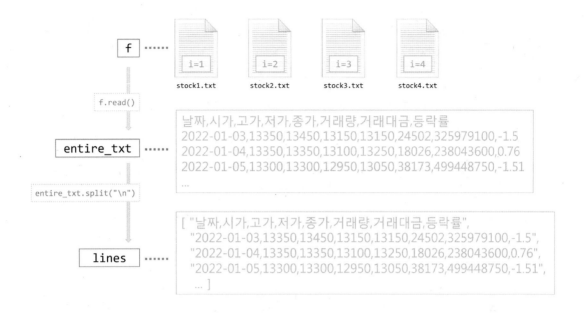

이후 line 20에서 range(len(lines_values))를 사용하여 반복을 수행한다. lines_values는 파일 내용의 각 줄이 담긴 리스트인 lines에서 [1:] 요소를 슬라이싱 한 것으로, 두 번째와 그 이후의 줄이 문자열로 담겨 있는 리스트이다.

lines_values 해당 리스트의 각 요소를 line 21에서 변수 line에 대입한다. 변수 line에는 각 줄의 내용을 문자열로 갖고 있으며, 각 줄의 내용을 다시 콤마(,)를 기준으로 나눈 리스트를 values에 대입한다.

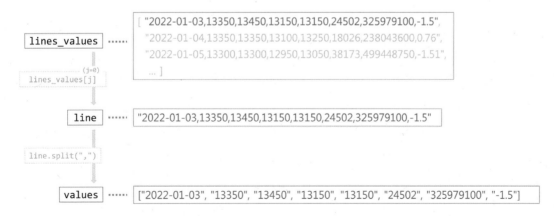

```
48    for date in target_dates:
49        f.write(date)
...    ...
54    for ma in ma3_end:
55        f.write(str(ma))
```

line 48, 54에서 각각 리스트 변수 target_dates와 ma3_end의 요소를 반복하여 파일에 쓰기를 수행한다. target_dates는 line 34에서, ma3_end는 line 42에서 요소를 추가한 것으로 모두 특정 조건에서 얻어진 값들만 추려 낸 데이터를 파일에 기록한다.

1. for문

for문은 파이썬에서 반복 작업을 수행할 때 사용되는 문법이다. for문은 여러 값으로 구성된 데이터에서 값을 하나씩 가져와서 대입한다. for문에 의해 반복되는 구간은 for문 아래의 들여쓰기 영역이며, 반복 대입한 값을 활용하여 다양한 작업을 수행할 수 있다.

2. range

range()는 파이썬의 내장 함수로, 정수를 순서대로 생성할 때 사용된다. range()는 주로 for문과 함께 사용되어 특정 횟수만큼 반복할 때 유용하게 사용된다. for문에서 하나의 입력을 사용한 range()의 경우, 0부터 해당 숫자에서 1만큼 적은 값까지 1씩 증가하는 값을 반복 대입한다. 두 입력을 사용할 시, 첫 번째 숫자부터 두 번째 숫자에서 1만큼 적은 값까지 1씩 증가하는 값을 반복 대입한다. range() 함수는 특정 횟수만큼 반복하거나, 일정 구간의 숫자를 표현할 때 유용하게 사용할 수 있다.

3. while문

while문은 조건이 True인 경우에만 반복적으로 코드를 실행하는 문법이다. if문과 사용 방법이 동일하고, 차이점은 들여쓰기 구간이 끝나면 다시 조건을 검사한다는 점이다. while문의 조건식은 True, False로 값을 평가하여 True에 해당하는 값인 경우 while문 아래의 들여쓰기 영역을 실행한다. while문을 사용할 경우 주의할 점은, 조건식이 언젠간 False가 될 수 있도록 조건을 잘 설정하여야 한다. 그렇지 않으면 프로그램이 예기치 못한 무한루프에 빠질 수 있다. while문은 일정한 범위가 아닌 조건에서 반복을 설계할 때 유용하게 사용할 수 있다.

4. break

break문은 반복문을 강제로 종료하여 탈출할 때 사용되는 문법으로, 가장 가까운 들여쓰기 영역의 while문이나 for문의 들여쓰기 영역 내에서 사용된다. break문을 사용하면 원하는 결과를 얻었을 때 반복을 종료시켜 불필요한 코드 수행을 줄여 효율적인 알고리즘 설계 시 유용하게 사용된다.

5. continue

continue문은 반복문의 들여쓰기 영역을 중단하고 다음 반복부터 다시 실행되도록 하는 문법이다. for문의 들여쓰기 내에서 continue문이 사용된 경우 들여쓰기 영역 실행을 중단하고 다음 for문 대입을 수행하며, while문의 들여쓰기 내에서 continue문이 사용된 경우 들여쓰기 영역 실행을 중단하고 다시 조건식 검사를 실행한다. break문과 마찬가지로 continue문 또한 가장 가까운 들여쓰기 영역의 반복문으로 돌아간다. continue문을 사용하면 반복 내에서 특정 조건에서 코드 수행을 생략하는 구조를 설계할 때 유용하게 사용된다.

더 멋진 내일(Tomorrow)을 위한 내일(My Career)

내
일
은
파
이
썬

기초 입문편 마무리

더 멋진 내일(Tomorrow)을 위한 내일(My Career) **내일은 파이썬**

기초 연습문제

1. 기초 연습문제

문제 1 아래 코드의 자료형 출력 결과를 맞혀 보자.

	문제	정답
①	`print(type("variable"))`	(<class 'int'> / <class 'str'>)
②	`print(type(3))`	(<class 'int'> / <class 'str'>)
③	`print(type(3.0))`	(<class 'float'> / <class 'int'>)
④	`print(type(False))`	(<class 'str'> / <class 'bool'>)
⑤	`print(type([5, 4, 3]))`	(<class 'int'> / <class 'list'>)
⑥	`print(type(3 + 1.0))`	(<class 'float'> / <class 'int'>)
⑦	`print(type(9 / 3))`	(<class 'float'> / <class 'int'>)
⑧	`print(type(9 / 3.0))`	(<class 'float'> / <class 'int'>)
⑨	`print(type(9 // 3))`	(<class 'float'> / <class 'int'>)
⑩	`print(type(5 > 2))`	(<class 'int'> / <class 'bool'>)
⑪	`print(type([3] * 2))`	(<class 'list'> / <class 'int'>)

문제 2 아래 코드의 출력 결과를 맞혀 보자.

	문제	정답
①	`print(3 + 3)`	(6 / 33)
②	`print(3 + 3.0)`	(6.0 / 6)
③	`print("3" + "3")`	(6 / 33)
④	`print([3] + [3])`	([3, 3] / [6])
⑤	`print(3 * 3)`	(9 / 333)
⑥	`print(3 * "3")`	(9 / 333)
⑦	`print([3] * 3)`	([9] / [3, 3, 3])
⑧	`print(3 ** 3)`	(9 / 27)

문제 3 아래 코드의 출력 결과를 맞혀 보자.

	문제	정답
	string = "variable"	
①	print(string[1])	(v / a)
②	print(string[-1])	(l / e)
③	print(string[1:4])	(ari / var)
④	print(string[:4])	(vari / varia)
⑤	print(string[4:])	(able / iable)
⑥	print(string[-4:])	(able / iable)
⑦	print(string[:-4])	(varia / vari)

문제 4 아래 코드의 출력 결과를 맞혀 보자.

	문제	정답
	nums = [10, 2, -3, -40]	
①	print(nums[1])	(2 / 10)
②	print(nums[1:2])	(2 / [2])
③	print(nums[-1])	(-40 / -3)
④	print(nums[-1:])	([-40] / -40)
⑤	print(nums[1:3])	([2, -3, -40] / [2, -3])

문제 5 아래 코드의 출력 결과를 맞혀 보자.

	문제	정답
	num = 10	
①	print(num + 2)	(12 / 102)
②	print(num * 2)	(1010 / 20)
③	print(num == 10)	(True / False)
④	print(num != 10)	(True / False)
⑤	print(num > 5)	(True / False)
⑥	print(num < 5)	(True / False)
⑦	print(num > 3 and num < 8)	(True / False)
⑧	print(num < 20 and num % 2 == 0)	(True / False)

문제 6 아래 코드가 순서대로 실행될 때 출력 결과를 맞혀 보자.

	문제	정답

①	`num = 10`
	`num += 2`
	`print(num)`
		(2 / 12)

②	`num *= 2` `print(num)`	(24 / 4)
③	`num /= 4` `print(num)`	(6.0 / 1.0)

문제 7 아래의 코드를 실행 후 사용자 입력을 주었을 때 출력 결과를 맞혀 보자.

	문제	사용자 입력	정답
①	`var = input()` `print(type(var))`	30	(<class 'str'> / <class 'int'>)
②	`var = input()` `print(var + var)`	30	(3030 / 60)
③	`var = input()` `print(int(var) * 3)`	30	(303030 / 90)
④	`var = input()` `print(int(var * 3))`	30	(303030 / 90)

문제 8 [객관식] 아래 코드의 출력 결과를 맞혀 보자.

	문제		보기
①	`print("python")`	ⓐ	python
		ⓑ	Python
②	`print("python\nprogramming")`	ⓐ	python\nprogramming
		ⓑ	python programming
③	`print("python", "programming")`	ⓐ	pythonprogramming
		ⓑ	python programming
④	`print("python", end="")` `print("programming")`	ⓐ	pythonprogramming
		ⓑ	python programming

문제 9 아래 코드의 출력 결과를 맞혀 보자.

문제		정답
	num = -10.2 str_num = str(num) abs_num = abs(num)	
①	print(abs_num)	(10.2 / -10)
②	print(round(abs_num))	(10 / 10.0)
③	print(len(str_num))	(4 / 5)
④	print(sum([1, 2, 3, 4, 5]))	(15 / 12345)
⑤	print(sorted([4, 8, 3, 2, 6]))	([2, 3, 4, 6, 8] / [8, 6, 4, 3, 2])

문제 10 아래 코드의 출력 결과를 맞혀 보자.

문제		정답
	num1 = 10 num2 = 20	
①	print("n1: {}".format(num1))	(n1: 10 / n1: num1)
②	print("{1}, {0}".format(num1, num2))	(10, 20 / 20, 10)
③	print("{n1}, {n2}".format(n1=num1, n2=num2))	(10, 20 / 20, 10)

문제 11 아래 코드의 출력 결과를 맞혀 보자.

문제		정답
	word = "Python 3"	
①	print(word.upper())	(PYTHON 3 / Python 3)
②	print(word.lower())	(PYTHON 3 / python 3)
③	print(word.split())	(['Python', ' ', '3'] / ['Python', '3'])
④	print(word.split("th"))	(['Py', 'on 3'] / ['Py', 'on', '3'])

문제 12 아래 코드가 순서대로 실행될 때 출력 결과를 맞혀 보자.

	문제	정답
	nums = [10, 2, -3, -40] nums.append(10)	
①	print(nums)	([10, 2, -3, -40, 10] / [10, 10, 2, -3, -40])
②	print(nums.index(2))	(1 / 2)
③	print(nums.pop(2))	(2 / -3)
④	print(nums) nums.remove(2)	([10, 2, -40, 10] / [10, -3, -40, 10])
⑤	print(nums)	([10, -40, 10] / [10, -3, -40])

문제 13 [객관식] 아래 각 코드에 대해서 더 옳은 설명을 골라 보자.

	문제		보기
①	fr = open("file.txt", "r")	ⓐ	file.txt 파일을 메모장에서 실행한다.
		ⓑ	file.txt 파일을 읽기 모드로 접근하고, 저장된 위치 등에 대한 정보를 fr 변수에 대입한다.
②	text = fr.read()	ⓐ	fr 변수가 가리키는 파일의 전체 내용을 text 변수에 대입한다.
		ⓑ	fr 변수가 가리키는 파일의 첫 번째 줄 내용을 text 변수에 대입한다.
③	fr.close()	ⓐ	fr 파일 변수가 가리키는 파일을 삭제한다.
		ⓑ	파이썬 상에서 연 fr 파일 변수를 닫는다.
④	fw = open("new_file.txt", "w")	ⓐ	new_file.txt 파일을 메모장에서 실행한다.
		ⓑ	new_file.txt 파일을 새로 만들고, 쓰기 모드로 해당 파일의 정보를 fw 변수에 대입한다.
⑤	fw.write("from python")	ⓐ	fw 파일 변수가 가리키는 위치에 입력 문자열을 입력한다.
		ⓑ	fw 파일 변수가 가리키는 위치에 입력 문자열과 줄바꿈 문자를 더해서 입력한다.

문제 14 아래 각 코드의 출력 결과를 맞혀 보자.

	문제	정답

①	```python
	num = 3
	if num < 5:
	    num = 10
	print(num)```
		(3 / 10)

②	```python
	num = 7
	if num < 5:
	    num = 10
	print(num)```
		(7 / 10)

③	```python
	num = 7
	if num % 2:
	    print("odd")
	else:
	    print("even")```
		(odd / even)

④	```python
	num = 12
	if num % 2:
	    print("odd")
	else:
	    print("even")```
		(odd / even)

문제 15 아래 각 코드의 출력 결과를 맞혀 보자.

문제		정답

①	```
	score = 85
	if score > 90:
	    print("A grade")
	elif score > 80:
	    print("B grade")
	elif score > 70:
	    print("C grade")
	else:
	    print("F grade")
	``
		(B grade / C grade)

②	```
	score = 85
	if score > 90:
	    print("A grade")
	elif score > 70:
	    print("C grade")
	elif score > 80:
	    print("B grade")
	else:
	    print("F grade")
	``
		(B grade / C grade)

③	```
	score = 30
	if score > 90:
	    print("A grade")
	elif score > 80:
	    print("B grade")
	elif score > 70:
	    print("C grade")
	else:
	    print("F grade")
	``
		(B grade / F grade)

[객관식] 아래 각 코드의 출력 결과를 맞혀 보자.

문제		보기	
		ⓐ	ⓑ

①	`words = ["python", "c", "java"]`
	`for w in words:`
	`    print(w)`
		python
		c
		java
			pythoncjava

		ⓐ	ⓑ
②	`for i in range(5):` `    print("i"*i)`	i ii iii iiii	1 22 333 4444
		ⓐ	ⓑ
③	`for i in range(5):` `    print(str(i)*i)`	i ii iii iiii	1 22 333 4444
		ⓐ	ⓑ

④	`for i in range(10):`
	`    if i % 3 == 0:`
	`        print(i)`
		0
		3
		6
		9
			0
			1
			2

		ⓐ	ⓑ

⑤	`for i in range(10):`
	`    if i // 3 == 0:`
	`        print(i)`
		0
		3
		6
		9
			0
			1
			2

문제 17 아래 각 코드의 출력 결과를 맞혀 보자.

문제	정답

``python
nums = []
i = 1
while sum(nums) < 10:
    nums.append(i)
    i *= 2
① print(i)
② print(sum(nums))
``
	(8 / 16)
	(15 / 16)

``python
nums = []
i = 1
while i < 10:
    nums.append(i)
    i *= 3
③ print(i)
④ print(nums)
``
	(12 / 27)
	([1, 3, 9] / [1, 3, 6, 9])

``python
words = ["python", "c", "java"]
i = 0
result = ""
while len(result) < 15:
    idx = i % 3
    result += words[idx]
    i += 1
⑤ print(result)
``
	(pythoncjavapython / pythonpythonccjava)

[객관식] 아래 각 코드의 출력 결과를 맞혀 보자.

문제	보기	
	ⓐ	ⓑ

①
 ``python
for num in range(10):
    if num == 5:
        break
    print(num)
``
	0
	1
	2
	3
	4
		0
		1
		2
		3
		4
		5

	ⓐ	ⓑ

②
 ``python
for num in range(10):
    print(num)
    if num == 5:
        break
``
	0
	1
	2
	3
	4
		0
		1
		2
		3
		4
		5

	ⓐ	ⓑ

③
 ``python
for num in range(6):
    if num % 2 == 0:
        continue
    print(num)
``
	1
	3
	5
		0
		1
		2
		3
		4
		5

	ⓐ	ⓑ

④
 ``python
for num in range(6):
    print(num)
    if num % 2 == 0:
        continue
``
	1
	3
	5
		0
		1
		2
		3
		4
		5

심화 연습문제

문제 19 어떤 IT 서비스가 동작하고 있는 기록이 리스트에 문자열로 쌓여 있다. 이 서비스에 문제가 생겼을 때 리스트의 문자열들을 분석하여 어떤 문제인지 진단을 내릴 수 있다. 각 리스트의 문자열은 아래와 같은 규칙 및 예시 코드로 구성되어 있다.

● 리스트의 각 문자열은 슬래시(/)로 구분된 세 개의 정보로 이루어져 있다.

● 첫 번째 정보는 월.일.시.분.초가 각각 두 자리의 숫자로 기입되어 있다.

● 두 번째 정보는 해당 기록의 주의 레벨을 나타낸다.

● 세 번째 정보는 해당 기록의 세부 사항을 나타낸다.

```
logs = ["03.24.15.08.34/warning/invalid request",
    "03.25.00.00.01/verbose/save status",
    "03.25.01.10.05/warning/su login"]
```

아래의 각 문제를 해결하여 위 규칙의 문자열 리스트로부터 동작 기록을 분석해 보자.

①~③ logs 리스트의 각 문자열에서 중요도 레벨이 warning인 기록만 warnings 리스트에 모으려 한다. 아래에서 각 빈칸에 들어갈 코드로 적절한 것은?

```
logs = ["03.24.15.08.34/warning/invalid request",
    "03.25.00.00.01/verbose/save status",
    "03.25.01.10.05/warning/root login"]
warnings = []
for log in logs:
    log_list = log.①( split / index )("/")
    log_level = ②( log_list[1] / log_list[2] )
    if log_level == "warning":
        ③( logs / warnings  ).append(log)
```

④~⑥ logs의 각 문자열에서 첫 번째 문자열은 기록 시간(월.일.시.분.초)을 나타낸 것으로, 아래 코드에서는 3월 25일의 기록만 day_log 리스트에 모으려 한다. 아래에서 각 빈칸에 들어갈 코드로 적절한 것은?

```
logs = ["03.24.15.08.34/warning/invalid request",
    "03.25.00.00.01/verbose/save status",
    "03.25.01.10.05/warning/root login"]
day_log = []
for log in logs:
    log_list = log.④( split / index )("/")
    log_time = ⑤( log_list[0] / log_list[1]  )
    if ⑥( log_time[:5] / log_time[:4]  ) == "03.25":
        day_log.append(log)
```

⑦, ⑧ logs의 각 문자열 중 root login 기록들의 시간을 출력하고 싶다. 아래의 각 빈칸에 들어갈 코드로 적절한 것은?

```
logs = ["03.24.15.08.34/warning/invalid request",
    "03.25.00.00.01/verbose/save status",
    "03.25.01.10.05/warning/root login"]
day_warning = []
for log in logs:
    log_list = log.split("/")
    msg = ⑦( log_list[1] / log_list[-1] )
    if msg == "root login":
        time = ⑧( log_list[0] / msg[:5] )
        print(time)
```

문제 20 컴퓨터 과학에서 데이터를 효율적으로 다루기 위한 구조 중, 스택(stack)이 있다. 스택은 후입선출 구조로, 나중에 들어간 값을 먼저 꺼내는 자료구조이다. 파이썬에서는 리스트로 스택을 구현할 수 있다. 아래의 문제를 통해 스택에 대해 학습하고, 스택을 활용한 문제를 해결해 보자.

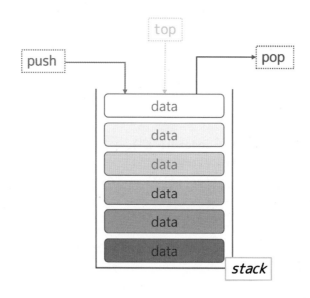

①~③ 스택에는 값 추가(push), 마지막 값 꺼내기(pop), 마지막 값 확인하기(top)의 기능을 필요로 한다. stack 리스트에서 먼저 들어온 값이 낮은 인덱스, 나중에 들어온 값이 높은 인덱스에 들어가도록 스택을 설계할 때, 스택의 각 기능을 파이썬에서 구현한 코드를 맞혀 보자.

기능	코드	보기
push item		① (stack.append(item) / stack[-1] = item)
pop item	stack = []	② (stack[-1] / stack.pop(-1))
top item		③ (stack[-1] / stack.pop(-1))

④, ⑤ 문자열에서 소괄호(), 중괄호{}, 대괄호[]의 쌍이 맞는지 확인하려 한다. 예를 들어 "(([]))"는 쌍이 맞지만, "[(}]"는 쌍이 맞지 않는다.

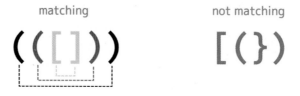

아래의 코드는 문자열의 글자를 순서대로 반복하여 여는 괄호와 닫는 괄호를 구분한다. string의 각 글장 대해 반복하면서 여는 괄호 (, {, [에는 스택에 해당 괄호를 추가(push)하고, 닫는 괄호), },]에는 스택 리스트에서 값을 꺼낸다(pop). 아래 코드의 보기 중, 빈칸에 들어갈 코드로 적절한 것을 맞혀 보자.

```
string = "((([]))"
stack = []
for c in string:
    if ④( c in "({[" / c == "({[" ):
        stack.append(c)
    elif ⑤( c == "(" or "{" or "[" / c in [")", "}", "]"] ):
        last_item = stack.pop(-1)
```

⑥ 문자열에서 괄호 쌍이 맞지 않으면 matching 변수에 False를 대입하려 한다. 아래의 알고리즘을 적절하게 구현한 것을 ⓐ와 ⓑ 중에서 골라 보자.

알고리즘

...
string의 각 글자는)이고, 꺼낸 값은 (가 아니면:
   matching = False
string의 각 글자는 }이고, 꺼낸 값은 {가 아니면:
   matching = False
string의 각 글자는]이고, 꺼낸 값은 [가 아니면:
   matching = False
...

보기	ⓐ	ⓑ

코드	<pre>...
	if c == ")" and last_item != "(":
	    matching = False
	if c == "}" and last_item != "{":
	    matching = False
	if c == "]" and last_item != "[":
	    matching = False
	...</pre>
		<pre>...
		if c == ")" or last_item != "(":
		    matching = False
		if c == "}" or last_item != "{":
		    matching = False
		if c == "]" or last_item != "[":
		    matching = False
		...</pre>

⑦ [객관식] 위 문제 ⑥에서 구한 코드(괄호 쌍이 맞지 않을 때 matching을 False로 바꾸는 알고리즘)를 문제 ④, ⑤의 코드에 넣어 알고리즘을 완성하려 한다. 아래 코드의 빈칸 ⓐ, ⓑ, ⓒ 중 ⑥의 정답 코드가 들어갈 위치를 맞혀 보자.

문제	정답
| ```python
string = "(([]))"
stack = []
matching = True
for c in string:
    if ( ④ 정답 ):
        stack.append(c)
        (    ⓐ    )
    elif ( ⑤ 정답 ):
        last_item = stack.pop(-1)
        (    ⓑ    )
    (    ⓒ    )
print(matching)
``` | ( ⓐ / ⓑ / ⓒ ) |

⑧ 위 문제 ⑦은 괄호쌍이 맞으면 잘 작동하지만, 괄호쌍이 맞지 않을 때 일부 경우 에러가 발생한다. 닫는 괄호가 여는 괄호보다 개수가 더 많으면 무조건 괄호쌍이 맞지 않는데, 위의 코드에서는 에러가 발생한다. 에러 메시지를 보고 에러가 발생하는 이유를 맞혀 보자.

문제	정답
| ```python
string = "(([)))]"
stack = []
matching = True
for c in string:
    if ( ④ 정답 ):
        stack.append(c)
    elif ( ⑤ 정답 ):
        last_item = stack.pop(-1)
print(matching)
``` | IndexError: pop from empty list<br>이유 (               ) |

⑨ [객관식] 문제 ⑧의 에러를 해결하기 위해 elif문과 last_item 사이에 코드를 추가하려 한다.
보기 중 문제의 알고리즘을 구현하는 데에 **적절하지 않은** 코드를 맞혀 보자.

문제	보기	

...
  elif (⑤ 정답):
    (ⓐ / ⓑ / ⓒ / ⓓ)
    last_item = stack.pop(-1)
...
	ⓐ	`if stack == []:`
		`    matching = False`

	ⓑ	`if stack == []:` `    break`

	ⓒ	`if stack == []:`
		`    matching = False`
		`    break`

	ⓓ	`if stack == []:`
		`    matching = False`
		`    continue`

03
프로젝트 응용

'기초 입문편'의 각 챕터 마지막에서 주식 데이터를 분석하는 프로젝트의 코드를 알아보았다. 이번 절에서는 연습 문제를 통해 해당 프로젝트 코드를 응용한 알고리즘을 학습한다.

1	`standard_volume = 30000`	ch1
2	`volume_too_low = 10000`	ch1
3		-
4	`target_dates = []`	ch1
5	`end_price_target_dates = []`	ch1
6	`ends = []`	ch1
7	`ma3_end = []`	ch1
8	`cumul_ends = [0]`	ch1
9		-
10	`for i in range(1, 4+1):`	ch6
11	`    file_name = "stock{}.txt".format(i)`	ch3
12		-
13	`    f = open(file_name, "r", encoding="utf-8")`	ch4
14	`    entire_txt = f.read()`	ch4
15	`    f.close()`	ch4
16		-
17	`    lines = entire_txt.split("\n")`	ch3
18	`    lines_values = lines[1:]`	ch1
19		-
20	`    for j in range(len(lines_values)):`	ch6
21	`        line = lines_values[j]`	ch1
22	`        values = line.split(",")`	ch3
23	`        date = values[0]`	ch1
24	`        start = values[1]`	ch1
25	`        high = values[2]`	ch1
26	`        low = values[3]`	ch1
27	`        end = values[4]`	ch1
28	`        volume = values[5]`	ch1
29	`        amount = values[6]`	ch1

```
30          fluc_rate = values[7]                                              ch1

31                                                                             -

32          if int(volume) > standard_volume:                                  ch5
33              print("At {}, volume is large".format(date))                   ch3
34              target_dates = target_dates + [date]                           ch2
35              end_price_target_dates += [int(end)]                           ch2
36          elif int(volume) < volume_too_low:                                 ch5
37              print("At {}, trading volume is too low".format(date))         ch3

38                                                                             -

39          ends = ends + [int(end)]                                           ch2

40                                                                             -

41  for j in range(len(ends)):                                                 ch6
42      if j > 2:                                                              ch5
43          moving_avg = (ends[j-2] + ends[j-1] + ends[j]) / 3                 ch2
44          ma3_end += [moving_avg]                                            ch2

45                                                                             -

46  mean_target_end = sum(end_price_target_dates) / len(end_price_target_dates)  ch3

47                                                                             -

48  dates_name = "target_dates.txt"                                           ch1
49  f = open(dates_name, "w", encoding="utf-8")                               ch4
50  for date in target_dates:                                                 ch6
51      f.write(date)                                                         ch4
52  f.close()                                                                 ch4

53                                                                             -

54  ma_name = "target_ma.txt"                                                 ch1
55  f = open(ma_name, "w", encoding="utf-8")                                  ch4
56  for ma in ma3_end:                                                        ch6
57      f.write(str(ma))                                                      ch4
58  f.close()                                                                 ch4
```

문제 21 [객관식] 위 프로젝트 코드에서, line 10~13의 코드를 아래 보기의 코드로 변경하였을 때, 코드 결과가 달라지는 것은?

```
10    for i in range(1, 4+1):
11        file_name = "stock{}.txt".format(i)
12
13        f = open(file_name, "r", encoding="utf-8")
```

ⓐ
```
for i in [1, 2, 3, 4]:
    file_name = "stock{}.txt".format(i)

    f = open(file_name, "r", encoding="utf-8")
```

ⓑ
```
for i in range(1, 4+1):
    file_name = "stock"

    f = open(file_name+i+".txt", "r", encoding="utf-8")
```

ⓒ
```
for file_name in ["stock1.txt", "stock2.txt", "stock3.txt", "stock4.txt"]:

    f = open(file_name, "r", encoding="utf-8")
```

ⓓ
```
for i in range(1, 4+1):
    file_name = "stock{}.txt"

    f = open(file_name.format(i), "r", encoding="utf-8")
```

문제 22 [객관식] 프로젝트 코드에서, line 13~18의 코드는 텍스트 파일을 읽고 필요한 정보를 추려 내는 과정의 일부이다. 텍스트 파일의 내용이 아래와 같을 때, line 18에서 lines_values[1:]의 [1:] 슬라이싱을 하는 이유로 보기 중 적절한 설명을 골라 보자.

변수 f 파일	날짜,시가,고가,저가,종가,거래량,거래대금,등락률 2022-01-03,13350,13450,13150,13150,24502,325979100,-1.5 2022-01-04,13350,13350,13100,13250,18026,238043600,0.76 2022-01-05,13300,13300,12950,13050,38173,499448750,-1.51 2022-01-06,12900,13000,12700,12800,42018,539429400,-1.92 2022-01-07,12800,13100,12800,13000,22803,295360700,1.56 ... 2022-03-29,12800,12950,12700,12850,14248,182470250,0.0 2022-03-30,12850,12900,12700,12700,22602,288358000,-1.17

13
14
15
16
17
18
	`f = open(file_name, "r", encoding="utf-8")`
	`entire_txt = f.read()`
	`f.close()`
	
	`lines = entire_txt.split("\n")`
	`lines_values = lines[1:]`

보기	ⓐ 날짜 정보는 제외하고 시가, 고가, 저가 등의 정보만 추려내기 위해 ⓑ 등락률 정보는 사용하지 않으므로 제외하기 위해 ⓒ 텍스트 파일의 내용 중 마지막 줄을 제외하기 위해 ⓓ 각 정보의 의미 정보 텍스트인 첫 번째 줄을 제외하기 위해

문제 23 프로젝트 코드에서, line 32~37의 코드는 변수 volume의 값에 따라 동작이 달라지는 조건문을 설계한 것이다. 아래의 line 32~37 알고리즘에 대한 설명에서 빈칸에 알맞은 단어를 맞혀 보자.

32
33
34
35
36
37
	`if int(volume) > standard_volume:`
	    `print("At {}, trading volume is larger than target".format(date))`
	    `target_dates = target_dates + [date]`
	    `end_price_target_dates += [int(end)]`
	  `elif int(volume) < volume_too_low:`
	    `print("At {}, trading volume is too low".format(date))`

설명	line 31의 if문에서는 거래량이 standard_volume 변수 값인 ①(10000 / 30000)보다 크면 해당 데이터의 ②(날짜 / 거래량)을(를) 출력하며, target_dates 리스트 변수에 해당 데이터의 ③(날짜 / 거래량) 정보를 추가한다. end_price_target_dates 리스트 변수에는 해당 날짜의 ④(시가 / 종가) 데이터를 int형 변수로 추가한다. line 36에서는 만일 volume 숫자 값이 변수 volume_too_low의 값인 ⑤(10000 / 30000)보다 작으면 해당 데이터의 ⑥(거래량 / 날짜)을(를) 출력한다.

문제 24 [객관식] 프로젝트 코드를 실행하면 target_dates.txt, target_ma.txt 파일이 생성된다. 둘 다 주식 데이터를 분석한 결과를 텍스트 파일로 저장한 결과이다. 하지만 각 파일을 확인해 보면 줄바꿈 없이 데이터가 나열되어 있어 가독성이 떨어진다. 이 문제를 해결하기 위해서 먼저 target_dates.txt 파일 입력의 각 문자열 작성에서 줄바꿈을 추가하려 할 때, 보기의 코드 수정 중 올바른 것을 맞혀 보자.

target_dates.txt	2022-01-052022-01-062022-01-172022-01-252022-01-272022-01-28202 2-02-032022-02-042022-02-072022-02-092022-03-142022-03-162022-0 3-172022-03-182022-04-062022-04-072022-04-152022-04-222022-05-1 02022-05-122022-05-132022-05-192022-05-252022-05-302022-06-1320 22-06-142022-06-152022-06-162022-06-202022-06-232022-06-272022- 06-282022-06-292022-07-012022-07-042022-07-052022-07-062022-07- 072022-07-082022-07-112022-07-122022-07-202022-07-212022-07-222 022-07-252022-07-262022-07-272022-07-282022-08-012022-08-102022 -08-162022-08-172022-08-182022-08-192022-08-232022-08-292022-09 -062022-09-162022-09-202022-09-212022-09-232022-09-262022-09-28 2022-10-052022-10-062022-10-112022-10-312022-11-112022-12-19202 2-12-232022-12-272022-12-28
보기	ⓐ line 51와 line 52 사이에 새 줄을 추가하여 for문의 들여쓰기 영역에 f.write("\n") 코드를 추가한다.
	ⓑ line 51와 line 52 사이에 새 줄을 추가하여 들여쓰기를 하지 않고 f.write("\n") 코드를 추가한다.
	ⓒ line 49의 코드에서 open() 함수의 두 번째 입력 "w"를 "wb"로 바꾼다.
	ⓓ line 50의 for문에서 반복 변수 date를 date+"\n"으로 바꾸어, line 50의 코드를 for date+"\n" in target_dates:로 변경한다.

문제 **1**

```
①    print(type("variable"))      ( <class 'int'> / <class 'str'> )
②    print(type(3))               ( <class 'int'> / <class 'str'> )
③    print(type(3.0))             ( <class 'float'> / <class 'int'> )
④    print(type(False))           ( <class 'str'> / <class 'bool'> )
⑤    print(type([5, 4, 3]))       ( <class 'int'> / <class 'list'> )
⑥    print(type(3 + 1.0))         ( <class 'float'> / <class 'int'> )
⑦    print(type(9 / 3))           ( <class 'float'> / <class 'int'> )
⑧    print(type(9 / 3.0))         ( <class 'float'> / <class 'int'> )
⑨    print(type(9 // 3))          ( <class 'float'> / <class 'int'> )
⑩    print(type(5 > 2))           ( <class 'int'> / <class 'bool'> )
⑪    print(type([3] * 2))         ( <class 'list'> / <class 'int'> )
```

type()을 통해 변수나 값의 자료형을 확인할 수 있다.

① 큰따옴표, 혹은 작은따옴표로 문자열을 표현한다. 문자열을 나타내는 자료형의 이름은 str이다.

②, ③ 파이썬에서 숫자는 주로 int(정수형), float(실수형) 숫자로 나뉜다. 일반적인 구별 방법은, 소수점 이하 자리수를 표현하면 실수형이고 그렇지 않으면 정수형이다.

④ True, False는 참/거짓을 표현하는 bool 자료형이다.

⑤ 대괄호로 값을 감싸서 리스트를 표현한다.

⑥ int형 숫자와 float형 숫자의 연산 결과는 float형이다.

⑦ 나눗셈 연산자 /는 소수점 아래를 포함하는 몫을 구하는 연산자이며, 연산 결과는 float형이다. 연산 결과는 나누어떨어지더라도 float형임에 주의해야 한다.

⑧ int형 숫자와 float형 숫자의 연산 결과는 float형이다.

⑨ 나눗셈 연산자 //는 /와 달리 정수형 숫자 범위에서 몫을 구하는 연산자이며, int형 간의 // 연산 결과는 int형이다.

⑩ 비교 연산자의 결과는 비교의 참/거짓에 따라 True 혹은 False 값이 된다. 5는 2보다 크므로 연산 결과는 True이며, True의 자료형은 bool이다.

⑪ 리스트 값의 곱셈은 리스트 요소의 반복이며 이 또한 리스트이다.

문제 **2**

```
①   print(3 + 3)                    ( 6 / 33 )
②   print(3 + 3.0)                  ( 6.0 / 6 )
③   print("3" + "3")                ( 6 / 33 )
④   print([3] + [3])                ( [3, 3] / [6] )
⑤   print(3 * 3)                    ( 9 / 333 )
⑥   print(3 * "3")                  ( 9 / 333 )
⑦   print([3] * 3)                  ( [9] / [3, 3, 3] )
⑧   print(3 ** 3)                   ( 9 / 27 )
```

숫자, 문자열, 리스트의 덧셈 및 곱셈을 이해했는지 평가한다. 숫자의 경우 수의 사칙 연산을 수행하며, 문자열, 리스트는 덧셈의 경우 각 값의 내용을 이어 붙이고, 곱셈의 경우 각 값을 곱셈 횟수만큼 반복한다.

문제 **3**

```
    string = "variable"
①   print(string[1])               ( v / a )
②   print(string[-1])              ( l / e )
③   print(string[1:4])             ( ari / var )
④   print(string[:4])              ( vari / varia )
⑤   print(string[4:])             ( able / iable )
⑥   print(string[-4:])            ( able / iable )
⑦   print(string[:-4])            ( varia / vari )
```

문자열의 인덱싱과 슬라이싱을 이해했는지 평가한다. 인덱싱과 슬라이싱에서 첫 번째 값에 해당하는 인덱스 숫자는 [0]임에 주의해야 한다. 또한 슬라이싱의 경우 콜론 오른쪽의 숫자 인덱스에 해당하는 값은 포함되지 않는다.

① string[1]은 string의 두 번째 위치의 값을 의미하므로 정답은 a이다.

② string[−1]은 string의 마지막 위치의 값을 의미하므로 정답은 e이다.

③ string[1:4]는 string의 [1]번째부터 [4−1]번째 위치까지의 값을 의미하므로 정답은 ari이다.

④ 슬라이싱에서 콜론 왼쪽의 값 생략 시 0을 대입한 것과 같다. 이것은 문자열의 처음부터 [3] 번째 요소까지라는 의미이므로 정답은 vari이다.

⑤ 슬라이싱에서 콜론 오른쪽의 값 생략 시 문자열의 끝까지 슬라이싱한다는 의미이다. [4]번째 값은 a이므로 정답은 able이다.

⑥ [-4]번째 값은 string의 오른쪽에서 네 번째 값을 의미하며, 이 인덱스부터 끝까지 슬라이싱하므로 정답은 able이다.

⑦ [-4]번째 값은 다섯 번째 글자인 a이며, 이 값을 제외하고 이 문자열 직전까지의 슬라이싱을 출력하므로 정답은 vari이다.

문제 4️⃣

```
nums = [10, 2, -3, -40]
① print(nums[1])                ( 2 / 10 )
② print(nums[1:2])              ( 2 / [2] )
③ print(nums[-1])               ( -40 / -3 )
④ print(nums[-1:])              ( [-40] / -40 )
⑤ print(nums[1:3])              ( [2, -3, -40] / [2, -3] )
```

리스트의 인덱싱과 슬라이싱을 이해했는지 평가한다. 인덱스 숫자는 문자열의 인덱스 숫자 사용 방식과 동일하다. 리스트에서 인덱싱의 경우 해당 인덱스의 요소를 얻으며, 슬라이싱의 경우 해당 슬라이싱 범위의 리스트를 얻는다.

① [1]번째 요소는 두 번째 요소이므로 정답은 2이다.

② [1:2]는 [1]번째 요소만 담긴 리스트로 정답은 [2]이다.

③ [-1]번째 요소는 리스트의 맨 마지막 요소로 정답은 -40이다.

④ [-1:]는 [-1]번째 요소만 담긴 리스트로 정답은 [-40]이다.

⑤ [1:3] 슬라이싱은 [3]번째 요소는 제외하고 [1], [2]번째 요소가 담긴 리스트이므로 정답은 [2, -3]이다.

문제 5

```
    num = 10
①   print(num + 2)                      ( 12 / 102 )
②   print(num * 2)                      ( 1010 / 20 )
③   print(num == 10)                    ( True / False )
④   print(num != 10)                    ( True / False )
⑤   print(num > 5)                      ( True / False )
⑥   print(num < 5)                      ( True / False )
⑦   print(num > 3 and num < 8)          ( True / False )
⑧   print(num < 20 and num % 2 == 0)    ( True / False )
```

숫자의 연산을 이해했는지 평가한다.

①, ② 숫자의 덧셈, 곱셈을 수행하며 각 문제의 정답은 10에서 2를 더하고 곱한 결과인 12, 20 이다.

③~⑥ 숫자의 비교 연산을 수행한다. ==은 값이 같은지, !=는 값이 다른지 검사하는 연산자이다. 〉와 〈는 각각 왼쪽의 값이 오른쪽 값보다 큰지/작은지 검사하는 연산자이다.

⑦ 비교 연산자와 논리 연산자의 결합으로, num이 3보다 큰지, 그리고 num이 8보다 작은지를 동시에 만족하는지 검사한다. num이 3보다 큰 것은 True이지만, 8보다 작은 것은 False이기 때문에 정답은 False이다.

⑧ 비교 연산자와 논리 연산자의 결합으로, num이 20보다 작은지, 그리고 num이 2로 나누어 떨어지는지 검사한다. 두 비교 모두 True이므로 정답은 True이다.

문제 6

```
    num = 10
    num += 2
①   print(num)                          ( 2 / 12 )
    num *= 2
②   print(num)                          ( 24 / 4 )
    num /= 4
③   print(num)                          ( 6.0 / 1.0 )
```

연산 후 대입 연산자를 이해했는지 평가한다. =연산자 앞에 산술 연산자가 붙으면 연산자 왼쪽 의 변수에 오른쪽 값의 연산 결과를 재대입한다.

① num은 처음에 10으로 선언되며 다음 줄에서 num에 2를 더한 결과를 다시 대입하므로 정답은 12이다.

② 문제 ①의 정답 12에서 2를 곱한 값이 다시 num에 대입되므로 정답은 24이다.

③ 문제 ②의 정답 24에서 4를 나눈 몫이 다시 num에 대입되므로 정답은 6.0이다.

문제 7

①	`var = input()` `print(type(var))`	30	(**<class 'str'>** / <class 'int'>)
②	`var = input()` `print(var + var)`	30	(**3030** / 60)
③	`var = input()` `print(int(var) * 3)`	30	(303030 / **90**)
④	`var = input()` `print(int(var * 3))`	30	(**303030** / 90)

input() 함수는 사용자 입력을 받는 함수이다. 사용자 입력 후 enter키를 누르면 해당 사용자 입력이 input() 함수의 값이 되며 이 값은 문자열 자료형이다.

① 위 설명대로, input() 함수의 값이 var에 대입되었으며 var의 자료형은 문자열이다.

② 문자열의 덧셈은 두 문자열을 이어 붙인 것으로 정답은 30과 30을 이어 붙인 3030이다.

③ 문자열 30을 int 자료형으로 변환 후 3을 곱하므로 숫자 30에 9를 곱하여 정답은 90이다.

④ 문자열 30에 3을 곱한 후 int 자료형으로 변환한다. int 자료형으로 변환하기 전에 3을 곱하므로 var는 문자열 상태에서 3번 반복을 수행하여 303030이 된다. 그 후 int 자료형으로 변환되므로 정답은 303030이다.

문제 8

①	`print("python")`	ⓐ	**python**
		ⓑ	Python
②	`print("python\nprogramming")`	ⓐ	python\nprogramming
		ⓑ	**python** **programming**
③	`print("python", "programming")`	ⓐ	pythonprogramming
		ⓑ	**python programming**
④	`print("python", end="")` `print("programming")`	ⓐ	**pythonprogramming**
		ⓑ	python programming

① print()는 출력을 수행하는 함수이다. 대문자로 바꿔주는 기능은 없다.

② 문자열 내에서 ₩n은 줄바꿈을 표현하며, ₩n이 포함된 문자열을 출력하면 ₩n의 위치에서 줄바꿈이 발생한다.

③ print()는 여러 개의 입력을 받을 수 있으며 별도의 sep= 입력이 없는 경우 각 입력은 띄어쓰기로 구분된다.

④ print()는 별도의 end= 입력이 없는 경우 출력 마지막에 줄바꿈을 수행한다. 만일 end=""로 출력 마지막을 빈 문자열로 줄 경우, 연속된 print()는 같은 줄에 출력된다.

문제 9

```
         num = -10.2
         str_num = str(num)
         abs_num = abs(num)
①        print(abs_num)                      ( 10.2 / -10 )
②        print(round(abs_num))               ( 10 / 10.0 )
③        print(len(str_num))                 ( 4 / 5 )
④        print(sum([1, 2, 3, 4, 5]))         ( 15 / 12345 )
⑤        print(sorted([4, 8, 3, 2, 6]))      ( [2, 3, 4, 6, 8] / [8, 6, 4, 3, 2] )
```

파이썬의 기본적인 내장 함수(built-in function) abs(), round(), len(), sum(), sorted()에 대한 문제이다.

① abs_num은 abs(num)의 결과로 abs()는 숫자 입력을 받으며 함수 결과는 해당 입력의 절댓 값이다. 따라서 정답은 −10.2의 절댓값인 10.2이다.

② round() 함수는 반올림을 수행하는 함수로 함수 결과는 가장 가까운 int형 숫자이다. 따라서 정답은 10.2의 반올림 값의 정수형 숫자인 10이다.

③ len() 함수는 입력 문자열의 길이, 입력 리스트의 요소 개수를 결과로 낸다. str_num은 num의 문자열 자료형 변환 결과인 "−10.2"로 부호와 소수점을 포함하여 총 5글자이다. 따라서 정답은 5이다.

④ sum() 함수는 입력 리스트의 요소 총합을 결과로 낸다. 따라서 정답은 1+2+3+4+5인 15이다.

⑤ sorted() 함수는 입력 요소들을 오름차순 정렬한 리스트를 결과로 낸다. 따라서 정답은 [2, 3, 4, 6, 8]이다.

문제 ⑩

```
     num1 = 10
     num2 = 20
①    print("n1: {}".format(num1))                  ( n1: 10 / n1: num1 )
②    print("{1}, {0}".format(num1, num2))          ( 10, 20 / 20, 10 )
③    print("{n1}, {n2}".format(n1=num1, n2=num2))  ( 10, 20 / 20, 10 )
```

문자열의 .format() 함수에 대해 이해했는지 평가한다.

① 문자열의 format() 함수는 문자열 내에서 중괄호 쌍을 찾아 해당 중괄호쌍의 위치에 format() 의 입력 값으로 대체한다. num1의 값은 10이므로 정답은 n1: 10이다.

② 문자열의 format() 함수에서 중괄호 쌍 내부에 숫자가 있을 경우 인덱싱 숫자 표현법에 맞춰 format()의 입력이 인덱스 위치에 대응하여 대체한다. format() 함수의 첫 번째 입력은 {0} 에, 두 번째 입력은 {1}에 대입되므로 정답은 20, 10이다.

③ 문자열의 format() 함수에서 중괄호 쌍 내부에 숫자가 아닌 문자열이 작성된 경우, 해당 문 자열 이름의 입력에 대응하여 format() 함수의 입력을 사용한다. {n1}의 위치에는 num1, {n2}의 위치에는 num2가 대입되므로 정답은 10, 20이다.

문제 ⑪

```
    word = "Python 3"
①   print(word.upper())        ( PYTHON 3 / Python 3 )
②   print(word.lower())        ( PYTHON 3 / python 3 )
③   print(word.split())        ( ['Python', ' ', '3'] / ['Python', '3'] )
④   print(word.split("th"))    ( ['Py', 'on 3'] / ['Py', 'on', '3'] )
```

문자열의 .upper(), .lower(), .split() 함수에 대해 이해했는지 평가한다.

① 문자열의 .upper() 함수는 해당 문자열의 알파벳을 모두 대문자로 바꾼 문자열을 결과로 낸다. 따라서 정답은 PYTHON 3이다. 원래 대문자였던 글자와 숫자는 변하지 않는다.

② 문자열의 .lower() 함수는 해당 문자열의 알파벳을 모두 소문자로 바꾼 문자열을 결과로 낸다. 따라서 정답은 python 3이다. 원래 소문자였던 글자와 숫자는 변하지 않는다.

③, ④ 문자열의 .split() 함수는 문자열을 split() 함수의 입력 문자열을 기준으로 나눈 문자열을 결과로 낸다. split() 함수의 입력을 생략할 경우 공백 문자들(띄어쓰기, 탭문자, 줄바꿈)을 기준으로 나눈다. ③의 경우 Python과 3의 사이에 공백문자가 있으므로 정답은 이를 기준으로 나눈 ["Python", "3"]이다. ④의 경우 Python 3을 th를 기준으로 나누므로 ["Py", "on 3"]으로 나뉜다. 입력이 주어졌으므로 공백 문자로는 나누지 않는다.

문제 ⑫

```
    nums = [10, 2, -3, -40]
    nums.append(10)
①   print(nums)            ( [10, 2, -3, -40, 10] / [10, 10, 2, -3, -40] )
②   print(nums.index(2))   ( 1 / 2 )
③   print(nums.pop(2))     ( 2 / -3 )
④   print(nums)            ( [10, 2, -40, 10] / [10, -3, -40, 10] )
    nums.remove(2)
⑤   print(nums)            ( [10, -40, 10] / [10, -3, -40] )
```

리스트 nums에 .append(), .index(), .pop(), .remove() 함수를 실행한다.

① nums 리스트가 선언되면, nums.append(10)을 실행한 후 nums를 출력하였다. 리스트의 .append() 함수는 입력 값을 리스트의 오른쪽 끝에 추가하는 함수이므로 정답은 [10, 2, -3, -40, 10]이다.

② 리스트의 .index() 함수는 입력 값이 리스트의 몇 번째 인덱스 위치에 있는지를 결과로 낸다. nums는 문제 ①의 정답인 [10, 2, -3, -40, 10]이며 2는 [1]번째 인덱스 위치에 있으므로 정답은 1이다.

③, ④ 리스트의 .pop() 함수는 입력 숫자의 인덱스 위치의 값을 결과로 내고 동시에 리스트의 해당 인덱스 위치의 값을 제거한다. 따라서 ③의 출력 결과는 nums[2]의 값인 -3이고, nums.pop(2)가 실행된 후의 nums는 [2]번째 값인 -3이 제거된 [10, 2, -40, 10]이다.

⑤ 문제 ④ 다음 줄에서 nums.remove(2)가 실행되었다. 리스트의 .remove() 함수는 입력 값을 리스트에서 찾아 제거하는 함수이다. 따라서 정답은 문제 ④의 nums에서 요소 2가 제거된 결과인 [10, -40, 10]이다.

문제 ⑬

①	`fr = open("file.txt", "r")`	ⓐ	file.txt 파일을 메모장에서 실행한다.
		ⓑ	**file.txt 파일을 읽기 모드로 접근하고, 저장된 위치 등에 대한 정보를 fr 변수에 대입한다.**
②	`text = fr.read()`	ⓐ	**fr 변수가 가리키는 파일의 전체 내용을 text 변수에 대입한다.**
		ⓑ	fr 변수가 가리키는 파일의 첫 번째 줄 내용을 text 변수에 대입한다.
③	`fr.close()`	ⓐ	fr 파일 변수가 가리키는 파일을 삭제한다.
		ⓑ	**파이썬 상에서 연 fr 파일 변수를 닫는다.**
④	`fw = open("new_file.txt", "w")`	ⓐ	new_file.txt 파일을 메모장에서 실행한다.
		ⓑ	**new_file.txt 파일을 새로 만들고, 쓰기 모드로 해당 파일의 정보를 fw 변수에 대입한다.**
⑤	`fw.write("from python")`	ⓐ	**fw 파일 변수가 가리키는 위치에 입력 문자열을 입력한다.**
		ⓑ	fw 파일 변수가 가리키는 위치에 문자열에 입력 문자열과 줄바꿈 문자를 더해서 입력한다.

①, ④ open() 함수는 파이썬에서 open() 함수의 첫 번째 입력 문자열의 파일 정보를 얻어오는 함수로 두 번째 입력으로 "r"을 줄 경우(①) 읽기 모드로, "w"의 경우(④) 쓰기 모드로 파일의 정보를 얻는다. open 함수는 메모장 프로그램과는 무관하며 파이썬 프로그램에서 파일을 연다.

② 파일 변수의 .read() 함수는 해당 파일 변수의 내용 전체를 문자열로 읽는다.

③ 파일 변수의 .close() 함수는 해당 파일의 접근을 마치고 닫는다. "w" 모드로 open() 했을 경우 저장 후 닫기의 기능을 수행한다.

⑤ "w"모드로 open()을 수행한 결과를 대입한 변수에서 .write() 함수를 실행하면 해당 파일의 위치에 .write() 함수의 입력 문자열을 작성하는 기능을 수행한다. 줄바꿈은 더해지지 않기 때문에 줄바꿈을 입력하고 싶으면 ₩n을 추가해야 한다.

문제 14

①	```
	num = 3
	if num < 5:
	    num = 10
	print(num)
	``
		(3 / **10**)

②	```
	num = 7
	if num < 5:
	    num = 10
	print(num)
	``
		(**7** / 10)

③	```
	num = 7
	if num % 2:
	    print("odd")
	else:
	    print("even")
	``
		(**odd** / even)

④	```
	num = 12
	if num % 2:
	    print("odd")
	else:
	    print("even")
	``
		(odd / **even**)

if문은 if 뒤의 조건식이 True일 경우 아래의 들여쓰기 영역을 실행하며, False일 경우 들여쓰기 영역을 실행하지 않고 들여쓰기 영역 아래의 if와 같은 들여쓰기 수준의 코드부터 실행한다.

① num은 3으로, 5보다 작기 때문에 들여쓰기 영역을 수행한다. num에는 10이 대입되므로 마지막 줄의 num 출력 결과는 10이다.

② num은 7로, 5보다 작지 않기 때문에 들여쓰기 영역을 수행하지 않는다. 따라서 마지막 줄 위치에서 num 값은 여전히 7이다.

③ num은 7로, 2로 나눈 나머지는 1이다. 1은 조건식에서 True로 간주하므로 세 번째 줄을 실행하여 odd가 출력된다.

④ num은 12로, 2로 나눈 나머지는 0이다. 0은 조건식에서 False로 간주하므로 마지막 줄을 실행하여 even이 출력된다.

문제 **15**

<table>
<tr>
<td>①</td>
<td>

```
score = 85
if score > 90:
    print("A grade")
elif score > 80:
    print("B grade")
elif score > 70:
    print("C grade")
else:
    print("F grade")
```

</td>
<td>(**B grade** / C grade)</td>
</tr>
<tr>
<td>②</td>
<td>

```
score = 85
if score > 90:
    print("A grade")
elif score > 70:
    print("C grade")
elif score > 80:
    print("B grade")
else:
    print("F grade")
```

</td>
<td>(B grade / **C grade**)</td>
</tr>
<tr>
<td>③</td>
<td>

```
score = 30
if score > 90:
    print("A grade")
elif score > 80:
    print("B grade")
elif score > 70:
    print("C grade")
else:
    print("F grade")
```

</td>
<td>(B grade / **F grade**)</td>
</tr>
</table>

조건문을 수행할 때 위에서부터 조건을 검사하여 조건이 True일 때 해당 if/elif문 아래의 들여쓰기 영역을 실행한다. 만일 if/elif문의 모든 조건식이 False인 경우 else문 아래를 수행한다.

① score는 85로 if문의 조건식은 False이고, 다음 조건식인 score 〉 80은 True이다. 따라서, B grade를 출력한다. 조건식을 위에서부터 검사하여 먼저 True를 만족한 조건문만을 실행한다.

② score는 85로 if문의 조건식은 False이고, 다음 조건식인 score > 70은 True이다. 따라서, C grade를 출력한다. 이미 조건식을 만족한 조건문을 실행했으므로, 다음 조건문인 elif score > 80은 검사하지 않고 조건문은 종료된다.

③ score는 30으로 if문과 두 elif문의 조건식 결과가 모두 False이다. 따라서 else문 아래의 들여쓰기 영역을 실행한다.

문제 ⑯

		ⓐ	ⓑ
| ① | ```python
words = ["python", "c", "java"]
for w in words:
    print(w)
``` | **python**<br>**c**<br>**java** | pythoncjava |
| ② | ```python
for i in range(5):
    print("i"*i)
``` | **i**<br>**ii**<br>**iii**<br>**iiii** | 1<br>22<br>333<br>4444 |
| ③ | ```python
for i in range(5):
    print(str(i)*i)
``` | i<br>ii<br>iii<br>iiii | **1**<br>**22**<br>**333**<br>**4444** |
| ④ | ```python
for i in range(10):
    if i % 3 == 0:
        print(i)
``` | **0**<br>**3**<br>**6**<br>**9** | 0<br>1<br>2 |
| ⑤ | ```python
for i in range(10):
    if i // 3 == 0:
        print(i)
``` | 0<br>3<br>6<br>9 | **0**<br>**1**<br>**2** |

for문은 반복 대상의 요소를 순서대로 반복 변수에 대입한 후 들여쓰기 아래의 영역을 모든 요소에 대해 반복 실행한다. range() 함수는 int형 숫자를 입력받는다. range(num)을 반복 대상으로 사용할 경우, 0에서부터 num−1까지 1씩 증가한 숫자를 반복 요소에 대입시킨다.
```

① print() 함수는 실행될 때마다 줄바꿈을 수행하므로, words 리스트의 각 요소가 새로운 줄에 출력된다.

② i는 0, 1, 2, 3, 4에 대해 반복하며, 매 반복마다 "i" 문자열을 i 숫자 횟수만큼 반복한 결과를 출력한다. 그 결과 빈 문자열, "i", "ii", "iii", "iiii"가 각각 새로운 줄에 걸쳐 출력된다.

③ i는 0, 1, 2, 3, 4에 대해 반복하며, 매 반복마다 i 숫자 값의 문자열 변환 결과를 i 숫자 횟수만큼 반복한 결과를 출력한다. 그 결과 "0"*0, "1"*1, "2"*2, "3"*3, "4"*4가 각각 새로운 줄에 걸쳐 출력된다.

④ i는 0, 1, 2, ..., 8, 9에 대해 반복하며, i를 3으로 나눈 나머지가 0일 때만 i 값을 출력한다. 따라서 0을 포함한 3의 배수만 출력한다.

⑤ i는 0, 1, 2, ..., 8, 9에 대해 반복하며, i를 3으로 나눈 몫이 0일 때만 i 값을 출력한다. 따라서 i 값이 0, 1, 2일 때만 i 값을 출력한다.

문제 🔟

	``python
	nums = []
	i = 1
	while sum(nums) < 10:
	    nums.append(i)
	    i *= 2```	

①	print(i)	(8 / **16**)
②	print(sum(nums))	(**15** / 16)

	``python
	nums = []
	i = 1
	while i < 10:
	    nums.append(i)
	    i *= 3```	

③	print(i)	(12 / **27**)
④	print(nums)	(**[1, 3, 9]** / [1, 3, 6, 9])

	``python
	words = ["python", "c", "java"]
	i = 0
	result = ""
	while len(result) < 15:
	    idx = i % 3
	    result += words[idx]
	    i += 1```	

⑤	print(result)	(**pythoncjavapython** / pythonpythonccjava)

while문은 조건식이 True이면 아래의 들여쓰기 영역을 실행하고, 들여쓰기 영역 실행이 완료되면 다시 while문의 조건식을 검사하는 식으로 반복한다.

①, ② while의 조건식에서는 nums 리스트의 합이 10보다 작은지 검사한다. 빈 리스트의 sum() 결과는 0이므로 while문 아래를 실행하며, 매 반복마다 i값을 nums에 추가한다. i의 값은 while문 밖에서 1로 선언되었다가 매 반복마다 2씩 곱해지므로 1, 2, 4, 8, 16, …의 순서로 커진다. 따라서 nums 리스트는 매 반복에서 [1], [1, 2], [1, 2, 4], [1, 2, 4, 8]이 된다. 네 번째 while 반복에서 nums에 8이 대입되고, i에 다시 2를 곱한 결과를 재대입한 후 다시 while문을 검사하여 종료되므로 i값은 16(①)이다. ②의 경우 nums가 [1, 2, 4, 8]일 때 while문이 종료되므로 sum([1, 2, 4, 8]) 값인 15를 출력한다.

③, ④ 문제 ①, ②의 코드와 유사하지만, i값에 3을 곱하고, i 값을 조건식에 사용한다. i 값은 매 반복마다 3씩 곱해지므로 1, 3, 9, 27의 순으로 커지며 i가 9일 때 while문의 i<10이 True이고, 마지막 반복에서 i에 다시 3이 곱해진 값이 대입되어 27이 된다(③). 또한 nums에는 i에 3을 곱한 값을 대입하기 전의 i값을 대입하므로 nums 출력 결과는 [1, 3, 9]이다.

⑤ result는 빈 문자열에서 시작하며(세 번째 줄), 여섯 번째 줄에서 words의 요소가 반복적으로 추가된다. i의 값은 0에서 시작하여 while문 내에서 1씩 늘어나 0, 1, 2, 3, 4, …의 순서대로 커지므로 idx 값은 0, 1, 2, 0, 1, 2, …를 반복한다. idx 값을 words의 인덱스 위치에 사용하여 result에 추가하므로 python, c, java, python, c, java, … 순으로 이어 붙인다. 반복문에서 words의 요소를 순환하며 이어 붙이다가 result의 전체 길이가 15보다 크거나 같을 때 while문을 종료한다. 따라서 정답은 pythoncjavapython이다.

문제 **18**

		ⓐ	ⓑ
①	```for num in range(10): if num == 5: break print(num)```	0 1 2 3 4	0 1 2 3 4 5

		ⓐ	**ⓑ**
②	```for num in range(10): print(num) if num == 5: break```	0 1 2 3 4	**0 1 2 3 4 5**

		ⓐ	ⓑ
③	```for num in range(6): if num % 2 == 0: continue print(num)```	1 3 5	0 1 2 3 4 5

		ⓐ	**ⓑ**
④	```for num in range(6): print(num) if num % 2 == 0: continue```	1 3 5	**0 1 2 3 4 5**

반복문에서 break가 실행되면 반복문을 즉시 탈출하고, continue가 실행되면 실행 중인 들여쓰기 영역 실행을 중단하고 반복문의 처음으로 돌아간다. for문에 continue를 사용할 경우 다음 반복 변수 대입부터 실행하고, while문의 경우 조건식 검사를 다시 실행한다.

① num 값이 5일 때 break를 실행한다. num 값 출력은 조건문 검사 다음에 있으므로 num이 5일 때 break를 실행하면 5는 출력되지 않는다.

② num 값이 5일 때 break를 실행한다. 문제 ①과 달리 num 값 출력은 조건문 검사 앞에 있으므로 5까지는 출력된 후 반복문을 탈출한다.

③ num 값이 2로 나누어떨어지면 들여쓰기 영역 실행을 중단하고 다음 반복 변수 대입으로 돌아간다. 따라서 num이 0을 포함하여 2의 배수일 때는 조건문 아래의 print(num)을 실행하지 않기 때문에 반복 변수 값 0, 1, 2, 3, 4, 5 중 홀수만 출력된다.

④ 문제 ③과 동일한 조건에서 continue를 실행하지만, 조건문보다 print(num)을 먼저 실행한다. 따라서 num이 2로 나누어떨어지는지와 상관없이 모든 반복 변수 값이 출력된다.

문제 ⑲

```
logs = ["03.24.15.08.34/warning/invalid request",
    "03.25.00.00.01/verbose/save status",
    "03.25.01.10.05/warning/su login"]
```

```
logs = ["03.24.15.08.34/warning/invalid request",
    "03.25.00.00.01/verbose/save status",
    "03.25.01.10.05/warning/root login"]
warnings = []
for log in logs:
    log_list = log.①( split / index )("/")
    log_level = ②( log_list[1] / log_list[2] )
    if log_level == "warning":
        ③( logs / warnings  ).append(log)
```

① log는 logs의 각 문자열이 반복 대입되는 변수로, 슬래시를 찾는 것이 아닌, 각 정보를 나누는 작업이 필요하기 때문에 split이 적절하다.

② log_list는 각각 시각, 로그 레벨, 로그 세부사항으로 나뉘며, 로그 레벨은 그중 두 번째, 즉 [1]번째 인덱스의 요소이므로 정답은 log_list[1]이다.

③ log_level이 "warning"일 때 warnings에 해당 로그 정보를 append해야 한다. logs는 원본 로그 정보로, 원본 로그 정보 리스트에 warning 로그를 추가하는 것은 문제의 알고리즘에 적절하지 않다.

```
logs = ["03.24.15.08.34/warning/invalid request",
    "03.25.00.00.01/verbose/save status",
    "03.25.01.10.05/warning/root login"]
day_log = []
for log in logs:
    log_list = log.④( split / index )("/")
    log_time = ⑤( log_list[0] / log_list[1]  )
    if ⑥( log_time[:5] / log_time[:4]  ) == "03.25":
        day_log.append(log)
```

④ 문제 ①과 마찬가지로 log의 정보를 시각, 로그 레벨, 세부 사항으로 나누므로 split이 적절하다.

⑤ log의 정보는 /를 기준으로 순서대로 시각, 로그 레벨, 세부 사항으로 나뉘며, 필요한 것은 로그의 시각이므로 log_list의 첫 번째 요소, 즉 [0]번째 인덱스의 정보가 필요하기 때문에 정답은 log_list[0]이다.

⑥ 로그의 시각에서 월, 일의 정보는 .을 포함하여 첫 다섯 글자로, 3월 25일의 정보는 log_time의 첫 다섯 글자가 "03.25"인 로그이다. 슬라이싱에서 첫 다섯 글자를 나타내는 표현은 [:5]이다([5]를 제외한 [0], [1], [2], [3], [4]).

```
logs = ["03.24.15.08.34/warning/invalid request",
    "03.25.00.00.01/verbose/save status",
    "03.25.01.10.05/warning/root login"]
day_warning = []
for log in logs:
    log_list = log.split("/")
    msg = ⑦( log_list[1] / log_list[-1] )
    if msg == "root login":
        time = ⑧( log_list[0] / msg[:5] )
        print(time)
```

⑦ 로그 세부 정보는 log를 슬래시로 나눈 기준으로(log_list), 마지막 인덱스의 정보이다. 따라서 정답은 마지막 인덱스를 표현하는 log_list[-1]이다.

⑧ log_list[0]은 시간 정보, 로그 레벨, 로그 세부 정보 중 시간 정보에 해당하는 정보이고, msg[:5]는 로그 세부 정보의 첫 다섯 글자이다. 표시하고자 하는 출력은 시간 정보이므로 정답은 log_list[0]이다.

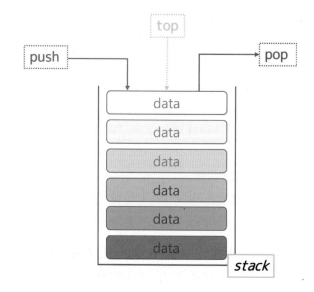

①	push item		(**stack.append(item)** / stack[-1] = item)
②	pop item	stack = []	(stack[-1] / **stack.pop(-1)**)
③	top item		(**stack[-1]** / stack.pop(-1))

① 아이템을 새로 추가하는 리스트의 내장 함수인 .append() 함수를 사용하여 스택의 push를 구현할 수 있다. .append(item)을 실행하면 item을 맨 마지막 요소로 추가한다. stack[-1] = item의 경우 요소를 추가하는 것이 아니라, 현재 리스트 상태의 맨 마지막 요소의 값을 바꾼다.

② 아이템을 빼는 리스트의 내장 함수인 .pop(-1)을 사용하여 스택의 pop을 구현할 수 있다. stack[-1]의 경우 맨 마지막 요소를 빼는 것이 아니라 맨 마지막 요소 값을 읽어오는 것이다.

③ 마지막 값을 확인하기 위해서 인덱싱을 사용하면 된다. [-1] 인덱싱을 통해 리스트의 마지막 값을 확인할 수 있다.

문자열에서 소괄호(), 중괄호{}, 대괄호[]의 쌍이 맞는지 확인하려 한다. 예를 들어 "((()))"는 쌍이 맞지만, "[()]"는 쌍이 맞지 않는다.

```
string = "((([]))"
stack = []
for c in string:
    if ④( c in "({[" / c == "({[" ):
        stack.append(c)
    elif ⑤ ( c == "(" or "{" or "[" / c in [")", "}", "]"] ):
        last_item = stack.pop(-1)
```

④, ⑤ 두 코드 모두 공통적으로 c가 여는 괄호 중 하나인지, 닫는 괄호 중 하나인지 검사해야 한다. c in "({["는 c가 (, {, [에 포함되는지 검사하므로 여는 괄호 세 개 중 하나인지 검사하는 의미로 쓰일 수 있다. c in [")", "}", "]"]는 닫는 괄호 세 개 중 하나인지 검사하는 의미로 쓰일 수 있다. 이는 줄여서 c in ")}]"로 쓰일 수 있다. 오답인 c == "({["의 경우 c 문자열이 정확히 "({["이어야 하므로 틀린 검사일뿐더러 c는 한 글자의 문자열이므로 이 검사는 무조건 결과가 False가 된다. c == "(" or "{" or "["의 경우 or 연산자가 나중에 수행되어 "{"가 True값으로 인식되므로 무조건 True가 되어 올바른 검사가 아니다.

알고리즘

```
...
string의 각 글자는 )이고, 꺼낸 값은 (가 아니면:
    matching = False
string의 각 글자는 }이고, 꺼낸 값은 {가 아니면:
    matching = False
string의 각 글자는 ]이고, 꺼낸 값은 [가 아니면:
    matching = False
...
```

보기	ⓐ	ⓑ

코드	`...`
	`if c == ")" and last_item != "(":`
	`    matching = False`
	`if c == "}" and last_item != "{":`
	`    matching = False`
	`if c == "]" and last_item != "[":`
	`    matching = False`
	`...`
		`...`
		`if c == ")" or last_item != "(":`
		`    matching = False`
		`if c == "}" or last_item != "{":`
		`    matching = False`
		`if c == "]" or last_item != "[":`
		`    matching = False`
		`...`

⑥ 알고리즘에서 string의 반복 문자열이 닫는 괄호일 때 스택의 마지막 요소가 반복 문자열 괄호에 대응하지 않는지 확인한다. 닫는 괄호 검사와 여는 괄호 검사를 동시에 만족해야 하므로 and 연산자를 사용한 조건식을 사용해야 한다.

```
string = "((([])))"
stack = []
matching = True
for c in string:
    if ( ④ 정답 ):
        stack.append(c)
        (      ⓐ      )
    elif ( ⑤ 정답 ):
        last_item = stack.pop(-1)
        (      ⓑ      )
    (      ⓒ      )
print(matching)
```

(ⓐ / **ⓑ** / ⓒ)

⑦ 문제 ⑥의 코드는 c가 닫는 괄호일 때 수행하는 알고리즘으로, ⓑ의 위치에 들어가는 것이 적절하다. ⓐ는 c가 여는 괄호일 때 실행되는 영역이고, ⓒ는 c가 여는 괄호인지 닫는 괄호인지에 관계없이 실행되는 영역이다.

```
string = "((([]))]"
stack = []
matching = True
for c in string:
    if ( ④ 정답 ):
        stack.append(c)
    elif ( ⑤ 정답 ):
        last_item = stack.pop(-1)
print(matching)
```

IndexError: pop from empty list
이유 (**빈 리스트에서 요소를 꺼냄**)

⑧ 에러가 발생하는 상황으로 string이 ")))"인 경우를 생각해 보자. c는 첫 반복에서 last_item = stack.pop(-1)을 수행한다. 첫 반복이고 stack.append(c)는 실행되지 않으므로 stack은 빈 리스트인 상태이다. 빈 리스트에서 .pop() 함수를 실행하면 에러를 발생시킨다.

```
...
    elif ( ⑤ 정답 ):
        ( ⓐ / ⓑ / ⓒ / ⓓ )
        last_item = stack.pop(-1)
...
```

ⓐ
```
if stack == []:
    matching = False
```
ⓑ
```
if stack == []:
    break
```
ⓒ
```
if stack == []:
    matching = False
    break
```
ⓓ
```
if stack == []:
    matching = False
    continue
```

⑨ stack이 빈 리스트인데 닫는 괄호가 들어온 경우 괄호 쌍이 맞지 않는 것으로 matching이 False가 되어야 한다. 따라서 matching=False가 존재하지 않는 ⓑ가 정답이다. 추가적으로, 한 번이라도 보기의 코드가 실행되면 괄호 쌍이 맞지 않는 것이 명백하므로 ⓒ의 코드가 시간 측면에서 제일 효율적인 코드로 볼 수 있다.

문제 🄿

```
10    for i in range(1, 4+1):
11        file_name = "stock{}.txt".format(i)
12
13        f = open(file_name, "r", encoding="utf-8")
```

ⓐ
```
for i in [1, 2, 3, 4]:
    file_name = "stock{}.txt".format(i)

    f = open(file_name, "r", encoding="utf-8")
```

ⓑ
```
for i in range(1, 4+1):
    file_name = "stock"

    f = open(file_name+i+".txt", "r", encoding="utf-8")
```

ⓒ
```
for file_name in ["stock1.txt", "stock2.txt", "stock3.txt", "stock4.txt"]:

    f = open(file_name, "r", encoding="utf-8")
```

ⓓ
```
for i in range(1, 4+1):
    file_name = "stock{}.txt"

    f = open(file_name.format(i), "r", encoding="utf-8")
```

ⓑ의 코드는 에러를 발생시킨다. i는 1, 2, 3, 4의 숫자가 반복 대입되어 int형 변수인데, file_name + i + ".txt"에서 문자열과 덧셈을 시도하기 때문이다.

문제 22

변수 f 파일	날짜,시가,고가,저가,종가,거래량,거래대금,등락률 2022-01-03,13350,13450,13150,13150,24502,325979100,-1.5 2022-01-04,13350,13350,13100,13250,18026,238043600,0.76 2022-01-05,13300,13300,12950,13050,38173,499448750,-1.51 2022-01-06,12900,13000,12700,12800,42018,539429400,-1.92 2022-01-07,12800,13100,12800,13000,22803,295360700,1.56 ... 2022-03-29,12800,12950,12700,12850,14248,182470250,0.0 2022-03-30,12850,12900,12700,12700,22602,288358000,-1.17

```
13        f = open(file_name, "r", encoding="utf-8")
14        entire_txt = f.read()
15        f.close()
16
17        lines = entire_txt.split("\n")
18        lines_values = lines[1:]
```

ⓐ 날짜 정보는 제외하고 시가, 고가, 저가 등의 정보만 추려내기 위해
ⓑ 등락률 정보는 사용하지 않으므로 제외하기 위해
ⓒ 텍스트 파일의 내용 중 마지막 줄을 제외하기 위해
ⓓ 각 정보의 의미 정보 텍스트인 첫 번째 줄을 제외하기 위해

entire_txt는 파일의 전체 내용이고(line 14), lines는 entire_txt를 줄바꿈 문자를 기준으로 나누므로 파일 내용이 줄 단위로 나열된 리스트이다(line 17). lines[0]은 파일의 첫 번째 줄에 대한 정보가 담겨 있으며, 이는 두 번째 줄 이후의 숫자들에 대한 정보가 담겨 있다. 이 리스트 변수에 [1:]을 사용하여 의미 정보 텍스트가 담긴 줄은 제외할 수 있다.

```
32                 if int(volume) > standard_volume:
33                     print("At {}, trading volume is larger than target".format(date))
34                     target_dates = target_dates + [date]
35                     end_price_target_dates += [int(end)]
36                 elif int(volume) < volume_too_low:
37                     print("At {}, trading volume is too low".format(date))
```

line 31의 if문에서는 거래량이 standard_volume 변수 값인 ①(10000 / **30000**)보다 크면 해당 데이터의 ②(**날짜** / 거래량)을(를) 출력하며, target_dates 리스트 변수에 해당 데이터의 ③(**날짜** / 거래량) 정보를 추가한다. end_price_target_dates 리스트 변수에는 해당 날짜의 ④(시가 / **종가**) 데이터를 int형 변수로 추가한다. line 36에서는 만일 volume 숫자 값이 변수 volume_too_low의 값인 ⑤(**10000** / 30000)보다 작으면 해당 데이터의 ⑥(거래량 / **날짜**)을(를) 출력한다.

프로젝트 코드에서 읽는 파일의 첫 번째 줄에 각 데이터의 의미 정보가 담겨 있다. date는 날짜, end는 종가, volume은 거래량이다. standard_volume과 volume_too_low 변수는 프로젝트 코드의 초반부에 선언되어 있다.

문제 **24**

target_dates.txt	2022-01-052022-01-062022-01-172022-01-252022-01-272022-01-282022-02-032022-02-042022-02-072022-02-092022-03-1420 22-03-162022-03-172022-03-182022-04-062022-04-072022-04-152022-04-222022-05-102022-05-122022-05-132022-05-192022-05-252022-05-302022-06-132022-06-142022-06-152022-06-16 2022-06-202022-06-232022-06-272022-06-282022-06-292022-07-012022-07-042022-07-052022-07-062022-07-072022-07-0820 22-07-112022-07-122022-07-202022-07-212022-07-222022-07-252022-07-262022-07-272022-07-282022-08-012022-08-102022 -08-162022-08-172022-08-182022-08-192022-08-232022-08-29 2022-09-062022-09-162022-09-202022-09-212022-09-232022-09-262022-09-282022-10-052022-10-062022-10-112022-10-3120 22-11-112022-12-192022-12-232022-12-272022-12-28

ⓐ line 51와 line 52 사이에 새 줄을 추가하여 for문의 들여쓰기 영역에 f.write("\n") 코드를 추가한다.
ⓑ line 51와 line 52 사이에 새 줄을 추가하여 들여쓰기를 하지 않고 f.write("\n") 코드를 추가한다.
ⓒ line 49의 코드에서 open() 함수의 두 번째 입력 "w"를 "wb"로 바꾼다.
ⓓ line 50의 for문에서 반복 변수 date를 date+"\n"으로 바꾸어, line 50의 코드를 for date+"\n" in target_dates:로 변경한다.

for문의 들여쓰기 영역에 f.write("\n")을 추가하면 각 파일에 내용을 쓸 때 매 반복마다 줄바꿈이 포함된다. ⓑ의 경우 들여쓰기를 하지 않고 줄바꿈 추가 코드를 삽입하면 반복이 끝난 후 단 한번만 줄바꿈을 실행한다. 따라서 기존 코드 실행과 동일하게 한 줄에 모든 정보가 나열되고 맨 마지막에 줄바꿈이 하나 추가된 텍스트 파일을 쓰게 된다. ⓒ는 데이터를 바이트 단위로 쓰겠다는 의미로 줄바꿈과는 관련이 없다. ⓓ의 경우 반복 변수 사용에서 연산을 수행하면 에러를 발생시킨다.

비전공자 & 입문자를 위한 1:1 과외

족집게 식의
친절한
코멘트 & 팁
+
코딩이
손에 익을 수 있는
구성과 연습문제
+
입문자가
흔히 하는 실수를
분석한 에러 정리
+
코딩을 처음부터
끝까지 진행해 볼 수
있는 프로젝트

파이썬으로 프로그래밍을 배워 보려고 시도했다가 몇 번 실패했었다. 이전까지 프로그래밍을 배우면서 개념을 배우긴 했지만 내가 뭘 할 수 있는지 모르는 것이 가장 힘들었는데, 이 책은 프로그래밍을 처음 시작하는 사람들의 입장을 잘 이해하였다.
직장인 / 데이터 분석 공부 중 / 식품생명공학계열   배○영

학부 때는 프로그래밍에 대해서 배우지 않았는데, 대학원을 와 보니 프로그래밍을 하지 않으면 연구를 할 수 없었다. 이 책을 통해서 A부터 Z까지 파이썬을 체계적으로 공부하고 나니, Github 등에서 다른 사람들의 코드를 볼 때 더 쉽게 이해할 수 있었다.
대학원생 / 로봇공학 연구원 / 기계공학계열   강○솔

바이오 연구 분야에서도 빅데이터 처리 및 분석은 매우 중요하다. 파이썬이 생소한 비전공자인 나에게 기초적인 부분을 자세히 설명해 주어 어려운 용어를 헷갈리지 않게 잡아 주었고, 덕분에 코딩에 부담 없이 입문할 수 있었다.
대학원생 / 신호처리 분석 공부 중 / 의료공학계열   현○유

전공과정에서 필요한 코딩에 대한 기초를 쌓는 데 큰 도움이 되었고, 평소에 쓰는 컴퓨터 프로그램이 작동하는 매커니즘에 대한 이해를 할 수 있었다. 정돈된 흐름과 꼼꼼한 설명, 적합한 예시 및 연습문제 모두 매우 만족스러웠다.
대학생 / 프로그래밍 입문 / 건축공학과   박○용

이 책을 통해 파이썬의 응용 및 실제 코드에서 유용한 지식을 효율적으로 배울 수 있었다. 특히, 하나의 프로젝트를 설명하고 정리해 나가는 부분을 공부하면서 내 코드를 잘 정리할 수 있게 되었다.
대학원생 / 딥러닝(NLP) 공부 중 / 전자공학과   김○은

기초적인 문법부터 시작해 파이썬의 핵심이 되는 내용을 단계적으로 다루고 있어 처음 파이썬을 배우는 독자들이 부담 없이 배울 수 있도록 구성되어 있다. 간결하게 작성된 예제 코드와 실행 결과를 책의 곳곳에 적극적으로 활용함으로써 독자들이 실제 파이썬 코드에 친숙해지고 쉽게 이해할 수 있도록 돕고 있다.
직장인 / 파이썬 공부 중 / 앱 개발자   김○주

연습문제 코드 추가 해설 파일 제공 | **프로젝트 코드 파일** 제공 | **무료 영상강의** 제공

더 멋진 내일 Tomorrow 을 위한 내일 My Career

내일은

임형래 지음

파이썬 Python

응용 실전편

비전공자&입문자를 위한 **파이썬**의 **모든 것!**

입문자의 실수 패턴을 분석한 **에러 완벽 정리**

1:1 과외 학습 구성으로 실무 마스터

유튜버 코딩빌런의 쉬운 용어로 배우는 파이썬 강의 제공

김앤북
KIM&BOOK

내일은

임형래 지음

파이썬 Python

응용 실전편

김앤북
KIM&BOOK

CONTENTS

더 멋진 내일(Tomorrow)을 위한 내일(My Career)
내일은파이썬

08

내 일 은 파 이 썬

디버깅

디버깅, try문, try-except-else-finally, breakpoint()

여기서는 무얼 배울까

디버깅이란 프로그램 코드에 존재하는 오류를 발견하고 수정하는 작업이다. 가장 기본적인 디버깅 방법은 print()를 사용하여 코드의 특정 부분에서 변수의 값을 확인 후 코드를 수정하는 것이다. 하지만 이 방법은 큰 규모의 코드에서는 적합하지 않기 때문에 파이썬의 여러 디버깅 방법들을 사용하면 효율적으로 디버깅을 수행할 수 있다. try문을 이용하면 예외 상황을 만났을 때 프로그램을 멈추지 않고 예외 상황을 처리할 수 있다. try문에 뒤따르는 except, else, finally문을 사용하여 더욱 세밀한 제어가 가능하다. breakpoint 함수를 다루는데 코드 실행 중 특정 지점에서 멈추고 디버깅 도구를 실행할 수 있다. 이 함수를 사용하면 코드 실행 중에 변수의 값을 확인하거나 한 줄씩 실행하는 등 더욱 편리하게 디버깅을 수행할 수 있다.

01

디버깅 기초

디버깅이란

디버깅(Debugging)*이란 프로그램 코드에 있는 오류를 발견하고 수정하는 작업이다. 프로그램은 코드가 주어진 대로 정확히 해내지만, 코드를 작성하는 사람은 실수를 할 수 있으므로 디버깅은 프로그래밍에서 매우 중요하다. 모든 프로그래머들은 디버깅 과정을 통해 프로그램의 안정성과 품질을 향상시켜야 한다.

아래의 코드는 1부터 9까지, 10에서 나눈 수를 리스트에 담으려 하는 코드이다.

```
nums = []
for i in range(10):
    nums += [10 / i]
```

실행 결과

```
ZeroDivisionError: division by zero
```

위 코드는 에러를 발생시킨다. 그 이유는 i가 0부터 시작하기 때문이다. 0의 경우를 제외하고, 1에서부터 9까지 나눈 수를 리스트에 담고 싶으면 아래와 같이 코드를 수정할 수 있다.

```
nums = []
for i in range(10):
    if i == 0: continue
    nums += [10 / i]
```

기초 용어 정리

* **디버깅(Debugging)**: 디버깅은 bug(벌레)를 제거한다(접두어 De)는 의미인데, 초창기 컴퓨터에 나방이 들어가서 고장을 일으킨 것을 제거한 것에서 유래한다. 에러를 고치는 행위를 개발자들은 디버그라고 부른다.

```
nums = []
for i in range(1, 10):
    nums += [10 / i]
```

위 코드들은 에러를 발생시키지 않고, nums에 의도한 숫자를 담을 수 있다. 첫 번째 방법은 i가 0일 때 continue를 사용하여 다음 반복으로 넘어갔고, 두 번째 방법은 range() 함수에 (1, 10)을 입력하여 1부터 9까지 반복되게 했다. 디버깅을 통해 의도한 코드대로 수정하는 방법은 위와 같이 여러 가지가 있으며, 효율적인 코드를 선택하여 디버깅하면 된다.

손으로 익히는 코딩

```
error_num = 5 / 0
```

실행 결과

```
ZeroDivisionError: division by zero
```

손으로 익히는 코딩

```
nums = [1, 20, 300]
print(nums[len(nums)])
```

실행 결과

```
IndexError: list index out of range
```

print() 디버깅

디버깅을 할 때 print() 함수를 사용하여 실행 중간에 값을 확인하는 방식으로 디버깅할 수 있다. 아래의 코드는 반복문 실행 중간에 에러를 발생시킨다.

```
nums = []
for i in range(10):
    div = i - 3
    nums += [10 / div]
```

```
ZeroDivisionError: division by zero
```

위 코드에서 for i in range(10)으로 i에 0에서 9까지 반복 대입하며 들여쓰기 영역을 실행시킨다. 반복 과정 중 변수 i 값이 3일 때 div 값이 0이 되어 10을 0으로 나눌 때 에러가 발생한다. for문의 반복 중 언제 에러가 발생하는지 확인하기 위해 print()로 아래와 같이 디버깅을 수행할 수 있다.

```
nums = []
for i in range(10):
    div = i - 3
    print(i, div)
    nums += [10 / div]
```

```
0 -3
1 -2
2 -1
3 0
ZeroDivisionError: division by zero
```

위 코드에서 변수 div의 선언과 nums 리스트의 요소 추가 사이에 print(i, div)를 추가하여 반복 과정에서 i, div 값을 확인하였다. i가 3, div가 0이 된 직후에 에러가 발생한 것을 확인할 수 있다.

비교적 소규모 프로그램에서는 이 디버깅 방식이 간편할 수 있으나 큰 규모의 프로그램의 디버깅에는 효율적이지 않을 수 있다. 이러한 경우에는 이후에 소개하는 디버깅 도구를 활용하는 것이 좋다.

에러 강제 발생

assert

assert문은 조건을 검증할 때 사용되는 문법으로, 조건식
이 False인 경우 에러를 발생시킨다. 조건식이 True이면
아무 동작 없이 다음 코드를 실행한다.

코 · 드 · 소 · 개

```
assert 조건식, 에러 메시지

예시)
assert 5 < 2, "Error"
```

위와 같이 조건식을 assert 뒤에 붙여서 사용하며, 조건식이 False일 때 AssertionError 에러
와 함께 발생할 에러 메시지를 문자열로 줄 수 있다. 에러 메시지는 생략 가능하고, 에러 메시지
생략 시 기본적인 AssertionError 메시지가 출력된다.

```
name = ""
assert name != "", "Error, empty name"
print("after assert")
```

실행 결과

```
AssertionError: Error, empty name
```

위 코드에서는 name 변수에 빈 문자열을 대입하였다. 그
리고 assert문을 사용하여 name이 빈 문자열인 경우 에
러가 발생하도록 설계하였다. 위 코드를 실행하면 assert
문에 의해 에러가 발생하며 AssertionError와 함께
assert문에서 사용한 에러 메시지가 발생한다. 에러가 발
생하므로 assert문 뒤의 print()는 실행되지 않는다.

raise

raise는 에러를 발생시키는 문법이다. assert와 달리 무조
건 에러를 발생시키며, 발생시킬 에러를 raise문 뒤에 작
성하여 원하는 에러를 발생시킬 수 있다.

코 · 드 · 소 · 개

```
raise 에러

예시)
raise ValueError
```

위와 같이 발생시킬 에러를 raise 뒤에 붙여서 사용하며, 이 코드가 실행되면 에러를 발생시키
고 실행 중인 파이썬은 종료된다. 에러를 발생시키는 코드는 쓸모가 없어 보이지만, 직후에 등장
할 try문과 함께 사용되는 등 의도적으로 에러를 발생시켜야 할 때 사용된다.

● 더 알아보기

NotImplementedError
에러를 일부러 발생시켜야 하는 대표적인 상황 중 미구현 에러(NotImplementedError)가 있다. 미구현 에러는 개발자가
다른 개발자의 편의를 위해 설계한 코드에 사용된다. 어떤 기능에 대한 대략적인 코드를 설계한 후, 자세한 동작은 다른
개발자들이 각자의 필요에 맞게 구현하도록 하고 싶은 경우, 자세한 동작이 들어갈 위치에 raise NotImplementedError
를 사용한다.

02

try문

try문 기본

try문은 예외 처리*를 위한 문법으로, 프로그램 실행 중 예외가 발생할 가능성이 있는 부분을 try 구간으로 감싸면, 코드를 중단하지 않고 except문을 실행한다.

코·드·소·개

```
try:
    실행 코드
except:
    예외 처리 코드


예시)
try:
    print(9 / 0)
except:
    print("error")
```

try문에 진입하면 들여쓰기 영역 내부의 코드를 실행한다. 만일 try문 내부의 코드 실행 중 에러가 발생했을 때 except문 아래의 예외 처리 코드가 실행된다. 만약 예외 코드에서 에러가 발생하지 않으면 예외 처리 코드는 실행되지 않는다. 만약 try 아래의 들여쓰기 영역에서 에러가 발생하지 않으면 except문의 코드는 실행되지 않는다.

기초 용어 정리

* **예외 처리(Exception handling/Trouble shooting)**: 예외 처리란 프로그램 실행 시 발생할 수 있는 경우 중 실행 과정에서 오류가 발생할 때, 오류를 발생시키지 않고 대응하는 방법을 뜻한다.

```
nums = [1, 2, 3]
try:
    n = nums[5]
    print(n)
except:
    print("error")
```

```
error
```

위 코드는 에러가 발생하는 코드를 try-except문으로 처리한다. nums는 3개의 요소를 갖고 있으나 try문 내에서 n에는 nums의 [5]번째 요소에 접근한다. try문 밖에서 이 코드는 에러를 발생시키지만, try문에서는 이때 에러가 발생하지 않고 except문 아래를 실행한다. 에러가 발생하면 try문은 더 이상 실행하지 않기 때문에 n을 출력하는 코드는 실행되지 않는다.

```
nums = [1, 2, 3]
try:
    n = nums[1]
    print(n)
except:
    print("error")
```

```
2
```

위 코드는 try문을 사용하는 코드 내에서 에러가 발생하지 않는다. 이 경우 except문은 실행되지 않는다.

에 러 O   에 러 X

```
①  try:                      ①  try:
②      n = nums[5]           ②      n = nums[1]
        print(n)             ③      print(n)
③  except:                       except:
④      print("error")               print("error")
```

try문을 사용한 디버깅

```
nums = []
for i in range(100):
    div = i - 50
    print(i, div)
    nums += [100 / div]
```

```
0 -50
1 -49
2 -48
...
49 -1
50 0
ZeroDivisionError: division by zero
```

위 코드는 반복 과정 중 에러를 발생시킨다. i는 0부터 99까지의 숫자가 반복되며 div는 i-50을 대입하고, 이후 100에서 div 값을 나눈 것을 nums 리스트에 추가한다. 이 경우 print()로 디버 깅하려 하면 약 50줄이 출력된다. 이 경우에는 마지막 줄의 i와 div값만 확인하면 되지만, 에러가 나는 상황의 i, div값만 확인할 수 있으면 간결하게 디버깅할 수 있다. 이와 같은 상황에서 except문을 사용할 수 있다.

```
nums = []
for i in range(100):
    try:
        div = i - 50
        nums += [100 / div]
    except:
        print(i, div)
```

```
50 0
```

위 코드는 반복 과정에서 에러가 발생한 경우에만 디버깅을 위한 변수 값을 출력한다. try문으로 변수 div와 nums 리스트에 요소를 추가하는 구간을 감싸고, except문에서는 i, div값을 확인한다. 위와 같이 try-except문을 작성할 경우, 에러가 발생하는 상황에서만 i와 div값을 확인할 수 있다. try문 특성상 에러 메시지를 보임과 동시에 프로그램이 중단되지 않기 때문에, 에러 메시지는 출력되지 않는다.

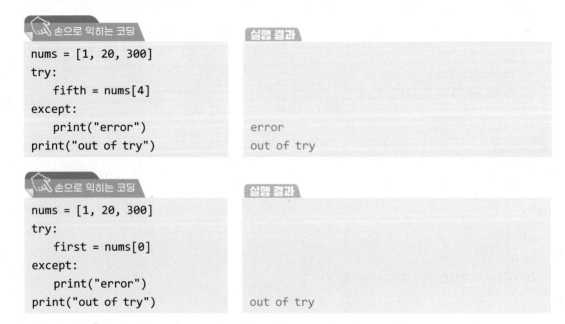

손으로 익히는 코딩	실행 결과
| ```
nums = [1, 20, 300]
try:
    fifth = nums[4]
except:
    print("error")
print("out of try")
``` | error
out of try |

손으로 익히는 코딩	실행 결과
| ```
nums = [1, 20, 300]
try:
    first = nums[0]
except:
    print("error")
print("out of try")
``` | out of try |

try-except 응용

except Exception

try-except문은 에러가 발생하는 상황에서 에러 메시지를 보여주지 않는다. 이때, except에서 Exception을 사용하여 에러 정보를 얻을 수 있다.

코·드·소·개

```
try:
    실행 코드
except Exception as 변수명:
    예외 처리 코드

예시)
try:
    print(9/0)
except Exception as e:
    print(e)
```

Exception의 사용 방법은 기본적으로 try-except문의 사용 방법과 동일하며, except문 뒤에 Exception as 변수명을 붙여 줌으로써 사용할 수 있다. Exception as 변수명에서 변수 e에 에러 정보가 저장된다.

Quick Tip

Exception as e
변수명은 주로 e를 사용하여 일반적으로
except Exception as e로 작성합니다.

실행 결과

```
nums = []
for i in range(100):
    try:
        div = i - 50
        nums += [100 / div]
    except Exception as e:
        print(e)
        print(i, div)
```

```
division by zero
50 0
```

위 코드에서 except Exception as e:를 통해 에러가 발생할 경우 e 변수를 통해 에러 정보를 확인할 수 있다. except 아래에서는 에러 정보와 i, div 변수 값을 확인하여 어떤 상황에서 에러가 발생했는지 확인할 수 있다. except문에서 Exception as e를 사용하여 에러 상황에 대해 보다 자세한 정보를 얻을 수 있다.

Clear Comment

e는 except 안에서만
Exception as e에서 얻은 e는 except문 아래에서만 정보를 확인할 수 있으며, except의 들여쓰기 영역 밖에서는 e의 값을 확인할 수 없습니다.

예외 종류별 대응

except문에서 에러 종류에 따라 다른 예외처리를 수행할 수 있다. 발생하는 에러마다 다른 예외처리를 하고 싶다면, 예상되는 에러의 종류에 따라서 except문을 여러 개 작성하여 각각의 예외처리 코드를 설계하면 된다.

```
nums = [1, 20, 300]
try:
    first = nums[5]
except IndexError:
    print("index error")
except ZeroDivisionError:
    print("zero division error")
print("out of try")
```

```
index error

out of try
```

```
nums = [1, 20, 300]
try:
    first = nums[0] / 0
except IndexError:
    print("index error")
except ZeroDivisionError:
    print("zero division error")
print("out of try")
```

```
zero division error
out of try
```

위 코드는 try문 내에 발생하는 에러의 종류에 따라 다른 예외처리 코드를 설계한 것이다. 첫 번째 코드에서는 nums[5]에서 인덱스 에러가 발생하여 except IndexError의 들여쓰기 영역이 실행된다. 두 번째 코드에서는 nums[0] / 0에서 0으로 나누는 에러가 발생하여 except ZeroDivisionError의 들여쓰기 영역이 실행된다.

손으로 익히는 코딩

```
string = "python"
try:
    string3 = string + 3
except TypeError:
    print("type error")
```

실행 결과

```
type error
```

14 • 내일은 파이썬

```python
string = "python"
try:
    string9 = string[9]
except TypeError:
    print("type error")
except IndexError:
    print("index error")
```

```
index error
```

try-except-else-finally

try문에서는 except 외에도 else, finally문을 사용할 수 있다. else문은 try의 코드에서 에러가 발생하지 않을 경우 실행하며, finally는 에러 발생 여부와 상관없이 항상 실행된다.

코·드·소·개

```python
try:
    실행 코드
except:
    예외 처리 코드
else:
    예외 미발생 처리 코드
finally:
    실행 코드

예시)
try:
    num = 41
except:
    print("error")
else:
    print("no error")
finally:
    print("finally")
```

먼저, try문에 진입하여 예외 코드를 실행한다. 에러가 발생하면 except문 아래를, 에러가 발생하지 않으면 else문 아래를 실행한다. 그 후 에러 발생 여부와 관계없이 finally문 아래를 실행한다.

| 실행 결과 |

```
try:
    num = 9 / 3
except:
    print("error")
else:
    print("no error")
```
```
no error
```

위 코드는 try문 아래에 변수 num에 9/3 값인 3.0을 대입한다. 이 코드에는 에러가 없으므로 except문 아래를 실행하지 않고 else문 아래가 실행된다.

| 실행 결과 |

```
try:
    num = 9 / 0
except:
    print("error")
else:
    print("no error")
```
```
error
```

위 코드는 try문 아래에 변수 num에 9/0의 대입을 시도한다. 9/0은 에러를 발생시키므로 except문 아래를 실행한다.

| 실행 결과 |

```
try:
    num = 9 / 0
except:
    print("error")
else:
    print("no error")
finally:
    print("finally block")
```
```
error

finally block
```

```
try:
    num = 9 / 3
except:
    print("error")
else:
    print("no error")
finally:
    print("finally block")
```

```
no error

finally block
```

위 코드에서 try문에 에러가 발생하는 경우에는 except문과 finally문 아래를 실행한다. 반면, try문에서 에러가 발생하지 않으면 else문과 finally문 아래를 실행한다.

에러 O		에러 X
	try:	
실 행	CODE_BLOCK1	실 행
	except:	
실 행	CODE_BLOCK2	미 실 행
	else:	
미 실 행	CODE_BLOCK3	실 행
	Finally	
실 행	CODE_BLOCK4	실 행

```
nums = [1, 20, 300]
try:
    num = nums[5]
except:
    print("error")
else:
    print("else")
finally:
    print("finally block")
```

```
error


finally block
```

```
nums = [1, 20, 300]
try:
    num = nums[2]
except:
    print("error")
else:
    print("else")
finally:
    print("finally block")
```

```



else

finally block
```

에러에서 배우기

- try문 단독 사용 불가능

```
try:
    print(5/0)                  SyntaxError: expected 'except' or 'finally' block
```

위 에러는 try문만 사용하여 발생하는 에러로, 에러 메시지에서 except나 finally문이 와야 한다고 알려 주고 있다.

- except에서 에러 발생

```
nums = [1, 20, 300]
try:
    n = nums[5]
except:
    n = nums[8]
    print("n = {}".format(n))      IndexError: list index out of range
```

위 에러는 except문 내에서 발생하는 코드이다. try-except문은 try문의 들여쓰기 영역의 에러를 무시하며, except문의 들여쓰기 영역 에러는 무시하지 않는다.

03

breakpoint()

breakpoint() 기본

breakpoint() 함수는 디버깅을 유연하게 수행할 수 있는 함수이다. breakpoint()를 사용하면 프로그램을 멈추고 상호작용하는* 디버거를 실행하게 된다. 앞서 print()를 사용한 디버깅 코드에서는 특정 변수의 값을 미리 코드에 지정하여 값을 확인하였다. 이 방식은 비교적 간단한 흐름의 코드에서는 효과적이지만, 복잡한 코드에서는 확인하고 싶은 값들을 하나하나 찾아보아야 하기 때문에 비효율적이다.

> **Clear Comment**
>
> **3.7버전부터 사용 가능**
>
> breakpoint() 함수는 파이썬 3.7 버전 이후에 추가된 함수입니다. 이전 버전에서는 pdb라는 모듈을 사용하여 breakpoint()의 기능을 사용할 수 있습니다.

breakpoint() 함수는 아래와 같이 사용할 수 있다.

```
for i in range(10):
    breakpoint()
    print(i)
```

실행 결과

```
(3)<module>()
(Pdb) (명령어 입력)
```

기초 용어 정리

* **상호작용하는(Interactive)**: 프로그래밍에서 interactive란, 사용자가 파이썬 프로그램과 상호작용한다는 뜻이다. 프로그램 실행 중간에 사용자는 사용자 입력을 수행하고 프로그램은 사용자에게 출력을 수행하는 일련의 과정을 interactive라고 부른다.

위 코드에서 breakpoint()가 실행되면 프로그램을 멈추고 사용자의 입력을 기다리며, 키보드로 디버거에 명령을 입력할 수 있다. 때문에 입력을 받아 추가 코드 실행이 있기 전에는 print(i)는 실행되지 않는다.

```
for i in range(10):
    breakpoint()
    print(i)
```

실행 결과
```
(3)<module>()
(Pdb) print(i + 2)
2
(Pdb) (명령어 입력)
```

위 코드에서 (pdb)에 print(i+2)와 함께 enter를 입력하면 for문이 실행되고 첫 반복이므로 i에 0이 대입된 상태이기 때문에 i+2 값은 2가 출력된다. 이처럼 breakpoint()를 사용하여 원하는 부분에서 프로그램을 멈추고 유연하게 값을 확인할 수 있다.

breakpoint() 명령어 모음

breakpoint()에서는 유연한 값 확인 외에도 여러 가지 명령어를 사용하여 편리하게 디버깅을 수행할 수 있다.

print(p)	변수의 값을 출력한다.
next(n)	현재 줄의 코드를 실행하여 다음 줄로 넘어간다.
continue(c)	breakpoint()를 끝내고 나머지 코드를 실행한다.
list(l)	현재 실행되고 있는 파일의 소스 코드를 확인한다.
quit(q)	breakpoint()와 프로그램 실행을 모두 종료한다.

위 명령어를 사용하여 프로그램 실행 상황을 확인하고 제어할 수 있다. 이 외에도 help(명령어들에 대한 설명)나 pp(정리된 출력) 등 다양한 명령어가 있다. (전체 명령어에 대한 설명은 부록 참고)

Quick Tip

명령어와 알파벳 명령어
명령어로 입력해도 되고 각 명령어 설명에 표기된 괄호 안의 알파벳 명령어로 입력해도 됩니다.

pprint
리스트에서 요소가 많을 경우 정리되지 않은 형태로 출력 시 데이터 구조를 알아보기 어렵습니다. pprint는 리스트의 요소가 많고 복잡한 경우에 정돈된 형태로 출력합니다.

```
for i in range(10):
    breakpoint()
    print(i)
```

```
(3)<module>()
(Pdb) n
0
```

▼

```
(1)<module>()
(Pdb) p i+2
2
```

▼

```
(Pdb) n
(2)<module>()
(Pdb) p i+2
3
```

▼

```
(pdb) q
(종료)
```

위 코드에서 breakpoint()로 디버깅에 진입 후 명령어를 사용하고 있다. n 명령어는 한 줄을 실행하며 첫 번째 n에서는 print(i)를 실행하여 첫 반복의 i값인 0이 출력된다. 이후 p i+2는 i+2의 값을 출력하는데, 해당 시점에서는 i값이 0이므로 p i+2는 2를 출력한다. 그 다음 n은 for i in range(10)에서 두 번째 대입인 1을 i에 대입한다. 이후 p i+2를 실행하면 3이 출력된다.

주의할 점

breakpoint()는 유연하게 사용할 수 있는 만큼, 프로그램의 동작에 예기치 않은 영향을 끼칠 수 있다.

변수 값 수정

```
num = 1
breakpoint()
print(num)
```

실행 결과
```
(1)<module>()
(Pdb) num = 5
(Pdb) c
5
```

위 코드에서 변수 num에 1을 대입하고 breakpoint()를 실행한다. 디버거에서 num에 5를 대입하여 c(continue)로 breakpoint()를 종료한 후 계속 실행하였다. 이후의 print(num)으로 출력된 num의 값은 5로, breakpoint()에서 입력된 제어가 반영된 것을 확인할 수 있다. breakpoint()는 디버깅에 사용되는 것이지만, 프로그램의 진행 상황을 바꿀 수 있으므로 입력에 의해 원래 프로그램의 흐름과 다르게 프로그램이 진행될 수 있음에 유의해야 한다.

변수 값 확인

변수의 값을 확인할 때 p(print)를 사용하지 않고도 값을 확인할 수 있다. 하지만 명령어로 사용되는 변수 이름은 p를 사용해야 한다.

```
num = 1
n = 3
breakpoint()
```

실행 결과
```
(1)<module>()
(Pdb) num
1
(Pdb) n
```

위 코드에서 변수 num과 n에 각각 1과 3을 대입 후 breakpoint()로 디버거를 실행한다. 디버거에 num을 입력 시 변수 num의 값 1을 출력하지만, n을 입력 시 변수 이름을 출력하는 것이 아니라, 한 줄 실행 명령어 n(next)를 실행한다.

1. 기본 예제

문제 1 아래 코드 실행 시 출력 결과를 맞혀 보자.

문제	정답

①
 ``python
nums = [2, 1, 0, -1, -2]
try:
    num = 10 / nums[0]
except:
    print("ERROR")
``
	(*(출력 없음)* / ERROR)

②
 ``python
nums = [2, 1, 0, -1, -2]
try:
    num = 10 / nums[2]
except:
    print("ERROR")
``
	(*(출력 없음)* / ERROR)

③
 ``python
words = ["python", "c", "java"]
for w in words:
    try:
        third = w[2]
    except:
        print(w)
``
	(c / *(출력 없음)*)

④
 ``python
words = ["python", "c", "java"]
for w in words:
    try:
        third = words[2]
    except:
        print(w)
``
	(c / *(출력 없음)*)

문제 2 아래 코드 실행 시 출력 결과를 맞혀 보자.

문제		정답
| ① | ```python
nums = [2, 1, 0, -1, -2]
try:
    num = 10 / nums[0]
except:
    print("ERROR")
else:
    print("NO ERROR")
``` | ( NO ERROR / ERROR ) |
| ② | ```python
nums = [2, 1, 0, -1, -2]
try:
    num = 10 / nums[2]
except:
    print("ERROR")
else:
    print("NO ERROR")
``` | ( NO ERROR / ERROR ) |
| ③ | ```python
nums = []
assert len(nums) != 0
print(nums)
``` | ( AssertionError / [] ) |
| ④ | ```python
nums = [1, 2, 3, 4]
assert len(nums) != 0
print(nums)
``` | ( AssertionError / [1, 2, 3, 4] ) |

문제 3 [객관식] breakpoint() 명령어에 대한 설명 중 보기에서 옳은 것을 골라 보자.

문제		정답
①	next(n)	ⓐ 디버깅을 멈추고 이후 코드를 실행한다. ⓑ 현재 실행 중인 코드 줄을 하나 실행한다.
②	continue(c)	ⓐ 디버깅을 멈추고 이후 코드를 실행한다. ⓑ 현재 실행 중인 코드 줄을 하나 실행한다.
③	quit(q)	ⓐ 디버깅을 멈추고 이후 코드를 실행한다. ⓑ 디버깅을 멈추고 파이썬 실행을 종료한다.
④	list(l)	ⓐ 현재 접근할 수 있는 변수들을 출력한다. ⓑ 현재 실행 중인 파일의 소스 코드를 출력한다.

2. 심화 예제

문제 4 숫자가 들어 있는 리스트에서 인접한 인덱스의 숫자끼리 더한 값을 새 리스트에 담으려 한다. 예를 들어, [1, 20, 300] 리스트로부터 [21, 320]([1+20, 20+300])을 구하려 한다. 이 알고리즘을 설계한 아래의 코드는 에러를 발생시킨다. 각 문제를 해결하여 알고리즘을 완성해 보자.

문제	출력

<pre>nums = [1, 20, 300]
new_nums = []
for i in range(len(nums)):
    num1 = nums[i]
    num2 = nums[i+1]
    new_nums.append(num1+num2)
print(new_nums)</pre>
	IndexError: list index out of range

① [객관식] for문의 반복 과정에서 위 에러가 발생하므로 에러가 발생한 시점의 i값을 구하고 싶다. 아래의 보기 중 에러가 발생했을 때의 i값만 출력되는 코드를 골라 보자.

문제		정답

<pre>...
    num1 = nums[i]
    num2 = nums[i+1]
    new_nums.append(num1+num2)
...</pre>
	ⓐ	<pre>try:
		    num1 = nums[i]
		    num2 = nums[i+1]
		    print(i)
		except:
		    new_nums.append(num1+num2)</pre>

	ⓑ	<pre>try:
		    print(i)
		except:
		    num1 = nums[i]
		    num2 = nums[i+1]
		    new_nums.append(num1+num2)</pre>

	ⓒ	<pre>try:
		    num1 = nums[i]
		    num2 = nums[i+1]
		    new_nums.append(num1+num2)
		except:
		    print(i)</pre>

	ⓓ	<pre>try:
		    num1 = nums[i]
		    num2 = nums[i+1]
		    new_nums.append(num1+num2)
		    print(i)
		except:
		    print(new_nums)</pre>

② [객관식] 에러가 발생한 시점의 i값은 2이다. 아래 보기 중 에러가 발생한 이유로 옳은 설명을 골라 보자.

	보기
ⓐ	num1에 대입할 때 nums[2]에 접근하여 인덱스 에러가 발생한다.
ⓑ	num2에 대입할 때 nums[3]에 접근하여 인덱스 에러가 발생한다.
ⓒ	nums[2]는 이전 반복에서 이미 사용되었기 때문에 인덱스 에러가 발생한다.
ⓓ	nums[3]은 이전 반복에서 이미 사용되었기 때문에 인덱스 에러가 발생한다.

③ [객관식] 보기의 방법 중 문제 코드의 에러를 교정한 것으로 올바르지 않은 것은?

	보기
ⓐ	for문의 range 입력으로 len(nums) 대신 len(nums−1)을 사용한다.
ⓑ	4, 5번째 줄 사이에 if i == len(nums)−1: continue를 추가한다.
ⓒ	4, 5번째 줄 사이에 if i == len(nums)−1: break를 추가한다.
ⓓ	6번째 줄 아래에 들여쓰기 후 if i == len(nums)−2: break를 추가한다.

📋 프로젝트 응용하기

'기초 입문편'에서 주식 데이터를 분석하는 프로젝트 코드를 해석하면서 파이썬을 실제로 응용하는 방법을 학습하였다. '응용 실전편'에서는 이 프로젝트 코드를 수정하면서 프로그래밍을 더 효율적으로 수행하는 과정을 학습한다. 아래의 코드를 보고 각 문제를 해결해 보자.

```python
standard_volume = 30000
volume_too_low = 10000

target_dates = []
end_price_target_dates = []
ends = []
ma3_end = []
cumul_ends = [0]

for i in range(1, 4+1):
    file_name = "stock{}.txt".format(i)

    f = open(file_name, "r", encoding="utf-8")
    entire_txt = f.read()
    f.close()

    lines = entire_txt.split("\n")
    lines_values = lines[1:]

    for j in range(len(lines_values)):
        line = lines_values[j]
        values = line.split(",")
        date = values[0]
        start = values[1]
        high = values[2]
        low = values[3]
        end = values[4]
        volume = values[5]
        amount = values[6]
        fluc_rate = values[7]

        if int(volume) > standard_volume:
            print("At {}, volume is large".format(date))
            target_dates = target_dates + [date]
            end_price_target_dates += [int(end)]
        elif int(volume) < volume_too_low:
```

```
37              print("At {}, trading volume is too low".format(date))
38
39          ends = ends + [int(end)]
40
41    for j in range(len(ends)):
42        if j > 2:
43            moving_avg = (ends[j-2] + ends[j-1] + ends[j]) / 3
44            ma3_end += [moving_avg]
45
46    mean_target_end = sum(end_price_target_dates) / len(end_price_target_dates)
47
48    dates_name = "target_dates.txt"
49    f = open(dates_name, "w", encoding="utf-8")
50    for date in target_dates:
51        f.write(date)
52    f.close()
53
54    ma_name = "target_ma.txt"
55    f = open(ma_name, "w", encoding="utf-8")
56    for ma in ma3_end:
57        f.write(str(ma))
58    f.close()
```

문제 5 변수 값 확인하기

위 코드는 '기초 입문편'에서 학습한 프로젝트 코드이다. breakpoint()를 아래의 각 줄 번호에 추가하여 변수 값을 확인해 보자.

breakpoint() 줄 번호		코드	정답
①	line 12	print(i)	(0 / 1)
②		print(file_name)	(stock0.txt / stock1.txt)
③	line 31	print(type(date))	(<class 'str'> / <class 'int'>)
④		print(type(volume))	(<class 'str'> / <class 'int'>)

문제 6 breakpoint() 활용하기

위 코드에서 line 12에 breakpoint()를 추가한 후 코드를 실행하면 디버깅 모드로 진입한다. 디버깅 모드에서 아래의 명령어를 순서대로 입력했을 때 출력되는 값을 확인해 보자.

```
10    for i in range(1, 4+1):
11        file_name = "stock{}.txt".format(i)
12        breakpoint()
13        f = open(file_name, "r", encoding="utf-8")
```

	문제	정답
①	continue ▶ continue ▶ print(i)	(2 / 3)
②	next ▶ next ▶ print(i)	(1 / 2)

문제 **1**

```
nums = [2, 1, 0, -1, -2]
try:
    num = 10 / nums[0]
except:
    print("ERROR")
```
①   (*(출력 없음)* / ERROR)

try문에서 num에 10 / nums[0]을 대입한다. nums[0] 값은 2로, num에는 10/2 값인 5.0이 대입되며, 에러가 발생하는 코드는 없다. 따라서 except문의 코드는 실행되지 않으므로 출력은 없다.

```
nums = [2, 1, 0, -1, -2]
try:
    num = 10 / nums[2]
except:
    print("ERROR")
```
②   (*(출력 없음)* / **ERROR**)

try문에서 num에 10 / nums[0]을 대입한다. nums[2] 값은 0으로, num에는 10/0 값의 대입을 시도한다. 하지만 0으로 나누는 것은 에러를 발생시키므로 계산 수행을 중단하고 except문을 실행하여 ERROR가 출력된다.

```
words = ["python", "c", "java"]
for w in words:
    try:
        third = w[2]
    except:
        print(w)
```
③   (c / *(출력 없음)*)

매 반복마다 try문이 실행되며 words의 각 요소 w의 [2]번째 값을 third에 대입한다. 반복문에서 w는 "python", "c", "java"가 순서대로 대입하도록 설계되었다. third 변수에 대입할 문자는 w의 [2]번째 값인데, w가 "c"일 때는 [2]번째 값이 없으므로 에러를 발생시킨다. 이때 except문이 실행되며 출력되는 w값은 c이다.

```
       words = ["python", "c", "java"]
       for w in words:
④          try:                                    ( c / (출력 없음) )
               third = words[2]
           except:
               print(w)
```

매 반복마다 try문이 실행되며 words의 [2]번째 값을 third에 대입한다. 반복문에서 w에 words의 요소를 대입하지만, 반복문 내에서 w는 사용되지 않는다. third에는 words[2]인 "java"를 대입하며 에러는 발생하지 않는다. 따라서 출력되는 값은 없다.

문제 ❷

```
       nums = [2, 1, 0, -1, -2]
       try:
           num = 10 / nums[0]
①      except:                                    ( NO ERROR / ERROR )
           print("ERROR")
       else:
           print("NO ERROR")
```

try문에서 에러가 발생하면 except문 아래를 실행하고, 에러가 발생하지 않으면 else문 아래를 실행한다. try문에서 10에 nums[0]값인 2를 나눈 5.0이 num에 대입된다. 이 과정에서 에러는 발생하지 않으므로 else문 아래가 실행되어 NO ERROR가 출력된다.

```
       nums = [2, 1, 0, -1, -2]
       try:
           num = 10 / nums[2]
②      except:                                    ( NO ERROR / ERROR )
           print("ERROR")
       else:
           print("NO ERROR")
```

try문에서 에러가 발생하면 except문 아래를 실행하고, 에러가 발생하지 않으면 else문 아래를 실행한다. try문에서 10에 nums[2]값인 0을 나눈 결과를 num에 대입하려 한다. 0으로 나누는 것은 에러를 발생시키므로 except문 아래가 실행되어 ERROR가 출력된다.

| ③ | ```
nums = []
assert len(nums) != 0
print(nums)
``` | ( **AssertionError** / [] ) |

assert문은 주어진 조건식이 True인 경우 넘어가고, False인 경우 AssertionError를 발생시킨다. 조건식을 살펴보면 nums의 요소 개수가 0이 아닌지 검사하는데, nums 리스트는 비어 있으므로 AssertionError가 발생하고, nums는 출력되지 않는다.

| ④ | ```
nums = [1, 2, 3, 4]
assert len(nums) != 0
print(nums)
``` | ( **AssertionError** / **[1, 2, 3, 4]** ) |

assert문은 주어진 조건식이 True인 경우에는 에러가 발생하지 않는다. 조건식을 살펴보면 nums 리스트의 요소 개수는 4개이므로 assert문에 의한 에러는 발생하지 않고, print(nums)가 실행되어 nums 리스트 값이 출력된다.

문제 ❸

①	next(n)	ⓐ 디버깅을 멈추고 이후 코드를 실행한다. **ⓑ 현재 실행 중인 코드 줄을 하나 실행한다.**
②	continue(c)	**ⓐ 디버깅을 멈추고 이후 코드를 실행한다.** ⓑ 현재 실행 중인 코드 줄을 하나 실행한다.
③	quit(q)	ⓐ 디버깅 모드를 종료하고 이후 코드를 실행한다. **ⓑ 디버깅을 멈추고 파이썬 실행을 종료한다.**
④	list(l)	ⓐ 현재 접근할 수 있는 변수들을 출력한다. **ⓑ 현재 실행 중인 파일의 소스 코드를 출력한다.**

breakpoint()를 통한 디버깅 환경에서 문제의 네 명령어 결과는 아래와 같다.

- next(n): 현재 줄의 코드를 실행하여 다음 줄로 넘어간다.

- continue(c): breakpoint()를 끝내고 나머지 코드를 실행한다.

- list(l): 현재 실행되고 있는 파일의 소스 코드를 확인한다.

- quit(q): breakpoint()와 프로그램 실행을 모두 종료한다.

문제 **4**

```
       try:
           num1 = nums[i]
    ⓐ     num2 = nums[i+1]
           print(i)
       except:
           new_nums.append(num1+num2)
```

```
       try:
           print(i)
       except:
    ⓑ     num1 = nums[i]
           num2 = nums[i+1]
           new_nums.append(num1+num2)
```

```
       try:
           num1 = nums[i]
    ⓒ     num2 = nums[i+1]
           new_nums.append(num1+num2)
       except:
           print(i)
```

```
       try:
           num1 = nums[i]
           num2 = nums[i+1]
    ⓓ     new_nums.append(num1+num2)
           print(i)
       except:
           print(new_nums)
```

```
...
   num1 = nums[i]
   num2 = nums[i+1]
   new_nums.append(num1+num2)
...
```

① try-except문은 try 아래를 실행하여 에러가 발생했을 때 except의 코드를 실행한다. except문은 에러가 발생할 때만 실행되므로 에러가 발생할 때의 i값을 확인할 수 있는 코드는 ⓒ이다.

> ⓐ num1에 대입할 때 nums[2]에 접근하여 인덱스 에러가 발생한다.
> **ⓑ num2에 대입할 때 nums[3]에 접근하여 인덱스 에러가 발생한다.**
> ⓒ nums[2]는 이전 반복에서 이미 사용되었기 때문에 인덱스 에러가 발생한다.
> ⓓ nums[3]은 이전 반복에서 이미 사용되었기 때문에 인덱스 에러가 발생한다.

② 위 문제는 인덱스 에러가 발생하며, 인덱스가 리스트의 요소 개수 이상의 숫자를 사용할 때 발생한다. nums 리스트의 요소 개수는 3개로, i+1인 3을 nums의 인덱스로 사용하여 에러가 발생한다.

③ 위 보기의 ⓑ, ⓒ, ⓓ는 모두 i가 2일 때는 반복문 내의 코드를 실행하지 않게 하는 방법으로 에러를 해결한다. ⓐ의 경우 nums−1은 리스트에서 숫자를 뺀 것으로, 이는 에러를 발생시키기 때문에 적절하지 못한 에러 교정이다.

문제 5

```
①      line 12    print(i)                 ( 0 / 1 )
②                 print(file_name)         ( stock0.txt / stock1.txt )
```

프로젝트 코드에서 breakpoint()가 실행된 시점은 반복문의 첫 반복이 실행되었을 때이다. for 문에서 i에는 처음에 1이 대입되므로 print(i)의 결과는 1이고, print(file_name)의 출력은 stock{}.txt의 중괄호({})에 1이 대입된 stock1.txt가 출력된다.

```
③      line 31    print(type(date))      ( <class 'str'> / <class 'int'> )
④                 print(type(volume))    ( <class 'str'> / <class 'int'> )
```

line 31에서 실행된 breakpoint()는 date, start, volume 등의 변수 값이 대입된 직후의 상황에서 디버깅을 수행한다. date와 volume은 모두 values 리스트의 요소이며, values는 문자열의 .split(",") 함수 결과이므로 date, volume의 자료형은 문자열(str)이다.

```
10    for i in range(1, 4+1):
11        file_name = "stock{}.txt".format(i)
12        breakpoint()
13        f = open(file_name, "r", encoding="utf-8")
```

①
```
      continue
   ▶ continue                              ( 2 / 3 )
   ▶ print(i)
```

breakpoint()의 디버깅 모드에서 continue 명령어는 현재 상태에서 디버깅 모드를 종료하고 다음 breakpoint()를 만날 때까지 코드를 실행한다. breakpoint()가 for문 안에 있으므로 line 10의 반복문 아래의 들여쓰기 영역을 실행한 후 다시 line 12로 돌아와 breakpoint()가 실행된다. 이 상태에서 continue를 한 번 더 실행하므로, line 10의 반복문이 세 번째 반복인 상태에서 디버깅 모드가 실행되고, 이때 print(i)로 i 값을 출력하면 세 번째 반복의 i 값 3이 출력된다.

②
```
      next
   ▶ next                                  ( 1 / 2 )
   ▶ print(i)
```

breakpoint()의 디버깅 모드에서 next 명령어는 현재 일시 정지된 상태 기준 다음에 실행될 코드 줄을 하나 실행한다. next 명령어를 두 번 실행하면 line 13, 14를 각각 실행하므로 i를 출력하면 i 값은 여전히 첫 번째 반복의 1이다.

1. 디버깅

디버깅은 프로그래밍에서 버그(오류)를 찾고 수정하는 과정을 뜻한다. 버그가 발생했을 때, print() 함수 및 디버깅 관련 문법을 통해 우선적으로 어떤 문제가 발생했는지 이해해야 한다. 디버깅 과정에서 버그에 대한 정보를 수집하고, 발생한 오류 메시지와 디버깅 문법을 통해 원하는 의도의 코드로 수정해야 한다.

2. assert / raise

assert 문은 프로그램에서 특정 조건이 True인지 확인하는 데 사용된다. 만약 조건이 거짓이면 AssertionError가 발생하며, 이를 통해 코드의 가정을 확인하고 디버깅에 도움을 준다. True/False에 따라 코드 동작이 달라지는 점에서 if문과 비슷하지만, assert문은 에러를 발생시키므로 엄격한 조건을 설정할 때 사용된다.

raise 문은 프로그램에서 명시적으로 에러를 발생시키는 데 사용된다. 예외는 프로그램의 특정 상황에서 오류를 의도적으로 나타내는 신호로 사용된다. raise 문을 사용하여 예외를 발생시키면 해당 에러를 처리할 수 있다.

3. try문

try문은 파이썬에서 예외 처리를 위해 사용되는 문법으로, except문과 함께 사용된다. 에러가 발생할 수 있는 코드를 try 블록으로 감싸고, 에러가 발생하면 try문 내의 코드 실행을 중단하고 except문 아래의 영역을 실행한다. 이를 통해 에러가 발생하는 상황에 대해서만 프로그램이 동작하는 상황을 파악할 수 있고, 이에 맞는 대응을 할 수 있다. else, finally문을 추가로 사용할 수 있는데, 각각 에러가 발생하지 않은 경우, 그리고 에러 발생 여부에 관계없이 실행될 코드를 설계할 경우에 사용한다. try문을 사용하여 디버깅을 수행하면 처리하면 프로그램을 종료하지 않고 프로그램을 파악할 수 있으며, 에러 시점의 프로그램 상태에 대해 효율적으로 접근할 수 있다.

4. breakpoint

breakpoint()는 파이썬 3.7 버전부터 추가된 내장 함수로, 프로그램의 실행을 일시 중단하고 디버깅 모드로 전환한다. breakpoint()가 실행되면 해당 실행 상황에서 변수의 값을 확인하거나 코드의 실행 흐름을 제어할 수 있다. 디버깅 모드에서는 실행 중인 파이썬 프로그램과 상호작용할 수 있으며, 디버깅 도구로 코드의 상태를 분석하여 에러를 파악할 수 있다. breakpoint를 사용하면 프로그램을 실행하는 동안 특정 지점에서 멈추고 상태를 확인할 수 있으므로, 디버깅 과정에서 유용하게 사용된다.

자료형 확장

∨ 핵심 키워드

튜플, 딕셔너리, 집합, None, bytes, complex

여기서는 무얼 배울까

이번 챕터에서는 기본적인 데이터 타입 외에 파이썬에서 기본적으로 제공하는 다양한 데이터 타입들에 대해서 학습한다. 튜플(tuple)은 리스트와 비슷한 자료형으로 여러 값들을 하나로 묶을 때 사용한다. 딕셔너리(dictionary)는 키(key)와 밸류(value)의 쌍으로 데이터를 저장하는 자료형이다. 집합(set)은 중복을 허용하지 않고, 순서가 없는 데이터를 다룰 수 있는 자료형이다. None은 특수한 값으로, "없는" 상태를 정의할 때 사용한다. bytes는 바이트 단위로 데이터를 저장하며, 문자열과 유사한 방식으로 사용되며, 바이너리 데이터를 다룰 때 사용된다. 복소수(complex) 자료형은 복소수 숫자를 다룰 수 있으며, 실수부와 허수부로 나뉜다.

더 멋진 내일(Tomorrow)을 위한 내일(My Career) **내일은 파이썬**

튜플 - tuple

튜플이란

튜플은 다양한 데이터를 담을 수 있는 자료형이다. 소괄호로 둘러싸서 사용하며, 각 요소들은 쉼표로 구분된다.

```
nums = (1, 2, 3, 4)
print(nums)
```

실행 결과
```
(1, 2, 3, 4)
```

위 코드는 소괄호를 사용하여 튜플 데이터를 선언하였다. 변수 선언 시 괄호를 사용하지 않고 값을 콤마(,)로 구별하면 자동으로 튜플 변수로 생성된다.

```
nums = 1, 2, 3, 4
print(nums)
```

실행 결과
```
(1, 2, 3, 4)
```

위와 같이 괄호를 사용하지 않고 값을 콤마로 구분하면 이는 튜플로 인식된다.

```
nums = (1, )
print(nums)
```

실행 결과
```
(1,)
```

위와 같이 하나의 요소만 갖는 튜플을 선언할 때는 요소 뒤에 콤마(,)를 붙인다.

```
words = "apple", "banana", "grape"
print(type(words))
print(words)
```

```
<class 'tuple'>
('apple', 'banana', 'grape')
```

튜플 관련 연산자 및 함수

튜플은 리스트와 유사하다. 아래의 코드는 튜플을 사용하는 코드이다.

```
nums = (10, 20, 30)
print(nums[0])
print(nums[1:])
```

```
10
(20, 30)
```

위 코드는 튜플에서 인덱싱과 슬라이싱을 사용한 코드이다. 리스트와 마찬가지로 인덱싱은 첫 번째 요소를 [0]에서부터 시작하여 접근할 수 있다. 인덱싱은 해당 인덱스 위치의 값을, 슬라이싱은 해당 구간의 요소들을 튜플로 꺼낸다.

리스트와 마찬가지로, 튜플은 len, sum, max/min, sorted 함수들의 입력으로 사용할 수 있다. 뿐만 아니라 덧셈, 곱셈의 이어 붙이기, 반복 또한 가능하다.

```
nums = (5, 7, 4)
print(len(nums))
print(sum(nums))
print(max(nums), min(nums))
print(sorted(nums))
print(nums + nums)
print(nums * 3)
```

```
3
16
7 4
[4, 5, 7]
(5, 7, 4, 5, 7, 4)
(5, 7, 4, 5, 7, 4, 5, 7, 4)
```

위 코드는 튜플 변수 nums를 파이썬 내장 함수 및 연산자에 사용한 것이다. 주의할 점은 sorted() 함수는 입력 데이터의 자료형에 관계없이 입력을 리스트에 정렬시킨다. 따라서 nums와 다른 자료형인 리스트로 결과가 나타난다. 덧셈 및 곱셈의 경우, 리스트, 문자열의 덧셈과 마찬가지로 이어 붙이기, 반복을 수행한다.

```
words = "apple", "banana"
print(words[1])
print(len(words))
print(max(words))
print(words * 2)
```

```
banana
2
banana
('apple', 'banana', 'apple', 'banana')
```

튜플 사용 시 주의사항

튜플과 리스트는 매우 비슷하지만 튜플이 리스트와 다른 점은 튜플은 값의 수정이 불가능하며, 값 수정을 시도하면 에러를 발생시킨다.

```
nums = (10, 20, 30)
nums[0] = 15
```

```
TypeError: 'tuple' object does not support item assignment
```

위 코드는 에러를 발생시키며, 튜플은 값 대입이 불가능하다는 메시지를 출력한다.

값 변경 외에도, 리스트의 append(), remove() 함수 등 리스트 내부에서 요소가 변경되는 함수는 지원하지 않는다.

```
nums = (5, 7, 4)
nums.append(3)
```

```
AttributeError: 'tuple' object has no attribute 'append'
```

위 코드는 에러를 발생시키며, 튜플에는 append가 없다는 메시지를 출력한다. 위 코드의 의도와 같이 nums의 원래 튜플에 3이 추가시킨 결과가 필요하다면 아래와 같이 덧셈 연산자를 사용하면 된다.

```
nums = (5, 7, 4)
nums += (3,)
print(nums)
```

```
(5, 7, 4, 3)
```

위 코드는 튜플 nums에 += 연산자를 사용하여 1개의 요소로 이루어진 튜플 (3,)을 추가한다. 덧셈 연산자를 활용하여 튜플에 값을 추가하는 결과를 얻을 수 있다.

> **● 더 알아보기**
>
> In-place 알고리즘
>
> In-place 알고리즘은 데이터를 가공할 때 추가적인 공간을 할당하거나 새로운 복사본을 생성하지 않고 직접적으로 수정하는 알고리즘이나 연산을 말한다. 리스트를 다룰 때 리스트를 추가하는 방식 중 .append(), .extend() 함수는 in-place 방식으로 값을 추가하며, + 연산자를 사용하는 방식은 in-place 방식이 아니다.
>
> ```
> nums = [1, 2, 3 ]         nums = [1, 2, 3 ]
> nums.append(4)            nums + [4]      (새 메모리)
>                                    [1, 2, 3, 4]
> ```
>
> + 연산자로 리스트에 값을 추가하는 방식은 추가 요소 개수에 따라 개별적인 함수 이름을 사용하지 않아 직관적이다. 하지만 리스트에 + 연산자를 사용할 경우 메모리 내부에서 새로운 리스트를 생성하므로 .append(), .extend()를 사용하는 것에 비해 약간 느리며, 메모리를 더 사용한다.
>
> 튜플과 리스트의 차이점은 in-place 알고리즘 사용 가능 여부이다. 리스트는 in-place 알고리즘을 사용할 수 있지만, 튜플은 in-place 알고리즘으로 값을 수정할 수 없다.

• 대입 의도를 명확하게

```
a, b = 1, (2, 3)            ValueError: too many values to unpack (expected 2)
x, y = 1, 2, 3
```

위 에러는 두 번째 줄에서 발생하며, 대입할 값의 수가 많다는 메시지를 출력한다. a, b의 대입에서는 a에는 1을, b에는 (2, 3) 튜플을 대입하도록 명시하고 있지만, x, y의 대입에서는 x에 1, y에 (2, 3) 대입인지 x에 (1, 2), y에 3 대입인지 의도가 모호하다. 이 경우 변수와 대입 값의 개수를 같게 하거나 튜플로 대입 값을 감싸서 대입 의도를 명확히 해야 한다.

• 값 변경 불가능

```
nums = 1, 20, 300          TypeError: 'tuple' object does not support item
nums[1] += 4               assignment
```

위 에러는 튜플 변수 words의 요소의 변경을 시도하여 발생한다. 본문에서 설명했듯이 튜플 변수의 요소 값에 직접 대입을 시도하는 것은 불가능하다.

• 리스트와 덧셈 불가

```
nums = 1, 20, 300          TypeError: can only concatenate tuple (not "list")
nums = nums + [4000]       to tuple
```

위 에러는 튜플 변수 nums와 리스트의 덧셈 연산을 시도하여 발생한다. 튜플은 튜플끼리 더할 수 있으며, 리스트는 리스트끼리 더할 수 있다.

• 튜플 인덱스 에러

```
nums = 1, 20, 300          IndexError: tuple index out of range
print(nums[4])
```

위 에러는 튜플 변수 nums에서 요소 개수 바깥의 인덱스로 접근하여 발생한다. 리스트와 마찬가지로 튜플의 요소 탐색 시 요소 개수 범위를 초과하는 인덱스를 사용하면 에러가 발생한다.

02

더 멋진 내일(Tomorrow)을 위한 내일(My Career) **내일은 파이썬**

딕셔너리 - dictionary, dict

딕셔너리란

파이썬에서 딕셔너리는 두 값의 대응으로 이루어진 자료형이다. 딕셔너리는 키(key)−값(value) 쌍으로 값을 저장하며, 키를 기반으로 값을 검색하여 접근한다. 딕셔너리 자료형을 사용할 때는 키에 대응하는 값을 콜론(:)으로 대응시키며, 이 키−밸류들을 중괄호로 감싼다. 아래는 딕셔너리 변수를 선언하는 예시이다.

> **Clear Comment**
>
> **딕셔너리의 값, 자료형의 값**
>
> value는 한국어로 "값"을 뜻하는데, "변수 값", "데이터 값"에서의 값과 용어 사용이 헷갈릴 수 있습니다. 본 도서에서는 이후 딕셔너리의 value를 지칭할 때 "밸류"로 표기합니다.

```
name_price = {"apple": 3000, "grape": 5000}
name_price = dict(apple=3000, grape=5000)
```

```
name_price = {"apple": 3000, "grape": 5000}
```

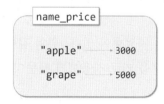

위 코드에서 변수 name_price는 딕셔너리이며 "apple" 키의 밸류는 3000, "grape" 키의 밸류는 5000이다. 두 코드는 동일한 키−밸류 쌍을 가진 딕셔너리를 생성한다.

딕셔너리 자료형을 사용할 때 알아두어야 할 특징은 아래
와 같다.

Quick Tip

mutable

mutable 자료형은 딕셔너리의 키로 사용
될 수 없습니다. 튜플에서 학습한 in-place
계산이 가능한 자료형은 mutable한 자료
형입니다.

순서가 없다

딕셔너리를 사용할 때 {"apple": 3000,
"grape": 5000}과, {"grape": 5000, "apple":
3000}은 표기 순서는 다르지만, 메모리 내
에서는 동일한 정보를 가진 데이터입니다.

● 딕셔너리의 키를 대괄호로 감싸서 밸류에 접근할 수 있다.
● 딕셔너리의 밸류에는 어떤 자료형의 값도 사용할 수 있
  으나, 키에서는 리스트, 딕셔너리 등 일부 자료형이 포
  함된 값은 사용할 수 없다.
● 딕셔너리는 리스트, 튜플과 달리 **순서가 없다.**

```
name_price = {"apple": 3000, "grape": 5000}
print(name_price["apple"])
```

실행 결과

```
3000
```

위 코드에서 name_price 변수는 "apple", "grape" 키를 가지며 각 키의 밸류는 각각 3000,
5000이다. 이 중 "apple" 키의 밸류에 접근하려면 딕셔너리의 오른쪽에 대괄호로 키 값을 입력
하면 해당 키의 밸류 값에 접근할 수 있다.

```
arr_sum = {[1, 2]: 3}
```

실행 결과

```
TypeError: unhashable type: 'list'
```

딕셔너리의 키에는 사용할 수 없는 자료형이 있다. 위와 같이 unhashable type이라는 에러가
발생한다면, 사용할 수 없는 자료형을 키로 사용했기 때문이므로 다른 자료형의 키를 사용해 주
면 된다.

```
arr_sum = {(1, 2): 3}
```

위와 같이 키를 튜플로 변경하면 에러 없이 딕셔너리가 선언된다.

```
name_price1 = {"apple": 3000, "grape": 5000}
name_price2 = {"grape": 5000, "apple": 3000}
print(name_price1 == name_price2)
```

```
True
```

위 코드에서 name_price1과 name_price2는 키−밸류 쌍의 코드 상에서 순서만 변경한 것이다. 딕셔너리의 요소들은 순서가 없기 때문에 프로그램 내에서 두 변수 값은 동일한 정보를 가진다.

손으로 익히는 코딩

```
d = {"apple": 1000, "banana": 2000}
print(d)
print(d["apple"])
```

실행 결과

```
{'apple': 1000, 'banana': 2000}
1000
```

딕셔너리 관련 문법

딕셔너리 생성

딕셔너리의 생성 방법은 아래와 같다.

- {key1: value1, key2: value2, …}

- dict(key1=value1, key2=value2, …)

- {}, dict()

딕셔너리에서 요소들을 담는 기호는 중괄호({})이다. 중괄호를 사용하여 딕셔너리 안에 포함시킬 키−밸류 쌍들을 콜론(:)으로 대응시켜 생성한다. 혹은, dict()을 함수를 사용하듯이 키 이름의 입력에 밸류 값을 대응시켜 생성한다. 빈 딕셔너리를 생성하고 싶으면 {}나, dict()를 통해 생성할 수 있다.

Clear Comment

{}대신 dict()를 권합니다
03에서 다룰 집합 자료형도 중괄호를 사용합니다. 빈 중괄호는 해당 값을 딕셔너리로 사용할지 집합으로 사용할지 헷갈릴 수 있으므로 코드의 의도를 명확히 하기 위해 dict()를 사용하는 것을 권합니다.

값 대입 및 접근

딕셔너리에 키-밸류 쌍을 추가하는 방법은 아래와 같다.

```
d = {}
d["apple"] = 3000
```

위와 같이, 딕셔너리의 오른쪽에 대괄호로 키를 입력하여 대입 연산자 =을 통해 밸류 값을 대입한다. 딕셔너리에 값을 대입 시, 해당 키가 이미 존재하면 값을 덮어쓰고, 키가 없으면 해당 키-밸류 쌍을 새로 만든다.

```
d = {"apple": 3000}
d["apple"] = 5000
```

위 코드에서 d는 "apple"-3000의 키-밸류 쌍을 가진 딕셔너리로 선언되고, 이후 "apple"키에 5000을 대입하여 결과적으로 d는 {"apple": 5000}이다.

딕셔너리에서 어떤 키-밸류 쌍의 밸류 값에 접근할 때는 대입할 때와 마찬가지로 대괄호를 사용하여 키 값을 감싼다.

```
d = {"apple": 3000}
print(d["apple"])
```

실행 결과
```
3000
```

위와 같이 ["apple"]을 통해 "apple"키의 밸류 값에 접근할 수 있다.

만일 해당 키 값이 없으면 키 에러가 발생한다.

```
d = {"apple": 3000}
print(d["banana"])
```

실행 결과
```
KeyError: 'banana'
```

위 코드는 "banana"키가 없는 딕셔너리에 해당 키를 통해 밸류 값에 접근하려 하므로 에러를 발생시킨다.

멤버 연산자 in을 사용하여 특정 키가 딕셔너리에 존재하는지 확인할 수 있다.

```
d = {"apple": 3000}
print("apple" in d)
print("banana" in d)
print(3000 in d)
```

실행 결과
```
True
False
False
```

위 코드는 세 값 "apple", "banana", 3000이 딕셔너리 변수 d에 포함돼 있는지를 검사한다. in 연산자를 딕셔너리에 사용할 경우 키 값들 중에서 존재하는지 검사하므로 "apple"에 대한 in 연산 결과만 True를 얻을 수 있다.

딕셔너리를 len() 함수에 입력하면 키–밸류 쌍의 개수를 얻을 수 있다.

```
nums = {1: 9, 2: 5, 3: 4}
print(len(nums))
```

실행 결과
```
3
```

위 코드는 딕셔너리 nums의 키–밸류 쌍의 개수를 len() 함수를 통해 구하여 출력한다.

딕셔너리 반복

for문을 사용하여 딕셔너리의 모든 키–밸류 쌍에 대해 반복을 수행할 수 있다.

```
name_price = {"apple": 3000, "grape": 5000}
for k in name_price:
    print(k)
```

실행 결과
```
apple
grape
```

위의 코드는 딕셔너리를 for문의 반복 대상으로 두고 반복 대입 값 k를 출력한다. 반복문에서 k에 대입되어 출력되는 값은 키 값이며, 딕셔너리에 작성된 순서대로 출력된다.

```python
name_price = {"apple": 3000, "grape": 5000}
for k in name_price:
    v = name_price[k]
    print("{}: {}".format(k, v))
```

실행 결과
```
apple: 3000
grape: 5000
```

위 코드는 반복문을 통해 딕셔너리의 키-밸류 쌍들을 출력한다. 딕셔너리를 반복하여 얻은 키 값을 사용함으로써 딕셔너리의 밸류 값에 접근하였다.

손으로 익히는 코딩

```python
d = {"apple": 1000, "banana": 2000}
print(len(d))
```

실행 결과
```
2
```

손으로 익히는 코딩

```python
d = {"apple": 1000, "banana": 2000}
for i in d:
    print(i)
```

실행 결과
```
apple
banana
```

```
d = {"apple": 1000, "banana": 2000}
for i in d:
    print(d[i])
```

실행 결과
```
1000
2000
```

딕셔너리의 내장 함수

딕셔너리의 내장 함수를 사용하여 딕셔너리를 보다 효율적으로 사용할 수 있다.

keys()

딕셔너리의 .keys() 함수는 딕셔너리의 모든 키를 결과로 준다.

```
d = {"apple": 3000, "grape": 5000}
print(d.keys())
```

실행 결과
```
dict_keys(['apple', 'grape'])
```

위 코드는 딕셔너리 d의 모든 키를 결과로 출력한다. 결과 값은 dict_keys라는 자료형으로, 인덱싱과 슬라이싱은 불가능하지만 반복문에 사용할 수 있다.

```
d = {"apple": 3000, "grape": 5000}
for k in d.keys():
    print(k)
```

실행 결과
```
apple
grape
```

위 코드는 딕셔너리의 .keys() 함수를 반복 대상으로 삼는다. 이것은 딕셔너리를 바로 반복 대상으로 사용하는 것과 동일하지만 코드를 보다 직관적으로 작성할 수 있다.

values()

딕셔너리의 .values() 함수는 딕셔너리의 모든 밸류를 결과로 준다.

```
d = {"apple": 3000, "grape": 5000}
print(d.values())
```

실행 결과

```
dict_values([3000, 5000])
```

위 코드는 d 딕셔너리의 .values() 함수를 통해 모든 밸류 값들을 담은 결과를 출력한다. dict_values라는 자료형으로 dict_keys와 마찬가지로 인덱싱 및 슬라이싱은 사용할 수 없다. values()의 요소는 작성/대입된 순서대로 출력된다.

items()

딕셔너리의 .items() 함수는 딕셔너리의 모든 키-밸류 쌍을 담은 dict_items 데이터를 결과로 준다.

> **Quick Tip**
>
> **딕셔너리 반복**
> 딕셔너리를 반복하는 방식은 주로 두 가지를 사용하므로, 헷갈리지 않도록 숙지하는 것이 좋습니다.
> ① 딕셔너리 자체를 반복하여 키 값을 얻은 후 밸류는 딕셔너리[키]로 접근
> ② 딕셔너리.items()를 반복하여 키, 밸류를 동시에 반복 변수로 사용

```
d = {"apple": 3000, "grape": 5000}
print(d.items())
```

실행 결과

```
dict_items([('apple', 3000), ('grape', 5000)])
```

위 코드는 딕셔너리의 items() 함수를 통해 d의 모든 키-밸류 쌍을 담은 결과를 출력한다. 함수 값의 자료형은 dict_items로 dict_keys, dict_values와 마찬가지로 인덱싱 및 슬라이싱은 사용할 수 없다.

get()

딕셔너리의 .get() 함수는 딕셔너리에서 주어진 키의 밸류 값을 결과로 준다.

```
d = {"apple": 3000, "grape": 5000}
print(d.get("apple"))
```

실행 결과
```
3000
```

위 코드는 딕셔너리의 .get() 함수를 사용하여 d의 "apple" 키에 대응하는 밸류 값을 출력한다. 앞서 설명한 d["apple"]을 사용해서도 접근할 수 있으나, get() 함수를 통해서는 없는 키를 입력했을 때 에러가 발생하지 않는다는 점이다.

```
d = {"apple": 3000, "grape": 5000}
print(d.get("banana", 0))
```

실행 결과
```
0
```

위 코드는 딕셔너리의 .get() 함수를 통해 "banana" 키에 대응하는 밸류 값에 접근하는데, d는 "banana" 키를 갖지 않는다. 이 경우 키 에러를 발생시키지 않고, get() 함수의 두 번째 입력값이 출력된다. 만일 두 번째 입력 값을 주지 않으면 아래와 같이 None을 출력한다.

> **Clear Comment**
>
> **"없다"는 개념의 None**
> None은 존재하지 않는다는 개념을 나타내는 자료형으로, 04에서 학습합니다.

```
d = {"apple": 3000, "grape": 5000}
print(d.get("banana"))
```

실행 결과
```
None
```

pop()

딕셔너리의 .pop() 함수는 딕셔너리에서 주어진 키의 밸류 값을 결과로 주고, 해당 키-밸류 쌍을 제거한다.

실행 결과

```
d = {"apple": 3000, "grape": 5000}
print(d.pop("apple"))
print(d)
```

```
3000
{'grape': 5000}
```

위 코드는 딕셔너리의 .pop() 함수를 통해 "apple" 키에 대응하는 밸류 값을 출력하고, "apple"-3000 키-밸류 쌍을 d에서 제거한다. d를 출력한 결과를 살펴보면 "apple"에 대응하는 키-밸류 쌍이 제거된 것을 확인할 수 있다.

손으로 익히는 코딩

```
name_age = {"Kim": 20, "Lee": 30}
for k, v in name_age.items():
    print(k, v)
```

실행 결과

```
Kim 20
Lee 30
```

손으로 익히는 코딩

```
name_age = {"Kim": 20, "Lee": 30}
print(name_age.get("Kim", -1))
print(name_age.get("Park", -1))
```

실행 결과

```
20
-1
```

손으로 익히는 코딩

```
name_age = {"Kim": 20, "Lee": 30}
print(name_age.pop("Kim"))
print(name_age)
```

실행 결과

```
20
{'Lee': 30}
```

• 딕셔너리 키 에러

```
nums = {0: 10, 1: 20}
print(nums[2])                      KeyError: 2
```

위 에러는 딕셔너리 변수에서 존재하지 않는 키에 대한 밸류 값에 접근하여 발생한다. 에러 메시지는 단순히 2라는 키가 존재하지 않음을 출력한다.

• 딕셔너리끼리 덧셈은 불가능

```
name_age1 = {"Kim": 20, "Lee": 30}
name_age2 = {"Park": 50}            TypeError: unsupported operand type(s) for
                                     +: 'dict' and 'dict'
print(name_age1+name_age2)
```

위 에러는 딕셔너리끼리 덧셈을 시도하여 발생한다. 에러 메시지는 딕셔너리와 딕셔너리의 +는 지원하지 않는다는 의미이다.

• 딕셔너리의 keys()는 인덱싱 불가능

```
name_age = {"Kim": 20, "Lee": 30}   TypeError: 'dict_keys' object is not
print(name_age.keys()[0])           subscriptable
```

위 에러는 딕셔너리의 keys() 결과에 인덱싱을 시도하여 발생한다. 리스트처럼 인덱싱이 가능하게 하려면 list(name_age.keys())로 자료형 변환 후 사용해야 한다.

```
name_age = {"Kim": 20, "Lee": 30}
print(list(name_age.keys())[0])     Kim
```

딕셔너리의 values() 또한 인덱싱이 불가능하다.

• 딕셔너리의 items() 반복은 괄호를 잊지 말 것

```
name_age = {"Kim": 20, "Lee": 30}
for k, v in name_age.items:         TypeError:  'builtin_function_or_method'
    print(k, v)                     object is not iterable
```

위 에러는 딕셔너리의 items()가 아닌 items를 반복에 사용하여 발생한다. 에러 메시지는 함수는 반복 가능하지 않다는 의미이다. 딕셔너리의 items는 함수이며 괄호쌍 없이 사용할 경우 함수 그 자체를 반복에 사용하게 된다. keys(), values() 또한 마찬가지로 반복에 사용할 때 괄호쌍을 붙여서 사용해야 한다.

더 멋진 내일(Tomorrow)을 위한 내일(My Career) **내일은 파이썬**

집합 - set

집합이란

파이썬에서 집합(set)은 중복되지 않은 요소들로 구성된 자료형이다. 집합은 중괄호를 사용하여 표현한다. 아래는 집합 변수를 선언하는 예시이다.

```
names = {"apple", "banana", "grape"}
```

위 코드에서 names 변수는 세 개의 문자열을 원소로 하는 집합이다. 집합 자료형을 사용할 때 알아 두어야 할 특징은 아래와 같다.

● 같은 집합 내에서 원소는 중복되지 않는다.

● 집합 내의 요소들은 순서가 없다.

● 인덱싱이나 슬라이싱으로 집합 내의 요소에 접근할 수 없다.

집합은 어떤 원소가 있는지에 대한 정보만 있으며, 해당 원소는 순서를 갖지 않는다. 따라서 순서 정보가 필요한 인덱싱이나 슬라이싱은 사용할 수 없다.

```
nums = {1, 1, 1, 1, 1, 1}
print(nums)
```

실행 결과
```
{1}
```

위 코드는 집합 변수 nums에 1을 중복해서 담아 선언하여 출력한다. 집합 변수는 중복되는 원소가 없으므로 중복으로 작성된 값은 하나로 인식한다.

```
nums = {1, 2, 3}
print(nums[1])
```

실행 결과

```
TypeError: 'set' object is not subscriptable
```

위 코드는 집합 변수 nums에 인덱싱을 시도하여 에러를 발생시킨다. 마찬가지로, 슬라이싱도 에러를 발생시킨다.

손으로 익히는 코딩

```
num_set = {1, 2, 3, 1}
print(len(num_set))
print(num_set)
```

실행 결과

```
3
{1, 2, 3}
```

집합 관련 문법

집합 생성

집합은 값을 중괄호({})로 감싸서 선언한다. 중괄호의 사용은 딕셔너리와 유사하지만, 콜론으로 키-밸류 쌍을 나타내지 않고 리스트처럼 값을 나열하듯이 작성한다. 집합의 생성 방법은 아래와 같다.

● {원소1, 원소2, ...}

● set()

원소를 포함한 집합을 생성할 때는 중괄호로 원소들을 감싸서 생성하며 각 원소들은 콤마(,)로 구분한다. 빈 집합은 set()으로 생성할 수 있다.

{}는 빈 딕셔너리

빈 중괄호는 실제로는 빈 딕셔너리로 생성됩니다. 딕셔너리와 집합 모두 중괄호를 사용하기 때문에 헷갈릴 수 있습니다. 의도한 자료형을 명확히 하기 위해서 {} 대신 dict()나 set()을 사용하는 것이 좋습니다.

집합 관련 연산자 및 관련 문법

집합은 합집합(∪), 교집합(∩), 차집합(-) 등의 연산이 있다. 집합에서 사용하는 연산자들은 아래의 기호를 통해 사용한다.

|	두 집합의 합집합(∪)을 계산한다. s1 | s2는 s1.union(s2)와 같다.
&	두 집합의 교집합(∩)을 계산한다. s1 & s2는 s1.intersection(s2)와 같다.
-	앞의 집합에서 뒤의 집합을 제외하는 차집합(-)을 계산한다. s1 - s2는 s1.difference(s2)와 같다.
^	두 집합의 대칭 차집합을 계산한다. 두 집합 중에서 한 집합에만 속한 원소들로 이루어진 집합을 계산한다. s1^s2는 s1.symmetric_difference(s2)와 같다.
in	앞의 값이 뒤의 집합에 포함되는지 검사하여 True 혹은 False의 결과를 준다.
len()	집합의 원소의 개수를 계산한다.

실행 결과

```
set1 = {1, 2, 3, 4, 5}
set2 = {4, 5, 6}
print(set1 | set2)
print(set1 & set2)
print(set1 - set2)
print(set1 ^ set2)
print(1 in set1)
print(len(set1))
```

```
{1, 2, 3, 4, 5, 6}
{4, 5}
{1, 2, 3}
{1, 2, 3, 6}
True
5
```

위 코드는 집합에서 사용하는 연산자 및 관련 문법을 사용한 코드이다. 집합의 수학적 연산을 수행하는 연산자(|, &, -, ^)는 집합끼리만 실행 가능하다.

손으로 익히는 코딩

실행 결과

```
two_mul = {2, 4, 6, 8, 10, 12}
three_mul = {3, 6, 9, 12}
print(two_mul & three_mul)
print(2 in two_mul)
print({3, 6} in three_mul)
```

```
{12, 6}
True
False
```

집합의 내장함수

집합의 내장 함수를 사용하여 집합을 보다 효율적으로 사용할 수 있다.

add()

집합의 .add() 함수는 집합에 입력 원소를 추가한다. 입력 값이 이미 존재할 경우에는 새로 추가되지 않는다.

```
nums = {1, 2, 3}
nums.add(4)
nums.add(2)
print(nums)
```

실행 결과
```
{1, 2, 3, 4}
```

위 코드는 집합 변수 nums에 .add() 함수를 사용하여 4와 2를 추가한다. 4는 새롭게 추가되며, 2는 nums에 이미 존재하므로 변화가 없다. 마지막 줄의 출력은 기존의 {1, 2, 3}에서 4만 추가된 {1, 2, 3, 4}가 출력된다.

remove()

집합의 .remove() 함수는 해당 집합에서 입력 값의 원소를 제거한다. 입력 값이 집합에 없으면 에러를 발생시킨다.

```
nums = {1, 2, 3}
nums.remove(2)
print(nums)
nums.remove(4)
```

실행 결과
```
{1, 3}
KeyError: 4
```

위 코드는 집합 변수 nums에 .remove() 함수를 사용하여 2를 제거한다. 세 번째 줄의 출력에서 원소 2가 제거된 {1, 3}이 출력된다. 이후 nums에 존재하지 않는 4를 제거하려 하면 해당 키가 없다는 에러를 발생시킨다.

update()

집합에 여러 개의 원소를 한 번에 추가한다. 입력의 자료형은 리스트, 튜플, 집합 등 여러 요소로 이루어진 값을 사용할 수 있다.

```
nums = {1, 2, 3}
nums.update([3, 4, 5])
print(nums)
```

실행 결과

```
{1, 2, 3, 4, 5}
```

위 코드는 집합 변수 nums에 [3, 4, 5]의 모든 요소를 원소로 추가한다. 3은 nums에 이미 있으므로 4, 5만 추가되어 출력은 {1, 2, 3, 4, 5}가 출력된다.

손으로 익히는 코딩

```
two_mul = {2, 4, 6}
two_mul.add(8)
print(two_mul)
two_mul.remove(8)
print(two_mul)
two_mul.update({8, 10, 12})
print(two_mul)
```

실행 결과

```
{8, 2, 4, 6}

{2, 4, 6}

{2, 4, 6, 8, 10, 12}
```

에러에서 배우기

- set은 인덱싱, 슬라이싱 불가

```
nums = {1, 2, 3, 4, 5}        TypeError: 'set' object is not subscriptable
print(nums[:3])
```

위 에러는 set 변수에 대해 슬라이싱을 시도하여 발생한다. set의 요소들은 순서가 없기 때문에 인덱싱과 마찬가지로 슬라이싱 또한 불가능하다.

04

그 외 자료형

None

파이썬에서 None은 "값이 없는 상태"를 나타내는 자료형이다. 변수 값을 None으로 사용할 수 있으나, 값이 없는 상태로 간주된다.

```
var = None
print(var)
print(type(var))
```

실행 결과

```
None
<class 'NoneType'>
```

위 코드에서 변수 var는 NoneType 자료형의 값 None이다. None은 bool 자료형에서 False로 취급된다. 따라서 if문에서 None 값을 조건식으로 사용 시 if문 아래를 실행하지 않는다.

```
var = None
if var:
    print("none")
```

실행 결과

```
(출력 없음)
```

위 코드에서 변수 var를 None으로 선언 후, if문의 조건식으로 var를 사용하였다. None은 False로 취급하므로 if문 아래를 실행하지 않아 print()가 실행되지 않는다.

Quick Tip

None을 if에서 사용할 때

None을 if문에서 사용할 때는 is, is not을 주로 사용합니다. 예를 들어, var가 None인지 검사하는 if문은 if var is None:으로, None이 아닌지 검사하는 if문은 if var is not None:으로 사용합니다. is 연산자는 == 연산자와 비슷하지만 더 엄밀한 의미에서 동일한 것인지 검사하는 연산자입니다.

bytes

파이썬에서 bytes 자료형은 바이너리 데이터를 다룰 때 사용한다. 이진 데이터인 bool과는 달리, 한 값이 0에서 255까지의 수를 나타낸다.

> **Clear Comment**
>
> **1byte는 8bit**
>
> 8비트는 $2^8 = 256$가지의 수를 나타낼 수 있습니다. 따라서, 컴퓨터 프로그래밍에서 0에서 255의 수 혹은 -128에서 127까지의 수를 나타내는 데에 사용합니다.

- b"contents"
- b"", bytes()

위와 같이 문자열의 앞에 b를 붙이거나, bytes()로서 bytes 자료형 값을 생성할 수 있다. 문자열과 비슷하지만, 문자열과 다른 자료형이다.

	실행 결과
``` bname = b"apple" print(bname[0]) print(bname[0:2]) ```	97 b'ap'

위 코드에서 bname 변수에는 bytes 자료형 b"apple"이 대입된다. 이후 bname에 대해 인덱싱과 슬라이싱을 수행하는데, 인덱싱은 해당 위치의 값의 아스키 코드 숫자를 int형 숫자로 표현한다. 알파벳 a는 아스키 코드에서 숫자 97에 해당되어 97을 출력한다. 다음 줄에서는 bname의 [0], [1]번째 값을 나타내도록 슬라이싱하여 출력함으로써 bytes 자료형의 b"ap"를 출력한다.

> **Clear Comment**
>
> 아스키 코드표의 내용은 부록에서 확인할 수 있습니다.

bytes 자료형은 문자열과 비슷하지만, 한글 등의 기호는 직접 나타낼 수 없다.

```
bname_eng = "kim"
bname_kor = b"김"
```

실행 결과
```
SyntaxError: bytes can only contain ASCII literal characters
```

위 코드의 두 번째 줄은 에러를 발생시킨다. 그 이유는 문자 "김"은 아스키(ASCII) 코드 기준으로 0~255의 숫자 내에 존재하지 않기 때문이다.

complex

파이썬에서 complex 자료형은 복소수(complex number)를 나타내는 자료형이다. 복소수는 실수부와 허수부로 나타내며, 아래의 방법으로 나타낼 수 있다.

● 실수부 + 허수부j, complex(실수부, 허수부)

● 0j, complex()

위와 같이 허수부에 j를 붙여 더하거나, complex()의 입력에 실수부와 허수부를 차례로 입력하여 얻을 수 있다. 복소수 0을 나타내고 싶으면, 0j 혹은 complex()로 나타낸다.

실행 결과

```
c1 = 3 + 4j
c2 = 3 - 4j
print(c1 + c2)
print(c1 * c2)
```

```
(6+0j)
(25+0j)
```

위 코드는 두 complex 데이터의 연산을 수행한 것이다. 세 번째 줄의 출력에서는 복소수의 덧셈 방식대로 실수부는 실수부끼리, 허수부는 허수부끼리 더하며 6 + 0j가 출력되며, 곱셈에서는 복소수의 곱셈 방식대로 곱하여 25 + 0j가 출력된다.

에러에서 배우기

• none이 아니라 None

```
if none:
    print("None")
```

```
NameError: name 'none' is not defined. Did you
mean: 'None'?
```

위 에러는 None을 표현할 때 첫 글자를 소문자로 사용하여 발생한다. 에러 메시지는 None을 쓰려는 의도였는지 물어보고 있다.

05

연습문제

1. 기본 예제

문제 1 아래 각 코드 실행 시, 타입 출력 결과를 맞혀 보자.

문제		정답
①	nums = (1, 2, 3) print(type(nums))	(\<class 'tuple'> / \<class 'list'>)
②	nums = 1, 2, 3 print(type(nums))	(\<class 'tuple'> / \<class 'list'>)
③	num = 1 print(type(num))	(\<class 'int'> / \<class 'tuple'>)
④	num = 1, print(type(num))	(\<class 'int'> / \<class 'tuple'>)
⑤	print(type({"Kim": 30}))	(\<class 'dict'> / \<class 'set'>)
⑥	print(type({"Kim", 30}))	(\<class 'dict'> / \<class 'set'>)
⑦	print(type({}))	(\<class 'dict'> / \<class 'set'>)

문제 2 아래 코드 실행 시 출력 결과를 맞혀 보자.

문제		정답
	nums = (2, 3, 5, 7, 11)	
①	print(nums[:2])	((2, 3) / (2, 3, 5))
②	print(nums[-2])	(5 / 7)
③	print(len(nums))	(5 / 6)
④	print(sum(nums))	(24 / 28)
⑤	print(nums * 2)	((4, 6, 10, 14, 22) / (2, 3, 5, 7, 11, 2, 3, 5, 7, 11))
⑥	print(nums + (13,))	((15, 16, 18, 20, 24) / (2, 3, 5, 7, 11, 13, 17))
⑦	print(max(nums))	(5 / 11)

문제 3 아래 코드를 순차적으로 실행 시 출력 결과를 맞혀 보자.

문제	정답
name_age = {"Kim": 20, "Lee": 30}	
① print(name_age["Kim"])	(20 / 30)
② print(len(name_age))	(2 / 4)
③ print(name_age.keys())	(dict_keys([20, 30]) / dict_keys(['Kim', 'Lee']))
④ print(name_age.values())	(dict_values([20, 30]) / dict_values(['Kim', 'Lee']))
⑤ print(name_age.get("Lee"))	(Lee / 30)
⑥ print(name_age.get("Park", -1))	(Park / -1)
⑦ print(name_age.pop("Lee"))	(Lee / 30)
⑧ print(name_age)	({'Kim': 20} / {"Kim": 20, "Lee": 30})

문제 4 아래 코드를 순차적으로 실행 시 출력 결과로 옳은 것을 맞혀 보자.

문제	정답
nums = {10, 20, 10}	
nums.add(10)	
① print(nums) nums.add(30)	({10, 20} / {10, 20, 10, 10})
② print(nums) nums.remove(10)	({10, 20, 10, 10, 30} / {10, 20, 30})
③ print(nums)	({20, 10, 10, 30} / {20, 30})
④ print(nums | nums)	({20, 30} / {20, 30, 20, 30})

문제 5 아래 코드 실행 시 출력 결과로 옳은 것을 맞혀 보자.

문제	정답
if None:	
① print("python")	(python / (출력 없음))
② print(b"ascii" == "ascii")	(True / False)
③ print(type(1 + 3j))	(<class 'complex'> / <class 'str'>)

2. 심화 예제

문제 6 이름 문자열과 나이를 각각 키-밸류 쌍으로 구성한 딕셔너리 name_age에 대해서, 아래의 문제들을 해결해 보자.

① name_age의 키-밸류 쌍 중, 나이가 20 이상인 이름들을 adults 리스트에 담은 후 출력하려 한다. 빈칸을 채워 알고리즘을 완성하려 할 때, 빈칸에 들어갈 코드로 적절한 것을 골라 보자.

```
name_age = {"Kim": 10, "Lee": 15, "Park": 20, "Choi": 25}
adults = []
(        )
print(adults)
```

	보기

ⓐ	`for k in name_age:`
	`    if k >= 20:`
	`        adults.append(name_age[k])`

ⓑ	`for k, v in name_age:`
	`    if k >= 20:`
	`        adults.append(v)`

ⓒ	`for k, v in name_age.items():`
	`    if v >= 20:`
	`        adults.append(name_age[v])`

ⓓ	`for k, v in name_age.items():`
	`    if v >= 20:`
	`        adults.append(k)`

② name_age의 키-밸류 쌍 중, 나이가 20 이상인 이름-나이의 키-밸류 쌍만을 추려서 모은 딕셔너리 adult_name_age를 구하여 출력하려 한다. 빈칸에 들어갈 코드로 적절한 것을 골라 보자.

```
name_age = {"Kim": 10, "Lee": 15, "Park": 20, "Choi": 25}
adult_name_age = dict()
(        )
print(adult_name_age)
```

보기	
| ⓐ | ```
for k in name_age:
    if k >= 20:
        adult_name_age[k] = name_age[k]
``` |
| ⓑ | ```
for k in name_age:
    if k >= 20:
        adult_name_age[k] = k
``` |
| ⓒ | ```
for k, v in name_age.items():
    if v >= 20:
        adult_name_age[k] = v
``` |
| ⓓ | ```
for v in name_age.values():
    if v >= 20:
        adult_name_age[v] = v
``` |

③ 새로운 딕셔너리 adult_names를 만들어 나이에 따라 리스트에 구분하여 담고자 한다. name_age의 키-밸류 쌍 중, 나이가 20 이상인 이름들을 adult_names의 "adult" 키에 대응하는 밸류 리스트에, 20보다 작은 이름들을 adult_names의 "non-adult" 키에 대응하는 밸류 리스트에 담는다. 아래의 코드에 대해 예제 출력과 같은 결과를 얻고자 할 때, 빈칸에 들어갈 코드로 적절한 것을 골라 보자.

```
name_age = {"Kim": 10, "Lee": 15, "Park": 20, "Choi": 25}
adult_names = {"adult": [], "non-adult": []}
(        )
print(adult_names)
```

실행 결과

```
{'adult': ['Park', 'Choi'], 'non-adult': ['Kim', 'Lee']}
```

보기	
| ⓐ | ```
for k in name_age:
    if name_age[k] >= 20:
        adult_names["adult"].append(k)
``` |
| ⓑ | ```
for k in name_age:
    if name_age[k] >= 20:
        adult_names["adult"].append(k)
    else:
        adult_names["non-adult"].append(k)
``` |
| ⓒ | ```
for k in name_age:
    if v >= 20:
        adult_names["adult"].append(k)
    else:
        adult_names["non-adult"].append(k)
``` |
| ⓓ | ```
for v in name_age:
    if v >= 20:
        adult_names["adult"].append(v)
    else:
        adult_names["non-adult"].append(v)
``` |

문제 7 문자열로 구성된 리스트 strings와, 문자열–문자열 키–밸류로 이루어진 딕셔너리 options가 있다. 이 변수들에 대하여, 아래의 문제들을 해결해 보자.

① 아래의 코드를 통해 얻은 join_strings 변수에 대한 설명으로 적절한 것을 골라 보자.

```
strings = ["python", "programming"]
options = dict()
join_strings = ""
for i in range(len(strings)):
    join_strings += strings[i]
```

보기	
ⓐ	join_strings는 strings 리스트 내 모든 문자열 길이의 합이다.
ⓑ	join_strings는 strings 리스트 내 문자열들을 순서대로 이어 붙인 문자열이다.
ⓒ	join_strings는 strings 리스트의 문자열들을 담은 새 리스트이다.
ⓓ	join_strings는 strings 리스트의 마지막에 빈 문자열 ""이 추가된 리스트이다.

② options에 "ends" 문자열 키가 존재할 경우, join_strings 변수 값의 끝에 options의 ends 문자열 키에 대응하는 밸류 문자열을 추가하고자 한다. 아래 코드의 빈칸에 들어갈 코드로 적절한 것을 골라 보자.

```python
strings = ["python", "programming"]
options = {"ends": "last string"}
join_strings = ""
for i in range(len(strings)):
    join_strings += strings[i]
(        )
```

보기
ⓐ	if options.get("ends"): join_strings += options.get("ends")
ⓑ	if options.pop("ends"): join_strings += options.get("ends")
ⓒ	if "ends" in options.items(): join_strings += options.get("ends")
ⓓ	if "ends" in options.values(): join_strings += options.get("ends")

③ options에 "sep" 문자열 키가 존재할 경우, strings 리스트의 값을 합칠 때 그 사이에 options의 sep 문자열 키에 대응하는 밸류 문자열을 끼워 넣으려 한다. 예를 들어, 아래 코드와 같이 구성했을 때, 오른쪽의 출력 결과를 얻고 싶다. 하지만 아래 코드는 오른쪽의 출력 결과가 나타나지 않는다. 그 이유로 적절한 설명을 골라 보자.

```python
strings = ["python", "programming"]
options = {"sep": "/"}
join_strings = ""
for i in range(len(strings)):
    join_strings += options.get("sep", "") + strings[i]
print(join_strings)
```

실행 결과

```
python/programming
```

보기	
ⓐ	"/"가 아닌 "sep"이 두 문자열 사이에 들어간다.
ⓑ	"/"가 아닌 빈 문자열이 두 문자열 사이에 들어간다.
ⓒ	"/"가 join_strings의 시작에도 들어간다.
ⓓ	"/"가 join_strings의 끝에도 들어간다.

④ 문제 ③에서 의도한 대로, 아래 코드의 출력 결과와 같이 strings의 각 문자열 사이에 options의 "sep"키에 대응하는 밸류 문자열을 끼워넣기 위해 빈칸에 올 수 있는 코드로 적절한 것은?

```python
strings = ["python", "programming"]
options = {"sep": "/"}
join_strings = ""
for i in range(len(strings)):
    (        )
    join_strings += s + strings[i]
print(join_strings)
```

실행 결과

```
python/programming
```

보기	
| ⓐ | ```python
if i == 0:
    s = options.get("sep", "")
    join_strings += strings[i]
    continue
``` |
| ⓑ | ```python
if i == 0:
    s = options.get("sep", "")
    join_strings += s
    continue
``` |
| ⓒ | ```python
if i == 0:
    s = options.get("sep", "")
    join_strings += strings[i]
    break
``` |
| ⓓ | ```python
if i == 0:
    s = options.get("sep", "")
    join_strings += s
    break
``` |

```
1    standard_volume = 30000
2    volume_too_low = 10000
3
4    target_dates = []
5    end_price_target_dates = []
6    ends = []
7    ma3_end = []
8    cumul_ends = [0]
9
10   for i in range(1, 4+1):
11       file_name = "stock{}.txt".format(i)
12
13       f = open(file_name, "r", encoding="utf-8")
14       entire_txt = f.read()
15       f.close()
16
17       lines = entire_txt.split("\n")
18       lines_values = lines[1:]
19
20       for j in range(len(lines_values)):
21           line = lines_values[j]
22           values = line.split(",")
23           date = values[0]
24           start = values[1]
25           high = values[2]
26           low = values[3]
27           end = values[4]
28           volume = values[5]
29           amount = values[6]
30           fluc_rate = values[7]
31
32           if int(volume) > standard_volume:
33               print("At {}, volume is large".format(date))
34               target_dates = target_dates + [date]
35               end_price_target_dates += [int(end)]
36           elif int(volume) < volume_too_low:
37               print("At {}, trading volume is too low".format(date))
38
39           ends = ends + [int(end)]
40
41   for j in range(len(ends)):
```

```
42      if j > 2:
43          moving_avg = (ends[j-2] + ends[j-1] + ends[j]) / 3
44          ma3_end += [moving_avg]
45
46  mean_target_end = sum(end_price_target_dates) / len(end_price_target_dates)
47
48  dates_name = "target_dates.txt"
49  f = open(dates_name, "w", encoding="utf-8")
50  for date in target_dates:
51      f.write(date + "\n")
52  f.close()
53
54  ma_name = "target_ma.txt"
55  f = open(ma_name, "w", encoding="utf-8")
56  for ma in ma3_end:
57      f.write(str(ma) + "\n")
58  f.close()
```

위 코드는 '기초 입문편'의 프로젝트 코드를 직전 챕터까지의 학습 내용을 바탕으로 수정한 것이다. 계속해서 아래의 연습문제를 통해 프로젝트 코드를 보다 효율적으로 수정해 보자.

위 프로젝트 코드에서 line 46~56은 target_dates와 ma3_end 리스트의 요소들을 저장한다. 이 두 리스트가 데이터 저장에 사용될 리스트임을 변수 선언 단계에서부터 명시하기 위해 line 4~8의 코드를 아래와 같이 수정하였다.

변경 전

```
4    target_dates = []
5    end_price_target_dates = []
6    ends = []
7    ma3_end = []
8    cumul_ends = [0]
```

변경 후

```
4    file_data = {"target_dates.txt": [], "target_ma.txt": []}
5    end_price_target_dates = []
6    ends = []
7    cumul_ends = [0]
```

이에 따라 변수 이름에 변경 사항이 생겼기 때문에 본문에서 target_dates와 ma3_end 변수가 포함된 코드도 아래와 같이 변경하였다.

> 📑 **Clear Comment**
>
> **줄 번호에 주의**
>
> 직전의 코드 수정에서 다섯 줄의 코드가 네 줄로 변경되었기 때문에 원래 line 34, 41의 코드가 각각 한 줄씩 위로 올라오게 됩니다. 같은 이유로 아래의 문제에서도 변경 전과 후의 줄 넘버가 1씩 줄어듭니다.

변경 전

```
34   target_dates = target_dates + [date]
...  ...
42   ma3_end += [moving_avg]
```

변경 후

```
34   file_data["target_dates.txt"].append(date)
...  ...
42   file_data["target_ma.txt"].append(moving_avg)
```

① [객관식] 위와 같은 변경 사항에 따라 원본 코드 line 46, 47과 line 52, 53을 딕셔너리를 활용하여 수정하려고 한다. 아래의 보기 중 코드의 코드 결과는 변함이 없도록 코드를 수정하는 코드로 적절한 것은?

변경 전

48	`for date in target_dates:`
...	`...`
54	`for ma in ma3_end:`

변경 후

47	( )
...	`...`
53	( )

보기	

ⓐ	`for date in file_data[date]:`
	`...`
	`for ma in file_data[ma]:`

ⓑ	`for date in file_data[target_dates]:`
	`...`
	`for ma in file_data[ma3_end]:`

ⓒ	`for date in file_data["dates_name"]:`
	`....`
	`for ma in file_data["ma_name"]:`

ⓓ	`for date in file_data[dates_name]:`
	`...`
	`for ma in file_data[ma_name]:`

② [객관식] line 44 이후의 코드는 리스트의 정보를 파일에 저장한다는 점에서 동일하게 동작하는 코드가 반복된다. 이 동작을 반복문을 사용하여 불필요한 코드 반복을 줄이려 한다. 딕셔너리의 키가 파일 이름이고, 이 파일에 저장할 데이터가 해당 키의 밸류인 점을 활용하여 아래와 같이 코드를 수정하였다. 코드 결과는 변함이 없도록 line 46~57의 코드를 수정한 것으로 적절한 것은?

```
46   dates_name = "target_dates.txt"
47   f = open(dates_name, "w", encoding="utf-8")
48   for date in file_data[dates_name]:
49       f.write(date + "\n")
50   f.close()
51
52   ma_name = "target_ma.txt"
53   f = open(ma_name, "w", encoding="utf-8")
54   for ma in file_data[ma_name]:
55       f.write(str(ma) + "\n")
56   f.close()
57
```

```
45
46
47   (       )
48
49
```

	보기
| ⓐ | ```python
for name in file_data:
    f = open(name, "w", encoding="utf-8")
    for d in file_data.values():
        f.write(str(d)+"\n")
    f.close()
``` |
| ⓑ | ```python
for name in file_data:
    f = open(file_data[name], "w", encoding="utf-8")
    for d in data:
        f.write(str(d)+"\n")
    f.close()
``` |
| ⓒ | ```python
for name, data in file_data.items:
    f = open(name, "w", encoding="utf-8")
    for d in data:
        f.write(str(d)+"\n")
    f.close()
``` |
| ⓓ | ```python
for name, data in file_data.items():
    f = open(name, "w", encoding="utf-8")
    for d in data:
        f.write(str(d)+"\n")
    f.close()
``` |

문제 ❶

```
①    nums = (1, 2, 3)              ( <class 'tuple'> / <class 'list'> )
      print(type(nums))
```

소괄호를 통해 값을 감싸면 튜플을 표현할 수 있다. 리스트를 표현할 때는 대괄호로 값을 감싸서 표현한다.

```
②    nums = 1, 2, 3                ( <class 'tuple'> / <class 'list'> )
      print(type(nums))
```

소괄호로 값을 감싸지 않고 값을 콤마(,)로 구분한 후 변수에 대입하면 튜플로써 대입한다.

```
③    num = 1                       ( <class 'int'> / <class 'tuple'> )
      print(type(num))
```

값을 감싸지 않는다고 튜플이 되는 것은 아니다. 숫자만을 정수 값을 표현하면 int 자료형을 표현한다.

```
④    num = 1,                      ( <class 'int'> / <class 'tuple'> )
      print(type(num))
```

하나의 값으로 이루어진 튜플을 표현하려면 해당 값을 작성 후 콤마를 뒤에 붙이면 된다. 콤마 뒤에 값이 오지 않아도 에러가 발생하지 않는다.

```
⑤    print(type({"Kim": 30}))     ( <class 'dict'> / <class 'set'> )
```

딕셔너리는 키-밸류 쌍을 콜론(:)으로 대응시킨 자료형으로 키-밸류 쌍을 중괄호로 감싸서 표현한다.

```
⑥    print(type({"Kim", 30}))     ( <class 'dict'> / <class 'set'> )
```

집합 자료형은 중괄호로 값들을 감싸서 표현한다. 동일한 중괄호를 사용하는 딕셔너리와 구별하는 방법으로, 집합 자료형은 키-밸류쌍을 나타내는 콜론을 사용하지 않는다.

⑦   `print(type({}))`   (**<class 'dict'>** / <class 'set'>)

빈 중괄호는 딕셔너리를 표현한다.

문제 ❷

①
```
nums = (2, 3, 5, 7, 11)
print(nums[:2])
```
(**(2, 3)** / (2, 3, 5))

튜플의 슬라이싱은 리스트의 슬라이싱과 같은 원리이다. [:2] 슬라이싱으로 앞의 두 값에 접근한다.

②
```
nums = (2, 3, 5, 7, 11)
print(nums[-2])
```
(5 / **7**)

튜플의 인덱싱은 리스트의 인덱싱과 같은 원리이다. [−2]는 끝에서 두 번째 값에 접근한다.

③
```
nums = (2, 3, 5, 7, 11)
print(len(nums))
```
(**5** / 6)

len()은 입력을 구성하는 요소의 개수를 계산한다. nums 튜플의 구성 요소 개수인 5가 출력된다.

④
```
nums = (2, 3, 5, 7, 11)
print(sum(nums))
```
(24 / **28**)

sum()은 입력 구성 요소의 전체 합을 계산한다. 다섯 개의 값을 모두 합한 결과인 28을 출력한다.

⑤
```
nums = (2, 3, 5, 7, 11)
print(nums * 2)
```
((4, 6, 10, 14, 22) / **(2, 3, 5, 7, 11, 2, 3, 5, 7, 11)**)

튜플의 곱셈은 리스트와 마찬가지로 요소 반복을 수행한다. 그 결과 튜플의 전체 값을 두 번 반복한 값을 출력한다.

⑥
```
nums = (2, 3, 5, 7, 11)
print(nums + (13, ))
```
((15, 16, 18, 20, 24) / **(2, 3, 5, 7, 11, 13, 17)**)

튜플의 덧셈은 리스트와 마찬가지로 이어 붙이기를 수행한다. 그 결과 튜플에 13값이 추가된 값을 출력한다.

```
⑦   nums = (2, 3, 5, 7, 11)
    print(max(nums))              ( 5 / 11 )
```

max()는 입력 요소 중 최댓값을 계산한다. 다섯 개의 값 중 최댓값인 11을 출력한다.

문제 ❸

```
①   name_age = {"Kim": 20, "Lee": 30}
    print(name_age["Kim"])        ( 20 / 30 )
```

딕셔너리의 키-밸류 쌍에서 해당 키에 대응하는 밸류 값에 접근할 때는 딕셔너리에 대괄호를 사용한 후 대괄호 안에 키 값을 입력한다.

```
②   name_age = {"Kim": 20, "Lee": 30}
    print(len(name_age))          ( 2 / 4 )
```

딕셔너리를 len()에 입력하면 딕셔너리의 키-밸류 쌍의 개수를 얻는다. 키, 밸류를 개별적으로 취급하지 않고 하나의 요소로 취급한다.

```
③   name_age = {"Kim": 20, "Lee": 30}
    print(name_age.keys())    ( dict_keys([20, 30]) / dict_keys(['Kim', 'Lee']) )
```

딕셔너리의 .keys() 함수 실행 시 키 값(콜론 기준 왼쪽 값)으로 구성된 dict_keys를 얻는다.

```
④   name_age = {"Kim": 20, "Lee": 30}
    print(name_age.values())  ( dict_values([20, 30]) / dict_values(['Kim', 'Lee']) )
```

딕셔너리의 .values() 함수 실행 시 밸류 값(콜론 기준 오른쪽 값)으로 구성된 dict_keys를 얻는다.

```
⑤   name_age = {"Kim": 20, "Lee": 30}
    print(name_age.get("Lee"))    ( Lee / 30 )
```

딕셔너리의 .get() 함수 사용 시 입력을 키로 사용하여 해당 키에 대응하는 밸류를 얻는다. 대괄호를 사용하여 밸류에 접근하는 문법과의 차이점은 .get() 함수 사용 시 해당 키가 딕셔너리에 존재하지 않아도 에러가 발생하지 않는다는 점이다. 그 대신 함수 결과로 None 값을 얻는다.

⑥
```
name_age = {"Kim": 20, "Lee": 30}
print(name_age.get("Park", -1))
```
(Park / **-1**)

딕셔너리의 .get() 함수 사용 시 입력을 키로 사용하여 해당 키에 대응하는 밸류를 얻는다. 입력한 값의 키가 딕셔너리에 존재하지 않으면 두 번째 입력을 결과로 얻는다. 두 번째 입력을 생략할 경우 None 값을 얻는다.

⑦
⑧
```
name_age = {"Kim": 20, "Lee": 30}
print(name_age.pop("Lee"))
print(name_age)
```
(Lee / **30**)
(**{'Kim': 20}** / {"Kim": 20, "Lee": 30})

딕셔너리의 .pop() 함수 사용 시 입력을 키로 사용하여 해당 키에 대응하는 밸류를 얻는다. 그리고 딕셔너리에서 해당 키에 대응하는 키-밸류 쌍을 제거한다. 위 코드에서 ⑦, ⑧은 각각 딕셔너리 name_age의 "Lee" 키에 대응하는 밸류 30, 그리고 해당 키-밸류 쌍이 제거된 후의 name_age를 출력한다.

문제 4

①
②
③
④
```
nums = {10, 20, 10}
nums.add(10)
print(nums)
nums.add(30)
print(nums)
nums.remove(10)
print(nums)
print(nums | nums)
```
(**{10, 20}** / {10, 20, 10, 10})
({10, 20, 10, 10, 30} / **{10, 20, 30}**)
({20, 10, 10, 30} / **{20, 30}**)
(**{20, 30}** / {20, 30, 20, 30})

집합 자료형은 중복된 값은 하나의 요소로 취급한다. ① .add() 함수는 함수 입력 요소를 추가하며, 집합 자료형의 특징에 맞게 이미 존재하는 값인 경우 변화가 없다. ② 만일 중복된 값이 아닌 새로운 값을 사용할 경우 집합에 해당 값이 추가된다. ③ 집합의 .remove() 함수는 입력한 값을 집합에서 제거한다. ④ | 연산자는 합집합 연산자로, 같은 집합끼리의 합집합은 자기 자신이므로 연산 결과도 원래 nums와 같은 값을 가진 집합이다.

문제 ⑤

| ① | ```
if None:
    print("python")
``` | ( python / **(출력 없음)** ) |

None은 조건식에서 False로 취급되어 if문의 들여쓰기 영역을 실행하지 않아 아무 것도 출력되지 않는다.

| ② | ```
print(b"ascii" == "ascii")
``` | ( True / **False** ) |

따옴표 앞에 b를 붙이면 bytes 자료형으로 값을 표현한다는 의미이며, 따옴표 안의 값이 같더라도 다른 값으로 취급한다.

| ③ | ```
print(type(1 + 3j))
``` | ( **<class 'complex'>** / <class 'str'> ) |

숫자 뒤에 j를 붙여 복소수를 표현할 수 있다.

문제 ⑥

```
name_age = {"Kim": 10, "Lee": 15, "Park": 20, "Choi": 25}
adults = []
(        )
print(adults)
```

| ⓐ | ```
for k in name_age:
    if k >= 20:
        adults.append(name_age[k])
``` |
| ⓑ | ```
for k, v in name_age:
    if k >= 20:
        adults.append(v)
``` |
| ⓒ | ```
for k, v in name_age.items():
    if v >= 20:
        adults.append(name_age[v])
``` |
| ⓓ | ```
for k, v in name_age.items():
    if v >= 20:
        adults.append(k)
``` |
```

① name_age 딕셔너리에서 키는 이름(문자열), 밸류는 나이(숫자)이다. 딕셔너리의 items() 함수를 for문의 반복 대상으로 사용하면 반복 대입 값의 첫 번째는 키, 두 번째는 밸류가 대입된다. 밸류에 해당하는 나이 값이 20 이상인 경우를 검사해야 하므로 v를 if문의 조건식에 사용하며, adults 리스트에 대입하는 값은 키인 k이다.

```
name_age = {"Kim": 10, "Lee": 15, "Park": 20, "Choi": 25}
adult_name_age = dict()
(       )
print(adult_name_age)
```

ⓐ
```
for k in name_age:
    if k >= 20:
        adult_name_age[k] = name_age[k]
```

ⓑ
```
for k in name_age:
    if k >= 20:
        adult_name_age[k] = k
```

ⓒ
```
for k, v in name_age.items():
    if v >= 20:
        adult_name_age[k] = v
```

ⓓ
```
for v in name_age.values():
    if v >= 20:
        adult_name_age[v] = v
```

② 나이(밸류) 값이 20 이상인 경우 name_age와 마찬가지로 이름-나이를 키-밸류 쌍에 대입하므로, 키와 밸류를 순서대로 adult_name_age의 키-밸류 쌍으로 대입하면 된다.

```
name_age = {"Kim": 10, "Lee": 15, "Park": 20,
"Choi": 25}
adult_names = {"adult": [], "non-adult": []}
(       )
print(adult_names)
```

실행 결과

```
{'adult': ['Park', 'Choi'],
'non-adult': ['Kim', 'Lee']}
```

ⓐ
```
for k in name_age:
    if name_age[k] >= 20:
        adult_names["adult"].append(k)
```

ⓑ
```
for k in name_age:
    if name_age[k] >= 20:
        adult_names["adult"].append(k)
    else:
        adult_names["non-adult"].append(k)
```

ⓒ
```
for v in name_age:
    if v >= 20:
        adult_names["adult"].append(k)
    else:
        adult_names["non-adult"].append(k)
```

ⓓ
```
for v in name_age:
    if v >= 20:
        adult_names["adult"].append(v)
    else:
        adult_names["non-adult"].append(v)
```

③ 밸류 값이 20 이상인 경우 키 값을 adult_names["adult"] 리스트에 추가하고, 그렇지 않으면 키 값을 adult_names["non-adult"]에 추가한다. for문에서 반복 대입되는 변수는 키 값이다. ⓒ, ⓓ에서는 v를 변수 이름으로 사용하여 밸류(value)가 대입되는 것처럼 보이지만, 키 값이 대입되는 것이므로 주의해야 한다.

문제 **7**

```
strings = ["python", "programming"]
options = dict()
join_strings = ""
for i in range(len(strings)):
    join_strings += strings[i]
```

ⓐ   join_strings는 strings 리스트 내 모든 문자열 길이의 합이다.

ⓑ   join_strings는 strings 리스트 내 문자열들을 순서대로 이어 붙인 문자열이다.

ⓒ   join_strings는 strings 리스트의 문자열들을 담은 새 리스트이다.

ⓓ   join_strings는 strings 리스트의 마지막에 빈 문자열 ""이 추가된 리스트이다.

① 문자열의 +는 문자열을 이어 붙인 결과를 얻으며 +=은 왼쪽의 변수에 오른쪽 값을 더한 결과를 연산자 왼쪽의 변수에 다시 대입한다. 그러므로 join_strings는 빈 문자열에서 시작해서 strings의 각 요소를 순서대로 이어 붙인 문자열이다.

```
strings = ["python", "programming"]
options = {"ends": "last string"}
join_strings = ""
for i in range(len(strings)):
    join_strings += strings[i]
(        )
```

ⓐ   `if options.get("ends"): join_strings += options.get("ends")`

ⓑ   `if options.pop("ends"): join_strings += options.get("ends")`

ⓒ   `if "ends" in options.items(): join_strings += options.get("ends")`

ⓓ   `if "ends" in options.values(): join_strings += options.get("ends")`

② "ends" 문자열이 options의 키에 존재할 경우 join_strings에 "ends"에 대응하는 밸류 값 options["ends"]를 이어 붙인다. ⓑ는 pop() 함수를 사용하면 if문의 조건식을 검사하는 시점에서 options에 "ends" 키의 키-밸류 쌍이 제거되므로 join_strings에 밸류 쌍을 더할 때는 밸류 값이 존재하지 않는다. ⓒ, ⓓ는 모두 키 값들 중에서 "ends" 값을 찾는 것이 아니라 각각 키-밸류 쌍, 그리고 밸류 값들 중에서 "ends"를 찾으므로 의도한 대로 동작하지 않는다.

```
strings = ["python", "programming"]
options = {"sep": "/"}
join_strings = ""
for i in range(len(strings)):
    join_strings += options.get("sep", "") +
strings[i]
print(join_strings)
```

python/programming

ⓐ   "/"가 아닌 "sep"이 두 문자열 사이에 들어간다.

ⓑ   "/"가 아닌 빈 문자열이 두 문자열 사이에 들어간다.

ⓒ   **"/"가 join_strings의 시작에도 들어간다.**

ⓓ   "/"가 join_strings의 끝에도 들어간다.

③ 매 반복마다 strings 리스트의 요소 앞에 options["sep"] 값을 붙인 후 join_strings에 이어 붙이므로 options["sep"]값인 "/"가 출력의 시작에도 포함된다.

```
strings = ["python", "programming"]
options = {"sep": "/"}
join_strings = ""
for i in range(len(strings)):
    (       )
    join_strings += s + strings[i]
print(join_strings)
```

python/programming

ⓐ
```
if i == 0:
    s = options.get("sep", "")
    join_strings += strings[i]
    continue
```

ⓑ
```
if i == 0:
    s = options.get("sep", "")
    join_strings += s
    continue
```

ⓒ
```
if i == 0:
    s = options.get("sep", "")
    join_strings += strings[i]
    break
```

ⓓ
```
if i == 0:
    s = options.get("sep", "")
    join_strings += s
    break
```

④ 위 알고리즘의 빈칸에서는 두 가지를 수행해야 한다.

Quick Tip

사실 "/".join(strings)로 가능

join() 함수에 사용되는 문자열 "/"를 함수 입력의 리스트의 각 요소 사이에 끼워넣는 기능을 수행합니다.

- s에 options["sep"] 값을 대입한다.

- 첫 번째 반복에서는 strings의 첫 번째 요소를 join_strings에 이어 붙이되, options["sep"] 값은 이어 붙이지 않아야 한다.

첫 번째 반복인 경우에만 코드를 실행하도록 if i == 0으로 조건문을 설정한 후, s에 options["sep"] 값을 대입한다. 이후 s는 붙이지 않고 strings[i]만을 join_strings에 이어 붙인다. 여기서 조건문을 그냥 종료하면 빈칸 밖의 코드를 실행하여 strings[0] 값이 두 번 사용되므로, continue를 사용하여 다음 반복으로 넘어간다. break 사용 시, 반복문을 종료하므로 모든 문자열을 이어 붙이지 않고 반복문이 종료되기 때문에 오답이다.

문제 8

변경 전

48	for date in target_dates:
...	...
54	for ma in ma3_end:

변경 후

47	( )
...	...
53	( )

ⓐ
```
for date in file_data[date]:
...
for ma in file_data[ma]:
```

ⓑ
```
for date in file_data[target_dates]:
...
for ma in file_data[ma3_end]:
```

ⓒ
```
for date in file_data["dates_name"]:
....
for ma in file_data["ma_name"]:
```

ⓓ
```
for date in file_data[dates_name]:
...
for ma in file_data[ma_name]:
```

① target_dates와 ma3_end는 제거되고 이 기능을 수행하는 리스트 변수는 딕셔너리 변수 file_data에서 각각 파일 이름의 문자열 키의 밸류 리스트 담도록 하도록 수정되었다. 파일 이름의 문자열은 각각 dates_name, ma_name에 대입되어 있기 때문에 해당 변수를 키로 함으로써 밸류 리스트에 접근하여 반복 대상으로 사용한다.

변경 전

```
46    dates_name = "target_dates.txt"
47    f = open(dates_name, "w", encoding="utf-8")
48    for date in file_data[dates_name]:
49        f.write(date + "\n")
50    f.close()
51
52    ma_name = "target_ma.txt"
53    f = open(ma_name, "w", encoding="utf-8")
54    for ma in file_data[ma_name]:
55        f.write(str(ma) + "\n")
56    f.close()
```

변경 후

```
45
46
47    (          )
48
49
```

ⓐ
```
for name in file_data:
    f = open(name, "w", encoding="utf-8")
    for d in file_data.values():
        f.write(str(d)+"\n")
    f.close()
```

ⓑ
```
for name in file_data:
    f = open(file_data[name], "w", encoding="utf-8")
    for d in data:
        f.write(str(d)+"\n")
    f.close()
```

ⓒ
```
for name, data in file_data.items:
    f = open(name, "w", encoding="utf-8")
    for d in data:
        f.write(str(d)+"\n")
    f.close()
```

```
        for name, data in file_data.items():
            f = open(name, "w", encoding="utf-8")
ⓓ           for d in data:
                f.write(str(d)+"\n")
            f.close()
```

② file_data 딕셔너리는 저장할 파일 이름을 키, 저장할 데이터 내용을 밸류로 사용하는 변수
이다. 딕셔너리의 .items() 함수를 이용해 키-밸류 쌍에 대해 반복한다. 반복 영역에서 키는
파일 이름으로 open() 함수의 입력에 사용하고, 해당 파일에 밸류 리스트의 요소들을 작성한
다. ⓒ의 경우 딕셔너리 반복에서 items에 괄호를 사용하여 함수를 실행한 결과를 반복 대상
으로 삼아야 한다.

1. 튜플

튜플은 여러 요소를 표현하는 자료형으로, 여러 요소를 괄호나 콤마로 구분하여 선언할 수 있다. 튜플과 리스트의 차이점은 튜플은 그 자체로 변경이 불가능하다는 점이다. 이 외의 인덱싱, 슬라이싱, len(), 덧셈 및 곱셈 등 파이썬의 기본적인 연산 및 함수에 대해서는 리스트에서의 방법과 동일하게 동작한다.

2. 딕셔너리

딕셔너리는 키-밸류 쌍으로 이루어진 데이터를 표현하며 키-밸류 쌍은 콜론으로 대응시키고 중괄호로 키-밸류 쌍들을 감싸서 표현한다. 딕셔너리의 키를 통해 밸류에 접근할 때는 대괄호에 키 값을 입력한다. 딕셔너리의 요소들은 순서가 없기 때문에 인덱싱이나 슬라이싱을 사용할 수 없다. for문의 대상으로 딕셔너리를 사용할 때 딕셔너리는 키를 기준으로 반복한다. 밸류에 에러 없이 접근하는 get(), 키-밸류 모두에 반복할 수 있도록 지원하는 items(), 키를 통해 밸류에 접근하고 해당 키-밸류 쌍을 제거하는 pop() 함수 등 딕셔너리와 관련된 유용한 내장함수를 사용하여 쌍으로 구성된 데이터를 유연하게 설계할 수 있다.

3. 집합

파이썬에서 집합 자료형은 각 요소를 콤마로 구분하고 중괄호로 이를 감싸서 표현한다. 중괄호를 사용하여 집합을 선언하지만, 키-값 쌍이 아닌 단순한 요소들의 모음이라는 점에서 딕셔너리와 구별된다. 집합의 요소들은 서로 순서가 없기 때문에 딕셔너리와 마찬가지로 인덱싱과 슬라이싱을 사용할 수 없다. 교집합 연산(&), 합집합 연산(|) 등과 add(), remove() 함수 등 집합과 관련된 기능들이 지원되며 고윳값이 필요한 상황에서 집합은 유용하게 사용될 수 있다.

4. None / bytes / complex

NoneType 자료형인 None은 아무 값도 없음을 나타내는 특별한 값이다. 조건식에서 사용될 때 False로 작용하여 조건문에서 값이 없음의 상태를 나타낼 때 실행되지 않는 경우에 사용된다. bytes 자료형은 이진 데이터를 표현하는 자료형으로, 문자열과 표현 방식이 비슷하지만 개념적으로 다른 자료형이다. 알파벳 b를 따옴표 앞에 붙여 사용하며 파일 입출력 등에서 활용된다. complex는 복소수를 표현하는 자료형으로 실수 부분과 허수 부분으로 구분되며 허수 부분은 숫자 뒤에 j를 붙임으로써 표현할 수 있다. complex 자료형은 신호 처리와 같이 수학과 관련된 프로그래밍을 사용할 때 활용된다.

자주 쓰이는 함수와 표현식

✓ 핵심 키워드

key, zip, enumerate, isinstance, all, any, list comprehension

여기서는 무얼 배울까

이번 챕터에서는 파이썬을 효율적으로 사용할 수 있는 여러 함수 및 표현에 대해서 학습한다. key는 sorted, max, min에서 사용되는 추가적인 입력으로, 각 함수에서 비교할 기준을 결정한다. zip()을 사용하면 여러 개의 반복 가능한(iterable) 데이터를 입력받아서 각 입력의 요소들을 순서대로 튜플로 반복하는 내장함수이다. enumerate()는 반복 가능한 데이터를 입력받아 인덱스와 함께 튜플로 반복하는 내장함수이다. isinstance()는 입력이 특정 자료형인지 확인하는 내장함수로, 입력이 특정 종류의 자료형인지 검사할 때 사용한다. all(), any() 는 반복 가능한 데이터를 입력으로 받아서 각각 "모두 True"인지, "하나라도 True"인지 검사한다. 또한 문자열과 리스트에서 자주 쓰이는 표현인 .join(), 문자열의 .format()의 자세한 기능에 대해서 학습한다. 마지막으로, 데이터를 효율적으로 나타내는 방법인 if—else 연산자와 list comprehension에 대해서도 학습한다.

01

내장함수 확장

max/min, sorted의 key

max/min, sorted 복습

max(), min() 함수는 각각 여러 요소로 이루어진 값을 입력받아 각각 최댓값, 최솟값을 결과로 준다.

<table>
<tr><td>

```
nums = [1, -3, 5, 4]
print(max(nums))
print(min(nums))
```

</td><td>

실행 결과

5
-3

</td></tr>
</table>

위 코드는 숫자 요소들로 이루어진 리스트 변수 nums에서 max(), min() 함수를 사용하여 각각 최댓값과 최솟값을 출력한다. 문자열의 max()와 min()의 경우 사전 순서상 나중 값과 먼저 나오는 값을 결과로 낸다. 이는 문자열의 대소 관계가 아스키 코드* 값을 기준으로 비교하기 때문이다.

<table>
<tr><td>

```
names = ["banana", "grape", "apple"]
print(max(names))
print(min(names))
```

</td><td>

실행 결과

grape
apple

</td></tr>
</table>

위 코드는 문자열 요소들로 이루어진 리스트 변수 names에서 max(), min() 함수를 사용하여 각각 가장 나중에, 먼저 등장하는 값을 출력한다.

기초 용어 정리

* **아스키 코드**: 아스키 코드는 알파벳, 특수 문자 등의 기호를 0에서 127까지의 숫자에 할당한 것이다. 알파벳은 순서대로 나열되어 있고, 대문자가 소문자보다 아스키 코드 숫자가 작다. 이 때문에 문자열의 크기 비교 및 정렬에서 대문자가 소문자보다 작은 것으로 취급된다.

sorted() 함수는 여러 요소로 이루어진 값을 입력받아 숫자, 문자열의 대소 관계를 바탕으로 오름차순 정렬된 리스트를 결과로 준다.

```
nums = [1, -3, 5, 4]
print(sorted(nums))
```

```
[-3, 1, 4, 5]
```

위 코드는 숫자 요소들로 이루어진 리스트 변수 nums를 sorted() 함수의 입력으로 사용한 결과를 출력한 것으로, nums 리스트의 요소들이 오름차순으로 정렬된 리스트가 출력된다.

```
names = ["banana", "grape", "apple"]
print(sorted(names))
```

```
['apple', 'banana', 'grape']
```

위 코드는 문자열 요소들로 이루어진 리스트 변수 names를 sorted() 함수의 입력으로 사용한 결과를 출력한 것으로, names 리스트의 요소들이 사전 순서대로 정렬된 리스트가 출력된다.

key 입력 사용

max()/min(), sorted() 함수의 입력에 key를 추가하여 원하는 기준으로 정렬할 수 있다.

● max(입력, key=함수)

● max(입력, key=lambda x: x.내장함수())

위의 방법으로 key의 입력을 줄 수 있으며 key가 주어진 경우 key에 입력한 함수 결과를 기준으로 최댓값(max)/최솟값(min)을 구하고, 정렬(sorted)을 수행한다.

> **Clear Comment**
>
> **함수**
> max(), len(), 문자열의 .lower() 등 괄호를 붙여 실행되는 것을 함수라고 부릅니다. '챕터12 함수'에서 함수에 대해 자세히 학습합니다.
>
> **lambda도 함수**
> lambda도 함수이지만 괄호를 사용할 때는 잘 사용되지 않습니다. lambda에 대해서도 '챕터12 함수'에서 학습합니다.

```
nums = [1, -3, 5, 4]
print(sorted(nums, key=abs))
```

```
[1, -3, 4, 5]
```

위 코드는 숫자들로 이루어진 리스트 nums를 절댓값 크기를 기준으로 정렬한 결과를 출력한다. sorted 함수에 key에 abs 함수를 괄호 없이 입력하여 사용한다. nums 리스트의 각 요소의 abs() 함수 결과는 순서대로 1, 3, 5, 4로, 위 코드에서는 이 크기를 기준으로 정렬한 결과인 [1, -3, 4, 5]가 출력된다.

```
names = ["apple", "kiwi", "banana"]
print(sorted(names, key=len))
```

```
['kiwi', 'apple', 'banana']
```

위 코드는 문자열들로 이루어진 리스트 names를 문자열 길이를 기준으로 정렬한 결과를 출력한다. names 리스트의 각 요소들에 대한 len() 결과는 순서대로 5, 4, 6으로, 위 코드에서는 이 크기를 기준으로 정렬한 결과인 ["kiwi", "apple", "banana"]가 출력된다.

```
names = ["BANANA", "GRAPE", "apple"]
print(sorted(names))
print(sorted(names, key=lambda x: x.lower()))
```

```
['BANANA', 'GRAPE', 'apple']
['apple', 'BANANA', 'GRAPE']
```

위 코드는 문자열들로 이루어진 리스트 names를 대소문자를 무시한 사전 순으로 출력한다. 첫 번째 출력의 sorted() 함수에서는 대소문자를 구별하여 대문자가 먼저 등장하도록 정렬한다. 그 결과, 대문자가 먼저 등장하고 그 안에서 사전 순으로 나열된 리스트가 출력된다.

두 번째 출력에서는 sorted() 함수에 key=lambda를 사용하여 문자열의 소문자 변환 결과를 기준으로 리스트가 출력된다. 리스트의 각 요소들에 .lower()를 적용한 결과는 순서대로 "banana", "grape", "apple"이므로, 이 문자열들의 사전 순서를 기준으로 적용한 결과인 ["apple", "BANANA", "GRAPE"]가 출력된다. 이 방법을 사용하면 대소문자를 무시하고 문자열의 정렬을 수행할 수 있다.

> **Clear Comment**
>
> **'챕터12 함수'에서 다시**
>
> lambda에 대해서 '챕터12 함수'에서 학습하면 key의 정확한 동작원리를 파악할 수 있습니다.

손으로 익히는 코딩

```python
nums = [[5, 6], [-30, -10, -10]]
print(max(nums, key=len))
print(max(nums, key=sum))
```

실행 결과

```
[-30, -10, -10]
[5, 6]
```

zip()

zip() 함수

zip() 함수는 둘 이상의 반복 가능한 값을 입력받아 각각의 요소를 순서대로 묶어서 튜플 형태로 제공하는 파이썬의 내장함수이다. zip()은 보통 for문과 함께 사용된다.

```python
nums = [1, 2, 3]
names = ["one", "two", "three"]
for item in zip(nums, names):
    print(item)
```

실행 결과

```
(1, 'one')
(2, 'two')
(3, 'three')
```

위 코드는 두 개의 리스트 nums와 names를 선언 후, 두 리스트를 zip() 함수의 입력으로 사용하여 반복문을 실행한다. 반복 대입하여 출력되는 item 변수는 튜플로, 각 반복마다 nums와

names의 요소들을 순서대로 사용한다. 이처럼 zip() 함수를 이용하여 다른 리스트들 중 같은 인덱스의 요소들을 쉽게 묶어서 처리할 수 있다.

```
nums  = [1, 2, 3]
names = ["one", "two", "three"]
```

▶ zip(nums, names) ⟶ (1, "one")

(2, "two")

(3, "three")

세 개 이상의 입력

```
nums = [1, 2, 3]
names = ["one", "two", "three"]
num_strs = "123"
for item in zip(nums, names, num_strs):
    print(item)
```

실행 결과

```
(1, 'one', '1')
(2, 'two', '2')
(3, 'three', '3')
```

위 코드는 세 개의 데이터 리스트 nums와 names, 그리고 문자열 num_strs "123"을 선언 후, 모두 zip() 함수의 입력으로 사용하여 반복문을 실행한다. 두 개의 입력을 사용한 것과 마찬가지로, 인덱스 순서대로 하나씩 꺼내서 출력한다.

길이가 다른 경우

```
nums = [1, 2, 3]
names = ["one", "two"]
for item in zip(nums, names):
    print(item)
```

```
(1, 'one')
(2, 'two')
```

위 코드는 길이가 다른 두 리스트를 zip()의 입력으로 사용하여 반복한다. 이 경우, 길이가 가장
짧은 쪽에 맞추어 해당 길이만큼만 반복한다.

별개의 변수로 반복

```
nums = [1, 2, 3]
names = ["one", "two"]
for i, j in zip(nums, names):
    print("num: {} / name: {}".format(i, j))
```

```
num: 1 / name: one
num: 2 / name: two
```

위 코드는 zip()을 사용한 반복에서 반복 변수를 나누어 대입시킨다. zip()에 입력된 순서대로 튜
플을 생성하므로 i에는 nums의 요소, j에는 names의 요소를 대입하여 반복된다.

$$nums \ \ = [1, \ 2, \ 3]$$

$$names = ["one", \ "two"]$$

▶ zip(nums, names) ⋯ (1, "one")

(2, "two")

(3

손으로 익히는 코딩

```
names = ["Kim", "Lee"]
ages = [20, 30]
for n, a in zip(names, ages):
    print(n, a)
```

```
Kim 20
Lee 30
```

enumerate()

enumerate() 함수

enumerate() 함수는 파이썬의 내장함수 중 하나로, 여러 요소로 이루어진 값을 입력받아 인덱스 값과 요소 값이 담긴 튜플 형태로 제공하는 함수이다. enumerate()는 보통 for문과 함께 사용된다.

> **Clear Comment**
>
> **enumerate?**
> 영어 단어 enumerate의 뜻은 "하나하나 세어가며 언급한다."는 의미로, 영어권에서는 주로 과거에 사용된 단어입니다.

```python
names = ["apple", "grape", "banana"]
for i, name in enumerate(names):
    print("{}: {}".format(i, name))
```

```
0: apple
1: grape
2: banana
```

위 코드는 names 리스트의 요소를 enumerate() 함수를 사용하여 인덱스와 값을 반복적으로 출력한다. enumerate() 함수의 반복에서 첫 번째 값은 인덱스, 두 번째 값은 반복 요소로, 위 코드에서는 i와 name에 각각 대입된다. 반복 구간에서는 i값과 name의 값을 반복하여 출력한다. enumerate()를 사용하면 인덱스 값을 사용할 때 가독성을 높일 수 있다.

두 번째 입력은 시작 값

enumerate() 함수의 두 번째 입력으로 int형 숫자를 줄 수 있다. 이 경우, 반복 인덱스는 두 번째 입력의 숫자부터 시작한다.

```
names = ["apple", "grape", "banana"]
for i, name in enumerate(names, 1):
    print("{}: {}".format(i, name))
```

```
1: apple
2: grape
3: banana
```

위 코드는 enumerate() 함수의 두 번째 입력을 사용한 것이다. 그 결과, i에 대입하는 인덱스가
해당 입력의 숫자부터 시작한다.

손으로 익히는 코딩

```
chars = ["*", "+", "#", "&"]
for i, c in enumerate(chars):
    print(c * i)
```

```
+
##
&&&
```

손으로 익히는 코딩

```
chars = ["*", "+", "#", "&"]
for i, c in enumerate(chars, 1):
    print(c * i)
```

```
*
++
###
&&&&
```

isinstance()

isinstance() 함수

isinstance() 함수는 파이썬 내장 함수 중 하나로, 입력 값의 자료형(타입)을 확인할 때에 사용된다. isinstance()는 두 개의 입력을 받으며, 첫 번째 입력은 확인하고자 하는 값, 두 번째 입력은 검사하고자 하는 자료형(타입)이다.

```
코·드·소·개

isinstance(값, 타입)

예시)
if isinstance("python", str):
    print("python is string")
```

값이 해당 타입일 경우 True, 해당 타입이 아닐 경우 False이다.

isinstance(value, type)

▶ type(value) == type? ⟨ True
                         ⟨ False

실행 결과

```
num = 41
if isinstance(num, int):
    print("{} is int".format(num))
if isinstance(num, float):
    print("{} is float".format(num))
```

```
41 is int
```

위 코드는 변수 num에 int 자료형인 41의 값을 대입 후, 두 if문에서 isinstance()를 사용하여 num이 각각 int, float 자료형인지 검사한다. 첫 번째 if문에서는 41은 int 자료형이므로 isinstance()의 결과가 True가 되어 if문 아래를 실행하고, 두 번째 if문에서는 isinstance()의 결과가 False가 되어 if문 아래를 실행하지 않는다.

여러 자료형 중 하나

두 번째 입력이 타입들의 튜플인 경우, 첫 번째 입력의 자료형이 튜플 내 자료형들 중에 하나일 경우 True, 해당되는 자료형이 없으면 False이다.

```
isinstance(값, (타입1, 타입2, ...))

예시)
if isinstance([1, 2], (list, tuple)):
    print("[1, 2] is list or tuple")
```

값이 두 번째 입력의 타입들 중 하나일 경우 True, 그렇지 않으면 False이다.

실행 결과

```
num = 41
if isinstance(num, (int, float)):
    print("{} is number".format(num))
if isinstance(num, (list, tuple)):
    print("{} is list or tuple".format(num))
```

`41 is number`

위 코드의 조건문에서, isinstance()의 두 번째 입력에 각각 (int, float), (list, tuple)을 사용하였다. num의 자료형은 int로 첫 번째 if문의 isinstance()의 두 번째 입력 튜플 자료형 중 하나이므로, 조건식이 True가 되어 if문 아래를 실행한다. 반면, 두 번째 if문에서는 num은 list와 tuple 두 자료형이 모두 아니므로, if문 아래를 실행하지 않는다.

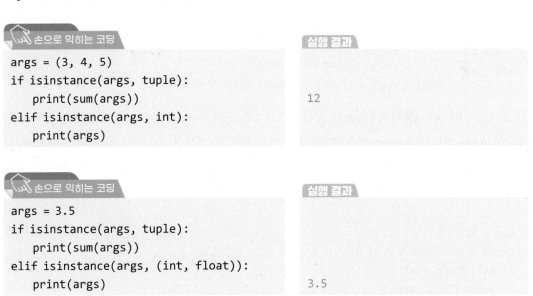

손으로 익히는 코딩

```
args = (3, 4, 5)
if isinstance(args, tuple):
    print(sum(args))
elif isinstance(args, int):
    print(args)
```

실행 결과

```
12
```

손으로 익히는 코딩

```
args = 3.5
if isinstance(args, tuple):
    print(sum(args))
elif isinstance(args, (int, float)):
    print(args)
```

실행 결과

```
3.5
```

all(), any()

all(), any() 함수

all()과 any()는 파이썬의 내장함수로, 논리 연산을 수행하여 True, False를 결과로 제공하는 함수이다.

all()	인자로 받은 값의 모든 요소가 True일 경우 결과가 True이며, 하나라도 False면 결과가 False이다.
any()	인자로 받은 값의 요소들 중 하나라도 True일 경우 결과가 True이며, 모두 False면 결과가 False이다.

all()과 any()는 리스트, 튜플 등의 여러 요소로 이루어진 값을 입력받아 순서대로 요소의 True/False를 검사하여 결과를 계산한다.

Quick Tip

all()은 and, any()는 or

all()은 입력의 모든 요소 사이에 and를, any()는 입력의 모든 요소 사이에 or을 넣어 계산한 결과라고 생각하면 all(), any() 함수를 직관적으로 해석할 수 있습니다.

```
num = 30
check_num = [num%2==0, num%3==0, num%5==0]
if all(check_num):
    print("all: and")
```

실행 결과
```
all: and
```

위 코드는 all()을 사용하여 num이 각각 2, 3, 5의 숫자로 모두 나누어떨어지는지 검사한다. check_num 리스트에 num 변수 값을 각 숫자로 나머지 연산한 결과가 0인지 담고 있으며, if문에서는 check_num 리스트의 모든 값이 True인지 검사하며, 결과가 True이기 때문에 if문 아래를 실행한다.

```
num = 12
check_num = [num % 2 == 0, num % 3 == 0, num % 5 == 0]
if all(check_num):
    print("all: and")
```

실행 결과
```
(출력 없음)
```

위 코드는 num 값을 바꾸고서 앞선 코드와 동일한 검사를 실행한다. num은 2와 3으로는 나누어떨어지지만, 5로는 나누어떨어지지 않으므로 all(check_num)의 결과가 False가 되어 if문 아래를 실행하지 않는다.

```
num = 8
check_num = [num%2==0, num%3==0, num%5==0]
if any(check_num):
    print("any: or")
```

실행 결과
```
any: or
```

위 코드는 num 값을 8로 선언한 후, if문에 any()를 사용한다. num은 3과 5로 나누어떨어지지 않지만, 2로는 나누어떨어지므로 check_num의 세 조건 중 하나는 True이므로 if문 아래를 실행한다.

all([A, B, C, D])

▶ A and B and C and D

any([A, B, C, D])

▶ A or B or C or D

손으로 익히는 코딩
```
print(all([True, True, False, True]))
print(all([True, True, True, True]))
print(any([False, False, True]))
print(any([False, False]))
```

실행 결과
```
False
True
True
False
```

문자열 format() 확장

'챕터3 내장 함수'에서 학습한 문자열의 .format() 함수는 문자열 내에 중괄호({})를 사용하여 출력할 변수의 위치나 형태를 지정할 때 사용한다.

```
num = 3
name = "apple"
print("num = {}, name = {}".format(num, name))
```

실행 결과
```
num = 3, name = apple
```

위 코드에서 print()에 입력되는 문자열에 format() 함수를 사용하여 num과 name에 대입된 값을 포함시켜 출력한다. format() 함수 사용 시, 문자열 내 중괄호에 옵션을 추가하여, 값을 정리된 형태로 문자열로 나타낼 수 있다.

소수점 자리 수

무한소수와 같이 특정 자리수로 정확히 나타낼 수 없는 숫자의 경우 문자열 formatting 시 문자열 길이가 길어진다. 이 경우, {:.f} 옵션을 사용하여 특정 자리수까지만 문자열로 나타내게 된다.

코·드·소·개
```
"{:.자리수f}".format(float변수)

예시)
print("{:.1f}".format(0.6666))
```

```
num = 1 / 3
print("num = {}".format(num))
print("num = {:.3f}".format(num))
```

실행 결과
```
num = 0.3333333333333333
num = 0.333
```

위 코드는 float형 변수 num을 문자열의 format()을 통해 출력한다. 첫 번째 출력에서는 중괄호에 별도 옵션을 주지 않았고, 두 번째 출력에서는 {:.3f}를 사용하여 소수점 아래 셋째 자리까지만 나타내어 출력한다.

숫자 길이

숫자의 길이를 맞추고 싶은 경우, {:숫자} 옵션을 사용하면, 문자열 formatting시 문자열 길이를 옵션 숫자로 맞출 수 있다. 변환할 숫자의 길이가 더 긴 경우에는 숫자 길이를 줄이지는 않는다.

```
코·드·소·개

"{:길이}".format(입력)

예시)
print("{:10}".format("python"))
```

```
num = 41
print("num={}".format(num))
print("num={:5}".format(num))
```

실행 결과

```
num=41
num=   41
```

위 코드는 int형 변수 num을 문자열의 format()을 통해 출력한다. 첫 번째 출력은 중괄호에 별도 옵션을 주지 않아 두 글자의 41을 출력한다. 두 번째 출력에서는 {:5}를 사용하여, 세 칸이 띄어져 총 다섯 글자 길이의 "   41"이 출력된다.

길이를 설정할 경우, {:0숫자}를 사용할 경우 0으로 채울 수 있으며, 소수점 자릿수 설정과도 혼합하여 사용할 수 있다.

```
for i in range(11):
    print("{:02}".format(i))
```

실행 결과

```
00
01
02
03
04
05
06
07
08
09
10
```

위 코드는 0에서 10까지 반복 출력하며, 반복 변수인 i를 출력하되 {:02}옵션을 통해 해당 변수를 문자열로 나타낼 때 문자열 길이는 2로, 남는 자릿수는 0으로 채운다.

```
num = 41.123
print("num={:7.2f}".format(num))
```

실행 결과
```
num=  41.12
```

위 코드는 float형 변수를 출력할 때 {:7.2f}를 사용하여 문자열 변환 길이는 7, 소수점 자릿수는 둘째 자리까지 나타낸다. 41.12는 소수점을 포함하여 5글자이므로 앞에 공백문자를 두 개 붙여 " 41.12"로 변환된다.

1,000 자리마다 콤마

숫자를 표현할 때 1,000 단위마다 콤마(,)를 붙여 가독성을 높일 수 있다. 문자열의 format()에서 중괄호에 {:,}를 사용하면 1,000 단위마다 콤마를 붙인 형태로 변환된다.

```
num = 1234567
print("num={}".format(num))
print("num={:,}".format(num))
```

실행 결과
```
num=1234567
num=1,234,567
```

위 코드에서 num은 백만 단위의 숫자로, 두 번째 출력에서 {:,}를 사용해 콤마를 붙인 숫자 형태로 변환한다. {:,}를 사용하면 큰 자릿수의 숫자를 나타낼 때 숫자의 가독성을 높일 수 있다.

손으로 익히는 코딩
```
print(1/7)
print("{:.3f}".format(1/7))
print("{:3}".format(7))
print("{:03}".format(7))
```

실행 결과
```
0.14285714285714285
0.143
  7
007
```

손으로 익히는 코딩
```
c = 299792458
print("speed: {}".format(c))
print("speed: {:,}".format(c))
```

실행 결과
```
speed: 299792458
speed: 299,792,458
```

- key의 함수 입력에는 소괄호 없이

```
nums = [1, -2, 3]                    TypeError: len() takes exactly one argument
print(sorted(nums, key=len()))       (0 given)
```

```
nums = [1, -2, 3]                    TypeError: 'int' object is not callable
print(sorted(nums, key=len(nums)))
```

위 에러들은 sorted의 기준 함수 key에 함수가 아닌 함수 코드 결과 대입을 시도하여 발생한다. 두 에러 중 위의 에러는 len()을 함수로 준비하기 위해 실행하는데 len() 함수에 입력이 없으므로 이에 대한 에러 메시지를 출력한다. 아래의 에러는 len(nums)의 결과 3을 키 함수로 사용하기 때문에, 3(1), 3(-2), 3(3)을 구하려 하는데, 숫자는 함수로 사용될 수 없으므로 에러가 발생한다.

- all, any는 여러 개의 입력 불가능

```
all(True, True, False)       TypeError: all() takes exactly one argument (3 given)
```

위 에러는 all() 함수에 여러 개의 입력을 사용하여 발생한다. all, any는 리스트나 튜플처럼 감싸진 하나의 입력만을 받으며, 그렇지 않을 경우 각 함수는 하나의 입력만을 받는다는 메시지와 함께 에러가 발생한다.

- 문자열 formatting 시, 자료형에 주의

```
print("{:.3f}".format("7"))     ValueError: Unknown format code 'f' for object of
                                 type 'str'
```

위 에러는 f formatting에 문자열을 입력하여 발생한다. 에러 메시지는 문자열에 대해 "f" formatting을 할 수 없다는 의미를 표시한다.

___02

자주 쓰이는 표현식

"".join()

join() 함수란

파이썬에서 문자열의 .join() 함수는 문자열을 결합할 때 사용된다. 문자열의 .join() 함수는 보통 문자열로 이루어진 리스트나 튜플을 입력하여 본 문자열을 구분 기호로 합친 결과를 준다. 문자열의 .join() 함수는 아래와 같이 사용한다.

```python
names = ["apple", "banana", "grape"]
print("/".join(names))
```

실행 결과

```
apple/banana/grape
```

위 코드에서 names는 문자열로 이루어진 리스트이며, 아래 줄의 .join() 함수의 입력으로 사용된다. 본 문자열은 "/"로, .join() 함수 결과는 "/"가 각 문자열의 사이에 들어간 형태의 문자열인 "apple/banana/grape"가 된다.

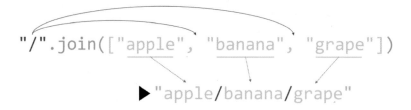

빈 문자열의 join()

보통 문자열의 .join() 함수는 빈 문자열에 사용되며, 문자열을 합칠 때 사용한다.

```
words = ["apple", "banana", "grape"]
print("".join(words))
```

```
applebananagrape
```

위 코드는 리스트 내의 문자열을 합친 후 출력한다. "".join() 함수를 사용하여 빈 문자열을 리스트 안의 각 문자열에 집어넣은 결과를 출력하는데, 빈 문자열을 끼워 넣게 되므로 문자열을 단순히 이어 붙인 결과를 얻는다.

 손으로 익히는 코딩

```
directory = "C:/Users/User/"
filename = "main.py"
print("".join([directory, filename]))
```

```
C:/Users/User/main.py
```

if-else 연산자

삼항 연산자

삼항 연산자*는 항이 세 개인 연산자를 뜻한다. 이항 연산자는 +나 and와 같이 연산자 좌우에 값이 하나씩 사용되어 두 개의 항을 필요로 하며, 단항 연산자인 -나 not은 하나의 값을 필요로 한다. 삼항 연산자는 세 개의 값을 필요로 한다.

코·드·소·개

```
A if B else C

예시)
n = "odd" if 3%2==1 else "even"
```

이 연산자의 결과는 A 혹은 C이다. 만일 B가 True인 경우 A이며, False이면 C가 된다.

```
num = 41
odd_even = "odd" if num%2==1 else "even"
print("{} is {}".format(num, odd_even))
```

실행 결과
```
41 is odd
```

위 코드는 변수 num이 홀수인지 짝수인지 판별한다. odd_even** 변수는 삼항 연산자 if-else 를 사용하여 2로 나눈 값이 1인 경우 "odd"이고 그렇지 않을 경우, "even"을 대입한다. 41은 홀수이므로 if else 연산자의 맨 첫 번째에 위치한 값이 odd_even 변수 값이 된다.

기초 용어 정리

* **조건부 표현식**(conditional expression): 파이썬에서 삼항 연산자는 조건부 표현식이라고 불리기도 한다.
** **홀수**(odd), **짝수**(even): 영어로 홀수를 odd number, 짝수를 even number라고 부른다.

if-else문과는 다른 문법

if-else 연산자는 '기초 입문편'에서 학습한 조건문(if-else문)과 유사하게 생겼으나, 실제로는 전혀 다른 문법이다. 삼항 연산자 if-else와 if-else문의 차이는 다음과 같다.

● 삼항 연산자 if-else는 한 줄에 사용된다.

● 삼항 연산자 if-else는 else가 반드시 필요하다.

● 삼항 연산자 if-else에서 else 뒤에는 대입 연산자 =이 올 수 없다.

삼항 연산자 if-else는 A if B else C가 합쳐서 하나의 값을 나타낸다. 한 줄, 혹은 여러줄에 사용할 수 있고, else문의 사용 여부가 자유로운 조건문과는 달리 if-else 연산자는 사용 방법이 정해져 있다.

 손으로 익히는 코딩

```
use_gpu = True
device = "gpu" if use_gpu else "cpu"
print(device)
```

실행 결과

```
gpu
```

리스트 컴프리헨션

리스트 컴프리헨션

리스트 컴프리헨션(list comprehension)은 파이썬에서 규칙적인 값으로 이루어진 리스트를 생성하는 방법으로, 여러 줄에 걸쳐 작성될 코드를 한 줄로 줄일 수 있어 가독성이 좋은 코드를 작성할 수 있다. 리스트 컴프리헨션은 아래의 방법으로 사용한다.

Clear Comment

딕셔너리, 집합도 가능

list comprehension의 반복 요소 문법은 딕셔너리, 집합에서도 가능합니다. 하지만 일반적으로 해당 문법은 리스트에 가장 많이 사용됩니다. 따라서 다른 자료형에 해당 문법이 사용되더라도, 딕셔너리 컴프리헨션(dictionary comprehension), 셋 컴프리헨션(set comprehension)이 아닌 리스트 컴프리헨션이라는 용어로 불리곤 합니다.

코·드·소·개

```
[C for A in B]

예시)
a = [n+3 for i in range(5)]
```

리스트 컴프리헨션을 사용하는 방법은 위와 같이 for문을 콜론(:) 없이 리스트 안에 포함시킨 후 담을 값의 표현을 for문 앞에 위치시키면 된다.

```
num_strings = []
for i in range(5):
    num_strings.append(str(i))
print(num_strings)
```

실행 결과

```
['0', '1', '2', '3', '4']
```

위 코드에서는 반복문을 사용하여 숫자 0부터 4까지 1씩 늘어나는 숫자를 문자열 자료형으로 리스트에 담는다. 위의 코드를 리스트 컴프리헨션을 사용하여 나타내면 아래와 같다.

```
num_strings = [str(i) for i in range(5)]
print(num_strings)
```

```
['0', '1', '2', '3', '4']
```

위 코드에서는 리스트 컴프리헨션을 사용하여 문자열로 숫자 0에서 4까지 1씩 늘어나는 숫자들을 차례로 리스트에 담는다. 앞서 설명했듯, for문에서 콜론을 없애고 리스트 안으로 넣은 후, for문 앞에 반복 대입 요소를 작성하는 방식으로 리스트 컴프리헨션을 사용한다.

```
[str(i) for i in range(5)]
```

                          ▶['0', '1', '2', '3', '4']

```
0 ···· str() ····'0'
1 ···· str() ····'1'
2 ···· str() ····'2'
3 ···· str() ····'3'
4 ···· str() ····'4'
```

for-if 리스트 컴프리헨션

리스트 컴프리헨션에서 for-if를 조합하여 특정 조건의 요소만 리스트에 담을 수 있다.

```
two_multiples = []
for i in range(10):
    if i % 2 == 0:
        two_multiples.append(str(i))
print(two_multiples)
```

```
['0', '2', '4', '6', '8']
```

위 코드에서는 반복문을 사용하여 i를 0에서 9까지 1씩 증가하며 반복하는데, i를 2로 나눈 나머지가 0인 값들만 문자열 형태로 리스트에 담는다. 그 결과 0부터 8까지의 짝수를 문자열 자료형으로 리스트에 담는다. 위의 코드를 리스트 컴프리헨션을 사용하여 나타내면 아래와 같다.

```
two_multiples = [str(i) for i in range(10) if i % 2 == 0]
print(two_multiples)
```

```
['0', '2', '4', '6', '8']
```

위 코드에서는 리스트 컴프리헨션에서 for문 뒤에 if문을 붙여 특정 조건을 만족하는 요소만 리스트에 담는다. 삼항 연산자 if-else와 헷갈리지 않도록 주의해야 한다. 위 리스트 선언에서 i는 0부터 9까지 반복한 뒤 i값에 대한 조건을 작성하였고, 최종적으로 담을 요소는 문자열 자료형을 변환한 값이다.

> **Clear Comment**
>
> **조건식이 너무 복잡하면 가독성 저하**
>
> 리스트 컴프리헨션의 for-if에서 if문을 너무 복잡하게 작성하면 가독성이 떨어지기 때문에, if의 조건식이 복잡할 경우에는 보통 리스트 컴프리헨션을 사용하지 않는 경우가 많습니다.

```
[str(i) for i in range(10) if i%2==0]

          for i in range(10):

              if i%2==0:

                  arr.append(str(i))
```

다중 for문 리스트 컴프리헨션

리스트 컴프리헨션에서 for문을 여러 번 사용할 수 있다.

```python
animals = []
for i in ["slow", "fast"]:
    for j in ["dog", "cat"]:
        animals.append("{} {}".format(i, j))
print(animals)
```

```
['slow dog', 'slow cat', 'fast dog', 'fast cat']
```

위 코드는 이중 for문을 사용하여 문자열의 조합하여 리스트에 담는다. 먼저 i가 "slow"일 때 j

반복을 두 번 실행하고, i가 "fast"일 때 j 반복을 다시 두 번 실행한다. 이 코드를 리스트 컴프리헨션으로 나타내면 아래와 같다.

```
animals = ["{} {}".format(i, j) for i in ["slow", "fast"] for j in ["dog",
"cat"]]
print(animals)
```

실행 결과

```
['slow dog', 'slow cat', 'fast dog', 'fast cat']
```

위 코드는 리스트 컴프리헨션에서 이중 for문을 사용한 것으로, 먼저 등장한 for문이 상위 for문이며, 나중에 등장한 for문이 하위 for문으로 실행된다. "{} {}".format(i, j)와 같이 반복 대입 요소만 맨 앞으로 오고, for문과 if문의 작성 순서는 여러 줄의 for문, if문 작성 순서와 동일하다.

> **Clear Comment**
> **헷갈린다면 지양하세요**
> 리스트 컴프리헨션으로 이중 for문, 삼중 for문도 사용할 수 있습니다. 하지만, 리스트 컴프리헨션은 가독성을 위해 사용하는 문법으로, 오히려 가독성이나 이해도를 떨어뜨린다면 사용하지 않는 것을 권합니다.

```
[... for i in range(10) for j in range(10) for k in range(10)]
```

```
    for i in range(10): for j in range(10) for k in range(10)
        for j in range(10):
            for k in range(10):
                . . .
```

 손으로 익히는 코딩

```
squares = [i**2 for i in range(5)]
print(squares)
```

실행 결과

```
[0, 1, 4, 9, 16]
```

```
odd_squares = [i**2 for i in range(5) if i % 2 == 1]
print(odd_squares)
```

```
[1, 9]
```

- 문자열의 join() 함수는 하나의 입력만

```
print("".join("python", "programming"))
```
TypeError: str.join() takes exactly one argument (2 given)

위 에러는 문자열의 join() 함수의 입력에서 합칠 문자열을 따로 입력하여 발생한다. 문자열의 .join() 함수는 리스트나 튜플로 값을 감싸서 사용해야 하며, 그렇지 않을 경우 하나의 입력만을 받는다는 메시지와 함께 에러가 발생한다.

- if—else 연산자의 else 뒤에 변수 대입은 불가능

```
num_odd = 1 if 3%2==1 else num_even = 1
```
SyntaxError: invalid syntax. Maybe you meant '==' or ':=' instead of '='?

위 에러는 if—else 연산자에서 else 뒤에 변수 입력을 사용하여 발생한다. if—else 연산자는 A if B else C로 사용하며 B의 논리 결과에 따라 A 혹은 C가 연산자 결과가 되는 것으로 연산자의 표현 중에 대입을 사용할 수 없다.

- if—else 연산자에는 콜론이 없음

```
num = 7
odd=1 if num%2==1 else: 0
```
SyntaxError: invalid syntax

위 에러는 if—else 연산자에 콜론을 사용하여 발생한다. if—else 연산자에서는 콜론을 사용하지 않는다.

- if—else 연산자에서 if만 사용할 수 없음

```
num_odd = 1 if 3%2==1
```
SyntaxError: expected 'else' after 'if' expression

위 에러는 if—else 연산자에서 else를 사용하지 않아서 발생한다. 이것은 연산자의 표현을 완성하지 않아 문법에 어긋난 것이다. A if B else C로 사용할 경우 논리식의 False 결과에 따라 대입할 값을 필수적으로 명시해야 한다.

- for-if 컴프리헨션은 if가 뒤에

odds = [i if i%2==1 for i in range(5)]	SyntaxError: expected 'else' after 'if' expression

위 에러는 홀수만을 리스트에 담는 리스트 컴프리헨션 코드에서 if를 for보다 먼저 사용하여 발생한다. 에러 메시지는 else가 있어야 할 것 같다는 에러를 표시하는데, 이는 for문 앞의 코드를 if-else 연산자를 덜 작성한 것으로 파이썬이 착각하여 출력하는 메시지이다.

03

더 멋진 내일(Tomorrow)을 위한 내일(My Career) **내일은 파이썬**

연습문제

1. 기본 예제

문제 1 아래 각 코드 실행 시, 출력 결과를 맞혀 보자.

문제	정답
① `nums = [-5, 3, 4]` `print(min(nums))`	(3 / -5)
② `print(min(nums, key=abs))`	(3 / -5)
③ `words = ["zebra", "alligator"]` `print(max(words))`	(alligator / zebra)
④ `print(max(words, key=len))`	(alligator / zebra)
⑤ `words = ["0.00001", "10.0"]` `print(sorted(words, key=len))`	
⑥ `print(sorted(words, key=float))`	(['0.00001', '10.0'] / ['10.0', '0.00001']) (['0.00001', '10.0'] / ['10.0', '0.00001'])

문제 2 아래 각 코드 실행 시, 출력 결과를 맞혀 보자.

문제	정답

① `names = ["Kim", "Lee"]`
`ages = [20, 30]`
`name_age = dict()`
`for n, a in zip(names, ages):`
`    name_age[n] = a`
`print(name_age)`
	{'Kim': 20, 'Lee': 30} / {20: 30, 'Kim': "Lee"}

| ② | ```python
nums = [10, 20, 30]
idx_nums = dict()
for i, n in enumerate(nums):
    idx_nums[i] = n
print(idx_nums)
``` | {0: 10, 1: 20, 2: 30} / {10: 0, 20: 1, 30: 2} |
| ③ | ```python
nums = [1, 2, 3]
if isinstance(nums, list):
    print("list")
else:
    print("else")
``` | ( list / else ) |
| ④ | ```python
all_True = [True, True]
all_False = [False, False]
one_True = [True, False]
print(all(all_True))
``` | ( True / False ) |
⑤	`print(all(all_False))`	(True / False)
⑥	`print(all(one_True))`	(True / False)
⑦	`print(any(all_True))`	(True / False)
⑧	`print(any(all_False))`	(True / False)
⑨	`print(any(one_True))`	(True / False)
⑩	`print("{}".format(0.123456))`	({} / 0.123456)
⑪	`print("{:.1f}".format(0.123456))`	(0.1 / 0.12)

문제 3 아래 각 코드 실행 시, 출력 결과를 맞혀 보자.

	문제	정답
| ①<br>② | ```python
words = ["ape", "cow"]
print("".join(words))
print(", ".join(words))
``` | ( apecow / ["ape", "", "cow"] )<br>( ape, cow / ["ape", ", ", "cow"] ) |
| ③<br>④<br>⑤ | ```python
num = 3
print(1 if num%2 else 0)
print(1 if num//3 else 0)
print(1 if num//4 else 0)
``` | ( 0 / 1 )<br>( 0 / 1 )<br>( 0 / 1 ) |
| ⑥<br>⑦<br>⑧ | ```python
print([i for i in range(4)])
print([i for i in range(4) if i%2])
print([i if i%2 else 0 for i in range(4)])
``` | ( [1, 2, 3, 4] / [0, 1, 2, 3] )<br>( [0, 2] / [1, 3] )<br>( [0, 0] / [0, 1, 0, 3] ) |

2. 심화 예제

문제 4 200개의 jpg 사진 파일들의 이름을 문자열 요소로 하는 리스트 data가 있다. 사진 파일들의 특징이 아래와 같을 때, 각 문제를 해결해 보자.

● 짝수 번호의 파일은 개 사진, 홀수 번호의 파일은 고양이 사진 파일이다.

● 각 파일의 번호는 1에서 200까지 data에 숫자 크기순으로 정렬되어 있다. 한 자리, 두 자리 수에는 각각 00, 0이 채워져 있다. 예를 들어, 2번 파일의 이름은 002.jpg, 45번 파일의 이름은 045.jpg, 150번 파일의 이름은 150.jpg이다.

① [객관식] 아래의 보기 중, 리스트 data를 구현한 코드로 적절한 것은?

	보기
| ⓐ | ```python
data = []
for i in range(1, 201):
    data.append("{}.jpg".format(i))
``` |
| ⓑ | ```python
data = []
for i in range(1, 201):
    data.append("{:3}.jpg".format(i))
``` |
| ⓒ | ```python
data = []
for i in range(1, 201):
    data.append("{0:3}.jpg".format(i))
``` |
| ⓓ | ```python
data = []
for i in range(1, 201):
    data.append("{:03}.jpg".format(i))
``` |

② [객관식] 딕셔너리 변수 data_dict에 파일 이름을 개/고양이를 기준으로 분리하여 저장하고 싶다. "dog" 키에는 ["002.jpg", "004.jpg", …, "198.jpg", "200.jpg"]을, "cat" 키의 밸류 리스트에는 ["001.jpg", "003.jpg", …, "197.jpg", "199.jpg"]를 담으려 한다. 문제의 보기 중, 아래 코드의 빈칸에 들어갔을 때 data_dict를 올바르게 구현한 것은?

```
(        )
data_dict = {"dog": dog_list, "cat": cat_list}
```

보기	
ⓐ	`dog_list = ["{:03}.jpg".format(i) for i in range(1, 201) if i%2==0]` `cat_list = ["{:03}.jpg".format(i) for i in range(1, 201) if i%2==1]`
ⓑ	`dog_list = ["{:03}.jpg".format(i) for i in range(1, 201) if i%2==1]` `cat_list = ["{:03}.jpg".format(i) for i in range(1, 201) if i%2==0]`
ⓒ	`dog_list = ["{:03}.jpg".format(i) if i%2==0 for i in range(1, 201)]` `cat_list = ["{:03}.jpg".format(i) if i%2==1 for i in range(1, 201)]`
ⓓ	`dog_list = ["{:03}.jpg".format(i) if i%2==1 for i in range(1, 201)]` `cat_list = ["{:03}.jpg".format(i) if i%2==0 for i in range(1, 201)]`

문제 5 숫자로 이루어진 리스트 nums가 있다. 반복문을 통해 nums의 요소 개수만큼 반복하여 nums의 첫 번째 요소부터 i번째 요소까지의 누적 제곱 평균을 출력하는 알고리즘을 구현하려 한다. 예를 들어, nums = [3, 6, 3, 2]의 누적 제곱 평균을 출력한 결과는 아래와 같다.

● 첫 번째 출력: 9 / 1 = 9.0

● 두 번째 출력: (9 + 36) / 2 = 22.5

● 세 번째 출력: (9 + 36 + 9) / 3 = 18.0

● 네 번째 출력: (9 + 36 + 9 + 4) / 4 = 14.5

아래의 문제를 해결하여 누적 제곱 평균을 구하는 알고리즘을 구현해 보자.

```
nums = [3, 6, 3, 2]

for i, n in enumerate(nums):
    d_nums = [① ( nn**2 / nn^2 ) for nn in ② ( nums[:i] / nums[:i+1] )]
    mean_d = (    ③    )
    print(mean_d)
```

	문제 ③ 보기
ⓐ	sum(d_nums) / d_nums
ⓑ	sum(d_nums) / len(d_nums)
ⓒ	sum(d_nums) / max(d_nums)
ⓓ	mean(d_nums)

④ [객관식] 위 문제의 코드는 새 리스트 d_nums를 생성하여 새로운 메모리를 사용하기 때문에 nums 리스트의 요소 개수에 비례하는 메모리가 추가로 필요하다. 이 문제를 해소하기 위해 매 반복마다 d_sum 변수에 제곱 값을 더한 후 반복 인덱스 값으로 나누려 한다. 문제의 알고리즘을 적절하게 구현하기 위해 아래의 코드의 빈칸에 들어갈 코드로 적절한 것은?

```
nums = [3, 6, 3, 2]
d_sum = 0.0
( ⓐ / ⓑ / ⓒ / ⓓ )
```

	보기
| ⓐ | ```
for i, n in enumerate(nums, 1):
    d_sum += n*n
    mean_d = d_sum / i
    print(mean_d)
``` |
| ⓑ | ```
for i, n in enumerate(nums):
    d_sum += n*n
    mean_d = d_sum / i
    print(mean_d)
``` |
| ⓒ | ```
for i, n in enumerate(nums):
    d_sum += n*n
    mean_d = d_sum / i+1
    print(mean_d)
``` |
| ⓓ | ```
for i, n in enumerate(nums):
    d_sum += n*n
    mean_d = d_sum // i+1
    print(mean_d)
``` |

문제 6 '챕터6 반복문'의 예제에서 구한 소수(prime number) 판별 알고리즘을 리스트 컴프리헨션으로 간결하게 구현하려 한다. 소수는 자연수 중 1과 자기 자신 이외의 수로는 나누어떨어지지 않는 수이다. 아래의 문제를 해결하며 소수 판별 알고리즘을 간결하게 구현해 보자.

① 아래 코드를 실행 시 n이 소수이면 n_is_prime이 True, 소수가 아니면 False가 되도록 작성하려 한다. 아래의 코드가 올바르게 소수를 판별하도록 두 빈칸의 True/False를 골라 보자.

```
n = 31
n_is_prime = ( True / False )
for i in range(2, n):
    if n % i == 0:
        n_is_prime = ( True / False )
print(n_is_prime)
```

② [객관식] 리스트 mod_zero에 True 혹은 False가 매 반복마다 대입되는 코드를 리스트 컴프리헨션으로 작성하려 한다. True, False가 대입되는 조건이 아래와 같을 때, 보기의 코드 중 아래의 설명에 맞게 mod_zero를 구현한 것을 골라 보자.

● True: 반복 변수 i가 0으로 나누어떨어지는 경우
● False: 반복 변수 i가 0으로 나누어떨어지지 않는 경우

문제	보기
	ⓐ [False for i in range(2, n) if i%n==0]
n = 31	ⓑ [False for i in range(2, n) if n%i==0]
mod_zero = ( )	ⓒ [n%i==0 for i in range(2, n)]
	ⓓ [False if i%n==0 else True for i in range(2, n)]

③ [객관식] 소수는 1과 n 이외의 모든 수에 대해 나누어떨어지지 않아야 한다. 이를 이용하여 n이 소수인/소수가 아닌 경우 n_is_prime이 각각 True/False가 되도록 코드를 작성하려 한다. 아래의 빈칸에 올 수 있는 코드로 적절한 것은?

문제	보기
	ⓐ all([n%i for i in range(2, n)])
n = 31	ⓑ any([n%i for i in range(2, n)])
n_is_prime = ( )	ⓒ all([i%n for i in range(2, n)])
	ⓓ any([i%n for i in range(2, n)])

```
1   standard_volume = 30000
2   volume_too_low = 10000
3
4   file_data = {"target_dates.txt": [], "target_ma.txt": []}
5   end_price_target_dates = []
6   ends = []
7   cumul_ends = [0]
8
9   for i in range(1, 4+1):
10      file_name = "stock{}.txt".format(i)
11
12      f = open(file_name, "r", encoding="utf-8")
13      entire_txt = f.read()
14      f.close()
15
16      lines = entire_txt.split("\n")
17      lines_values = lines[1:]
18
19      for j in range(len(lines_values)):
20          line = lines_values[j]
21          values = line.split(",")
22          date = values[0]
23          start = values[1]
24          high = values[2]
25          low = values[3]
26          end = values[4]
27          volume = values[5]
28          amount = values[6]
29          fluc_rate = values[7]
30
31          if int(volume) > standard_volume:
32              print("At {}, volume is large".format(date))
33              file_data["target_dates.txt"].append(date)
34              end_price_target_dates += [int(end)]
35          elif int(volume) < volume_too_low:
36              print("At {}, trading volume is too low".format(date))
37
38          ends = ends + [int(end)]
39
40  for j in range(len(ends)):
41      if j >= 2:
```

```
42          moving_avg = (ends[j-2] + ends[j-1] + ends[j]) / 3
43          file_data["target_ma.txt"].append(moving_avg)
44
45 mean_target_end = sum(end_price_target_dates) / len(end_price_target_dates)
46
47 for name, data in file_data.items():
48     f = open(name, "w", encoding="utf-8")
49     for d in data:
50         f.write(str(d)+"\n")
51     f.close()
```

위 코드는 '기초 입문편'의 프로젝트 코드를 직전 챕터까지의 학습 내용을 바탕으로 수정한 것이다. 계속해서 아래의 연습문제를 통해 프로젝트 코드를 보다 효율적으로 수정해 보자.

문제 7 위 코드는 주식 데이터 파일 stock{1, 2, 3, 4}.txt를 읽어온 후, 네 리스트 file_data["target_dates.txt"], file_data["target_ma.txt"], end_price_target_dates, ends, ma3_end에 값을 추가한다. 위 코드의 알고리즘으로부터 얻을 수 있는 각 변수의 정보에 대한 설명으로 옳은 것을 골라 보자.

① [객관식] 위 코드에서 file_data["target_dates.txt"] 리스트에 대한 설명으로 옳은 것은?

보기	
ⓐ	각 파일의 내용 중 거래량 값이 특정 값보다 작은 줄의 날짜 정보를 담은 변수이다.
ⓑ	각 파일의 내용 중 거래량 값이 특정 값보다 작은 줄의 거래량 정보를 담은 변수이다.
ⓒ	각 파일의 내용 중 거래량 값이 특정 값보다 큰 줄의 거래량 정보를 담은 변수이다.
ⓓ	각 파일의 내용 중 거래량 값이 특정 값보다 큰 줄의 날짜 정보를 담은 변수이다.

② [객관식] 위 코드의 변수 file_data["target_ma.txt"]에 대한 설명으로 옳은 것은?

보기	
ⓐ	ma3_end 리스트에 있는 요소들의 자료형은 모두 int이다.
ⓑ	ma3_end 리스트에 있는 요소들의 자료형은 일부는 int, 일부는 float이다.
ⓒ	프로젝트 코드를 실행한 후 ma3_end의 요소 개수는 ends보다 2개 적다.
ⓓ	프로젝트 코드를 실행한 후 ma3_end의 요소 개수는 ends보다 3개 적다.

③ [객관식] 위 코드의 변수 end_price_target_dates에 대한 설명으로 옳은 것은?

보기	
ⓐ	각 파일의 내용 중 거래량 값이 특정 값보다 큰 줄의 종가(end) 정보를 문자열 자료형으로 담은 변수이다.
ⓑ	각 파일의 내용 중 거래량 값이 특정 값보다 큰 줄의 종가(end) 정보를 정수형 숫자로 담은 변수이다.
ⓒ	각 파일의 내용 중 거래량 값이 특정 값보다 작은 줄의 종가(end) 정보를 문자열 자료형으로 담은 변수이다.
ⓓ	각 파일의 내용 중 거래량 값이 특정 값보다 작은 줄의 종가(end) 정보를 정수형 숫자로 담은 변수이다.

④ [객관식] 위 코드의 변수 ends에 대한 설명으로 옳은 것은?

보기	
ⓐ	프로젝트 코드를 실행한 후, ends 리스트의 요소 개수는 target_dates의 요소 개수보다 많거나 같을 것이다.
ⓑ	프로젝트 코드를 실행한 후, ends 리스트의 요소 개수는 end_price_target_dates의 요소 개수보다 적을 것이다.
ⓒ	각 파일의 내용 중 거래량 값이 특정 값보다 작은 줄의 종가(end) 정보를 문자열 자료형으로 담은 변수이다.
ⓓ	각 파일의 내용 중 거래량 값이 특정 값보다 작은 줄의 종가(end) 정보를 정수형 숫자로 담은 변수이다.

문제 B 프로젝트 코드에서 각 파일의 내용은 매 반복마다 한 줄씩 line 변수에 대입한다. line 변수의 데이터로부터 file_data, end_price_target_dates, ends 리스트에 저장되는 데이터를 얻는다. 아래의 문제를 해결하여 각 리스트 변수의 표현을 리스트 컴프리헨션으로 수정해 보자.

① [객관식] 아래의 보기 중, 변수 volume을 line에서 바로 대입하는 방법으로 옳은 것은?

```
19      for j in range(len(lines_values)):
20          line = lines_values[j]
21          values = line.split(",")
22          date = values[0]
...         ...
26          end = values[4]
27          volume = values[5]
```

보기	
ⓐ	volume = line.split(",")[j][5]
ⓑ	volume = line[j].split(",")[5]
ⓒ	volume = line.split(",")[5]
ⓓ	volume = line[5].split(",")

② [객관식] line 27의 date, end, volume 값이 모든 j 반복(line 19)에 대해 저장된 리스트 변수 dates_i, ends_i, vols_i를 구하려 한다. 아래의 보기 중, 각 리스트 변수들을 리스트 컴프리헨션으로 구현한 코드로 적절한 것은? (아래 코드 참고)

```
22          date = values[0]
...         ...
25          end = values[4]
26          volume = values[5]
...         ...
38          ends = ends + [int(end)]
```

보기

ⓐ `dates_i = [line.split(",")[0] for line in lines_values]`
`ends_i = [int(line.split(",")[4]) for line in lines_values]`
`vols_i = [line.split(",")[5] for line in lines_values]`

ⓑ `dates_i = [line.split(",")[0] for line in range(len(lines_values))]`
`ends_i = [int(line.split(",")[4]) for line in range(len(lines_values))]`
`vols_i = [line.split(",")[5] for line in range(len(lines_values))]`

ⓒ `dates_i = [line_values.split(",")[0] for line in lines_values]`
`ends_i = [int(line_values.split(",")[4]) for line in lines_values]`
`vols_i = [lines_values.split(",")[5] for line in lines_values]`

ⓓ `dates_i = [[lines_values.split(",")[0] for line in range(len(lines_values))]`
`ends_i = [int(lines_values.split(",")[4]) for line in range(len(lines_values))]`
`vols_i = [lines_values.split(",")[5] for line in range(len(lines_values))]`

③ [객관식] 리스트 변수 ends는 모든 파일 반복에 대해, 리스트 변수 ends_i에 저장된 데이터가 통합된 것이다. line 18에 아래와 같이 ends_i의 코드를 추가했다고 가정할 때, ends_i의 요소들을 리스트 변수 ends에 매 반복마다 합치는 코드로 **적절하지 않은** 것은? (아래 코드 참고)

```
9    for i in range(1, 4+1):
10       file_name = "stock{}.txt".format(i)
...      ...
18       ends_i = (  ② 정답  )
19       (    ③    )
```

보기	
ⓐ	`ends = ends + ends_i`
ⓑ	`ends.extend(ends_i)`
ⓒ	`ends += ends + ends_i`
ⓓ	`ends = ends += ends_i`

④ [객관식] 모든 파일에 대한 줄 반복에서 file_dates["target_dates..txt"], end_price_target_dates 리스트에는 특정 조건의 거래일(date) 및 종가(end) 정보를 담는다. j 반복에서 각 리스트에 저장되는 데이터를 각각 새 리스트 변수 tds_i, eptds_i 리스트 변수로 구현하려 한다.

파일의 각 줄에 대한 반복(line 19)의 앞에 ②, ③의 정답 코드를 추가하였다. ③의 정답코드 아래에 tds_i, eptds_i 리스트를 구현하려 한다. tds_i, eptds_i를 ②에서 구한 dates_i, ends_i, volumes_i를 이용하여 리스트 컴프리헨션으로 구현한 코드로 적절한 것은? (아래 코드 참고)

```
15        dates_i = (  ② 정답  )
16        ends_i = (  ② 정답  )
17        volumes = (  ② 정답  )
18        (  ③ 정답  )
          (      ④      )
19        for j in range(len(lines_values)):
...           ...
22            date = values[0]
...           ...
26            end = values[4]
27            volume = values[5]
...           ...
31            if int(volume) > standard_volume:
...               ...
33                file_data["target_dates.txt"].append(date)
34                end_price_target_dates += [int(end)]
```

보기	
ⓐ	tds_i = [d for d, v in dates_i, vols_i if int(v) > standard_volume] eptds_i = [int(e) for e, v in ends, vols_i if int(v) > standard_volume]
ⓑ	tds_i = [d if int(v) > standard_volume for d, v in zip(dates_i, vols_i)] eptds_i = [int(e) if int(v) > standard_volume for e, v in zip(ends, vols_i)]
ⓒ	tds_i = [d if int(v) > standard_volume for d, v in dates_i, vols_i] eptds_i = [int(e) if int(v) > standard_volume for e, v in ends, vols_i]
ⓓ	tds_i = [d for d, v in zip(dates_i, vols_i) if int(v) > standard_volume] eptds_i = [int(e) for e, v in zip(ends_i, vols_i) if int(v) > standard_volume]

⑤ [객관식] 모든 파일에 대한 줄 반복에서 file_dates["target_ma..txt"] 리스트에는 ③에서 구한 ends 리스트의 인접한 세 요소의 평균 데이터가 있다. file_dates["target_ma..txt"]를 리스트 컴프리헨션으로 구현하는 코드로 적절한 것은? (아래 코드 참고)

```
40    for j in range(len(ends)):
41        if j >= 2:
42            moving_avg = (ends[j-2] + ends[j-1] + ends[j]) / 3
43            file_data["target_ma.txt"].append(moving_avg)
```

보기	
ⓐ	file_data["target_ma.txt"] = [sum(ends[j-2:j])/3 for j in range(len(ends)) if j >= 2]
ⓑ	file_data["target_ma.txt"] = [sum(ends[j-2:j+1])/3 for j in range(len(ends)) if j >= 2]
ⓒ	file_data["target_ma.txt"] = [sum(ends[j-2:j])/3 if j >= 2 for j in range(len(ends))]
ⓓ	file_data["target_ma.txt"] = [sum(ends[j-2:j+1])/3 if j >= 2 for j in range(len(ends))]

문제 **1**

```
        nums = [-5, 3, 4]
①      print(min(nums))                        ( 3 / -5 )
②      print(min(nums, key=abs))               ( 3 / -5 )
```

min() 함수는 최솟값을 구하는 함수이다. 위 문제에서 key 입력이 주어지지 않은 경우(①) 함수 결과는 값이 제일 작은 -5이다. key 입력으로 함수가 주어진 경우 해당 함수 결과가 가장 작은 것이 함수 결과가 된다. -5, 3, 4를 각각 abs()에 입력한 결과는 5, 3, 4로 abs(3) 값이 제일 작으므로 ②의 정답은 3이다.

```
        words = ["zebra", "alligator"]
③      print(max(words))                       ( alligator / zebra )
④      print(max(words, key=len))              ( alligator / zebra )
```

max() 함수는 최댓값을 구하는 함수이다. 문자열의 대소 관계는 기본적으로 사전 순서 규칙을 따르며 나중에 등장하는 단어가 큰 값으로 취급된다. 위 문제에서 key 입력이 주어지지 않은 경우(③) 함수 결과는 시작 알파벳이 z인 "zebra"이다. key 입력으로 함수가 주어진 경우 해당 함수 결과가 가장 큰 것이 함수 결과가 된다. "zebra", "alligator"를 각각 len()에 입력한 결과는 5, 9로 len("alligator") 값이 제일 크므로 ④의 정답은 "alligator"이다.

```
        words = ["0.00001", "10.0"]
⑤      print(sorted(words, key=len))           ( ['0.00001', '10.0'] / ['10.0',
                                                  '0.00001'] )
⑥      print(sorted(words, key=float))         ( ['0.00001', '10.0'] / ['10.0',
                                                  '0.00001'] )
```

sorted() 함수는 정렬을 수행하는 함수이다. key 입력으로 len을 사용한 경우(⑤) sorted() 함수 결과는 문자열 길이가 짧은 것부터 순서대로 나열된다. key 입력으로 float가 주어진 경우(⑥) 숫자로 자료형 변환한 결과가 작은 것부터 순서대로 나열된다. key의 입력으로 주어지는 각 함수의 결과 기준에 따라 나열한 결과는 각각 ['10.0', '0.00001'], ['0.00001', '10.0']이다.

문제 2

```
names = ["Kim", "Lee"]
ages = [20, 30]
name_age = dict()
for n, a in zip(names, ages):
    name_age[n] = a
print(name_age)
```

① `{'Kim': 20, 'Lee': 30}` / `{20: 30, 'Kim': "Lee"}`

위 코드에서 zip() 함수는 반복에 사용되어 names, ages의 요소들을 순서대로 하나씩 반복시키는 용도로 사용된다. 반복문의 n, a 반복 변수에는 각각 names, ages 리스트의 요소들이 반복 대입된다. n, a는 각각 딕셔너리 변수 name_age의 키, 밸류로 사용되어 대입을 수행한다. 그 결과 반복문이 끝난 후 name_age를 출력하면 names의 요소가 키, ages의 요소가 밸류로 사용된 딕셔너리가 출력된다.

```
nums = [10, 20, 30]
idx_nums = dict()
for i, n in enumerate(nums):
    idx_nums[i] = n
print(idx_nums)
```

② `{0: 10, 1: 20, 2: 30}` / `{10: 0, 20: 1, 30: 2}`

위 코드에서 enumerate() 함수는 반복에 사용되어 nums의 각 요소를 인덱스와 함께 제공한다. 반복문의 i, n 반복 변수에는 각각 인덱스, nums의 요소가 대입된다. 이 반복 변수들은 딕셔너리 변수 idx_nums의 키, 밸류로 각각 사용되어 대입을 수행한다. 그 결과 반복문이 끝난 후 idx_nums를 출력하면 nums에서 인덱스가 키, 요소 값이 밸류인 딕셔너리가 출력된다.

```
nums = [1, 2, 3]
if isinstance(nums, list):
    print("list")
else:
    print("else")
```

③ (**list** / else)

isinstance() 함수는 변수나 값의 자료형을 검사하는 함수이다. 첫 번째 입력의 자료형이 두 번째 입력 자료형과 같으면 True, 다르면 False이다. 위 코드에서 nums는 리스트이므로 isinstance(nums, list)는 True가 되어 list가 출력된다.

```
        all_True = [True, True]
        all_False = [False, False]
        one_True = [True, False]
④       print(all(all_True))                    ( True / False )
⑤       print(all(all_False))                   ( True / False )
⑥       print(all(one_True))                    ( True / False )
⑦       print(any(all_True))                    ( True / False )
⑧       print(any(all_False))                   ( True / False )
⑨       print(any(one_True))                    ( True / False )
```

all(), any() 함수는 각각 모두 True인지, 하나라도 True인지 검사하는 함수이다. all_True, all_False, one_True 리스트는 각각 모두 True, 모두 False, 하나는 True, 하나는 False인 리스트로, 이 리스트들을 각각 all(), any() 함수에 입력하여 결과를 출력한다. all() 함수의 경우 (④~⑥) 모든 요소가 True인 all_True만 함수 결과가 True이며 다른 리스트 입력은 False가 출력된다. any() 함수의 경우(⑦~⑨) 모든 요소가 False인 all_False만 함수 결과가 False이며 하나라도 True 입력이 있는 경우 함수 결과는 True이다.

```
⑩       print("{}".format(0.123456))            ( {} / 0.123456 )
⑪       print("{:.1f}".format(0.123456))        ( 0.1 / 0.12 )
```

문자열의 format() 함수에서 문자열 내 중괄호에 formatting을 통해 출력되는 값의 형태를 설정할 수 있다. formatting을 사용하지 않은 경우(⑩) format 함수의 값이 str로 자료형 변환한 결과가 중괄호 자리를 대체한다. :.1f는 float 자료형을 받아서(f) 소수 첫째 자리까지(.1) 나타내겠다는 의미이다.

문제 ❸

```
        words = ["ape", "cow"]              ( apecow / ["ape", "", "cow"] )
①       print("".join(words))              ( ape, cow / ["ape", ", ", "cow"] )
②       print(", ".join(words))
```

위 코드에서 문자열의 join() 함수는 리스트를 입력으로 받으며, 리스트의 요소 문자열 사이사이에 온점(.) 왼쪽의 문자열을 끼워 넣은 값을 결과로 낸다. 그 결과 빈 문자열을 "ape", "cow" 사이에 끼워 넣은 결과는(①) 리스트의 요소들을 단순히 이어 붙인 "apecow"이고, ", " 문자열을 "ape", "cow" 사이에 끼워 넣은 결과는(②) "ape, cow"이다.

```
        num = 3
③       print(1 if num%2 else 0)            ( 0 / 1 )
④       print(1 if num//3 else 0)           ( 0 / 1 )
⑤       print(1 if num//4 else 0)           ( 0 / 1 )
```

A if B else C 연산자는 B가 True 값인 경우 A, False인 경우 C 값을 결과로 낸다. 숫자의 경우 0값을 False로 취급하며 1, -2와 같은 0 이외의 값은 True로 취급된다. 따라서 3%2, 3//3, 3//4는 각각 1, 1, 0이므로 ③~⑤의 정답은 각각 1, 1, 0이다.

```
⑥       print([i for i in range(4)])                ( [1, 2, 3, 4] / [0, 1, 2, 3] )
⑦       print([i for i in range(4) if i%2])         ( [0, 2] / [1, 3] )
⑧       print([i if i%2 else 0 for i in range(4)])  ( [0, 0] / [0, 1, 0, 3] )
```

리스트 컴프리헨션은 대괄호 안에 담을 값을 먼저 작성한 뒤 반복문을 콜론 없이 작성하는 식으로 사용한다. range()는 0에서 시작하여 입력 값이 등장하기 직전까지 반복시키는 객체로 ⑥의 정답은 0부터 시작하여 4는 포함되지 않는 [0, 1, 2, 3]이다. for-if로 리스트 컴프리헨션을 수행하면 for 다음에 if가 등장하여 if의 조건식이 False인 경우에는 리스트 요소가 제외된다. 숫자는 0이 아닐 때만 True로 취급되므로 ⑦의 0, 1, 2, 3 중 결과는 2로 나눈 나머지가 1인 요소만 담긴 [1, 3]이다. for문 앞에 if-else로 사용하는 경우에는 False이더라도 요소가 제외되지 않으며 조건식의 True/False 여부에 따라 다른 값이 요소가 된다. 반복 변수가 2로 나눈 나머지가 1인 경우 해당 반복 변수, 2로 나눈 나머지가 0인 경우 0이 요소로 사용되므로 ⑧의 정답은 [0, 1, 0, 3]이다.

문제 **4**

```
ⓐ    data = []
      for i in range(1, 201):
          data.append("{}.jpg".format(i))
```

```
ⓑ    data = []
      for i in range(1, 201):
          data.append("{:3}.jpg".format(i))
```

```
ⓒ    data = []
      for i in range(1, 201):
          data.append("{0:3}.jpg".format(i))
```

```
ⓓ    data = []
      for i in range(1, 201):
          data.append("{:03}.jpg".format(i))
```

① data의 각 문자열은 .jpg로 끝나고 앞에는 1에서 200까지의 숫자로 구성되어 있다. 숫자의 경우 자리 수를 세 자리로 나타내어 0, 12와 같이 세 자리가 아닌 수는 빈자리를 0으로 채운다. 문자열의 formatting으로 이를 해결하면, {:03}을 사용하여 0을 사용하여 숫자를 세 자리로 표현하고 빈자리는 0으로 채울 수 있다. ⓑ는 공백 문자로 빈자리를 채우기 때문에 오답이다. ⓒ에서 콜론 왼쪽의 0은 format() 함수의 첫 번째 입력을 받겠다는 의미로 사용되어 ⓑ와 동일한 결과를 얻으므로 오답이다.

```
(        )
data_dict = {"dog": dog_list, "cat": cat_list}
```

```
ⓐ    dog_list = ["{:03}.jpg".format(i) for i in range(1, 201) if i%2==0]
      cat_list = ["{:03}.jpg".format(i) for i in range(1, 201) if i%2==1]
```

```
ⓑ    dog_list = ["{:03}.jpg".format(i) for i in range(1, 201) if i%2==1]
      cat_list = ["{:03}.jpg".format(i) for i in range(1, 201) if i%2==0]
```

```
ⓒ    dog_list = ["{:03}.jpg".format(i) if i%2==0 for i in range(1, 201)]
      cat_list = ["{:03}.jpg".format(i) if i%2==1 for i in range(1, 201)]
```

```
ⓓ    dog_list = ["{:03}.jpg".format(i) if i%2==1 for i in range(1, 201)]
      cat_list = ["{:03}.jpg".format(i) if i%2==0 for i in range(1, 201)]
```

② dog_list에는 i가 짝수인 경우, cat_list에는 i가 홀수인 경우에만 i 값에 대응되는 파일이름을 저장한다. i%2==0이 짝수, i%2==1이 홀수에 대응하므로 정답은 ⓐ이다. for-if 리스트 컴프리헨션은 if를 for보다 뒤에 작성한다.

문제 **5**

```
nums = [3, 6, 3, 2]

for i, n in enumerate(nums):
    d_nums = [① ( nn**2 / nn^2 ) for nn in ② ( nums[:i] / nums[:i+1] )]
    mean_d = (    ③    )
    print(mean_d)
```

ⓐ	sum(d_nums) / d_nums
ⓑ	**sum(d_nums) / len(d_nums)**
ⓒ	sum(d_nums) / max(d_nums)
ⓓ	mean(d_nums)

① 제곱을 수행하는 연산자는 **이다.

② 매 반복마다 d_nums에는 각각 [9], [9, 36], [9, 36, 9], [9, 36, 9, 4]가 대입되어야 한다. 슬라이싱에서 슬라이싱 범위를 결정할 때 콜론의 오른쪽 값은 슬라이싱 결과에서 제외되므로 [:i+1]를 사용해야 한다. [:i]를 사용할 경우 d_nums에는 매 반복마다 [], [9], [9, 36], [9, 36, 9]가 대입된다.

③ 평균은 전체 합을 전체 요소 개수로 나누어 구할 수 있다. 전체 합과 전체 요소 개수를 구하는 함수는 각각 sum(), len() 함수이다. mean() 함수는 파이썬에서 기본적으로 제공되는 함수가 아니다.

```
nums = [3, 6, 3, 2]
d_sum = 0.0
( ⓐ / ⓑ / ⓒ / ⓓ )
```

ⓐ	`for i, n in enumerate(nums, 1):`
	`    d_sum += n*n`
	`    mean_d = d_sum / i`
	`    print(mean_d)`

ⓑ	`for i, n in enumerate(nums):`
	`    d_sum += n*n`
	`    mean_d = d_sum / i`
	`    print(mean_d)`

| ⓒ | ```
for i, n in enumerate(nums):
    d_sum += n*n
    mean_d = d_sum / i+1
    print(mean_d)
``` |
|---|---|
| ⓓ | ```
for i, n in enumerate(nums):
    d_sum += n*n
    mean_d = d_sum // i+1
    print(mean_d)
``` |

④ d_sum은 0에서 시작하여 매 반복마다 n의 제곱 값이 더해진다. 즉, 매 반복마다 d_sum 값은 9, 9+36, 9+36+9, 9+36+9+4이다. mean_d는 여기서 각각 1, 2, 3, 4를 나눈 값이며 이것은 enumerate를 통해 얻을 수 있다. ⓐ에서 enumerate의 두 번째 입력을 주면 반복 변수 i는 해당 입력에서 시작하게 된다. 결과적으로 매 반복마다 i 값은 1, 2, 3, 4이므로 원하는 알고리즘을 구현할 수 있다.

enumerate에 두 번째 입력이 없으면 i는 0에서 시작하여 결과적으로 0, 1, 2, 3이 된다. 문제의 알고리즘에서는 1씩 더한 값이 필요하므로 i에 1을 더한 값이 필요하다. 하지만 오답의 보기들은 i에 1을 더하지 않는다. ⓒ, ⓓ의 경우 +가 /보다 나중에 계산되기 때문에 결과적으로 d_sum/i를 수행한 후 1을 더하게 된다. 문제의 알고리즘을 구현하기 위해서는 괄호를 사용하여 d_sum / (i+1)로 구현해야 한다. //는 소수점 이하의 나눗셈은 수행하지 않고 정수 몫까지만 구한다.

문제 6

```
n = 31
n_is_prime = ( True / False )
for i in range(2, n):
    if n % i == 0:
        n_is_prime = ( True / False )
print(n_is_prime)
```

① 네 번째 줄의 조건문에서 n%i==0은 n이 i로 나누어떨어지는지 검사하는 것이다. i=2~n-1 까지 반복에서 n이 i로 나누어떨어지는 경우 n은 소수가 아니므로 n_is_prime이 False가 된다(5번째 줄). for문의 모든 반복에 대해 if문의 조건식이 단 한 번도 True가 아니면 소수 이므로 처음에 n_is_prime은 True이다(2번째 줄).

```
n = 31
mod_zero = (     )
```

ⓐ [False for i in range(2, n) if i%n==0]

ⓑ [False for i in range(2, n) if n%i==0]

ⓒ [n%i==0 for i in range(2, n)]

ⓓ [False if i%n==0 else True for i in range(2, n)]

② ⓒ는 i의 2에서 n-1까지 반복에 대해 n%i==0 수식의 결과를 리스트 컴프리헨션으로 표현한 다. n%i==0은 0으로 나누어떨어지면 True, 그렇지 않으면 False이므로 문제의 의도를 구 현하는 코드이다. ⓑ의 경우 나누어떨어질 때 결과가 False이며, 나누어떨어지지 않는 경우 True로 저장조차 되지 않는다. ⓐ, ⓓ의 경우 i에서 n을 나눈 나머지는 무조건 0이므로(n > i) 소수를 판별하는 조건식이 아니다.

```
n = 31
n_is_prime = (     )
```

ⓐ all([n%i for i in range(2, n)])

ⓑ any([n%i for i in range(2, n)])

ⓒ all([i%n for i in range(2, n)])

ⓓ any([i%n for i in range(2, n)])

③ n_is_prime에는 n이 소수인지(True) 아닌지(False)의 결과를 bool형으로 대입해야 한다. 따라서 2에서부터 n-1까지 검사하여 하나라도 나누어떨어지는 수가 있으면 False가 되도록 설계하면 된다. n을 i로 나누어떨어지면 리스트의 요소가 0이 된다. 이러한 i가 하나라도 있 으면 False가 되고, 모든 i에 대해 나머지가 0이 아니면 리스트의 모든 요소가 True값이 된 다. 따라서 정답은 입력이 모두 True일 때만 결과가 True가 되는 all을 사용한 ⓐ이다. ⓒ는 i에서 n을 나눈 나머지로, 소수를 구하는 알고리즘과 무관하다.

문제 **7**

ⓐ	각 파일의 내용 중 거래량 값이 특정 값보다 작은 줄의 날짜 정보를 담은 변수이다.
ⓑ	각 파일의 내용 중 거래량 값이 특정 값보다 작은 줄의 거래량 정보를 담은 변수이다.
ⓒ	각 파일의 내용 중 거래량 값이 특정 값보다 큰 줄의 거래량 정보를 담은 변수이다.
ⓓ	**각 파일의 내용 중 거래량 값이 특정 값보다 큰 줄의 날짜 정보를 담은 변수이다.**

① 각 txt 파일을 살펴보면 첫 줄에서 각 변수가 나타낼 값의 의미가 나타나 있다. date는 날짜, volume은 거래량으로 file_data["target_dates.txt"]는 volume이 특정 값(standard_volume) 보다 큰 경우에만 date 정보를 담은 것으로 이를 적절히 설명한 것은 ⓓ이다.

ⓐ	ma3_end 리스트에 있는 요소들의 자료형은 모두 int이다.
ⓑ	ma3_end 리스트에 있는 요소들의 자료형은 일부는 int, 일부는 float이다.
ⓒ	**프로젝트 코드를 실행한 후 ma3_end의 요소 개수는 ends보다 2개 적다.**
ⓓ	프로젝트 코드를 실행한 후 ma3_end의 요소 개수는 ends보다 3개 적다.

② ma3_end는 ends 리스트의 요소를 반복하여 [2]번째 요소를 기준으로 자기 자신과 직전 두 요소 값의 평균을 저장한 리스트이다. 나눗셈 연산자 /를 실행하므로 모든 요소가 float형이다. 또한 ma3_end는 ends에서 [0], [1]번째 요소를 반복할 때는 요소가 추가되지 않으므로 요소 개수가 ends보다 2개 적다.

ⓐ	각 파일의 내용 중 거래량 값이 특정 값보다 큰 줄의 종가(end) 정보를 문자열 자료형으로 담은 변수이다.
ⓑ	**각 파일의 내용 중 거래량 값이 특정 값보다 큰 줄의 종가(end) 정보를 정수형 숫자로 담은 변수이다.**
ⓒ	각 파일의 내용 중 거래량 값이 특정 값보다 작은 줄의 종가(end) 정보를 문자열 자료형으로 담은 변수이다.
ⓓ	각 파일의 내용 중 거래량 값이 특정 값보다 작은 줄의 종가(end) 정보를 정수형 숫자로 담은 변수이다.

③ end_price_target_dates는 문제 ①의 file_data["target_dates.txt"]와 동일한 조건에서 저장되는 값만 int(end)로 다르다. end를 정수형으로 자료형 변환 후 저장하므로 정답은 ⓑ 이다.

ⓐ	**프로젝트 코드를 실행한 후, ends 리스트의 요소 개수는 target_dates의 요소 개수보다 많거나 같을 것이다.**
ⓑ	프로젝트 코드를 실행한 후, ends 리스트의 요소 개수는 end_price_target_dates의 요소 개수보다 적을 것이다.
ⓒ	각 파일의 내용 중 거래량 값이 특정 값보다 작은 줄의 종가(end) 정보를 문자열 자료형으로 담은 변수이다.
ⓓ	각 파일의 내용 중 거래량 값이 특정 값보다 작은 줄의 종가(end) 정보를 정수형 숫자로 담은 변수이다.

④ ends는 파일의 줄 반복에 대해서 조건 없이 종가(end) 정보를 담는다. 따라서 특정 조건의 줄에 대해서만 요소가 추가되는 target_dates에 비해 요소 개수가 많거나 최소한 같다.

문제 **8**

```
19          for j in range(len(lines_values)):
20              line = lines_values[j]
21              values = line.split(",")
22              date = values[0]
...             ...
26              end = values[4]
27              volume = values[5]
```

ⓐ　　　volume = line.split(",")[j][5]

ⓑ　　　volume = line[j].split(",")[5]

ⓒ　　　volume = line.split(",")[5]

ⓓ　　　volume = line[5].split(",")

① volume은 values의 [5]번째 요소이고, values는 line.split(",")이다. 이를 한 줄로 줄여 표현하면 line.split(",")[5]이다.

ⓐ
```
dates_i = [line.split(",")[0] for line in lines_values]
ends_i = [int(line.split(",")[4]) for line in lines_values]
vols_i = [line.split(",")[5] for line in lines_values]
```

ⓑ
```
dates_i = [line.split(",")[0] for line in range(len(lines_values))]
ends_i = [int(line.split(",")[4]) for line in range(len(lines_values))]
vols_i = [line.split(",")[5] for line in range(len(lines_values))]
```

ⓒ
```
dates_i = [line_values.split(",")[0] for line in lines_values]
ends_i = [int(line_values.split(",")[4]) for line in lines_values]
vols_i = [lines_values.split(",")[5] for line in lines_values]
```

ⓓ
```
dates_i = [[lines_values.split(",")[0] for line in range(len(lines_values))]
ends_i = [int(lines_values.split(",")[4]) for line in range(len(lines_values))]
vols_i = [lines_values.split(",")[5] for line in range(len(lines_values))]
```

② 리스트 컴프리헨션에서 lines_values에 대해 반복한 ⓐ, ⓒ는 lines_values의 각 요소가 line에 대입되고 range(len(lines_values))에 대해 반복한 ⓑ, ⓒ는 0부터 line_values의

요소 개수보다 1만큼 작은 숫자까지 line에 대입된다. ⓐ가 문제에서 구하는 dates_i, ends_i, vols_i를 얻는 코드이다. ⓑ의 경우 line은 숫자이기 때문에 .split(",")을 할 수 없다. ⓒ, ⓓ의 경우 반복 변수가 아니라 전체 줄에 대한 정보 lines_values에 대해 .split(",")을 수행하기 때문에 문제에서 얻고자 하는 알고리즘을 구현한 코드가 아니다.

```
9     for i in range(1, 4+1):
10        file_name = "stock{}.txt".format(i)
...       ...
18        ends_i = (   ② 정답   )
19        (     ③     )
```

ⓐ ends = ends + ends_i
ⓑ ends.extend(ends_i)
ⓒ ends += ends + ends_i
ⓓ ends = ends += ends_i

③ ⓐ, ⓑ, ⓒ 모두 결과적으로 ends 리스트가 원래 ends 리스트에서 ends_i의 요소들이 이어 붙는다. ⓓ는 에러가 발생한다.

```
15        dates_i = (   ② 정답   )
16        ends_i = (   ② 정답   )
17        volumes = (   ② 정답   )
18        (   ③ 정답   )
          (     ④     )
19        for j in range(len(lines_values)):
...           ...
22            date = values[0]
...           ...
26            end = values[4]
27            volume = values[5]
...           ...
31            if int(volume) > standard_volume:
...               ...
33                file_data["target_dates.txt"].append(date)
34                end_price_target_dates += [int(end)]
```

<table>
<tr><td>ⓐ</td><td>

```
tds_i = [d for d, v in dates_i, vols_i if int(v) > standard_volume]
eptds_i = [int(e) for e, v in ends, vols_i if int(v) > standard_volume]
```

</td></tr>
<tr><td>ⓑ</td><td>

```
tds_i = [d if int(v) > standard_volume for d, v in zip(dates_i, vols_i)]
eptds_i = [int(e) if int(v) > standard_volume for e, v in zip(ends, vols_i)]
```

</td></tr>
<tr><td>ⓒ</td><td>

```
tds_i = [d if int(v) > standard_volume for d, v in dates_i, vols_i]
eptds_i = [int(e) if int(v) > standard_volume for e, v in ends, vols_i]
```

</td></tr>
<tr><td>ⓓ</td><td>

```
tds_i = [d for d, v in zip(dates_i, vols_i) if int(v) > standard_volume]
eptds_i = [int(e) for e, v in zip(ends_i, vols_i) if int(v) > standard_volume]
```

</td></tr>
</table>

④ ends_i와 vols_i에서 요소 값을 하나씩 꺼내오기 위해서는 zip() 함수를 사용할 수 있다. 또한 for-if 리스트 컴프리헨션에서 if는 for보다 뒤에 오므로 정답은 ⓓ이다.

```
40    for j in range(len(ends)):
41        if j >= 2:
42            moving_avg = (ends[j-2] + ends[j-1] + ends[j]) / 3
43            file_data["target_ma.txt"].append(moving_avg)
```

<table>
<tr><td>ⓐ</td><td>

```
file_data["target_ma.txt"] = [sum(ends[j-2:j])/3 for j in range(len(ends))
if j >= 2]
```

</td></tr>
<tr><td>ⓑ</td><td>

```
file_data["target_ma.txt"] = [sum(ends[j-2:j+1])/3 for j in
range(len(ends)) if j >= 2]
```

</td></tr>
<tr><td>ⓒ</td><td>

```
file_data["target_ma.txt"] = [sum(ends[j-2:j])/3 if j >= 2 for j in
range(len(ends))]
```

</td></tr>
<tr><td>ⓓ</td><td>

```
file_data["target_ma.txt"] = [sum(ends[j-2:j+1])/3 if j >= 2 for j in
range(len(ends))]
```

</td></tr>
</table>

⑤ 슬라이싱에서 [a:b]는 a에서 b-1까지의 요소에 접근하여 [b]번째 요소를 제외한다. ma3_end의 경우 [j]번째 요소까지 합하므로 [j-2:j]가 아닌 [j-2:j+1]를 사용해야 한다. 또한 for-if 리스트 컴프리헨션에서 if는 for보다 뒤에 오므로 정답은 ⓑ이다.

1. key 입력(min, max, sorted)

   min(), max(), sorted() 함수에서 key 입력을 사용하여 최솟값, 최댓값 또는 정렬을 수행하면, key 입력 기준에 따른 결과를 얻을 수 있다. 이를 활용하면 사용자 정의 기준에 따라 데이터를 처리하고 조작할 수 있다. 예를 들어, 숫자의 리스트가 있을 때 key 함수로 abs를 지정하면, 해당 리스트의 절댓값을 기준으로 최솟값이나 최댓값을 결정하거나 정렬할 수 있다.

2. zip

   zip() 함수는 여러 개의 반복 대상을 동시에 묶어주는 함수이며, 입력으로 받은 반복 대상에서 각각 같은 위치에 있는 요소들을 묶어 튜플로 반복시킨다. 만약 입력된 반복 대상들의 길이가 다르면, 가장 짧은 반복 대상의 길이에 맞춰 반복한다. zip() 함수는 주로 반복문과 함께 사용되어 여러 개의 리스트나 튜플을 동시에 처리하거나 병렬로 순회할 때 유용하게 활용된다.

3. enumerate

   enumerate() 함수는 반복 대상의 요소들을 순회하면서 인덱스와 함께 반환해 주는 함수이다. enumerate를 for문에 사용할 때 반복 변수에 대입하는 값은 순서대로 인덱스와 반복 대상의 현재 요소이다. enumerate() 함수를 사용하면 반복문 내에서 요소의 인덱스를 직접 추적하고 활용할 수 있으며, 반복문의 실행 횟수를 쉽게 파악할 수 있다.

4. isinstance

   isinstance() 함수는 주어진 객체가 특정 자료형인지 검사한다. isinstance()는 두 개의 인자를 받으며 첫 번째는 확인하려는 객체이고, 두 번째는 확인하려는 자료형 혹은 자료형으로 이루어진 튜플이다. isinstance() 함수는 객체가 해당 자료형, 혹은 튜플의 자료형 중 하나이면 함수 결과는 True이고, 그렇지 않으면 False이다. 이 함수는 객체의 타입을 검사할 때 유용하다. 예를 들어, 조건문에서 객체의 타입에 따라 다른 동작을 수행할 때 사용된다.

5. all, any

   all() 함수는 주어진 반복 가능한 객체의 모든 요소가 True인지 검사하는 함수이다. all() 함수는 인자로 반복 가능한 객체를 받고, 객체의 모든 요소가 참일 경우 함수 결과가 True이며, 하나라도 False인 요소가 있으면 함수 결과는 False이다. any() 함수는 주어진 반복 가능한 객체의 어느 하나라도 True인 요소가 있는지 검사하는 함수이다. any() 함수는 인자로 반복 가능한 객체를 받고, 객체의 하나 이상의 요소가 참일 경우 함수 결과가 True이며, 모든 요소가 거짓인 경우에만 False이다. all() 과 any() 함수는 주로 조건문에서 사용되어 여러 요소의 상태를 확인하고 필요한 동작을 수행할 때 사용된다.

6. 리스트 컴프리헨션

리스트 컴프리헨션은 리스트를 간결하게 생성하기 위한 문법적인 기능으로, 대괄호([]) 안에 표현식과 반복문을 사용하여 새로운 리스트를 생성한다. 리스트 컴프리헨션은 반복문을 사용하여 기존 리스트의 각 요소를 조작하거나 선택하여 코드의 가독성을 높일 수 있다. 리스트 컴프리헨션은 조건문을 추가하여 필터링 조건을 적용하거나 다양한 형태의 리스트를 생성하는 데 활용할 수 있다.

더 멋진 내일(Tomorrow)을 위한 내일(My Career)

제어문 확장

✓ 핵심 키워드

all/any, short circuit evaluation, 시간 복잡도

여기서는 무얼 배울까

이번 챕터에서는 파이썬에서 제어문(조건문, 반복문)을 효율적으로 활용하는 방법과 복잡한 제어문을 설계하는 방법을 학습한다. 먼저, all()과 any() 함수를 사용하여 여러 조건, 특히 세 개 이상의 조건을 갖는 조건문을 작성할 때 가독성을 높일 수 있다. short circuit evaluation은 논리 연산자 및 all(), any() 함수에서 불필요한 연산은 수행하지 않음으로써 프로그램의 실행 속도를 높이는 특성이다. 또한 프로그램 설계에서 에러가 발생하는 상황을 효율적으로 피해갈 수 있다. 반복문에서는 '기초 입문편'에서 간단히 다뤘던 이중 반복에 대해서 좀 더 자세히 학습한다. 또한 반복문에서 break가 실행되지 않았을 때 실행되는 문법인 else문에 대해서 학습한다. 마지막으로, 프로그래밍 지식으로써 반복을 사용할 때 중요한 개념인 시간 복잡도에 대해서 학습한다.

01

if문 확장

all()과 any()를 사용한 if문

all(), any() 복습

직전 챕터에서 학습한 all()과 any()는 파이썬의 내장함수로, 논리 연산을 수행하여 True, False를 결과로 제공한다. all()은 입력의 모든 요소 사이에 and를, any()는 입력의 모든 요소 사이에 or를 넣어 계산한 결과와 같다.

```
TFs = [True, True, False]
print(all(TFs))
print(any(TFs))
```

실행 결과
```
False
True
```

위 코드는 리스트 TFs에 True 혹은 False가 요소로 들어 있고, 이 TFs를 all()과 any() 함수의 입력으로 사용하여 결과를 출력한다. all() 함수 계산에서는 TFs에 False가 포함되어 있으므로 결과가 False이고, any() 계산에서는 True가 하나 이상 포함되어 있으므로 결과가 True이다.

```
print(all([True, True, True]))
print(any([False, False, False]))
```

실행 결과
```
True
False
```

위와 같이 all() 함수는 입력의 요소가 모두 True여야 결과가 True이고, any() 함수는 모든 입력의 요소가 모두 False일 때 결과가 False이다.

all(), any() 응용

all()과 any() 함수의 입력은 제너레이터 표현식(generator expression)*을 사용할 수 있다. 사용 방법은 아래와 같다.

코·드·소·개

```
all(A for B in C)
any(A for B in C)

예시)
all(i%2==0 for i in range(5))
any(i%2==0 for i in range(5))
```

위와 같이 all()과 any()에 list comprehension의 for문 사용 방식을 입력으로 사용할 수 있다.

```
nums = [2, 4, 5, 6, 8, 10]
print(all(n%2==0 for n in nums))
```

실행 결과

```
False
```

위 코드는 nums 리스트 안의 모든 요소가 짝수인지 검사하는 코드이다. all() 함수 안에서 제너레이터 표현식을 사용하여 nums의 요소를 n에 반복 대입하며, 매 반복마다 n은 2로 나눈 나머지가 0인지 검사한다. all()은 모든 반복에 대해서 계산한 값이 True가 되어야 하는데, [2]번째 요소 5는 2로 나눈 나머지가 1이므로 False가 포함되어 함수 결과는 False가 된다.

```
files = ["a1.jpg", "a2.jpg", "a3.txt"]
print(any(f[-4:]==".txt" for f in files))
```

실행 결과

```
True
```

기초 용어 정리

* **제너레이터 표현식(generator expression)**: 제너레이터 표현식이란, '응용 실전편 챕터10 자주 쓰이는 함수와 표현식'의 list comprehension 문법을 괄호()로 감싸거나, 어떤 괄호로도 감싸지 않고 사용하는 문법이다. 제너레이터에 대해서는 '챕터15 심화 기능'에서 학습한다.

위 코드는 파일 이름이 담긴 리스트에서 ".txt" 확장자 파일이 있는지 검사하는 코드이다. any() 함수 안에서 제너레이터 표현식을 사용하여 files의 요소를 f에 반복 대입하며, 매 반복마다 f의 마지막 4글자가 ".txt"인지 검사한다. any()는 반복 검사 결과가 한 번만 True면 결과가 True이기 때문에, 최종 함수 결과는 True가 된다.

손으로 익히는 코딩

```
words = ["ape", "apple", "alligator"]
print(all(w[0] == "a" for w in words))
print(all(len(w)>5 for w in words))
```

실행 결과

```
True
False
```

short circuit evaluation

short circuit evaluation이란

short circuit evaluation은 논리식을 검사할 때 검사 과정이 더 이상 전체 식에 영향을 주지 않는 경우에 검사를 중지하는 것을 뜻한다. short circuit evaluation을 통해 논리식에서 불필요한 검사를 방지하고, 코드의 실행 속도를 높일 수 있다.

코·드·소·개

```
if True or 조건:
    실행 코드
if False and 조건:
    미실행 코드


예시)
if True or 3%2==0:
    print("True or")
if False and 3%2==0:
    print("False and")
```

if문 실행에서 or이나 and 계산 시, 먼저 등장한 논리식이 뒤의 논리식과 관계없이 전체 연산 결과를 결정할 경우, 뒤의 논리식을 실행하지 않는다. 예를 들어, or 연산자의 경우, 좌우 두 논리식 중 하나라도 True면 연산 결과가 True인데, 앞의 논리식이 True이면, 뒤의 논리식은 True 여부에 상관없이 결과가 True이므로 뒤의 논리식을 계산하지 않는다.

True or num%2==0:

(결과는 이미 True)

```
nums = [1, -5, 3]
if nums[0]>0:
    print("positive")
```

실행 결과

```
positive
```

위 코드는 리스트의 첫 번째 요소가 양수일 경우에 문자열을 출력한다. 만약 nums가 빈 리스트이면 nums[0]>0에서 에러가 발생할 수 있다.

```
nums = []
if nums[0]>0:
    print("positive")
```

실행 결과

```
IndexError: list index out of range
```

위 코드는 빈 리스트의 [0]번째 요소에 접근을 시도하여 에러가 발생한다. 이를 해결하기 위해서는 먼저 nums의 요소 개수를 검사한 후, 개수가 0보다 클 때 nums[0]에 접근하면 된다.

```
nums = []
if len(nums)>0 and nums[0]>0:
    print("positive")
```

실행 결과

```
(출력 없음)
```

위 코드와 같이 먼저 len(nums)를 앞에 위치시킨 후, and로 검사할 시, 만일 nums의 요소 개수가 0이면 결과가 False가 되어 and 뒤의 연산을 실행하지 않는다. short circuit evaluation을 사용하면 특별한 예외 상황*에 대해 여러 줄에 걸쳐 예외 처리를 하지 않아도 되어 가독성을 높일 수 있다. 아래의 경우와 같이 순서가 바뀔 경우 프로그램의 동작 순서가 달라 에러가 날 수 있으니 주의해야 한다.

all, any의 short circuit evaluation

all()과 any() 함수에 제너레이터 표현식을 사용하면 short circuit evaluation으로 결과를 얻을 수 있다. 제너레이터 표현식의 반복문에 대해 True, False를 검사했을 때 이후 반복이 더 이상 결과를 바꿀 수 없으면 반복을 중단하고 결과를 낸다.

```
print(any([10//i>0 for i in [3, 2, 1, 0]]))
```

실행 결과
```
ZeroDivisionError: integer division or modulo by zero
```

```
print(any(10//i>0 for i in [3, 2, 1, 0]))
```

실행 결과
```
True
```

위 코드들은 any() 함수의 입력에 리스트 컴프리헨션과 제너레이터 표현식을 각각 사용한 것으로, 동일한 수식을 사용하지만 전자는 에러가 발생하고 후자는 에러가 발생하지 않는다. 그 이유는 리스트 컴프리헨션의 경우 반복 대상 전체에 대해 10을 i로 나눈 몫이 0보다 큰지 검사한 결과 리스트를 any()에 입력하기 때문이다. 반면 제너레이터 표현식의 경우 반복마다 True, False를 검사하는데 첫 번째 반복 i=3에서 10//i>0이 True이다. 따라서 이후 반복의 검사 결과에 상관없이 any() 함수의 결과는 True가 되어 뒤의 검사를 수행하지 않는다.

기초 용어 정리

* **boundary condition**: 대표적인 예외 상황으로, boundary condition이 있다. 엄밀한 정의가 있는 것은 아니지만, boundary condition이 적용되는 예시로는 소수 중 제일 작으면서 유일한 짝수인 2, 혹은 x>=0의 조건에서 x가 0인 경우에 프로그램 진행이 달라지는 경우 등이 있다.

$$[10 // \text{i for i in } [3, 2, 1, \boxed{0}]]$$

에러 발생

any(   )

True or True or True or Error

any(10 // i for i in [3, 2, 1, 0])

```
words = ["apple", ""]
for w in words:
    if w != "" and w[0] == "a":
        print("word: {}".format(w))
```

실행 결과

```
word: apple
```

에러에서 배우기

• short circuit evaluation은 순서를 정확하게

```
num = 0
if 10 // num or True:
    print("if statement")
```

```
ZeroDivisionError: integer division or modulo
by zero
```

위 에러는 논리 연산자에서 10 // 0 논리 검사를 먼저 수행하여 발생한다. 이번 절에서 학습한 short circuit evaluation은 논리 연산자의 논리 검사를 왼쪽에서 오른쪽으로 수행하는 특징을 이용한 것이다. 위 코드의 if문에서 or의 오른쪽에 True가 있어 오른쪽을 먼저 보면 10//num을 확인할 필요가 없지만, 파이썬 프로그램은 이 순서로 논리값을 확인하지 않는다. 논리 연산자의 값 순서를 바꾸는 것은 논리적으로는 같으나, 코드 동작에서는 다른 결과를 얻을 수도 있다.

반복문 확장

중첩 반복문

이중 for문

반복문은 들여쓰기 영역을 반복한다. 만일 반복문 안에 반복문이 있을 경우 바깥쪽 반복문이 한 번 실행될 때 안쪽 반복문을 전체를 실행시킨다.

```
┌ 코·드·소·개 ┐

for i in A:
    실행 코드 1
    for j in B:
        실행 코드 2

예시)
for i in [1, 2, 3]:
    print(i)
    for j in "abc":
        print(i, j)
```

바깥쪽 반복문의 매 실행마다 안쪽 반복문이 실행되므로 실행 코드2는 바깥쪽 반복문의 실행 횟수와 안쪽 반복문의 실행 횟수를 곱한 만큼 반복 실행한다. 다중 반복문을 해석할 때는 바깥쪽 반복문과 안쪽 반복문의 순서와 범위를 정확히 이해해야 한다.

```
lists = [["yesterday", "today"], ["one", "two"]]
for ls in lists:
    for item in ls:
        print(item)
```

```
yesterday
today
one
two
```

위 코드는 리스트 안의 리스트 요소들을 모두 출력한다. 바깥의 for문(for ls in lists)에서는 ls에 ["yesterday", "today"]와 ["one", "two"]가 순서대로 각각 대입되어 반복한다. 안쪽의 for문 (for item in ls)에서는 ls 리스트의 요소들을 item에 대입하여 반복한다. 그 결과, 첫 번째 ls의 요소 리스트 ["yesterday", "today"]의 요소들이 순서대로 먼저 출력되고, 그 다음에 ["one", "two"]의 요소들이 순서대로 출력된다.

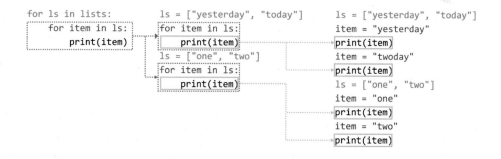

while문, for문 조합

while문과 for문을 조합하여 중첩 반복문을 설계할 수 있다. for문은 일정 범위 내에서 반복하며, while은 조건이 True인 동안 반복한다.

```
lists = []
for i in range(3):
    nums = []
    while sum(nums) < 10:
        num = float(input("num: "))
        nums = nums + [num]
    lists = lists + [nums]
print(lists)
```

```
num: 8
num: 3
num: 5
num: 4
num: 3
num: 9
num: 7
```

```
[[8.0, 3.0], [5.0, 4.0, 3.0],
[9.0, 7.0]]
```

위 코드는 사용자의 입력을 받아 요소들의 합이 10이 넘도록 리스트를 나누어 생성한다. 바깥의 for문에서는 i에 각각 0, 1, 2값을 반복 대입한다. 각 반복마다 nums 리스트에 요소 합이 10 이상이 될 때까지 while문을 통해 반복해서 입력 값이 추가된다. nums 리스트 합이 10이 되면 lists 리스트에 nums 리스트를 추가한다.

> **Clear Comment**
>
> **무한 루프가 될 수 있습니다**
> 사용자 입력에 따라 while문의 조건식이 무한히 끝나지 않을 수 있습니다. 예를 들어, 계속 0을 입력하면 마지막 줄의 print(lists)가 실행되지 않고 while문을 무한히 반복합니다.

중첩 반복문의 break, continue

'기초 입문편'에서 학습한 break와 continue는 반복문의 실행 흐름을 제어하는 명령어이다. break는 반복문을 중단 후 탈출하고, continue는 반복을 중지하고 다음 반복부터 다시 시작한다. 중첩된 반복문에서 break, continue는 해당 코드 위치 기준 가장 안쪽의 반복문에 대해서 탈출하거나 다시 반복한다.

코드소개

```
for i in A:
    실행 코드 1
    for j in B:
        실행 코드 2
        break

예시)
for i in range(10):
    for j in range(10):
        print(i, j)
        break
```

코드소개

```
for i in A:
    실행 코드 1
    for j in B:
        실행 코드 2
    break

예시)
for i in range(10):
    for j in range(10):
        print(i, j)
    break
```

위의 이중 for문 코드들에서 첫 번째는 break가 안쪽 for문 안에 있고, 두 번째는 break가 안쪽 for문 밖에 있다. 첫 번째 코드는 동작 시 안쪽 for문(for j in B)을 탈출하기 때문에 바깥 for문 (for i in A)의 반복은 종료되지 않는다. 두 번째 코드에서는 바깥 for문의 반복의 들여쓰기 구간에 break가 있기 때문에, 안쪽 for문의 반복을 한번 실행한 후, break를 통해 바깥 반복문을 탈출하여 반복문이 종료된다.

```
for i in A:
    실행코드1
    for j in B:
        실행코드2
        break
```

```
for i in A:
    실행코드1
    for j in B:
        실행코드2
    break
```

```
num1, num2 = 0, 0
for i in range(5):
    num1 += 1
    for j in range(3):
        num2 += 1
print(num1, num2)
```

```
5 15
```

```
num1, num2 = 0, 0
for i in range(5):
    num1 += 1
    for j in range(3):
        num2 += 1
    break
print(num1, num2)
```

```
1 3
```

```
num1, num2 = 0, 0
for i in range(5):
    num1 += 1
    for j in range(3):
        num2 += 1
        break
print(num1, num2)
```

실행 결과

```
5 5
```

반복문의 else

파이썬에서 else문은 if문뿐만 아니라 while문이나 for문에서도 사용할 수 있다. 반복문의 else 문은 반복문이 break를 만나지 않고 종료되면 실행된다.

코드소개

```
for i in A:
    실행 코드1
else:
    실행 코드2

예시)
sum_i=0
for i in range(5):
    sum_i+=i
else:
    print(sum_i)
```

코드소개

```
while 조건:
    실행 코드1
else:
    실행 코드2

예시)
sum_i=0
while sum_i < 4:
    sum_i+=i
else:
    print(sum_i)
```

위와 같이 for문의 들여쓰기 영역 직후에 else를 써서 사용할 수 있으며, else:에서는 실행할 코드를 새로운 들여쓰기 영역으로 지정하여 코드를 작성한다. 반복문의 else문은 아래와 같이 사용할 수 있다.

```
nums = [1, 2, 3, 4, 5]
for n in nums:
    if n < 0:
        break
    print(n)
else:
    print("No negative")
```

```
1
2
3
4
5
No negative
```

위 코드는 nums 리스트의 요소들을 순서대로 출력하다가, 중간에 음수를 만나면 for문을 종료한다. 위 코드에서 nums 리스트에는 음수가 없으므로, if문이 조건식은 5번 모두 False가 되어 break가 실행되지 않는다. 따라서 else문을 실행하여 "No negative"가 출력된다.

```
nums = [1, 2, -10, 4, 5]
for n in nums:
    if n < 0:
        break
    print(n)
else:
    print("No negative")
```

```
1
2
```

위 코드는 앞선 코드에서 nums 리스트 요소만 변경한 것으로, [2]번째 요소에 음수 값 -10이 포함되어 있다. 따라서 반복 과정에서 [0], [1]번째 요소를 출력한 뒤, [2]번째 요소 -10이 n에 대입되었을 때 if문의 조건식이 True가 되어 break로 for문을 종료하고 탈출한다. else문은 break로 탈출한 경우에 실행되지 않으므로 "No negative"는 출력되지 않는다.

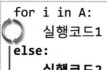

for i in A:
    실행코드1
else:
    실행코드2

for i in A:
    실행코드1
    break
else:
    실행코드2

```
num = 0
for i in range(5):
    num += 1
    if i == 100:
        break
else:
    print(num)
```

5

```
num = 0
for i in range(5):
    num += 1
    if i == 1:
        break
else:
    print(num)
```

(출력 없음)

시간 복잡도 - time complexity

시간 복잡도란

프로그래밍에서 시간 복잡도는 입력의 크기에 따라 알고리즘이 실행되는 데에 필요한 시간의 양을 나타내는 개념이다. 알고리즘의 실행 시간은 프로그램의 성능에 영향을 미치기 때문에, 시간 복잡도는 프로그램 설계 시 고려해야 할 중요한 요소이다. 입력 크기가 작을 때는 실행 시간이 빨라 차이를 뚜렷하게 느끼지 못할 수 있지만, 입력 크기가 큰 경우에는 실행 시간이 급격히 늘어날 수 있다. 따라서 시간 복잡도를 최소화하는 효율적인 알고리즘을 설계하는 것이 중요하다.

시간 복잡도는 주로 빅오 표기법(Big O Notation)으로 표기한다. 빅오 표기법의 엄밀한 정의는 수학적인 지식을 요하므로 간단히 설명하면, 입력의 개수, 길이에 대해 최대 얼마만큼의 시간이 걸리는지 나타내는 표현 방식이다.

$O(1)$	입력의 크기 n에 대해 관계없이 동일한 시간이 걸리는 복잡도 표현
$O(n)$	입력의 크기 n에 대해 선형적인 관계로 시간이 걸리는 복잡도 표현
$O(n\log n)$	입력의 크기 n에 대해 n*logn에 비례하는 시간이 걸리는 복잡도 표현
$O(n^2)$	입력의 크기 n의 제곱에 비례하는 시간이 걸리는 복잡도 표현
$O(n^3)$	입력의 크기 n의 세제곱에 비례하는 시간이 걸리는 복잡도 표현
$O(a^n)$	입력의 크기 n에 지수적인 관계로 시간이 걸리는 복잡도 표현

> **Clear Comment**
>
> **밑은 주로 2**
> 컴퓨터 과학에서 log가 등장할 때는 밑이 표기되어 있지 않으면 주로 밑이 2라고 생각하면 됩니다.
>
> **a는 1보다 큰 수**
> 지수적으로(exponentially) 증가하는 함수의 증가 속도는 다른 수들보다 훨씬 빠릅니다. 예금의 복리가 시간이 지나면 크게 늘어나는 것이 이와 같은 원리입니다.

시간 복잡도는 위와 같이 $O(f(n))$의 형태로 나타내며 위 복잡도 표현 외에도 여러 함수가 빅오 표현법으로 나타낸다. 일반적으로 $O(1)$, $O(n)$, $O(n\log n)$ 시간 복잡도의 알고리즘은 그리 큰 시간을 요하지 않아 문제없이 사용할 수 있으며, $O(n^2)$는 사용되는 상황에 따라 유효함의 결정이 다를 수 있다. $O(n^3)$이나 $O(a^n)$는 일반적으로 사용되기 힘든 시간 복잡도로 통용된다.

시간 복잡도 예제

아래의 코드는 $O(n^2)$ 알고리즘의 예시이다.

```
nums = [1, 2, 3]
multiples = []
for i in nums:
    for j in nums:
        multiples = multiples + [i*j]
print(multiples)
```

실행 결과

```
[1, 2, 3, 2, 4, 6, 3, 6, 9]
```

위 코드는 nums 리스트의 모든 요소 사이의 곱을 새 리스트 multiples에 추가한다. 이중 반복을 사용하여 nums 리스트의 요소를 i, j에 각각 반복 대입하고, i와 j의 곱을 multiples 리스트에 담는다. 이 과정에서 multiples 리스트에 요소를 추가하는 코드는 총 9번(3*3) 실행된다. 만약 nums 리스트의 요소 개수가 5이면 5*5=25번, 10이면 10*10=100번 실행되어 결과적으로 실행 횟수는 nums 리스트 요소의 개수의 제곱만큼의 숫자이다. 만일 nums의 요소 개수가 적으면 실행 시간의 차이가 거의 느껴지지 않지만, 요소 개수가 많아지면 실행 시간이 크게 증가한다.

```
nums = range(10000)
multiples = []
for i in range(10000):
    for j in range(10000):
        multiples.append(i*j)
print(multiples)
```

실행 결과

```
[0, 0, 0, ...]
```

위 코드는 앞서 설명한 코드에서 nums의 범위를 0~9999로 변경하였다. 이 경우, 리스트 요소 추가 코드의 실행 횟수는 10000*10000 = 1억 회이다. 위 코드의 동작은 지금까지 학습에서 확인한 코드 실행보다는 훨씬 오래 걸릴 것이다.

시간 복잡도 줄이기

같은 기능을 수행하는 알고리즘도 잘 설계하면 시간 복잡도를 줄일 수 있다. 예를 들어, 어떤 수가 소수(prime number)인지 구하는 알고리즘은 다음과 같이 설계할 수 있다.

```python
num = 41
is_prime = True
for i in range(2, num):
    if num % i == 0:
        is_prime = False
print(is_prime)
```

실행 결과

```
True
```

위 코드는 num 변수가 소수인지 검사하여 출력한다. 2에서부터 num-1까지 반복하여 i에 대입 후 num을 i로 나눈 나머지가 0인 경우가 한 번이라도 있으면 이 수는 2 이상의 약수가 있으므로 소수가 아니다. 41은 2에서 40까지의 숫자 중에 나누어떨어지는 수가 없으므로 소수이다. 아래 코드의 num도 마찬가지로 소수인데, 이 수의 소수 판별은 시간이 오래 걸림을 확인할 수 있다.

```python
num = 901256437
is_prime = True
for i in range(2, num):
    if num % i == 0:
        is_prime = False
print(is_prime)
```

실행 결과

```
True
```

위 코드 알고리즘의 시간 복잡도는 입력 숫자에 대해 최대 n-2번만큼의 검사를 실행하여 O(n)이다. 하지만 입력의 크기 num이 약 9억이므로 빠르게 결과를 얻을 수 없다. 하지만 소수인지 판별하는 것은 제곱근 이하의 숫자까지만 검사하면 된다. 따라서 아래와 같이 반복문의 범위를 변경하면 더 빠른 시간 내에 소수인지 판별할 수 있다.

```
num = 901256437
is_prime = True
for i in range(2, int(num**(1/2))+1):
    if num % i == 0:
        is_prime = False
print(is_prime)
```

실행 결과

```
True
```

위 코드에서는 for문의 range 반복 범위 num을 int(num**(1/2))+1로 교체하였다. 이 수식의 뜻은 num의 제곱근을 구한 뒤 int형으로 변환 후 1을 더해 주어 제곱근 숫자의 정수형 범위까지만 반복한다는 의미이다. 이 경우 시간 복잡도는 $O(\sqrt{n})$이다. 위와 같이 같은 목적의 코드도 다양한 시간 복잡도로 문제를 해결할 수 있다. 같은 상황에서 시간 복잡도를 줄이면 더 효율적인 알고리즘이 된다.

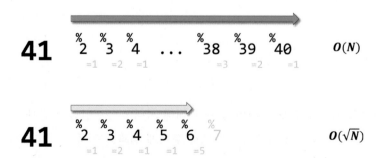

연습문제

1. 기본 예제

문제 1 아래 각 코드 실행 시, 출력 결과를 맞혀 보자.

문제		정답
①	`all([i%2==0 for i in range(4)])`	(True / False)
②	`all(i%2==0 for i in range(4))`	(True / False)
③	`any([i%2==0 for i in range(4)])`	(True / False)
④	`any(i%2==0 for i in range(4))`	(True / False)

문제 2 아래 각 코드 실행 시, 출력 결과를 맞혀 보자.

문제		정답

①	<pre>num = 0
	try:
	    if 100/num > 0:
	        print(100)
	except:
	    print(0)</pre>
		(0 / 100)

②	<pre>num = 3
	try:
	    if 100/num > 0:
	        print(100)
	except:
	    print(0)</pre>
		(0 / 100)

	문제	정답
| ③ | ```python
num = 0
try:
    if num==0 or 100/num>0:
        print(100)
except:
    print(0)
``` | ( 0 / 100 ) |
| ④ | ```python
num = 0
try:
    if 100/num>0 or num==0:
        print(100)
except:
    print(0)
``` | ( 0 / 100 ) |

문제 3 아래 각 코드 실행 시, 출력 결과를 맞혀 보자.

문제		정답
| ① | ```python
num = 0
for i in range(5):
    num+=1
    for j in range(5):
        num-=1
print(num)
``` | ( -20 / 20 ) |
| ② | ```python
num = 0
for i in range(5):
    num+=1
    for j in range(5):
        num-=2
        break
print(num)
``` | ( -5 / -1 ) |
| ③ | ```python
num = 0
for i in range(5):
    num+=1
    for j in range(5):
        num-=1
    break
print(num)
``` | ( 0 / -4 ) |
```

④	```
	num = 0
	for i in range(5):
	    num+=1
	    for j in range(5):
	        num-=1
	        continue
	print(num)
	``
		(-20 / 0)

⑤	```
	num = 0
	for i in range(10):
	    if i == 3:
	        break
	    else:
	        num = 10
	print(num)
	``
		(0 / 10)

⑥	```
	num = 0
	for i in range(10):
	    if i == 3:
	        continue
	    else:
	        num = 10
	print(num)
	``
		(0 / 10)

2. 심화 예제

문제 4 이번 챕터에서 short circuit evaluation 및 시간 복잡도 개념에 대하여 학습하였다. 이를 바탕으로 직전 챕터의 연습문제에서 구현한 소수 판별 알고리즘을 효율적으로 구현하려 한다. 아래 문제들을 해결하여 소수 판별 알고리즘을 한 줄로 구현하는 코드를 작성해 보자.

① [객관식] 아래 코드는 본문에서 학습한 내용을 바탕으로 시간에 대해 효율적인 알고리즘을 작성한 것이다. 아래 보기 중, 이 코드에 대한 설명으로 **옳지 않은** 것은?

```
num = 901256437
is_prime = True
for i in range(2, int(num**(1/2))+1):
    if num % i == 0:
        is_prime = False
print(is_prime)
```

```
True
```

	보기
ⓐ	for문의 반복 대상의 첫 번째 입력을 1이 아닌 2로 설정한 이유는 소수 판별 시 1로 나눈 값이 나누어떨어지는 것은 고려하지 않기 때문이다.
ⓑ	for문의 반복 대상의 두 번째 입력에서 1을 더하는 이유는 제곱수에 대해 제곱근도 나머지 값 검사에 포함시키기 위해서이다.
ⓒ	위 코드를 실행 시, for문의 들여쓰기 영역을 num을 2로 나눈 몫에 1을 더한 값만큼 반복한다.
ⓓ	위 코드를 실행 시, if문 아래의 들여쓰기 영역은 실행되지 않는다.

② [객관식] 문제 ①의 코드는 반복 과정에서 한 번이라도 if문의 조건식이 True이면 is_prime이 False가 되도록 is_prime을 구현했다. 문제 ①의 코드를 all() 혹은 any() 함수로 구현하려 한다. 아래 보기 중 적절한 설명을 골라 보자.

	보기
ⓐ	반복 과정 중 하나라도 True이면 결과가 True가 되는 any() 함수의 결과에 not을 붙여 is_prime을 구현할 수 있다.
ⓑ	반복 과정 중 하나라도 True이면 결과가 True가 되는 all() 함수의 결과에 not을 붙여 is_prime을 구현할 수 있다.
ⓒ	반복 과정의 모든 논리 결과가 True이면 결과가 False가 되는 all() 함수를 사용하여 is_prime을 구현할 수 있다.
ⓓ	반복 과정의 모든 논리 결과가 모두 True이면 결과가 False가 되는 any() 함수를 사용하여 is_prime을 구현할 수 있다.

③ [객관식] 아래 보기의 코드 중, 문제 ②의 정답을 바탕으로 소수 판별 알고리즘을 적절하게 구현한 것은?

	보기
ⓐ	```num = 901256437is_prime = any(num%i==0 for i in range(2, int(num**(1/2))+1))print(is_prime)```
ⓑ	```num = 901256437is_prime = all(num%i==0 for i in range(2, int(num**(1/2))+1))print(is_prime)```
ⓒ	```num = 901256437is_prime = not all(num%i==0 for i in range(2, int(num**(1/2))+1))print(is_prime)```
ⓓ	```num = 901256437is_prime = not any(num%i==0 for i in range(2, int(num**(1/2))+1))print(is_prime)```

문제 **1**

| ① | `print(all([i%2==0 for i in range(4)]))` | (True / **False**) |

all() 함수는 입력한 반복 대상을 검사하여 모든 요소의 조건식이 True일 때만 결과가 True이다. 문제에서 리스트를 입력으로 사용하였고, 리스트의 요소 중 i가 1, 3일 때는 i%2==0이 False이므로 False 요소가 존재하게 되어 정답은 False이다.

| ② | `print(all(i%2==0 for i in range(4)))` | (True / **False**) |

①에서와 같이 all() 함수로 입력한 반복 대상을 전부 검사한다. 문제에서 제너레이터 표현식을 입력으로 사용하였고, 반복 중 i가 1일 때 i%2==0이 False가 되므로 정답은 False이다. i가 1일 때 all() 함수의 결과가 정해졌으므로 i가 2, 3일 때는 조건을 검사하지 않는다.

| ③ | `print(any([i%2==0 for i in range(4)]))` | (**True** / False) |

any() 함수는 입력한 반복 대상을 검사하여 요소 중 최소 하나의 조건식이 True일 때 결과가 True이다. 문제에서 리스트를 입력으로 사용하였고, 리스트의 요소 중 i가 0, 2일 때 i%2==0이 True이므로 True 요소가 존재하게 되어 정답은 True이다.

| ④ | `print(any(i%2==0 for i in range(4)))` | (**True** / False) |

③에서와 같이 any() 함수로 입력한 반복 대상을 전부 검사한다. 문제에서 제너레이터 표현식을 입력으로 사용하였고, 반복 중 i가 0일 때 i%2==0이 True가 되므로 정답은 True이다. i가 0일 때 any() 함수의 결과가 정해졌으므로 i가 1, 2, 3일 때는 조건을 검사하지 않는다.

문제 2

①
```
num = 0
try:
    if 100/num > 0:
        print(100)
except:
    print(0)
```
(0 / 100)

try문은 코드 실행 시 에러를 검사하여 들여쓰기 영역 내에서 에러가 발생할 때 이후 코드를 실행하지 않고 except문 아래를 실행한다. try문 아래에서 0으로 나누므로 에러가 발생하여 print(0)이 실행되어 출력되는 값은 0이다.

②
```
num = 3
try:
    if 100/num > 0:
        print(100)
except:
    print(0)
```
(0 / 100)

try문 아래에서 100을 3으로 나눈 값이 0보다 큰지 검사한 후 해당 결과가 True가 되어 if문 아래를 실행한다. 에러는 발생하지 않으므로 except문은 실행되지 않는다. 따라서 출력되는 값은 100이다.

③
```
num = 0
try:
    if num==0 or 100/num>0:
        print(100)
except:
    print(0)
```
(0 / 100)

try문 아래에서 조건문을 실행한다. num이 0과 같거나, 100을 num으로 나눈 값이 0보다 큰지 검사한다. num==0이 True가 되므로 or로 엮인 오른쪽 논리 결과와 관계없이 조건식 결과는 True이다. short circuit evaluation에 의해 뒤의 조건식은 실행되지 않으므로, 에러가 발생하지 않고 if문 아래를 실행한다. 따라서 출력되는 값은 100이다.

④

```
num = 0
try:
    if 100/num>0 or num==0:
        print(100)
except:
    print(0)
```

(**0** / 100)

③의 코드와 비교했을 때, 3번째 줄의 or 순서를 제외하고 동일한 코드이다. num 값은 0으로 100/num〉0을 먼저 실행하므로, 에러가 발생하여 0이 출력된다.

문제 3

①

```
num = 0
for i in range(5):
    num+=1
    for j in range(5):
        num-=1
print(num)
```

(**-20** / 20)

num은 0에서 시작하여 반복문 아래에서 1씩 더하고 빼는 작업을 수행한다. i 반복에서 1씩 올라가고, 이중 반복인 j 반복 아래에서 1씩 뺀다. i가 한 번 실행될 때 j의 반복이 5번 실행된다. i의 반복 한 번에 num은 덧셈 대입을 한 번, 뺄셈 대입을 다섯 번 수행하여 결과적으로 매 i 반복마다 4만큼 빼게 된다. 이것을 5번 반복(i 반복)하므로 출력 결과는 -20이다.

②

```
num = 0
for i in range(5):
    num+=1
    for j in range(5):
        num-=2
        break
print(num)
```

(**-5** / -1)

num은 0에서 시작하여 이중 반복을 실행하는 과정에서 덧셈 대입, 뺄셈 대입을 수행한다. 이중 반복 내에 break가 있어 j 반복은 1번만 실행된다. 따라서 매 i 반복마다 1씩 빼게 되어 출력 결과는 -5이다. break는 들여쓰기 기준 가장 내부의 반복문을 탈출하므로 i 반복은 탈출하지 않는다.

```
③      num = 0
       for i in range(5):
           num+=1
           for j in range(5):          ( 0 / -4 )
               num-=1
           break
       print(num)
```

num은 0에서 시작하여 이중 반복을 실행하는 과정에서 덧셈 대입, 뺄셈 대입을 수행한다. i 반복 내에 break가 있어 i 반복은 1번만 실행된다. num에 1을 더한 후, j 반복에서 뺄셈 대입이 5번 실행된 후 break로 i 반복을 탈출하므로 결과는 -4이다.

```
④      num = 0
       for i in range(5):
           num+=1
           for j in range(5):          ( -20 / 0 )
               num-=1
               continue
       print(num)
```

num은 0에서 시작하여 이중 반복을 실행하는 과정에서 덧셈 대입, 뺄셈 대입을 수행한다. 이중 반복 내에 continue가 있어 다음 j 반복으로 넘어가게 되지만 반복이 중단되지는 않는다. 따라서 매 i 반복마다 4씩 빼게 되어 출력 결과는 -20이다. continue는 들여쓰기 기준 가장 내부의 반복문에 적용되므로 i 반복으로 돌아가지는 않는다.

```
⑤      num = 0
       for i in range(10):
           if i == 3:
               break                   ( 0 / 10 )
       else:
           num = 10
       print(num)
```

첫 줄에서 num은 0을 대입하며, 반복문의 else 아래에서 10을 대입하는 코드 뒤에 num 값을 출력한다. 반복문에서 break로 탈출하면 else문을 실행하지 않는다. for문에서 i가 3일 때 break를 실행하므로 num=10은 실행되지 않으므로 처음에 num에 대입한 값인 0이 출력된다.

```
       num = 0
       for i in range(10):
          if i == 3:
⑥            continue                    ( 0 / 10 )
       else:
          num = 10
       print(num)
```

첫 줄에서 num은 0을 대입하며, 반복문의 else 아래에서 10을 대입하는 코드 뒤에 num 값을 출력한다. 반복문에서 break로 탈출하면 else문을 실행하지 않는다. 반복문 내에 break가 없으므로 else문은 무조건 실행되며, 그 결과 num에 10이 대입되어 출력되는 num값은 10이다.

문제 **4**

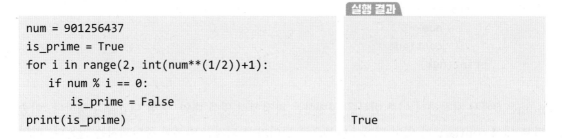

```
num = 901256437
is_prime = True
for i in range(2, int(num**(1/2))+1):
    if num % i == 0:
        is_prime = False
print(is_prime)                              True
```

ⓐ	for문의 반복 대상의 첫 번째 입력을 1이 아닌 2로 설정한 이유는 소수 판별 시 1로 나눈 값이 나누어떨어지는 것은 고려하지 않기 때문이다.
ⓑ	for문의 반복 대상의 두 번째 입력에서 1을 더하는 이유는 제곱수에 대해 제곱근도 나머지 값 검사에 포함시키기 위해서이다.
ⓒ	**위 코드를 실행 시, for문의 들여쓰기 영역을 num을 2로 나눈 몫에 1을 더한 값만큼 반복한다.**
ⓓ	위 코드를 실행 시, if문 아래의 들여쓰기 영역은 실행되지 않는다.

① for문 반복에서 range에 두 입력을 사용하였다. range의 첫 번째 입력 2로 인해 i는 2부터 시작하고, if문에서 num에서 2를 나눈 나머지를 검사한다. 1은 모든 int형에 대해 나머지 결과가 0이므로 소수 검사에서 제외해야 한다(ⓐ). range의 두 번째 입력은 num의 제곱근에 1을 더해서 반복 범위를 num의 제곱근까지 설정한다. 만일 1을 더하지 않으면 9, 25 등의 제곱수가 소수로 판정되는 결과를 얻게 된다(ⓑ). ⓒ는 적절하지 않은 설명으로, num을 2로 나눈 몫이 아니라 2에서부터 num의 제곱근까지 반복을 실행한다. 즉, num의 제곱근의 정수형 값까지 반복한다. 위 코드에서 is_prime의 출력 결과는 True이므로 if문 아래의 들여쓰기 영역은 한 번도 실행되지 않았다(ⓓ).

ⓐ	반복 과정 중 하나라도 True이면 결과가 True가 되는 any() 함수의 결과에 not을 붙여 is_prime을 구현할 수 있다.
ⓑ	반복 과정 중 하나라도 True이면 결과가 True가 되는 all() 함수의 결과에 not을 붙여 is_prime을 구현할 수 있다.
ⓒ	반복 과정의 모든 논리 결과가 True이면 결과가 False가 되는 all() 함수를 사용하여 is_prime을 구현할 수 있다.
ⓓ	반복 과정의 모든 논리 결과가 모두 True이면 결과가 False가 되는 any() 함수를 사용하여 is_prime을 구현할 수 있다.

② ⓐ를 제외한 ⓑ, ⓒ, ⓓ는 all, any 함수에 대해 틀린 설명을 하고 있다. all() 함수는 반복 과정의 모든 논리 결과가 True여야 함수 결과도 True이고, any() 함수는 반복 과정 중 하나라도 True이면 함수 결과가 True가 된다.

| ⓐ | ```
num = 901256437
is_prime = any(num%i==0 for i in range(2, int(num**(1/2))+1))
print(is_prime)
``` |
|---|---|
| ⓑ | ```
num = 901256437
is_prime = all(num%i==0 for i in range(2, int(num**(1/2))+1))
print(is_prime)
``` |
| ⓒ | ```
num = 901256437
is_prime = not all(num%i==0 for i in range(2, int(num**(1/2))+1))
print(is_prime)
``` |
| ⓓ | ```
num = 901256437
is_prime = not any(num%i==0 for i in range(2, int(num**(1/2))+1))
print(is_prime)
``` |

③ 문제 ②의 정답 ⓐ를 바탕으로 작성한 코드는 ⓓ이다. 먼저 not이 없다고 가정하고 any() 함수를 살펴보자. 2에서 num의 제곱근까지의 정수 i에 대해, 단 한 번이라도 num에서 i를 나눈 나머지가 0이면(num이 i로 나누어떨어지면) any() 함수 결과는 True이다. 이 경우는 소수 판별의 반대 결과이므로, 이 결과에 not을 붙이면 소수 판별의 결과를 얻을 수 있다.

1. all, any

   all() 함수는 주어진 반복 가능한(iterable) 객체의 모든 요소가 True인지 검사하여 모두 True이면 함수 결과가 True이다. any() 함수는 all() 함수와 반대로, 반복 가능한 객체 중 하나라도 True이면 함수 결과는 True가 되고, 모든 요소가 False이면 함수 결과는 False가 된다. all(), any() 함수는 주로 조건문에서 사용되며, 셋 이상의 조건에 대한 논리 결과를 확인하는 용도로 활용된다.

2. Generator expression

   제너레이터 표현식(Generator expression)은 리스트 컴프리헨션과 유사한 문법으로, 괄호 안에 한 줄로 for문을 작성하여 사용한다. 제너레이터 표현식은 주로 함수 안에 for문으로 입력하며 한 번에 한 요소만을 검사하도록 코드를 작성할 수 있다. 제너레이트 표현식의 대표적인 용례로, all과 any 함수의 입력에 사용되어 반복 대상의 논리 검사를 하나씩 수행할 수 있다.

3. Short circuit evaluation

   Short circuit evaluation은 논리 연산을 수행하는 도중에 결과를 확정할 수 있는 경우, 추가적인 검사를 수행하지 않고 연산을 중단하는 개념이다. and 연산자를 사용하는 경우, 첫 번째 논리 값이 False이면 이미 전체 결과가 False로 확정되므로 이후의 논리 값을 검사하지 않고 False 결과를 얻는다. 마찬가지로, or 연산자를 사용하는 경우, 첫 번째 논리 값이 True이면 전체 결과가 True로 확정되므로 이후의 논리 값을 검사하지 않고 True 결과를 얻는다. Short circuit evaluation은 파이썬 이외에도 다양한 프로그래밍 언어에서 지원되는 기능으로, 복잡한 조건문을 간결하게 작성하고 불필요한 연산을 피하는 데 유용하다.

4. 시간 복잡도

   시간 복잡도(time complexity)는 알고리즘의 실행 시간이 입력 크기에 대해 어떻게 증가하는지를 나타내는 개념이다. 시간 복잡도는 주로 Big O 표기법으로 표현되며, 알고리즘 성능 상한을 표현한다. 시간 복잡도가 작을수록 알고리즘이 더 효율적이라고 볼 수 있으며, 입력 크기가 증가함에 따라 실행 시간이 조금만 증가한다. 시간 복잡도 분석은 효율적인 알고리즘을 선택하는 데 도움을 준다.

CHAPTER

12

내
일
은
파
이
썬

함수 - function

✓ **핵심 키워드**

함수, def, 호출, 인자, 매개변수, return, scope, 재귀함수, 데코레이터, lambda, 클로저

여기서는 무얼 배울까

함수는 특정 기능을 수행하는 코드의 나열이다. 함수는 프로그래밍에서 코드의 재사용 및 유지보수를 용이하게
해 주는 중요한 요소이다. 기본적으로 파이썬에서 함수를 정의할 때는 def 키워드를 사용한다. def 키워드 아래
에는 함수를 사용할 때 실행될 코드를 작성한다. 함수와 관련된 프로그래밍 용어에는 호출, 인자, 매개변수 등
이 있는데, 각 용어의 코드 상의 의미에 대해서 학습한다. 또한 함수 내에서 정의된 변수의 scope 개념에 대해
학습한다. 함수의 응용에서는 먼저 재귀함수라는 특별한 형태의 함수에 대해서 학습하며, 함수를 심화적으로
활용하는 방법인 데코레이터, lambda 키워드, 클로저 문법에 대해서도 학습한다.

01

함수의 기본 문법

함수의 선언과 호출

함수란

프로그래밍에서 함수는 특정 기능을 수행하는 코드의 나열로, 작성된 파이썬 프로그램 내부의 작은 프로그램과 같다. 함수는 입력 값을 받을 수 있고, 코드를 실행하여 결과를 출력할 수 있다. 예를 들어, 아래 코드의 sum()과 max()가 함수이다.

실행 결과

```
nums = [1, -3, 5, 4]
print(sum(nums))
print(max(nums))
```

```
7
5
```

위 코드는 숫자들로 이루어진 리스트 변수 nums에서 sum(), max() 함수를 사용하여 각각 리스트 전체 합과 리스트 내 최댓값을 얻은 것이다.

함수의 선언과 호출

앞서 설명한 코드의 sum()과 max()는 파이썬에서 기본적으로 제공하는 함수*이다. 기본적으로 제공된 함수 이 외에도 원하는 기능을 직접 함수로 설계할 수도 있다. 직접 함수를 선언하기 위해서는 def를 사용한다.

기초 용어 정리

* **내장 함수(Built-in function)**: 파이썬에서 기본적으로 제공된 함수는 내장함수라고 부른다.

```
def 함수명(인자):
    함수 코드


예시)
def sqrt(num):
    return num ** 0.5
```

위와 같이 def로 함수의 선언을 표시하고, 함수 이름과 인자를 두고 콜론(:)을 사용한다. 뒤의 들여쓰기 영역에서는 함수가 호출*되었을 때 실행할 코드를 작성한다. 함수의 이름은 변수 이름을 설정할 때의 규칙과 같다.

Clear Comment

매개변수(Parameter)?

함수 선언에서 설계되는 입력 형태를 매개변수라고 부르기도 합니다. 본 도서에서는 파라미터 대신 "인자를 받는다."는 표현으로 사용합니다. 인자와의 차이점은, 매개변수는 함수를 설계할 때 사용하는 용어이고, 인자는 함수를 호출할 때 사용하는 용어입니다.

```
함수명(인자)

예시)
num = sqrt(16)
```

함수를 호출할 때는 위와 같이 함수 이름을 사용한 후 뒤의 괄호 안에 입력으로 사용할 인자**를 작성하여 사용한다. 인자 순서대로 매개변수에 입력되어 함수 선언에서 작성한 코드가 실행된다.

```
def calc_area(height, width):
    area = height * width
    return area
print(calc_area(5, 4))
```

실행 결과

```
20
```

기초 용어 정리

* **호출(call)**: 함수가 실행되는 것을 프로그래머들은 호출(call)되었다고 표현한다.

** **인자(argument)**: 함수 호출 시 사용하는 입력을 인자라고 부른다. 프로그래밍을 배우기 시작한 사람들에게는 함수 인자라는 표현이 어색할 수 있는데, 파이썬에서는 단순히 함수의 입력이라고 생각하면 된다.

이 코드는 calc_area라는 이름의 함수를 선언한다. 이 함수는 height, width 두 개의 인자를 가지며, 이를 이용하여 변수 area에 사각형 넓이를 계산하여 대입 후, 이것을 리턴한다. 그 아래의 print()에서 calc_area() 함수를 호출하며 인자로 5와 4를 입력한다. 이때 calc_area 선언에서 작성한 들여쓰기 구간이 실행되며, height, width는 각각 순서대로 입력된 5와 4가 대입되어 함수가 실행된다. 함수의 리턴 값은 입력한 5와 4를 곱한 값인 20이 되어 이를 출력한다.

return* 키워드는 함수의 결과로 무엇을 줄지를 나타내는 문법이다. return 키워드는 함수 안에서만 사용할 수 있으며, 여러 값을 사용할 수도 있다. 여러 값을 리턴할 경우 함수 결과는 튜플이다.

실행 결과

```
def calc_area_border(height, width):
    area = height * width
    border = 2*height + 2*width
    return area, border
a, b = calc_area_border(5, 4)
print("area = {}".format(a))
print("border = {}".format(b))
```

```
area = 20
border = 18
```

위 코드는 사각형의 높이와 너비를 입력했을 때 넓이와 테두리 길이를 리턴한다. return 키워드를 사용할 때 값을 콤마로 구분하여 여러 값을 리턴할 수 있다. 해당 함수를 호출할 때는 리턴 값의 순서를 맞추어 변수를 콤마로 구분하여 함수 결과를 대입시킨다. 그 결과 return area, border의 area가 a에, border가 b에 대입된다. 이 값을 호출하면, 함수 선언에서 계산한 area, border 값이 출력된다. 함수 설계 시 return 키워드를 사용하지 않아도 된다. 이 경우에는 리턴되는 값은 None이 된다.

```
def calc_area(height, width):
    area = height * width
a = calc_area(5, 4)
print(a)
```

실행 결과

```
None
```

기초 용어 정리

* **리턴(return)**: 함수의 결과를 내는 것을 영어에서는 return이라고 표현하는데, 한국어로 번역되는 책들에서는 보통 이것을 "반환한다."라고 표현한다. 하지만 국어에서 사용하는 "반환하다"의 의미와는 약간 다르기 때문에 프로그래머들은 주로 사용하지 않고, "리턴한다"라고 표현한다. 이 책에서도 함수 설계에서 return 키워드를 통해 결과를 내는 것을 "리턴한다"라고 표기하기로 한다.

위 코드의 calc_area는 리턴 값을 설정하지 않았다. 이 경우 리턴 값은 None이 되어 a에도 None 을 대입한다.

```python
def sqrt(num):
    return num**0.5
print(sqrt(25))
```

```
5.0
```

함수의 인자

인자 개수

함수의 선언에서 인자로 받을 입력의 개수를 설정할 수 있다. 아래 코드의 각 함수들은 인자의 개수를 다르게 선언한 함수들이다.

```python
def no_arg():
    return 0
def one_arg(a):
    return a
def two_arg(a, b):
    return a + b

print(no_arg())
print(one_arg(5))
print(two_arg(3, 4))
```

```
0
5
7
```

위와 같이 인자의 개수는 몇 개든 받을 수 있으며, 인자를 받지 않고 함수를 선언할 수도 있다.

```
def two_arg(a, b):
    return a + b

print(two_arg(3, 4))
```

함수 선언에서 사용한 인자 개수와 함수 호출 시 사용한 인자 개수가 맞지 않으면 에러를 발생시킨다.

```
def two_arg(a, b):
    return a + b

print(two_arg(5))
```

```
TypeError: two_arg() missing 1 required positional argument: 'b'
```

위 코드는 두 개의 인자를 받는 함수를 선언하고 호출 시에는 하나의 인자를 입력으로 사용하여 에러를 발생시킨다. 에러 메시지는 two_arg() 함수 호출에서 b 인자가 생략되었다고 알려 주고 있다.

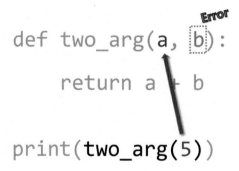

```
def two_arg(a, b):
    return a + b

print(two_arg(5, 6, 7))
```

```
TypeError: two_arg() takes 2 positional arguments but 3 were given
```

위 코드는 두 인자를 받는 함수를 선언 후 호출 시 세 인자를 입력으로 사용하여 에러를 발생시 킨다. 에러 메시지는 two_arg() 함수가 2개의 인자를 받지만, 세 개의 인자가 입력되었다고 알 려 주고 있다.

```
def two_arg(a, b):          def two_arg(a, b):
    return a + b                return a + b

print(two_arg(5))          print(two_arg(5, 6, 7))
```

인자의 기본 값 – default

함수의 인자를 받을 때 기본 값(default value)을 지정하여 함수를 선언할 수 있다. 이렇게 선언 된 함수를 호출할 때는 해당 인자를 전달하지 않을 경우 기본 값이 사용된다.

코·드·소·개

```
def 함수명(인자1, 인자2=기본값):
    실행 코드

예시)
def eq(a, b=0):
    return "{}x + {} = 0".format(a, b)
```

위와 같이 기본 값을 지정할 인자는 인자 뒤에 =과 함께 기본 값을 지정해 줄 수 있다. 이때, 기 본 값이 지정되지 않은 인자를 위치 인자(positional argument), 기본 값이 지정된 인자를 키 워드 인자(keyword argument)라고 부른다. 함수의 기본값을 지정하여 선언할 경우 아래의 규 칙을 따른다.

● 함수 선언 시, 위치 인자가 키워드 인자보다 먼저 등장한다.

● 함수 호출 시, 키워드 인자 이름을 지정하지 않을 경우 선언한 순서대로 대입한다.

● 함수 호출 시, 인자 이름을 명시할 경우 선언의 인자 순서와 다르게 대입할 수 있다.

```
def lin_eq(a, b, c=0):
    eq = "{}x + {}y + {} = 0".format(a, b, c)
    print(eq)


lin_eq(2, 3, 5)
lin_eq(2, 3)
lin_eq(c=5, b=3, a=2)
```

```
2x + 3y + 5 = 0
2x + 3y + 0 = 0
2x + 3y + 5 = 0
```

위 코드는 선형 방정식 문자열을 출력하는 함수이다. 인자 이름을 지정하지 않을 경우, 함수 선언의 인자 순서인 a, b, c의 순서로 값이 입력된다. 만일 c의 위치에 대응하는 인자를 입력하지 않으면 함수 선언에서 사용한 c값을 대신 입력으로 사용한다. 만일 인자 이름을 지정할 경우에는 선언의 인자 순서에 상관없이 대입할 수 있다.

손으로 익히는 코딩

```
def slicing(s, start=0, end=-1):
    return s[start:end]
string = "python"
print(slicing(string))
print(slicing(string, 2, 3))
print(slicing(string, start=3, end=5))
```

```
pytho
t
ho
```

함수의 scope

전역 범위와 지역 범위

파이썬에서 함수는 전역 범위(global scope)의 변수와 지역 범위(local scope)의 변수를 사용할 수 있다. 전역 범위의 변수와 지역 범위의 변수의 특징은 아래와 같다.

● 전역 범위의 변수: 모듈* 내에서 접근할 수 있으며 함수 등 모듈 내 어디에서든지 접근할 수 있다.

● 지역 범위의 변수: 함수 내에서 정의된 변수이며, 해당 함수 내에서만 접근할 수 있다. 해당 함수의 실행이 종료되면 더 이상 함수 안의 지역 범위 변수에 접근할 수 없다. 함수 안의 인자도 지역 범위의 변수에 포함된다.

기초 용어 정리

* **모듈(module)**: 파이썬에서 모듈은 파이썬 파일의 단위로써 변수, 함수 등이 저장된 파일이다.

```
num_global = 3
def number():
    num_local = 10
    return 2*num


print(num_global)                    3
num = number()
print(num_local)                     NameError: name 'num_local' is not defined.
```

위 코드는 전역 범위의 변수 num_global과 지역 범위의 변수 num_local에 접근하여 출력을 시도한다. print()는 전역 범위에서 실행되고 있으며, 전역 범위의 변수인 num_global은 출력 가능하다. 하지만 number() 함수 내에 존재하는 num_local은 접근할 수 없다. 왜냐하면 일반 적인 경우, 함수 내에서 정의된 변수는 함수가 호출되는 동안에만 존재하며, 함수가 값을 리턴하여 함수가 종료되면 해당 지역 범위의 변수는 사라지기 때문이다.

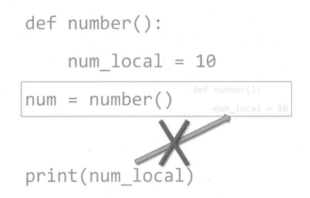

함수에서 전역 범위에 접근하기

파이썬에서는 같은 변수 이름이 다른 값을 가질 수 있다. 같은 이름의 변수가 전역 범위와 지역 범위로 나뉠 수 있기 때문이다.

```
num = 41
def number():
    num = 3
    print("in number(), num = {}".format(num))    in number(), num = 3


number()
print("in global, num = {}".format(num))          in global, num = 41
```

위 코드는 두 범위의 변수 num을 출력한다. 계속 읽기 전에, 이 코드의 동작은 두 가지 경우가 있을 수 있다. 변수 number() 함수가 호출될 때 선언되는 num은 41에서 3으로 덮어씌우는 것일까? 아니면 새로운 num을 사용하는 것일까?

```
num = 41

def number():

    num = 3      ←——  새 지역 변수?
                       전역 변수?
```

41이 대입된 변수 num은 전역 범위의 변수, 3이 대입된 변수 num은 지역 범위의 변수이다. 만일 변수 이름이 같더라도, 함수 안에서 변수 이름을 다시 사용할 경우 지역 범위의 새로운 변수를 사용한다. 그렇기 때문에 number() 함수에서 실행되는 print()의 경우 num값이 3으로 출력되지만, 이 num은 전역 범위의 변수 값을 변경한 것은 아니다. 따라서 number()를 실행하고 난 뒤의 print()에서는 num이 전역 범위의 변수로 사용되어 41이 출력된다. 만약 함수 안에서 전역 범위의 변수의 값을 변경하고 싶으면 global 키워드를 사용하면 된다.

실행 결과

```
num = 41
def number():
    global num
    num = 3
    print("in number(), num = {}".format(num))      in number(), num = 3

number()
print("in global, num = {}".format(num))            in global, num = 3
```

위 코드는 앞서 실행한 코드에서 number() 함수의 선언에 global num을 한 줄 추가한 것이다. global 문법은 함수 선언 내에서 사용되며, 전역 범위의 변수를 함수 내에서도 쓰겠다는 의미이다. 주로 위 코드와 같이, 함수 내부의 전역 범위의 변수를 수정할 때 사용한다.

> **Clear Comment**
>
> **프로그램이 복잡해지므로 주의**
> global 문법은 남용할 경우 코드 내 변수의 의존성이 복잡해지는 문제를 낳습니다. 함수 선언 내에 global 문법이 있을 경우, 함수의 호출마다 전역 범위의 변수 값을 변경합니다. 따라서 어떤 함수 호출에서 값이 변경되었는지 추적하기가 어려워 디버깅에 문제가 생기므로, 꼭 필요한 경우에만 사용하는 것이 좋습니다.

```
num = 41-------
def number():
    global num
```

더 알아보기

스택 메모리와 힙 메모리

프로그래밍에서 사용되는 메모리는 크게 힙 메모리와 스택 메모리 영역이 있다. 파이썬에서 상황에 맞게 힙 메모리나 스택 메모리 영역을 사용한다. 스택 메모리 영역은 함수 호출 시 사용되며 함수 실행이 끝나면 사용한 메모리는 스택 메모리 영역에서 제거된다. 파이썬 실행 과정에서 자동으로 함수 호출 시 사용한 스택 메모리 영역을 정리하여 함수 실행이 끝난 후에는 함수 내에서 사용했던 변수에 접근할 수 없다.

힙 메모리는 파이썬 실행 과정에서 객체에 해당하는 메모리를 동적으로 할당한다. 동적으로 할당한다는 의미는 프로그램이 실행되기 전에 할당할 메모리를 미리 결정하는 것이 아니라, 프로그램의 실행 중에 메모리를 할당한다는 것이다. 파이썬에서는 대부분의 코드 실행에서 메모리를 동적으로 할당한다. 함수 밖에서 새 변수를 만들거나 리스트를 통해 여러 요소를 사용할 때 힙 메모리 영역을 사용한다.

파이썬에서는 메모리 관리를 설계자가 관리할 필요가 없어 프로그래머에게 편리함을 제공한다. 하지만 반대로 메모리 관리를 자동으로 해 준다는 점 때문에 프로그램 작성 시 효율적인 메모리 설계를 하기에 적절한 언어는 아니기 때문에 큰 메모리를 사용하거나 오래 실행되는 파이썬 프로그램을 설계할 때는 주의해야 한다.

에러에서 배우기

- **함수에는 콜론을**

```
def sqrt(num)                          SyntaxError: expected ':'
    return num**0.5
```

위 에러는 함수 선언 시 콜론을 생략하여 발생하며, 파이썬 에러도 이를 알아채고 콜론이 필요하다는 메시지를 표시한다. if, for, def와 같이 다음 줄에 들여쓰기를 하는 문법은 모두 콜론을 필요로 한다.

- **함수 인자 개수를 맞춰서**

```
def sum_two(num1, num2):               TypeError: sum_two() takes 2 positional arguments
    return num1+num2                   but 3 were given
print(sum_two(1, 2, 3))
```

위 에러는 함수 호출 시 함수 설계에 맞지 않는 인자 개수를 사용하여 발생한다. 에러 메시지는 sum_two() 함수가 2개의 인자를 받지만, 3개가 입력되었다는 의미이다. 함수 호출 시 함수 선언에서 설정한 인자 개수에 대응되는 인자를 사용해야 한다.

• 함수 선언도 순서대로

```
n = sqrt(9)
def sqrt(num):                          NameError: name 'sqrt' is not defined
    return num**0.5
```

위 에러는 함수가 선언되기 전에 함수를 사용하여 발생한다. 에러 메시지는 sqrt가 정의되지 않았다는 의미이다. 파이썬 코드는 위에서 아래로 실행되는데, sqrt 함수를 실행할 때 아직 sqrt는 선언되지 않았으므로 함수 선언 이전에는 해당 함수를 사용할 수 없다.

• print는 return이 아님

```
def sqrt(num):
    print(num**0.5)                     TypeError: unsupported operand type(s) for **
n = sqrt(9)                             or pow(): 'NoneType' and 'int'
print(n**2)
```

위 에러는 return 값이 없는 함수 결과를 변수에 대입한 후 숫자 계산에 사용하여 발생한다. 에러 메시지는 NoneType과 int의 제곱 계산(**)이 불가능하다는 것을 의미하는데, print(n**2)의 n이 NoneType이며 2가 int이다. sqrt 함수는 num의 제곱근을 출력할 뿐, 함수의 결과로 리턴하지 않는다. 따라서 함수 결과를 변수에 대입 시 변수에는 None이 대입된다. None은 숫자와의 산술 연산이 불가능하므로 에러가 발생한다. 함수를 설계 후 실행 시 에러 메시지에 NoneType이 있을 경우 리턴할 값을 생략하지 않았는지 다시 한 번 검사해야 한다.

• 함수 내부의 변수는 밖에서 접근 불가능

```
def sqrt(num):
    sqrt_num = num**0.5
    return sqrt_num
n = sqrt(9)
n2 = sqrt_num                           NameError: name 'sqrt_num' is not defined
```

위 에러는 함수 밖에서 함수 내부의 변수에 접근하여 발생한다. 에러 메시지는 sqrt_num이라는 변수가 없다는 의미를 표시한다. 함수 내부에서 사용한 sqrt_num은 함수 실행이 종료되면 사라진다. 따라서 함수 밖의 코드인 n2 = sqrt_num에서는 더 이상 함수 내부의 변수 sqrt_num이 존재하지 않기 때문에 선언되지 않은 변수로 취급된다.

──02

함수 설계 응용

재귀함수 - recursive function

프로그래밍에서 재귀 함수는 자기 자신을 호출하는 함수이다. 특정 조건을 만족할 때까지 자기 자신을 반복해서 호출하도록 의도된 프로그래밍 기법이다. 재귀 함수는 수학적인 계산을 해결할 때 유용하게 사용되는데, 특히 코딩 테스트 시험에서 중요하다.

```
def factorial(n):
    if n == 1:
        return 1
    else:
        return n * factorial(n-1)

print(factorial(4))
```

실행 결과

```
24
```

위 코드에서 factorial() 함수는 수학의 팩토리얼(n!)*을 계산하며, if문을 통해 재귀 함수의 리턴 값을 결정한다. n이 1인 경우 1!는 1로, 1을 리턴하며, n이 1이 아닌 경우 n에 factorial(n-1)의 리턴 값을 곱한 결과를 리턴한다. 이는 n! = n * (n-1)!이기 때문이다.

기초 용어 정리

* **팩토리얼(factorial)**: n!는 n에서부터 1까지 1씩 줄여 나가며 곱한 결과이다. 예를 들어 3!는 3*2*1 = 6이고, 5!는 5*4*3*2*1 = 120이다.

메모이제이션(memoization)

메모이제이션은 컴퓨터 프로그래밍에 사용되는 기술로, 함수 실행 시 시간 소모가 많은 경우에 함수 호출 결과를 저장하여, 동일한 입력에 대해 해당 결과를 리턴하여 함수 실행 시간을 최적화시키는 기법이다. 메모이제이션의 기본 원리는 함수 호출 결과를 딕셔너리이거나 딕셔너리와 유사한 임시 데이터 구조에 저장하는 방식을 사용한다. 딕셔너리 기반 메모이제이션은 함수 입력을 키, 리턴 값을 밸류로 두어 사용한다. 또한 함수가 호출될 때 임시 데이터 구조를 먼저 확인하여, 해당 입력이 키에 존재하면 함수 내부 코드를 실행하지 않고 해당 키에 대응하는 밸류를 즉시 리턴한다. 이 방법을 사용하여 함수의 중복 실행을 피함으로써 함수 성능을 크게 개선할 수 있다. 메모이제이션은 추가 메모리를 사용하여 계산 시간을 줄이는 원리에 기반하므로 메모리를 적게 사용해야 할 경우 저장 제한을 두기도 한다.

✍️ 손으로 익히는 코딩

```
def sum_one_to_num(num):
    if num == 1:
        return 1
    else:
        return num + sum_one_to_num(num-1)
print(sum_one_to_num(2))
print(sum_one_to_num(3))
print(sum_one_to_num(4))
print(sum_one_to_num(5))
```

실행 결과

```
3
6
10
15
```

가변 인자

*args

print() 함수는 입력 인자의 개수와 상관없이 모두 출력시킨다.

실행 결과

```
print(1, 2, 3, 4, 5, 6, 7)          1 2 3 4 5 6 7
print()
print(1, 2, 3)                      1 2 3
print(1)                            1
```

위 코드는 여러 개수의 숫자들을 print() 함수에 입력시켜 출력한다. 각각 7개, 0개, 3개, 1개의 입력을 받아 모두 출력한다. 이와 같이 함수 설계 시 여러 개수의 입력을 사용하려면 함수 선언에 **를 사용하면 된다.

```
def 함수(인자1, 인자2, ..., *인자):
    실행 코드

예시)
def sum_double(n1, *n):
    return (n1 + sum(n)) * 2
```

위와 같이 함수 호출에서 필요한 인자들이 먼저 오고, 그 뒤에 *를 붙여 사용한다. *인자만 단독
으로 사용할 수도 있다.

실행 결과

```
def mul(*args):
    result = 1
    for i in args:
        result *= i
    return result
print(mul(3, 4))                              12
print(mul(5))                                 5
print(mul(2, 2, 2, 2))                        16
```

위 코드는 가변 인자를 args로 받아 모든 요소의 곱을 리턴하는 함수를 선언한다. 함수 선언 내
에서 args는 가변 인자를 받으며, 반복문을 통해 args의 각 요소를 모두 곱하여 이를 리턴한다.
그 결과 mul() 함수는 인자의 개수를 자유롭게 받아 각 입력을 모두 곱한 값을 리턴한다.

> **Clear Comment**
>
> **일반적으로 *args**
> 일반적으로 *인자로 가변 인자를 받을 경우, 인자 이름을 args로 설정하는 경우가 많습니다. 이는 arguments를 줄여 표
> 현한 것입니다.
>
> **args는 튜플**
> 함수 안에서 args의 자료형은 튜플이며, 호출 시 입력한 인자가 순서대로 들어 있습니다.

**kwargs

*args는 순차적인 입력에 대해서 개수에 상관없이 입력을 받을 수 있는 문법이다. 이와 비슷하
게, **문법은 키워드 인자에 대해서 어떤 이름의 인자 입력이든 자유롭게 입력을 받을 수 있도
록 한다.

기초 용어 정리
* asterisk(*): 별표(*)를 영어로 asterisk[애스터리스크]라고 지칭하며, 라틴어로 별을 뜻한다.

코·드·소·개

```
def 함수(..., **키워드인자):
    실행 코드


예시)
def sqrt(num, **kwargs):
    sqrt_num = num ** 0.5
    if kwargs.get("do_print"):
        print(sqrt_num)
    return sqrt_num
```

위와 같이 함수 호출에서 필요한 인자들이 먼저 오고, 키워드 인자는 마지막에 **를 붙여 사용한다.

실행 결과

```
def group_by_age(**kwargs):
    group = {"adult": [], "non-adult": []}
    for name, age in kwargs.items():
        if age > 18:
            group["adult"] += [name]
        else:
            group["non-adult"] += [name]
    return group

print(group_by_age(kim=25, jeong=16))
print(group_by_age())
```

```
{'adult': ['kim'], 'non-adult': ['jeong']}
{'adult': [], 'non-adult': []}
```

위 코드는 함수의 입력으로 이름=나이의 형태로 여러 키워드 입력을 받아 성인과 성인이 아닌 그룹으로 나눈 딕셔너리를 리턴하는 함수를 설계한다. 함수의 선언에서 **kwargs를 사용하여 호출 시 정해지는 키워드 인자 이름을 받는다. 함수 선언의 실행코드에서 kwargs는 딕셔너리로 사용되며 정해지지 않은 인자 이름이 kwargs의 딕셔너리에 들어 있다. for문에서는 딕셔너리의 .items() 함수를 사용하여 모든 키-밸류 쌍에 대해 반복하여 밸류 값이 18보다 클 경우 "adult" 키의 밸류 리스트에, 그렇지 않을 경우 "non-adult" 키의 밸류 리스트에 이름을 담는다. 반복이 끝난 후 group 딕셔너리를 리턴하며, group_by_age() 함수를 호출 시, 처음 보는 이름의 키워드 입력에 대해서도 kwargs를 통해 처리됨을 확인할 수 있다.

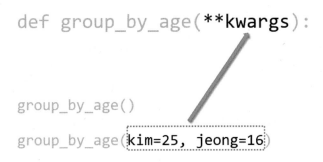

```
def group_by_age(**kwargs):



group_by_age()

group_by_age(kim=25, jeong=16)
```

func(*args, **kwargs)

함수를 선언할 때 func(*args, **kwargs)와 같이 *과 **문법만을 사용할 경우, 호출 단계에서 어떤 형태의 입력이든 받을 수 있다.

실행 결과

```
def free_arg(*args, **kwargs):
    print("args = {}".format(args))
    print("kwargs = {}".format(kwargs))


free_arg()                              ┌ args = ()
                                        └ kwargs = {}

free_arg(1, 2)                          ┌ args = (1, 2)
                                        └ kwargs = {}

free_arg(first="1st", second="2nd")     ┌ args = ()
                                        └ kwargs = {'first': '1st', 'second': '2nd'}

free_arg(5, first="1st")                ┌ args = (5,)
                                        └ kwargs = {'first': '1st'}
```

위 코드는 입력을 자유롭게 받을 수 있는 함수를 설계하고, 각 인자가 입력되는 방식을 출력한다. 입력이 없을 경우 args는 빈 튜플, kwargs는 빈 딕셔너리이며, 입력 시 인자 이름을 명시하지 않을 경우 args에, 인자 이름을 명시할 경우 kwargs에 대입된다.

손으로 익히는 코딩

```
def len_args(*args):
    return len(args)

print(len_args(1, 2, 3, 4, 5))
print(len_args([1, 2, 3, 4, 5]))
```

실행 결과

```
5
1
```

손으로 익히는 코딩

```
def print_kwargs(**kwargs):
    print(kwargs)

print_kwargs(animal="ape", fruit="apple")
```

실행 결과

```
{'animal': 'ape', 'fruit': 'apple'}
```

손으로 익히는 코딩

```
def len_args_kwargs(*args, **kwargs):
    print(len(args), len(kwargs))

print_kwargs(animal="ape", fruit="apple")
```

실행 결과

```
3 2
```

타입 힌트(type hint)

파이썬은 함수 선언 시 타입 힌트 문법을 사용하면 인자를 받을 때 타입을 지정하여 코드의 가독성을 높일 수 있다. 타입 힌트 문법은 인자 이름 뒤에 콜론(:)을 붙인 뒤 자료형을 지정하고, 리턴 자료형은 -> 뒤에 작성하는 방식으로 사용된다.

> **Clear Comment**
>
> **3.5부터 추가된 타입 힌트**
> 타입 힌트는 파이썬 버전 3.5부터 사용할 수 있습니다.

```
def 함수(인자1:타입1, 인자2:타입2, ...) -> 리턴 타입:
    실행 코드

예시)
def dear_name(name: str) -> str:
    return "Dear {}".format(name)
```

위와 같이 타입 힌트를 사용하면 함수를 선언할 때 각 인자가 어떤 자료형인지, 그리고 리턴 값은 어떤 자료형인지 작성함으로써 함수의 인자와 리턴 값이 어떤 역할을 하는지 쉽게 파악하도록 코드를 작성할 수 있다.

실행 결과

```
def mul(a:int, b:int)->int:
    return a*b

print(mul(3, 4))
print(mul(3.1, 2.0))
```

```
12
6.2
```

위와 같이 함수의 선언 과정에서 타입 힌트를 사용하면, 함수에 사용되는 인자들이 어떤 타입으로 사용될지 코드를 보고 유추할 수 있다. 하지만 타입 힌트는 함수 실행에는 영향을 주지 않는다. mul() 함수 실행에서 3과 4를 대입한 것은 int 자료형 값을 대입한 것으로 타입 힌트대로 입력한 것이지만, 3.1과 2.0을 대입한 것은 float 자료형 값을 사용한 것이다. 타입 힌트는 실제 함수 실행에는 영향을 끼치지 않는다.

손으로 익히는 코딩

실행 결과

```
def sqrt_sum(nums:list)->float:
    return sum(nums)**0.5

print(sqrt_sum([1, 2, 3, 4, 6]))
```

```
4.0
```

lambda

lambda 문법

파이썬의 lambda 문법은 함수를 선언하는 문법이다. 앞서 설명한 함수를 선언하는 문법인 def 와의 차이점은, lambda 문법은 간단한 기능의 함수를 설계할 때 쓰인다는 점이다. lambda 문 법의 사용 방법은 아래와 같다.

```
코·드·소·개

lambda 인자1, 인자2, ...: 리턴값

예시)
double = lambda x: 2*x
```

위와 같이 lambda는 인자의 개수를 정한 뒤 콜론(:) 뒤에 리턴할 값을 바로 작성하여 간결하게 함수를 설계할 때 사용한다.

```
mul = lambda x, y: x*y
print(mul(2, 3))
```

실행 결과
```
6
```

위 코드는 lambda 문법을 사용하여 곱셈을 수행하는 함수를 선언한 것이다. 선언한 함수는 mul 변수에 대입되며, mul() 함수 실행 시 두 입력을 곱한 값을 함수의 결과로 리턴한다. 위 코 드는 아래의 코드와 동일하다.

```
def mul(x, y):
    return x*y
print(mul(2, 3))
```

실행 결과
```
6
```

위 코드는 def를 사용하여 앞서 설명한 코드의 함수를 설계한 것이다. def로 함수를 선언할 때
는 함수 이름을 명시하여야 하지만, lambda를 통한 함수 설계는 이름이 없이 기능 자체만을 구
현할 수 있기 때문에 **익명함수**라고 불린다.

```
print((lambda x, y: x*y)(2, 3))
```

```
6
```

위 코드는 두 입력을 받아 둘을 곱한 값을 리턴하는 함수를 선언한 것으로, 따로 이름이 없이 이
함수를 실행하여 그 결과를 출력한다. lambda로 함수를 선언한 것을 괄호로 감싼 후 이것을 바
로 함수 호출하듯이 뒤에 괄호를 붙여 입력을 받아 함수를 실행하였다.

$$\underset{\text{입력}}{\text{lambda x, y:}} \ \underset{\text{출력}}{\text{x*y}}$$

lambda의 활용

익명함수 lambda는 간단하게 정의되는 함수를 설계할 때 쓰이며, 주로 '챕터10 자주 쓰이는 함
수와 표현식'에서 설명한 max(), sorted() 등 함수의 key 입력으로 사용된다.

```
nums = [5, 0, -7, -10]
print(sorted(nums, key=lambda x: x**2))
```

```
[0, 5, -7, -10]
```

위 코드는 nums 리스트의 숫자들을 원하는 기준에 따라 정렬하여 출력한다. sorted 함수는 정
렬을 수행하며, key 인자에 함수 입력이 주어질 경우 nums 리스트의 각 요소를 함수에 입력하
여 얻은 리턴 값을 정렬의 비교 기준으로 삼는다. nums 리스트의 각 요소에 위 코드의 함수
(lambda x: x**2)를 입력한 결과는 각각 [25, 0, 49, 100]이므로, 이 결과를 기준으로 정렬한
결과는 [0, 5, −7, −10]이 된다.

lambda는 이미 존재하는 함수의 일부 입력을 고정할 때도 쓰인다. 여러 입력을 받는 함수로부터 특정 입력 값을 고정한 새 함수를 설계할 때 lambda를 활용할 수 있다.

실행 결과

```
round_two = lambda x: round(x, ndigits=2)
print(round(0.123456))
print(round_two(0.123456))
```

```
0
0.12
```

위 코드는 round 함수와, round함수의 ndigits 인자를 2로 고정한 round_two를 호출한 것이다. round 함수는 소수점 부분에서 반올림하는 함수이며, ndigits 인자를 줄 경우 해당 숫자의 소수점 아래 자리 수까지 반올림한다. 위 코드에서는 lambda 문법으로 x를 입력했을 때, round(x, ndigits=2)를 리턴하도록 설계하였다. 그 결과 round_two 함수에 숫자를 입력하면 해당 숫자의 소수점 둘째 자리로 반올림한 결과를 리턴한다.

 손으로 익히는 코딩

```
eq = lambda a, b, c: "{}x + {}y = {}".format(a, b, c)
print(eq(5, 4, 3))
```

실행 결과

```
5x + 4y = 3
```

손으로 익히는 코딩

```
slash_join = lambda x: "/".join(x)
print(slash_join(["apple", "banana", "grape"]))
```

실행 결과

```
apple/banana/grape
```

🧑‍💻 에러에서 배우기

- 인자 개수보다 적게는 불가능

```
def func(n1, n2, *ns):
    return n1, n2, ns
print(func(1))
```
TypeError: func() missing 1 required positional argument: 'n2'

위 에러는 함수 설계가 요구하는 최소 두 개의 함수 인자를 사용하지 않아 발생한다. 에러 메시지는 func() 함수가 n2 인자를 생략했다는 의미이다. 함수 호출 시 2개보다 많은 개수의 인자를 입력 시 남는 자리는 ns에 튜플로 입력된다. 예를 들어, func(1, 2, 3, 4)를 입력할 경우 ns는 튜플 (3, 4)이다. 하지만 2개보다 적은 개수의 인자를 입력 시에는 n2에 들어갈 인자 값이 없기 때문에 에러가 발생한다.

- *가 먼저, **가 뒤

```
def func(**kwargs, *args):
    return args, kwargs
print(func(1, 2, num=3))
```
SyntaxError: arguments cannot follow var-keyword argument

위 에러는 함수 설계에서 **kwargs를 *args보다 먼저 사용하여 발생한다. 에러 메시지는 arguments가 keyword arguments에 뒤따를 수 없다는 의미이다. 함수 호출 시 인자 이름을 명시하지 않는 입력을 먼저 받아서 순서를 설정하고, 인자 이름이 있는 입력을 받기 때문에 위와 같은 함수 설계는 인자 순서를 올바르게 설정할 수 없어 에러를 발생시킨다.

- lambda는 return이 없음

```
mul = lambda x, y: return x*y
```
SyntaxError: invalid syntax

위 에러는 lambda 함수 설계에서 return을 사용하여 발생한다. lambda 문법에서 리턴하는 값은 return을 작성하지 않고 바로 작성하여 표시한다.

- lambda는 여러 줄 사용 불가능

```
lambda x, y:
    x2, y2 = x*2, y*2
    x2*y2
```
SyntaxError: invalid syntax

위 에러는 lambda 함수를 여러 줄에 설계하여 발생한다. lambda는 간단한 함수를 만들기 위한 의도로 사용되며 한 줄에 계산 가능한 함수만 설계할 수 있다. 여러 줄이 필요한 함수는 def로 설계해야 한다.

03

함수의 객체화

함수의 객체화

파이썬에서 함수는 객체(object)화할 수 있다. 함수를 객체화할 수 있다는 것은 변수에 대입하고, 다른 함수의 인자로 입력하는 작업을 수행할 수 있다는 의미이다.

```python
def mul(a, b):
    return a * b

calculate = mul
print(calculate(3, 5))
```

실행 결과

```
15
```

위 코드는 곱셈을 수행하는 함수 mul()을 선언한 후, 함수를 다른 변수 calculate에 대입하고 나서 사용한다. mul이 대입된 calculate 변수를 함수처럼 호출하여 사용할 수 있으며 mul과 동일한 동작을 수행한다.

```python
def function(f):
    print("f(2, 3) = {}".format(f(2, 3)))

def mul(a, b):
    return a*b

function(mul)
```

실행 결과

```
f(2, 3) = 6
```

위 코드는 곱셈을 수행하는 함수 mul()을 함수 function의 인자로 사용한다. 함수 function()
은 하나의 입력을 받아 이 입력을 함수로 취급하여 2와 3을 순서대로 입력한 결과를 출력한다.
이와 같이 함수는 객체화할 수 있기 때문에 함수의 입력으로 사용할 수 있다.

```
def function():
    def new_function(a, b):
        return a * b
    return new_function

mul = function()
print(mul(4, 5))
```

실행 결과

```
20
```

위 코드는 함수 function 안에서 새 함수 new_function를 선언*하여 해당 함수를 리턴하도록
설계하였다. mul 변수에는 function 함수의 리턴 값을 대입한다. function 함수의 리턴 값은
new_function 함수이므로 mul 변수에는 new_function 함수가 대입된다. 그 후에 변수 mul
은 함수처럼 사용할 수 있고, 4, 5를 대입한 결과 20을 출력한다.

손으로 익히는 코딩

```
def double(x):
    return 2*x
def func_with_print(f):
    def new_func(x):
        y = f(x)
        print(y)
        return y
    return new_func
new_double = func_with_print(double)
print(new_double(5))
```

실행 결과

```
10
10
```

기초 용어 정리
* **중첩 함수(Nested function)**: 함수 안에 함수를 선언하는 것을 중첩 함수라고 부른다. 중첩 함수로 함수 내부에 선언
  된 함수는 리턴하지 않을 시 함수 밖에서는 사용할 수 없다.

데코레이터 - decorator

데코레이터란

데코레이터는 함수의 기능을 변경하거나 확장할 수 있는 문법이다. 데코레이터는 기존의 함수의 기능은 수정하지 않으면서, 함수 실행의 앞뒤에 미리 정의한 코드를 실행할 수 있다.

```
코 ·드 ·소 ·개

@데코레이터
def 함수명(인자):
    실행 코드

예시)
@deco
def func(num):
    return num*2
```

위와 같이 함수의 선언 위에 @* 기호를 붙여 사용한다. 데코레이터는 한 개의 인자를 입력받아 함수를 리턴하는 함수이다.

```python
def deco(f):
    def new_f():
        print("f() is called")
        return f()
    return new_f

@deco
def hi():
    print("hi")

hi()
```

```
실행 결과

f() is called
hi
```

기초 용어 정리
* at(@): 주로 전자 메일의 주소 사이에 사용하는 @ 기호는 영어로 at이라고 지칭한다.

196 • 내일은 파이썬

위 함수는 데코레이터 문법을 사용하여 hi() 함수가 호출될 때 추가 출력이 발생하도록 함수를 정의하였다. 데코레이터를 사용하면 아래 선언된 함수가 데코레이터의 함수를 입력하여 데코레이터 함수의 출력 결과가 선언된 함수가 된다. 서로 다른 함수가 등장하여 헷갈릴 수 있으므로, 코드를 보고 이해하는 것을 추천한다. 위와 아래의 코드는 동일한 순서로 실행된다.

```python
def deco(f):
    def new_f():
        print("f() is called")
        return f()
    return new_f

def hi():
    print("hi")
hi = deco(hi)

hi()
```

실행 결과

```
f() is called
hi
```

데코레이터 문법의 동작은 먼저 데코레이터 없이 함수를 선언한 뒤(hi 함수), 데코레이터로 사용된 함수(deco 함수)에 선언한 함수(hi 함수)를 대입하고 그 리턴 값(new_f)이 다시 선언한 함수(hi 함수)에 대입된다.

손으로 익히는 코딩

```python
def func_with_print(f):
    def new_func(x):
        y = f(x)
        print(y)
        return y
    return new_func
@func_with_print
def double(x):
    return 2*x
print(double(5))
```

클로저 - closure

파이썬에서 클로저는 중첩된 함수와 변수의 스코프(scope)를 결합하여 만들어진 개념이다. 클로저를 사용하면 함수 안 지역 범위의 변수를 함수 외부에서도 간접적으로 사용할 수 있다.

실행 결과

```
def function(a):
    def inner_function(b):
        return a * b
    return inner_function

double = function(2)
triple = function(3)
print(double(10))
print(triple(10))
```

```
20
30
```

위 코드에서 함수 function은 하나의 인자를 받고, 내부에서 중첩 함수로 선언된 inner_function 함수를 리턴한다. inner_function 함수는 function의 인자 a와 자기 자신 함수의 인자 b를 곱한 값을 리턴한다. function은 inner_function 함수를 리턴하며, double은 function에 2를, triple은 function에 3을 대입한다. 그 결과, double과 triple에는 각각 2와 3을 곱한 값을 리턴하는 함수가 대입된다.

```
function(2)    def inner_function(b):

function(3)        return a * b
```

클로저의 핵심은 function에서 사용한 인자 a는 원래 함수가 끝나면 사라지지만, function 밖에서 간접적으로 사용할 수 있는 점이다. 함수 double, triple은 같은 함수 function에서 나왔지만, 해당 함수들을 호출할 때마다 각각 곱할 값 2와 3을 변수로 선언하지 않고도 function에서 입력받은 a를 사용할 수 있다.

연습문제

1. 기본 예제

문제 1 각 코드의 출력 결과를 맞혀 보자.

	문제	정답
	def func(num1, num2): return num1-num2	
①	print(func(5, 3))	(2 / -2)
②	print(func(3, 5))	(2 / -2)
③	print(func(num1=5, num2=3))	(2 / -2)
④	print(func(num1=3, num2=5))	(2 / -2)
⑤	print(func(5, num2=3))	(2 / -2)
⑥	print(func(num2=5, num1=3))	(2 / -2)

문제 2 각 코드의 출력 결과를 맞혀 보자.

	문제	정답

	def func(num):
	    if num==0: return [0]
	    return func(num-1) + [num]	

①	print(func(0))	[0] / 0
②	print(func(1))	[0] / [0, 1]
③	print(func(2))	[0, 1] / [0, 1, 2]
④	print(func(5))	[0, 1, 2, 3, 4] / [0, 1, 2, 3, 4, 5]

문제 3 각 코드의 출력 결과를 맞혀 보자.

문제		정답
	```python def comma_andor(*s, last="and"): if len(s)==1: return s[0] comma_s = ", ".join(s[:-1]) return comma_s + " {} {}".format(last, s[-1]) ```	
①	`print(comma_andor("apple", "banana"))`	ⓐ apple, banana ⓑ apple and banana
②	`print(comma_andor("Kim", "Lee", "Park", last="or"))`	ⓐ Kim, Lee or Park ⓑ Kim, Lee, Park
③	`print(comma_andor("dog"))`	(dog / dog,)

문제 4 각 코드의 출력 결과를 맞혀 보자.

문제		정답
	```python def power(num, **kwargs): if "exp" in kwargs: y = num ** kwargs["exp"] else: y = num ** 2 return y ```	
①	`print(power(3))`	(3 / 9)
②	`print(power(3, exp=3))`	(9 / 27)
③	`print(power(3, e=3))`	(9 / 27)

문제 5 [객관식] 아래 보기 중, 코드에서 def로 선언한 함수를 lambda로 설계한 것으로 적절하지 않은 것은?

```python
def mul(x, y):
    return x * y
```

보기	
ⓐ	`mul = lambda x, y: x*y`
ⓑ	`mul = lambda a, b: return a*b`
ⓒ	`mul = lambda a, b: a*b`
ⓓ	`mul = lambda x, y: y*x`

2. 심화 예제

문제 6 [객관식] 아래 보기 중, 코드의 함수들이 실행되는 순서로 적절한 것은?

코드	보기
```python\ndef func(f):\n def new_f(a, b):\n return f(a, b)*2\n return new_f\ndef fn(x, y):\n return [x, y]\n\n\nff = func(fn)\nff(10, 20)\n```	ⓐ func – new_f – fn
	ⓑ func – fn – new_f
	ⓒ new_f – func – fn
	ⓓ new_f – fn – func

문제 7 [객관식] 아래 보기 중, 코드의 함수들이 실행되는 순서로 적절한 것은?

코드	보기
```python\ndef func(f):\n def new_f(a, b):\n return f(a, b)*2\n return new_f\n@func\ndef fn(x, y):\n return [x, y]\n\n\nff = func(fn)\nff(10, 20)\n```	ⓐ func – new_f – fn
	ⓑ func – fn – new_f
	ⓒ new_f – func – fn
	ⓓ new_f – fn – func

문제 8 주어진 입력 중에서 두 번째로 큰 값을 리턴하는 함수를 설계하려 한다. 아래의 문제들을 해결하여 의도한 함수를 설계해 보자.

① [객관식] 두 번째로 큰 값을 리턴하는 함수의 이름을 second_max로 하려 한다. 최소 두 개의 입력을 받고, 인자 이름 없이 두 개 이상의 입력도 받을 수 있도록 함수를 설계하려 한다. 아래 보기 중 이를 구현한 코드로 적절한 것은?

보기	
ⓐ	`def second_max(n1, n2, (nums, )):`
ⓑ	`def second_max(n1, n2, [nums]):`
ⓒ	`def second_max(n1, n2, *nums):`
ⓓ	`def second_max(n1, n2, **nums):`

② [객관식] 문제 ①에서 설계한 함수의 nums는 튜플 자료형이다. 함수 내에서 n1, n2, 그리고 튜플의 요소로 이루어진 리스트를 total 변수로 선언 후 해당 리스트의 최댓값을 max_total 변수에 대입하려 한다. 아래 보기 중 이를 구현한 코드로 적절한 것은?

보기	
ⓐ	`total = nums + n1 + n2` `max_total = max(total)`
ⓑ	`total = list(nums) + [n1, n2]` `max_total = max(total)`
ⓒ	`total = list(nums + n1 + n2)` `max_total = max(total)`
ⓓ	`total = list(nums) + list(n1, n2)` `max_total = max(total)`

③ [객관식] 문제 ②에서 구한 max_total은 전체 값 중 최댓값이다. total에서 이를 제거한 후에 다시 total의 최댓값을 return 키워드로 내보내면 두 번째로 큰 값을 리턴할 수 있다. 아래 보기 중 이를 구현한 코드로 적절한 것은?

보기	
ⓐ	`total.pop(max_total)` `return max(total)`
ⓑ	`total = total.pop(max_total)` `return max(total)`
ⓒ	`total = total.remove(max_total)` `return max(total)`
ⓓ	`total.remove(max_total)` `return max(total)`

④ 문제 ①~③에서 구한 코드를 바탕으로 함수를 작성해 보자. 그리고 아래의 함수 호출 코드가 원하는 코드를 잘 출력하는지 확인해 보자.

코드	출력 결과
(　　　① 정답　　　)	
(　　　② 정답　　　)	
(　　　② 정답　　　)	
(　　　③ 정답　　　)	
(　　　③ 정답　　　)	
print(second_max(1, 2, 3, 4, 5))	4
print(second_max(3, 2))	2
print(second_max(10, 200, 3000))	200

문제 9 2에서 100까지의 숫자 중 소수(prime number)만 모은 리스트 prime_nums를 얻으려 한다. 아래의 문제들을 해결하여 의도한 리스트를 얻는 알고리즘을 설계해 보자.

①, ② 2에서 100까지 i 변수에 대입하는 반복을 수행하면서, 해당 반복 들여쓰기에서 i가 소수인지 검사하여 코드에 입력하려 한다. 이 알고리즘을 구현한 것으로 아래 코드의 두 보기 중 적절한 것을 각각 골라 보자.

```
prime_nums = []
for i in range(2, 100+1):
    is_prime = True
    for j in range(2, int(i**0.5)+1):
        if ① ( i%j==0 / j%i==0 ):
            is_prime = False
    if is_prime:
        prime_nums.append( ②( i / j ) )
print(prime_nums))
```

③ [객관식] 숫자 num이 소수인지 판별하는 함수 is_prime를 설계하려고 한다. 함수 설계 과정에서 이전 챕터에서 학습한 any 함수 및 제너레이터 익스프레션을 활용하였다. 하나의 인자 num을 받아서 해당 숫자가 소수면 True, 소수가 아니면 False를 리턴하는 함수를 설계하려 한다. 이 함수를 설계한 코드로 적절한 것을 골라 보자.

보기	
| ⓐ | ```
def is_prime(num):
    return not any(num % j == 0 for j in range(2, int(num**0.5)+1))
``` |
| ⓑ | ```
def is_prime(num):
    return any(num % j == 0 for j in range(2, int(num**0.5)+1))
``` |
| ⓒ | ```
def is_prime(num):
    return not any(j % num == 0 for j in range(2, int(num**0.5)+1))
``` |
| ⓓ | ```
def is_prime(num):
    return any(j % num == 0 for j in range(2, int(num**0.5)+1))
``` |

④ [객관식] 문제 ①~②에서 구한 리스트 prime_nums를 ③에서 설계한 is_prime 함수를 사용하여 리스트 컴프리헨션으로 선언하려 한다. 2에서 100 사이의 소수로 구성된 리스트 prime_nums를 얻는 코드로 적절한 것은?

보기	
ⓐ	`prime_nums = [i for i in range(2, 100+1) if not is_prime(i)]`
ⓑ	`prime_nums = [i if not is_prime(i) for i in range(2, 100+1)]`
ⓒ	`prime_nums = [i for i in range(2, 100+1) if is_prime(i)]`
ⓓ	`prime_nums = [i if is_prime(i) for i in range(2, 100+1)]`

📂 프로젝트 응용하기

```
1   standard_volume = 30000
2   volume_too_low = 10000
3
4   file_data = {"target_dates.txt": [], "target_ma.txt": []}
5   end_price_target_dates = []
6   ends = []
7   cumul_ends = [0]
8
9   for i in range(1, 4+1):
10      file_name = "stock{}.txt".format(i)
11
12      f = open(file_name, "r", encoding="utf-8")
13      entire_txt = f.read()
14      f.close()
15
16      lines = entire_txt.split("\n")
17      lines_values = lines[1:]
18      dates_i = [line.split(",")[0] for line in lines_values]
19      ends_i = [int(line.split(",")[4]) for line in lines_values]
20      vols_i = [line.split(",")[5] for line in lines_values]
21      ends += ends + ends_i
22      tds_i = [d for d, v in zip(dates_i, vols_i) if int(v) > standard_volume]
23      eptds_i = [e for e, v in zip(ends_i, vols_i) if int(v) > standard_volume]
24      file_data["target_dates.txt"] += tds_i
25      end_price_target_dates += eptds_i
26
27  file_data["target_ma.txt"] = [sum(ends[j-2:j+1])/3 for j in range(len(ends)) if j >= 2]
28
29  mean_target_end = sum(end_price_target_dates) / len(end_price_target_dates)
30
31  for name, data in file_data.items():
32      f = open(name, "w", encoding="utf-8")
33      for d in data:
34          f.write(str(d)+"\n")
35      f.close()
```

위 코드는 '기초 입문편'의 프로젝트 코드를 직전 챕터까지의 학습 내용을 바탕으로 수정한 것이다. 계속해서 아래의 연습문제를 통해 프로젝트 코드를 보다 효율적으로 수정해 보자.

문제 10 위 코드는 반복문에서 주식 데이터 파일 stock{1, 2, 3, 4}.txt를 읽고 파일 내용을 바탕으로 필요한 데이터를 모은다. 위 과정을 아래와 같이 네 파일 내용을 합친 후, 합쳐진 내용으로부터 데이터를 모으려 한다. 아래의 문제를 해결하여 위 코드를 의도한 대로 수정해 보자.

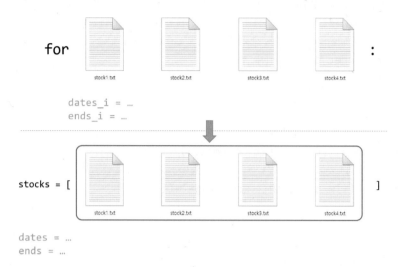

① [객관식] 위 코드는 네 텍스트 파일의 두 번째 줄부터 데이터에 활용한다. 프로젝트 코드는 파일 경로로부터 파일을 열어 파일 내용의 각 줄을 두 번째 줄부터 끝까지 리스트에 담는다. 이 기능을 파일 경로 문자열(path)를 인자로 받아 두 번째 줄 이후 정보의 리스트를 리턴하도록 함수(get_file_data)로 구현하려 한다. 이 함수를 구현한 코드로 적절한 것은?

보기

ⓐ
 ``python
def get_file_data(path):
    f = open(path, "r", encoding="utf-8")
    return f.split("\n")[1:]
``

ⓑ
 ``python
def get_file_data(path):
    f = open(path, "r", encoding="utf-8")
    return f[1:].split("\n")
``

ⓒ
 ``python
def get_file_data(path):
    f = open(path, "r", encoding="utf-8")
    entire_txt = f.read()
    f.close()
    return entire_txt[1:].split("\n")
``

ⓓ
 ``python
def get_file_data(path):
    f = open(path, "r", encoding="utf-8")
    entire_txt = f.read()
    f.close()
    return entire_txt.split("\n")[1:]
``

② [객관식] 문제 ①에서 설계한 get_file_data() 함수를 사용하여 네 파일의 정보를 한 리스트 변수 entire_data에 모으는 코드를 아래와 같이 작성하였다. 이후 file_data["target_dates.txt"], file_data["target_ma.txt"], end_price_target_dates를 각각 개별적인 함수로부터 얻는 코드를 작성하였다. 이 코드에 대한 설명으로 **적절하지 않은** 것은?

```python
standard_volume = 30000
file_data = dict()
entire_data = []
for i in range(1, 4+1):
    file_name = "stock{}.txt".format(i)
    entire_data += get_file_data(file_name)

def get_target_dates(data, standard):
    dates = [line.split(",")[0] for line in data]
    vols = [line.split(",")[5] for line in data]
    target_dates = [d for d, v in zip(dates, vols) if int(v) > standard]

    return target_dates

def get_target_ma(data):
    ends = [int(line.split(",")[4]) for line in data]
    target_ma = [sum(ends[j-2:j+1])/3 for j in range(len(ends)) if j >= 2]

    return target_ma

def get_end_price_target_dates(data, standard):
    ends = [int(line.split(",")[4]) for line in data]
    vols = [line.split(",")[5] for line in data]
    end_price_target_dates = [int(e) for e, v in zip(ends, vols) if int(v) > standard]

    return end_price_target_dates

file_data["target_dates.txt"] = get_target_dates(entire_data, standard_volume)
file_data["target_ma.txt"] = get_target_ma(entire_data)
end_price_target_dates = get_end_price_target_dates(entire_data, standard_volume)
```

	보기
ⓐ	get_target_dates() 함수는 두 개의 인자를 입력으로 받는다.
ⓑ	get_target_ma() 함수의 인자에 standard 인자를 추가해도 함수 동작에는 차이가 없으나, 해당 인자는 사용되지 않기 때문에 추가하지 않아도 된다.
ⓒ	get_end_price_target_dates() 함수 선언의 ends, vols는 이미 get_target_dates(), get_target_ma() 함수 내부에서 동일한 코드가 선언되었으므로 생략해도 함수 동작에 차이가 없다.
ⓓ	위 코드의 세 함수를 선언한 후 마지막 세 줄에서 각 함수를 호출해야 함수 선언 내부의 코드가 실행된다.

문제 **1**

func 함수는 두 입력을 받아 첫 번째 입력에서 두 번째 입력을 뺀 값을 리턴한다. 두 번째 인자를 주지 않으면 두 번째 인자는 기본값으로 10이 대입된다.

①
```
def func(num1, num2=10):
    return num1-num2
print(func(5, 3))
```
(2 / -2)

함수 func에 5와 3을 순서대로 입력한 함수 결과는 5-3인 2이다.

②
```
def func(num1, num2=10):
    return num1-num2
print(func(3, 5))
```
(2 / **-2**)

함수 func에 3과 5를 순서대로 입력한 함수 결과는 3-5인 -2이다.

③
```
def func(num1, num2=10):
    return num1-num2
print(func(num1=5, num2=3))
```
(2 / -2)

함수 func에 인자 이름 num1, num2를 명시하여 각각 5와 3을 순서대로 입력한 함수 결과는 5-3인 2이다.

④
```
def func(num1, num2=10):
    return num1-num2
print(func(num1=3, num2=5))
```
(2 / **-2**)

함수 func에 인자 이름 num1, num2를 명시하여 호출하였다. num1, num2에 각각 3과 5를 순서대로 입력한 함수 결과는 3-5인 -2이다.

⑤
```
def func(num1, num2=10):
    return num1-num2
print(func(5, num2=3))
```
(2 / -2)

함수 func에 첫 번째 인자는 인자 이름을 쓰지 않고 num2에는 인자 이름을 명시하여 3을 입력하였다. 인자 이름을 쓰지 않을 시 함수 선언의 인자 순서에 대응하여 입력되므로 5는 num1에 대입된다. 그 결과, 함수 func은 5에서 3을 뺀 결과인 2를 리턴한다.

⑥
```
def func(num1, num2=10):
    return num1-num2
print(func(num2=5, num1=3))
```
(2 / -2)

함수 func에 인자 이름 num1, num2를 명시하여 호출하였다. 인자 이름을 명시하여 입력할 경우, 함수 선언에 존재하는 인자 순서와 다르게 입력할 수 있다. 이 경우 인자 이름에 대응되도록 입력되어 num1에 3, num2에 5가 대입된다. 따라서 함수 결과는 3-5인 -2이다.

⑦
```
def func(num1, num2=10):
    return num1-num2
print(func(5))
```
(5 / -5)

함수 func을 하나의 입력으로 호출하였다. 함수 선언의 인자 순서대로 num1에 5가 대입되고, 더 이상 입력한 값이 없으므로 num2는 기본값인 10을 사용한다. 따라서 함수 결과는 5-10인 -5 이다.

문제 ②

func 함수는 재귀함수로 작성되었다. num이 0인 경우에는 단순히 [0]을 리턴하며, 그렇지 않은 경우 num-1을 func에 입력한 결과를 필요로 한다.

①
```
def func(num):
    if num==0: return [0]
    return func(num-1) + [num]
print(func(0))
```
[0] / 0

func에 0을 대입하면 func 함수의 첫 번째 줄의 실행에서 [0]을 리턴하므로 정답은 [0]이다.

②
```
def func(num):
    if num==0: return [0]
    return func(num-1) + [num]
print(func(1))
```
[0] / [0, 1]

func(1)은 func(0)의 결과인 [0]에 [1]을 더한 [0, 1]을 리턴한다.

<table>
<tr>
<td>③</td>
<td>

```
def func(num):
    if num==0: return [0]
    return func(num-1) + [num]
print(func(2))
```

</td>
<td>[0, 1] / **[0, 1, 2]**</td>
</tr>
</table>

func(2)은 func(1)의 결과인 [0, 1]에 [2]를 더한 [0, 1, 2]를 리턴한다. func(2) 함수 호출 시 func(1)을 구할 때 func(0)을 호출하여 [0, 1]을 얻는다.

<table>
<tr>
<td>④</td>
<td>

```
def func(num):
    if num==0: return [0]
    return func(num-1) + [num]
print(func(5))
```

</td>
<td>[0, 1, 2, 3, 4] / **[0, 1, 2, 3, 4, 5]**</td>
</tr>
</table>

func(2)은 func(4)의 결과에 [5]를 더한 결과를 리턴한다. func(4)는 func(3)을, func(3)은 func(2)를 재귀적으로 호출하여 0부터 숫자가 1씩 늘어나 4까지 리스트에 담긴 결과를 얻는다. 결과적으로 func(5)는 [0, 1, 2, 3, 4]에 [5]를 더한 [0, 1, 2, 3, 4, 5]를 리턴한다.

문제 ❸

comma_andor 함수는 여러 개의 입력을 받아 콤마(,)로 구분하며, 마지막 단어에만 and나 or로 구분한다.

<table>
<tr>
<td colspan="2">

```
def comma_andor(*s, last="and"):
    if len(s)==1: return s[0]
    comma_s = ", ".join(s[:-1])
    return comma_s + " {} {}".format(last, s[-1])
```

</td>
</tr>
<tr>
<td>①</td>
<td>

```
print(comma_andor("apple", "banana"))
```

</td>
<td>ⓐ apple, banana
ⓑ **apple and banana**</td>
</tr>
<tr>
<td>②</td>
<td>

```
print(comma_andor("Kim", "Lee", "Park", last="or"))
```

</td>
<td>ⓐ **Kim, Lee or Park**
ⓑ Kim, Lee, Park</td>
</tr>
<tr>
<td>③</td>
<td>

```
print(comma_andor("dog"))
```

</td>
<td>(**dog** / dog,)</td>
</tr>
</table>

① 두 개의 문자열을 입력하였기 때문에 함수의 두 번째 줄의 s[:-1]은 "apple"만 포함한 튜플이다. 그 결과 comma_s에 대입되는 문자열은 "apple"이고, 마지막 단어인 banana는 함수의 기본 값인 "and" 뒤에 붙이므로 정답은 "apple and banana"이다.

② 세 개의 문자열을 입력하였기 때문에 두 번째 줄의 s[:-1]은 ("Kim", "Lee")이고, comma_s에 대입되는 문자열은 "Kim, Lee"이다. 마지막 단어인 Park는 last 인자 입력 "or"에 붙이므로 정답은 "Kim, Lee or Park"이다.

③ 하나의 문자열을 입력하였기 때문에 함수의 첫 번째 줄의 조건문에서 return s[0]을 실행하므로 입력한 값이 그대로 출력된다. 따라서 정답은 "dog"이다.

문제 4

power() 함수는 num의 거듭제곱 결과를 리턴한다. 만일 exp 키워드 인자를 주면 해당 인자를 지수로 하는 거듭제곱 결과를 리턴한다. exp 키워드 인자가 없을 시 제곱 결과를 리턴한다.

①
```
def power(num, **kwargs):
    if "exp" in kwargs:
        y = num ** kwargs["exp"]
    else:
        y = num ** 2
    return y
print(power(3))
```
(3 / **9**)

power() 함수에 3을 대입하였다. exp 키워드 인자는 없기 때문에 if문의 조건식이 False이므로 else 아래를 실행하여 9를 리턴한다.

②
```
def power(num, **kwargs):
    if "exp" in kwargs:
        y = num ** kwargs["exp"]
    else:
        y = num ** 2
    return y
print(power(3, exp=3))
```
(9 / **27**)

power() 함수에 3을 대입하였다. exp 키워드 인자로 3을 대입했기 때문에 if문의 조건식이 True이므로 3의 세제곱인 27을 리턴한다.

③
```
def power(num, **kwargs):
    if "exp" in kwargs:
        y = num ** kwargs["exp"]
    else:
        y = num ** 2
    return y
print(power(3, e=3))
```
(**9** / 27)

power() 함수에 3을 대입하였다. e 키워드 인자로 3을 대입했지만 함수에서 사용되지 않는다. exp 인자는 주어지지 않았기 때문에 if문의 조건식이 False이므로 3의 제곱인 9를 리턴한다.

문제 ⑤

```
def mul(x, y):
    return x * y
```

ⓐ mul = lambda x, y: x*y

ⓑ mul = lambda a, b: return a*b

ⓒ mul = lambda a, b: a*b

ⓓ mul = lambda x, y: y*x

lambda에는 return 키워드를 붙이지 않는다.

문제 ⑥

```
def func(f):
    def new_f(a, b):
        return f(a, b)*2
    return new_f
def fn(x, y):
    return [x, y]

ff = func(fn)
ff(10, 20)
```

ⓐ func – new_f – fn

ⓑ func – fn – new_f

ⓒ new_f – func – fn

ⓓ new_f – fn – func

단순한 def로 함수가 선언될 때는 함수가 실행되지 않는다. 먼저 **func 함수가 실행**되며, func함수는 new_f 함수를 리턴한다. new_f 함수가 ff에 대입되고 **ff가 실행된 것은 new_f 함수가 실행된 것**과 같다. 마지막으로 new_f 함수 내에서 **f 함수(func(fn)의 입력 fn)가 실행**된다.

문제 7

```
def func(f):
    def new_f(a, b):
        return f(a, b)*2
    return new_f
@func
def fn(x, y):
    return [x, y]


ff = func(fn)
ff(10, 20)
```

ⓐ **func – new_f – fn**

ⓑ func – fn – new_f

ⓒ new_f – func – fn

ⓓ new_f – fn – func

데코레이터를 사용하면 함수가 선언된 직후 선언된 함수를 데코레이터의 함수에 대입한 결과를 재대입한다. 함수가 실행되는 과정은 문제 6의 해설과 정확하게 동일하다.

문제 8

```
ⓐ    def second_max(n1, n2, (nums, )):
ⓑ    def second_max(n1, n2, [nums]):
ⓒ    def second_max(n1, n2, *nums):
ⓓ    def second_max(n1, n2, **nums):
```

① 인자 이름 없이 입력 개수를 자유롭게 받고 싶으면 *를 사용하면 된다. 최소 두 개의 입력을 받기 위해서는 먼저 함수 선언에서 두 개의 인자를 작성한 후, *인자를 받으면 첫 두 입력은 작성한 두 인자에 대입되고 나머지 입력은 *인자에 튜플 형태로 묶여서 입력된다.

```
ⓐ    total = nums + n1 + n2
      max_total = max(total)

ⓑ    total = list(nums) + [n1, n2]
      max_total = max(total)

ⓒ    total = list(nums + n1 + n2)
      max_total = max(total)

ⓓ    total = list(nums) + list(n1, n2)
      max_total = max(total)
```

② n1, n2는 숫자이고, nums는 튜플이다. n1, n2의 숫자와 nums 튜플의 모든 요소가 합쳐진 리스트는 ⓑ의 방법으로 구현할 수 있다. ⓐ, ⓒ의 경우 튜플에 숫자 n1, n2를 더하므로 에러

를 발생시킨다. ⓓ의 경우 list(n1, n2)는 적절한 리스트 선언 방식이 아니다. list()는 하나의 iterable 입력를 받아 해당 iterable 입력의 요소들을 순서대로 나열한 리스트를 리턴한다.

ⓐ	``` total.pop(max_total) return max(total) ```
ⓑ	``` total = total.pop(max_total) return max(total) ```
ⓒ	``` total = total.remove(max_total) return max(total) ```
ⓓ	``` total.remove(max_total) return max(total) ```

③ 리스트에서 해당 요소를 제거하는 함수인 .remove()를 사용하여 리스트 내 요소를 제거할 수 있다. pop() 함수는 숫자를 입력받아 해당 인덱스 숫자의 값을 제거하므로 문제의 접근 방식인 요소를 입력받아 제거하는 데에 사용할 수 없다. ⓒ의 경우, 리스트의 .remove() 함수는 리스트 내에서 요소를 제거하고 리턴 값을 가지지 않는다. 따라서 .remove() 함수 결과를 변수에 대입하면 변수 값은 None이 되며, 이는 max()의 입력이 될 수 없다.

```python
def second_max(n1, n2, *nums):
    total = list(nums) + [n1, n2]
    max_total = max(total)
    total.remove(max_total)
    return max(total)

print(second_max(1, 2, 3, 4, 5))        4
print(second_max(3, 2))                 2
print(second_max(10, 200, 3000))        200
```

④ ①~③의 정답들을 모아 함수를 작성한 결과이다. 문제의 의도인 입력 값들 중 두 번째로 큰 값을 리턴하는 함수가 설계되었다.

문제 **9**

```
prime_nums = []
for i in range(2, 100+1):
    is_prime = True
    for j in range(2, int(i**0.5)+1):
        if ① ( i%j==0 / j%i==0 ):
            is_prime = False
    if is_prime:
        prime_nums.append( ②( i / j ) )
print(prime_nums))
```

① i는 소수 판별 범위인 2에서 100까지의 숫자를 대입하는 변수이다. j는 i가 소수인지 판별하기 위해 2에서 i의 제곱근까지 반복되는 수이다. 나머지 연산자 %에서 피연산자의 위치에 유의해야 한다. i가 소수인지 검사하고, 이에 j를 이용하므로 정답은 i%j==0이다.

② is_prime의 조건문에 의해 prime_nums에 소수 판별 숫자를 담는데, j는 나누어떨어지는지 확인한 수이므로 j가 아닌 i를 prime_nums에 추가해야 한다.

ⓐ	`def is_prime(num):` `    return not any(num % j == 0 for j in range(2, int(num**0.5)+1))`
ⓑ	`def is_prime(num):` `    return any(num % j == 0 for j in range(2, int(num**0.5)+1))`
ⓒ	`def is_prime(num):` `    return not any(j % num == 0 for j in range(2, int(num**0.5)+1))`
ⓓ	`def is_prime(num):` `    return any(j % num == 0 for j in range(2, int(num**0.5)+1))`

③ 논리 결과를 생각해 보면, 나누어떨어지는 수가 존재할 경우 연산 결과는 False가 된다. any() 함수는 하나라도 True이면 결과가 True이므로 any() 함수의 결과에 not을 붙여 소수 판별 논리를 설계할 수 있다. 소수 판별은 검사 대상(num)에서 약수가 될 가능성이 있는 범위의 수(j)를 나눈 나머지를 확인하므로, j%num이 아닌 num%j를 검사해야 한다.

ⓐ	`prime_nums = [i for i in range(2, 100+1) if not is_prime(i)]`
ⓑ	`prime_nums = [i if not is_prime(i) for i in range(2, 100+1)]`
ⓒ	**`prime_nums = [i for i in range(2, 100+1) if is_prime(i)]`**
ⓓ	`prime_nums = [i if is_prime(i) for i in range(2, 100+1)]`

④ 2에서 100 사이의 소수로 구성된 리스트를 구하는 코드는 ⓒ이다. 우선 ⓑ와 ⓓ는 파이썬 문법에 어긋난다. 리스트 컴프리헨션에서 특정 조건을 만족할 때만 요소에 추가하도록 설계하려면 if문을 for문 뒤에 작성해야 한다. ⓐ의 경우 not is_prime(i)를 조건으로 사용하면 소수가 아닌 경우에만 i값이 리스트에 포함되므로 문제의 조건에 정확히 반대 경우인 소수가 아닌 숫자들로 이루어진 리스트를 얻는다.

문제 🔟

| ⓐ | ```python
def get_file_data(path):
    f = open(path, "r", encoding="utf-8")
    return f.split("\n")[1:]
``` |
| ⓑ | ```python
def get_file_data(path):
    f = open(path, "r", encoding="utf-8")
    return f[1:].split("\n")
``` |
| ⓒ | ```python
def get_file_data(path):
    f = open(path, "r", encoding="utf-8")
    entire_txt = f.read()
    f.close()
    return entire_txt[1:].split("\n")
``` |
| ⓓ | ```python
def get_file_data(path):
    f = open(path, "r", encoding="utf-8")
    entire_txt = f.read()
    f.close()
    return entire_txt.split("\n")[1:]
``` |

① f는 path 문자열 경로로부터 파일을 읽기 모드로 연 파일 정보이다. 파일 내용을 확인하기 위해서는 f.read()를 사용한다. 파일 내용의 각 줄을 기준으로 두 번째 줄부터의 내용을 리턴하므로 ⓓ와 같이 split("₩n")으로 먼저 줄 단위 분리 후 슬라이싱 [1:]을 수행한 결과를 리턴한다. ⓒ의 경우 전체 텍스트 내용에서 첫 번째 글자를 제외한 나머지를 줄 단위 분리한 결과를 리턴하게 된다.

```python
standard_volume = 30000
file_data = dict()
entire_data = []
for i in range(1, 4+1):
    file_name = "stock{}.txt".format(i)
    entire_data += get_file_data(file_name)
```

```
def get_target_dates(data, standard):
    dates = [line.split(",")[0] for line in data]
    vols = [line.split(",")[5] for line in data]
    target_dates = [d for d, v in zip(dates, vols) if int(v) > standard]

    return target_dates

def get_target_ma(data):
    ends = [int(line.split(",")[4]) for line in data]
    target_ma = [sum(ends[j-2:j+1])/3 for j in range(len(ends)) if j >= 2]

    return target_ma

def get_end_price_target_dates(data, standard):
    ends = [int(line.split(",")[4]) for line in data]
    vols = [line.split(",")[5] for line in data]
    end_price_target_dates = \
        [int(e) for e, v in zip(ends, vols) if int(v) > standard]

    return end_price_target_dates

file_data["target_dates.txt"] = get_target_dates(entire_data, standard_volume)
file_data["target_ma.txt"] = get_target_ma(entire_data)
end_price_target_dates = get_end_price_target_dates(entire_data, standard_volume)
```

ⓐ	get_target_dates() 함수는 두 개의 인자를 입력으로 받는다.
ⓑ	get_target_ma() 함수의 인자에 standard 인자를 추가해도 함수 동작에는 차이가 없으나, 해당 인자는 사용되지 않기 때문에 추가하지 않아도 된다.
ⓒ	get_end_price_target_dates() 함수 선언의 ends, vols는 이미 get_target_dates(), get_target_ma() 함수 내부에서 동일한 코드가 선언되었으므로 생략해도 함수 동작에 차이가 없다.
ⓓ	위 코드의 세 함수를 선언한 후 마지막 세 줄에서 각 함수를 호출해야 함수 선언 내부의 코드가 실행된다.

② 각 함수 내부의 변수는 함수 실행이 종료되면 더 이상 사용되지 않는다. 그렇기 때문에 어떤 함수에서 선언한 변수는 다른 함수에서 해당 변수 이름으로 접근하여 사용할 수 없다. 그렇기 때문에 ⓒ에서 get_end_price_target_dates()

Quick Tip

백슬래시로 다음 줄까지 사용
다음 줄까지 코드를 이어서 작성하려면 백슬래시를 사용하면 됩니다.

함수 내부의 ends, vols 변수는 새롭게 선언된 것이므로 생략하면 직후의 리스트 컴프리헨션에 사용되는 ends, vols 변수에 대한 정보가 없기 때문에 에러가 발생한다.

1. 함수

함수는 특정 기능을 수행하는 파이썬 프로그램 내부의 작은 프로그램이다. def를 사용하여 함수를 선언하면 함수의 이름과 함께 괄호를 사용하여 함수에서 필요한 인자를 지정한다. 함수 호출 시에는 def로 선언한 함수 이름 아래의 들여쓰기 영역을 수행한다. 함수를 사용하면 특정 작업을 여러 번 호출하고, 프로그램의 기능을 세분화하여 코드의 재사용 및 유지보수에 효율성을 높일 수 있다.

2. 선언, 호출, 인자, return

함수의 선언은 변수의 선언과 마찬가지로 함수의 기능을 정의하는 것을 뜻한다. 함수를 선언한 후, 선언된 함수의 이름을 괄호를 사용하여 실행하는 것을 호출이라고 부른다. 함수의 입력에 사용되는 변수를 인자라고 부르며, 함수에 대해 이야기할 때 인자는 입력이라는 의미와 유사하다. 함수 호출 시 해당 함수가 나타내는 값을 리턴(return) 값이라고 한다. 리턴 값은 함수 선언에서 함수가 종료될 시점에서 정해지며, 리턴 값을 지정하지 않을 경우 함수의 리턴 값은 None이다.

3. scope

함수의 scope는 함수 내에서 변수의 접근 가능성을 의미한다. 함수 내에서 변수를 정의하면 지역 범위(local scope)를 갖게 되며, 함수 밖에서 변수를 정의하면 전역 범위(global scope)를 갖는다. 지역 범위의 변수는 해당 함수 내에서만 접근할 수 있다. 함수 외부에서 선언된 변수는 전역 범위(global scope)를 갖고, 프로그램 어디에서나 접근할 수 있다. 지역 범위는 전역 범위보다 우선순위가 있으므로, 동일한 이름의 변수가 지역과 전역에서 모두 존재한다면 함수 내에서는 지역 변수가 사용된다. 함수 내에서 전역 변수에 접근하기 위해 global 키워드를 사용할 수 있다.

4. 재귀함수

재귀 함수는 자기 자신을 호출하는 함수이다. 재귀 함수는 함수의 기능을 작은, 비슷한 하위 문제들로 분해하는 문제를 해결할 때 사용한다. 일반적으로 재귀 함수는 중단 조건을 설정하고, 재귀 함수 호출은 중단 조건에 도달할 때까지 반복적으로 재귀를 수행하도록 설계한다. 재귀 함수는 다른 입력의 동일한 문제로 분할할 수 있는 문제를 해결할 때 유용하다.

5. 데코레이터

데코레이터는 함수의 동작을 직접적으로 수정하지 않고 함수 동작을 변경하는 특별한 기능이다. 데코레이터는 "@" 기호와 데코레이터 이름을 사용하여 함수 선언 위에 작성한다. 데코레이터는 로깅, 입력 유효성 검사, 인증 또는 성능 측정과 같은 작업에 사용될 수 있다.

6. lambda

lambda는 이름 없이 함수를 선언할 때 사용한다. lambda는 def 함수 정의 없이 즉석에서 함수를 생성하고 사용한다. lambda 함수는 주로 함수를 다른 함수의 인수로 전달해야 하는 간결한 함수를 선언할 때 사용한다. lambda 함수는 줄 바꿈 없이 하나의 표현식만으로 리턴할 값을 작성한다.

클래스 - Class

여기서는 무얼 배울까

클래스는 프로그래머가 자료형을 정의하는 일종의 설계도이다. 클래스는 프로그래머가 보다 복잡한 시스템을 설계할 수 있게 하는 핵심 개념이다. 클래스의 인스턴스는 정의된 설계도 클래스를 실제 데이터로 생성한 객체를 뜻한다. 메서드는 클래스 내부에서 정의된 함수이며, 애트리뷰트(attribute)는 클래스 내부에 속한 변수이다. 클래스를 설계하는 것은 메서드와 애트리뷰트를 목적에 맞게 설계하는 것이다. 추가적으로, 클래스를 설계할 때 사용되는 self, 매직 메서드, 상속, 오버라이딩 등을 학습한다.

01

클래스의 기본 문법

클래스의 선언 및 생성

클래스는 프로그램에서 필요한 개념을 직접 정의하는 문법으로, 자료형을 직접 정의할 수 있는 일종의 설계도이다. 클래스를 선언하는 방법은 아래와 같다.

코 · 드 · 소 · 개

```
class 클래스명:
    클래스 코드


예시)
class C:
    def method(self):
        self.attr = "c"
```

키워드 class를 입력한 후에 클래스의 이름을 명시한다. 클래스에 소속된 함수와 변수들은 들여쓰기를 통해 클래스 코드 영역에서 작성된다. 클래스에 소속된 함수와 변수는 온점(.)을 통해 접근할 수 있다. 설계된 클래스는 자료형 개념과 동일한 기능을 수행한다.

```
class XY:
    def set_xy(self, x, y):
        self.x = x
        self.y = y
```

위 코드는 클래스 XY를 선언하고, 해당 클래스에 소속된 함수 set_xy를 정의한 것이다. 클래스의 들여쓰기 영역 아래에 def를 사용하여 함수를 선언하고, 아래에 한 단계 더 들여쓰기를 하여 해당 함수의 동작을 정의하였다. 함수 내부 코드에 대한 설명은 '3. self 이해하기'에서 설명한다.

설계 클래스를 실제 데이터인 인스턴스로 생성할 때는 클래스 이름의 뒤에 괄호를 붙여 생성한다. 이는 자동차의 설계도와 설계도로 만든 자동차의 관계와 유사하다. 설계도는 자동차에 대한 정보를 담고 있지만 자동차의 실체가 아니며, 설계도를 통해 생산한 자동차가 실체이다. 클래스의 경우에도 class 키워드를 통한 선언으로는 해당 클래스의 동작을 수행하는 실체를 만든 것이 아니며, 생성된 인스턴스가 설계한 클래스의 실체이다.

```
코·드·소·개

class 클래스명:
    클래스 코드

v = 클래스명()

예시)
class C:
    def method(self):
        self.attr = "c"
v = C()
```

위와 같이 클래스의 이름 뒤에 괄호를 붙여 설계한 클래스의 변수인 인스턴스를 생성한다. 함수의 호출과 비슷하지만, 클래스 이름 뒤에 괄호를 붙이는 것은 변수를 생성한 것처럼 새로운 데이터를 생성한 것이다.

```
class XY:
    def set_xy(self, x, y):
        self.x = x
        self.y = y

c = XY()
```

위와 같이 XY 클래스를 선언하고, 해당 클래스를 실제 데이터로 생성할 때는 클래스 이름 뒤에 괄호를 붙인다. 위 코드에서는 변수 c에 XY 클래스의 인스턴스를 대입하였다. 함수 set_xy()는 실행되지 않았으며 c는 단순히 XY 클래스이고, 클래스 내부의 함수를 실행하는 문법을 사용하면 set_xy() 함수를 호출할 수 있다.

```
class Member:
    def set_name(self, name):
        self.name = name
m = Member()
```

인스턴스, 메서드, 애트리뷰트

클래스를 사용할 때는 직관적이지 않은 용어들이 등장한다. 아래의 용어들은 프로그래밍을 하면서 클래스를 사용할 때 종종 보게 된다.

인스턴스(instance)	클래스를 실제 데이터로 생성한 객체를 뜻한다. 자동차의 설계도가 클래스라면 이 설계도를 바탕으로 실제 생산된 차량은 인스턴스이다.
메서드 (method)	클래스 내부의 함수를 지칭할 때 사용한다.
애트리뷰트 (attribute)	애트리뷰트는 클래스에 속한 모든 객체들을 지칭하는 용어로, 클래스나 인스턴스에 속한 변수와 메서드를 지칭한다.
self	클래스의 인스턴스에서 "자기 자신"의 개념으로써 사용되며, 인스턴스의 변수에 접근할 때 사용한다.
생성자 (constructor)	클래스가 생성될 때 실행되는 메서드를 의미한다. 파이썬에서는 일반적으로 __init__() 메서드를 생성자로 정의한다.
인스턴스 변수 (instance variable)	인스턴스 내에서 정의된 변수로 다른 객체들로부터 독립적이다.
클래스 변수 (class variable)	클래스 내에서 정의된 변수로, 인스턴스 변수는 각각의 인스턴스와는 다르게 클래스 변수는 모든 인스턴스가 동일한 값을 공유한다.

> **Clear Comment**
>
> **메서드와 함수의 혼용**
>
> 클래스 내부에 선언된 함수인 메서드는 보통 함수와 구별 없이 사용합니다. 즉, 클래스 내부의 함수는 반드시 메서드로, 클래스 밖에서 선언되는 함수는 함수로 엄밀하게 구별하지는 않습니다.
>
> **"자기 자신"은 강제적인 용어는 아님**
>
> 파이썬 문법 상 "자기 자신"을 지칭할 때 반드시 self를 쓸 필요는 없지만, 거의 100%에 가까운 코드에서 self를 쓰고 있습니다.

위 용어들은 정의를 이해하는 것보다 해당 용어의 사용 예시로 의미를 파악하는 것이 쉽다.

```python
class Korean:
    country = "Korea"
    def set_name(self, name):
        self.name = name

k1 = Korean()
k1.set_name("Kim")
k2 = Korean()
k2.set_name("Lee")
```

위 코드는 Korean 클래스를 선언한 후, 두 인스턴스를 생성하고 메서드를 호출한 것이다. k1과 k2가 Korean 클래스의 인스턴스이고, 인스턴스가 생성되어 각 변수에 대입된 후, set_name 메서드가 호출되었다. 호출된 set_name 메서드에서 self를 통해 각 인스턴스에 접근할 수 있다. k1의 인스턴스 변수 name은 Kim이고, k2의 인스턴스 변수 name은 Lee이다. Korean 클래스에서 선언된 클래스 변수는 country는 Korea이고, 이것은 k1과 k2가 공유하는 변수이다. country와 set_name, 그리고 name은 모두 Korean 클래스, k1, k2의 애트리뷰트이다.

```
k1 = Korean()                                              k1 = Korean()
  └→ country: "Korea"    ▬▬▬ k1.set_name("Kim") 실행 ⟹      └→ country: "Korea"
  └→ 메서드 set_name()                                       └→ 메서드 set_name()
                                                             └→ name: "Kim"
```

self 이해하기

클래스의 내부에서 self는 자기 자신 인스턴스를 나타내는 인자로 사용된다. 클래스 내부에서 사용되는 self 인자의 특징은 아래와 같다.

● 클래스의 메서드 정의 시 첫 번째 인자로 사용돼야 하며, 이 인자는 자동으로 인스턴스 자신을 가리키게 되어 있다.

● 어떤 클래스의 인스턴스에서 메서드를 호출할 경우, 입력하는 인자에는 self를 생략한다.

● 클래스 설계에서 self를 사용할 경우, 인스턴스의 애트리뷰트에 접근할 때 사용된다.

```
class XY:
    def set_xy(self, x, y):
        self.x = x
        self.y = y

c = XY()
c.set_xy(3, 4)
print(c.x, c.y)
```

```
3 4
```

위 코드는 클래스의 메서드에서 self를 사용하여 인스턴스의 애트리뷰트를 설정하며, 해당 메서드를 호출한 후 마지막 줄의 print에서 애트리뷰트를 출력한다. 클래스 정의 단계에서 set_xy() 메서드 선언에 세 개의 인자 self, x, y를 받는다. self는 인스턴스 자신을 가리키도록 자동으로 설정되며, x와 y는 메서드 호출 시 입력받는 인자이다. 메서드 내에서는 self.x, self.y를 통해 인스턴스 자신의 x와 y값을 메서드의 인자로 받은 x, y로 입력한다.

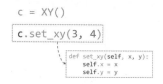

클래스 정의가 끝난 후 변수 c에 XY의 인스턴스를 대입하고, set_xy 메서드를 호출한다. set_xy의 메서드를 호출할 때는 인스턴스에 온점을 붙여 해당 인스턴스에 소속된 메서드를 호출하며, 3과 4를 입력한다. 인스턴스에서 메서드를 호출할 때는 해당 인스턴스가 자동으로 self로 입력된다. 따라서 메서드 호출의 첫 번째 입력이 메서드 선언에서 두 번째 입력에 대응된다. self.x, self.y로 대입한 것은 메서드 밖에서도 접근할 수 있는데, 메서드에 접근할 때와 마찬가지로 온점을 사용하여 c.x, c.y를 통해 c의 애트리뷰트 값을 출력한다.

```
class XY:
    def set_xy(self, x, y, z):
        self.x = x
        self.y = y
        z = z

c = XY()
c.set_xy(3, 4, 5)
print(c.z)
```

```
AttributeError: 'XY' object has no attribute 'z'
```

위 코드는 self를 사용하지 않은 변수에 대해 메서드 호출이 끝난 뒤에 인스턴스를 통해 접근하여 에러가 발생한다. 메서드가 호출되었을 때 self를 사용해야 인스턴스에 변수를 속하게 할 수있다. 그렇지 않은 변수는 메서드 호출이 끝나면 사라지므로 해당 변수명을 사용하더라도 접근할 수 없다.

손으로 익히는 코딩

```python
class Member:
    def set_name(self, name):
        self.name = name
m = Member()
m.set_name("Kim")
print(m.name)
```

실행 결과

```
Kim
```

클래스의 변수와 메서드

인스턴스 변수(instance variable)

클래스에서 인스턴스에 소속된 변수를 인스턴스 변수(instance variable)라고 부른다.

코·드·소·개

```python
class 클래스명:
    def 메서드(self):
        self.인스턴스변수 = 값

예시)
class C:
    def method(self):
        self.attr = "c"
```

위와 같이 인스턴스 변수는 메서드 내에서 self. 뒤에 작성하며, 위의 경우 값을 대입하는 형태로 예를 들고 있다.

```
class Korean:
    def set_name(self, name):
        self.name = name

k = Korean()
k.set_name("Kim")
print(k.name)
```

```
Kim
```

위 코드는 Korean 클래스에서 인스턴스 변수 name을 설정하는 메서드를 호출하고, 해당 인스턴스 변수를 출력한다. Korean 클래스를 선언 후 set_name() 메서드에서는 self.name에 메서드의 인자를 대입한다. 이 메서드를 실행하고 나면 k에는 인스턴스 변수 name이 생성된다.

```
class Korean:
    def set_name(self, name):
        self.name = name

k = Korean()
print(k.name)
k.set_name("Kim")
```

```
AttributeError: 'Korean' object has no attribute 'name'
```

위 코드는 앞서 작성한 코드에서 set_name() 메서드를 호출하기 전에 인스턴스 변수 name의 출력을 시도한다. k의 메서드 set_name이 실행되지 않았기 때문에 아직 k에는 인스턴스 변수 name이 대입되지 않았으며, 따라서 "name" 애트리뷰트가 없다는 에러를 발생시킨다.

클래스 변수(class variable)

클래스에 소속된 변수를 클래스 변수(class variable)라고 부른다. 인스턴스 변수와의 다른 점은, 인스턴스 변수는 인스턴스마다 별개의 값을 가질 수 있지만 클래스 변수는 같은 클래스끼리는 같은 클래스 변수 값을 공유한다는 점이다.

```
class Korean:
    country = "Korea"
    def set_name(self, name):
        self.name = name

k1 = Korean()
k2 = Korean()
print(k1.country, k2.country)                   Korea Korea
Korean.country = "South Korea"
print(k1.country, k2.country)                   South Korea South Korea
```

위 코드는 Korean 클래스에서 클래스 변수 country를 변경하여 출력한다. 클래스를 정의하는 단계에서 클래스 Korean과 그 인스턴스들의 country 값은 모두 Korea이다. Korean 클래스의 클래스 변수 country를 South Korea로 변경하면 Korean 클래스의 인스턴스에서 클래스 변수 country에 접근해도 일괄적으로 변경된다.

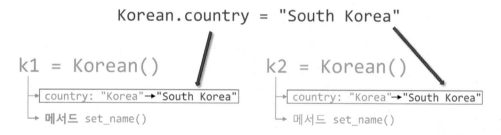

메서드(method)

클래스에서 메서드는 클래스의 특정한 기능을 수행하는 함수를 뜻하며, 해당 인스턴스나 클래스가 가진 데이터를 변경하거나 인스턴스와 관련된 작업을 수행한다.

코·드·소·개

```
class 클래스명:
    def 메서드명(self, 인자):
        실행 코드

예시)
class C:
    def method(self):
        self.attr = "c"
```

위와 같이 클래스의 들여쓰기 영역에 def를 사용하여 메서드를 정의하며, 첫 번째 인자는 무조건 인스턴스 자기 자신을 가리킨다. 첫 번째 인자는 메서드 호출 시에도 생략되어 호출에 사용한 입력은 메서드의 두 번째 인자부터 대입된다.

```
class XY:
    def set_xy(self, x, y):
        self.x = x
        self.y = y
    def get_xy(self):
        return self.x, self.y

c = XY()
c.set_xy(3, 4)
print(c.get_xy())
```

실행 결과

```
(3, 4)
```

위 코드는 클래스에서 두 메서드 set_xy, get_xy를 선언 및 호출한다. set_xy() 메서드는 x와 y를 입력으로 받아 동일한 이름의 인스턴스 변수를 선언한다. get_xy() 메서드는 호출 과정에서 입력을 받지 않고 인스턴스 변수 self.x, self.y를 리턴한다. 메서드의 선언에서 사용한 인자 개수보다 호출 시 사용하는 인자 개수가 한 개 적은데, 그 이유는 호출 시 인스턴스 자기 자신을 첫 번째 인자로 사용하도록 파이썬에서 자동으로 처리하기 때문이다.

> **Clear Comment**
>
> **빈 입력도 self는 필수**
> 메서드 선언에서 입력이 없이 선언하고 싶다면 self 하나만 인자로 사용하면 됩니다.

손으로 익히는 코딩

```
class Member:
    country = "Korea"
    def set_name(self, name):
        self.name = name
m = Member()
m.set_name("Kim")
print(m.name, m.country)
```

클래스의 scope

인스턴스 변수와 클래스 변수

클래스의 메서드에서 변수에 접근할 때, 인스턴스 변수를 우선으로 두고 접근하며 클래스 변수는 다음 우선순위로 두고 접근한다.

실행 결과

```
class Korean:
    country = "Korea"
    def set_country(self, c):
        self.country = c


k = Korean()
print(1, k.country)
k.set_country("South Korea")
print(2, k.country)
print(3, Korean.country)
```

```
1 Korea

2 South Korea
3 Korea
```

위 코드는 인스턴스 변수와 클래스 변수를 동일한 이름의 변수로 두고 혼용하여 출력한다. Korean에는 "Korea"로 선언된 클래스 변수가 있고, set_country() 메서드는 인스턴스 변수 country에 값을 대입하는 기능을 한다. 클래스 정의 후 변수 k에는 Korean의 인스턴스가 대입되며, 직후에 출력하는 k.country는(print(1, k.,country)) 클래스 변수인 "Korea" 값이다. set_country() 메서드를 실행하여 k의 인스턴스 변수 country가 생긴 후에 출력한 k.country는 print(2, k.,country) 인스턴스 변수인 "South Korea"이다. 메서드에서 클래스 변수를 덮어쓴 것이 아님을 확인하기 위해 클래스 변수 Korean.country를 확인해 보면 클래스 변수는 여전히 "Korea"값이 출력된다.

```
k = Korean()

print(1, k.country)

k.set_country("South Korea")
                                    (생성)
print(2, k.country)

print(3, Korean.country)
```

```
k = Korean()
    ↳ country: "Korea" (클래스 변수)
    ↳ 메서드 set_country()
    ↳ country: "South Korea" (인스턴스 변수)
```

메서드 내의 scope

파이썬은 같은 이름의 변수에 접근 시 우선 순위에 따라 접근할 값을 결정한다.

```
prefix = "Mr "
class Korean:
    def set_name(self, n):
        prefix = "Ms "
        self.name = prefix + n

k = Korean()
k.set_name("Lee")
print(prefix)                        Mr
print(k.name)                        Ms Lee
```

위 코드는 메서드 내에서 전역 범위의 변수와 동일한 이름의 변수를 사용한다. 변수 prefix는 전역 범위에서 "Mr " 문자열이 대입되어 있고, 메서드 내에서 "Ms " 문자열이 대입된다. self.name에 prefix의 값을 사용할 경우, 동일한 이름의 서로 다른 두 변수가 있을 때 함수에서의 scope와 동일하게 메서드 내 지역 범위의 변수인 "Ms " 문자열 prefix를 사용한다. set_name 메서드가 실행된 후, 전역 범위의 변수 prefix를 출력하면 "Mr " 문자열임을 확인할 수 있다. 메서드 내에서 prefix 변수는 전역 범위의 변수의 값에 접근한 것이 아니므로 전역 범위의 변수 "Mr " 문자열은 덮어씌워지지 않는 것을 확인할 수 있다.

> **Clear Comment**
>
> **global**
> '챕터12 함수'에서 학습한 global 키워드를 사용하면 전역 범위의 변수 prefix에 접근할 수 있습니다.

- 클래스에는 콜론을

```
class XY
    def set_xy(self, x, y):          SyntaxError: expected ':'
        self.xy = [x, y]
```

위 에러는 클래스 선언 시 콜론을 생략하여 발생하며, 파이썬 에러도 이를 알아채고 콜론이 필요하다는 메시지를 표시한다. if, for, def, class와 같이 다음 줄에 들여쓰기를 하는 문법은 모두 콜론을 필요로 한다.

- 클래스에 속한 것은 클래스에서

```
class XY:
    def set_xy(self, x, y):
        self.xy = [x, y]             NameError: name 'set_xy' is not defined

set_xy(10, 20)
```

위 에러는 정의되지 않은 set_xy를 사용하여 발생한다. set_xy는 단독으로 선언되지 않고 XY 클래스에 속한 함수로 선언되었다. 따라서 set_xy를 사용하려면 XY나 XY 인스턴스에서 .set_xy()를 사용해야 한다.

- self를 잊지 말 것

```
class XY:
    def set_xy(x, y):
        self.xy = [x, y]             TypeError:  XY.set_xy()  takes  2  positional
c = XY()                             arguments but 3 were given
c.set_xy(10, 20)
```

위 에러는 클래스의 메서드 정의에서 첫 번째 인자인 self를 고려하지 않아 발생한다. 에러 메시지는 XY.set_xy() 메서드는 두 개의 입력을 받도록 정의했지만, 세 개를 입력했다는 의미이다. 메서드가 실행될 때 10, 20을 주었지만, 파이썬 내부적으로 c도 메서드 입력으로 들어가기 때문이다. 이 실수는 주로 메서드 설계 시 첫 입력으로 self를 쓰는 것을 간과하여 발생한다.

클래스 설계

매직 메서드 - Magic method

매직 메서드란

매직 메서드(Magic method)란, 파이썬에서 클래스를 정의할 때 특수한 기능을 수행하는 메서드를 지칭한다. 매직 메서드는 이름의 앞뒤에 이중 밑줄(double underscore)이 붙어 있다.

> **Clear Comment**
>
> **dunderscore**
> 두 개의 밑줄을 뜻하는 double underscore를 줄여 dunderscore라고 부르기도 합니다.

코·드·소·개

```
class 클래스명:
    def __매직메서드__(self, ...):
        실행 코드

예시)
class XY:
    def __init__(self, x=0, y=0):
        self.x = x
        self.y = y
```

위와 같이 매직 메서드는 메서드 이름 양쪽에 두 개의 밑줄로 감싸져 있다. 매직 메서드는 특정 연산이나 내장 함수 호출 시 이에 대응되는 매직 메서드가 호출되는 방식으로 실행된다.

실행 결과

```
class Number:
    def set_num(self, n):
        self.num = n
    def __add__(self, a):
        print("__add__")
        return self.num + a


two = Number()
two.set_num(2)
print(two + 5)

print(two.__add__(5))
```

```
__add__
7
__add__
7
```

위 코드는 매직 메서드 중 하나인 __add__를 클래스 Number에서 정의한다. 클래스에 덧셈 연산자(+)를 사용하면 자동으로 __add__ 메서드를 호출하고 연산자 오른쪽 값을 대입하도록 파이썬에서 자동으로 처리한다. 그 결과, print() 함수를 통해 확인한 두 코드 two + 5와 two.__add__(5)는 동일한 함수를 호출하는 것이며, 동일한 결과 값을 갖는다.

__init__()

__init__() 메서드는 파이썬 클래스의 대표적인 매직 메서드로, 생성자*의 역할을 수행한다. 클래스 설계 시 __init__은 인스턴스가 처음 생성될 때부터 필요한 변수 선언 및 메서드 호출을 실행한다.

기초 용어 정리

* 생성자(Constructor): 클래스가 생성될 때 호출되는 함수를 생성자라고 부른다.

```
class 클래스명:
    def __init__(self, 인자):
        실행 코드
instance = 클래스명(인자)

예시)
class C:
    def __init__(self, attr):
        self.attr = attr
inst = C()
```

위와 같이 클래스를 인스턴스로 생성할 때 실행될 함수는 __init__ 이름의 메서드로 선언한다. 인자는 self로 시작하여 인자의 형태를 자유롭게 받을 수 있다. 인스턴스를 생성할 때는 __init__() 메서드의 인자 형식에 맞추어 괄호에 입력해야 한다.

```
class XY:
    def __init__(self, x, y):
        self.x = x
        self.y = y
        print(x, y)

c = XY(3, 4)
```

```
3 4
```

위 코드는 XY 클래스에서 __init__ 메서드를 선언하고 인스턴스를 생성한 후 __init__ 메서드가 실행되었는지 확인한다. XY(3, 4)에서 XY 클래스의 인스턴스가 만들어지고 자동으로 __init__(3, 4)가 실행된다. 따라서 별도로 c.__init__(3, 4)를 실행하지 않더라도 자동으로 __init__ 메서드가 호출되어 메서드 내 출력이 실행된다.

인스턴스 생성

c = XY(3, 4)   +

c.__init__(3, 4) **호출**

__call__()

__call__() 메서드는 인스턴스를 함수처럼 호출했을 때 실행되는 메서드이다.

코·드·소·개

```
class 클래스명:
    def __call__(self, 인자):
        실행 코드


instance = 클래스명()
out = instance(인자)

예시)
class C:
    def __call__(self, num):
        return num*2
inst = C()
num = inst(10)
```

위와 같이 인스턴스를 함수처럼 사용할 때 호출될 함수를 __call__ 이름의 메서드로 선언한다.

실행 결과

```
class Multiplier:
    def __init__(self, mul):
        self.mul = mul
    def __call__(self, num):
        return self.mul * num


double = Multiplier(2)
triple = Multiplier(3)
print(double(10))                            20
print(triple(10))                            30
```

위 코드는 Multiplier 클래스에서 __call__() 메서드를 선언하고 인스턴스를 함수처럼 사용하여 __call__() 메서드를 호출한다. __init__() 메서드에서 곱해질 값을 받아 인스턴스 변수로 선언하며, __call__() 메서드는 하나의 입력을 받아서 __init__()에서 설정한 인스턴스 변수 self.mul과 곱하여 리턴한다. double과 triple 변수는 둘 다 Multiplier 클래스의 인스턴스로 각각 2와 3이 mul 인스턴스 변수로 선언되어 있다. __call__() 메서드는 각 인스턴스들이 함수처럼 사용될 때 호출되어 곱셈을 수행한 리턴 값을 출력한다.

```
double = Multiplier(2) ⟹    인스턴스 생성
                              +
                          double.__init__(2) 호출
```

```
double(10) ⟹ double.__call__(10) 호출
```

__len__()

__len__() 메서드는 len() 함수의 입력으로 클래스의 인스턴스를 사용할 때 호출되는 함수이다.

> **코·드·소·개**
>
> ```python
> class 클래스명:
>     def __len__(self):
>         실행 코드
>
> instance = 클래스명()
> length = len(instance)
>
> 예시)
> class C:
>     def __init__(self, attr):
>         self.attr = attr
>     def __len__(self):
>         return self.attr
>
> inst = C(5)
> len_inst = len(inst)
> ```

위와 같이 인스턴스를 len() 함수의 입력으로 사용할 때 호출될 함수를 __len__ 이름의 메서드로 선언한다. __len__() 메서드는 self 외의 인자를 받을 수 없다.

```python
class Data:
    def __init__(self, data):
        self.data = [-1] + data
    def __len__(self):
        print("__len__")
        return len(self.data)

d = Data([10, 20, 30])
print(len(d))
```

```
__len__
4
```

위 코드는 Data 클래스에서 __len__ 메서드를 선언하고, 인스턴스를 len() 함수의 입력으로 사용하여 __len__() 메서드를 호출한다. d.__len__()을 실행하지 않더라도 내장함수 len()을 사용하면 __len__() 메서드가 자동으로 호출되며, 리턴 값은 __init__()에서 정의한 self.data의 요소 개수이다.

__getitem__()

__getitem__() 메서드는 인스턴스에 인덱싱과 슬라이싱을 수행할 때 실행되는 함수이다.

코·드·소·개

```
class 클래스명:
    def __getitem__(self, idx):
        실행 코드

instance = 클래스명()
item = instance[0]

예시)
class C:
    def __init__(self, attr):
        self.attr = attr
    def __getitem__(self, idx):
        return self.attr

inst = C([5, 6, 7])
len_inst = inst[1]
```

위와 같이 인스턴스를 대괄호([])를 사용하여 인덱싱이나 슬라이싱을 수행할 때 호출될 함수를 __getitem__ 이름의 메서드로 선언한다. __getitem__() 메서드는 self 외에 하나의 인자를 받으며, 해당 인자는 대괄호에 사용한 인덱스, 슬라이싱 정보이다.

```
class Data:
    def __init__(self, data):
        self.data = [-1] + data
    def __getitem__(self, idx):
        print("__getitem__")
        return self.data[idx]


d = Data([10, 20, 30])
print(d[0])

print(d[1:3])
```

```
__getitem__
-1
__getitem__
[10, 20]
```

위 코드는 Data 클래스에서 __getitem__ 메서드를 선언하고, 인스턴스에 인덱싱과 슬라이싱을 사용하여 __getitem__() 메서드를 호출한다. self.data에는 __init__의 입력 앞에 -1이 요소로 추가되어 있으며, __getitem__() 메서드를 통해 이 self.data의 인덱싱 및 슬라이싱 결과가 d 인스턴스의 인덱싱과 슬라이싱의 결과가 된다. 이 외에도 __add__, __mul__ 등 여러 매직 메서드가 있으며, 해당 매직 메서드는 연산자, 자료형 변환, 값 대입 등의 프로그램 동작에 대응된다.

손으로 익히는 코딩

```
class Members:
    def __init__(self, mems):
        self.mems = mems


m = Members(["Kim", "Lee"])
print(m.mems)
```

```
['Kim', 'Lee']
```

```
class double:
    def __call__(self, num):
        return num*2

d = double()
print(d(5))
```

실행 결과

```
10
```

```
class Members:
    def __init__(self, mems):
        self.mems = mems
    def __len__(self):
        return len(self.mems)
    def __getitem__(self, idx):
        return self.mems[idx]

m = Members(["Kim", "Lee"])
print(len(m), m[0])
```

실행 결과

```
2 Kim
```

상속 - inheritance

상속(inheritance)이란

상속은 객체 지향 프로그래밍*의 기본 개념 중 하나로, 이미 존재하는 클래스의 기능들을 새로운 클래스에 이식한다. 상속은 파이썬에서 코드의 재사용성 및 기능의 확장성을 높일 수 있는 중요한 기능이다.

코·드·소·개

```
class 자식클래스(부모클래스):
    클래스 코드


예시)
class Member:
    def set_name(self, name):
        self.name = name
class VIPMember(Member):
    def __init__(self, name):
        super().set_name(name)
```

상속은 클래스 선언에서 클래스 이름 우측에 괄호로 상속해 올 클래스를 표시한다. 위 방법으로 상속을 수행하면 자식클래스에서 부모클래스**의 애트리뷰트를 사용할 수 있다.

```
class FindPath:
    def find(self, start, dest):
        print(start, dest)


class FPBicycle(FindPath):
    def get_bicycle_road(self):
        print("get bicycle road")


bicycle = FPBicycle()
bicycle.find("Seoul", "Busan")
```

기초 용어 정리

* **객체 지향 프로그래밍(Object-oriented programming)**: 객체 지향 프로그래밍은 컴퓨터 프로그래밍 설계 체계이다. 객체 지향 프로그래밍은 현실 세계의 사물 및 개념을 객체로 구성하여 프로그램으로 구현하며 절차 지향 프로그래밍, 함수형 프로그래밍과 구별되는 용어이다.

** **자식클래스, 부모클래스**: 일반적으로 상속해 주는 클래스를 Parent class, 상속받아 오는 클래스를 Child class라고 부른다.

```
Seoul Busan
```

위 코드는 두 클래스 FindPath, FPBicycle를 정의하고, FPBicycle이 FindPath 클래스로부터
상속을 받는다. 상속을 받는 FPBicycle의 인스턴스는 FindPath의 메서드도 실행할 수 있다.
위 코드에서는 bicycle 변수에 FPBicycle 인스턴스를 대입한 후, FindPath 클래스의 메서드인
find()를 호출한다.

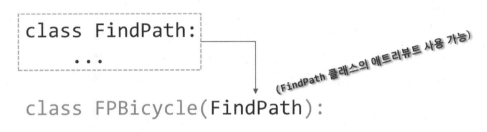

오버라이딩 – Overriding

클래스의 오버라이딩(Overriding)은 상속 받아온 부모 클래스의 메서드를 자식 클래스에서 재
정의하는 것을 말한다. 오버라이딩을 사용하면 부모 클래스의 기능을 덮어쓰거나, 확장하여 자
식 클래스의 기능을 손쉽게 발전시킬 수 있다.

```python
class FindPath:
    def find(self, start, dest):
        print(start, dest)

class FPBicycle(FindPath):
    def find(self, start, dest):
        print("bicycle:", start, dest)

bicycle = FPBicycle()
bicycle.find("Seoul", "Busan")
```

```
bicycle: Seoul Busan
```

위 코드는 클래스의 상속 및 find 메서드의 오버라이딩을 수행한다. FPBicycle은 FindPath로부터 상속받으며, find 메서드를 재정의한다. 그 결과 FPBicycle의 인스턴스 bicycle의 find() 메서드 호출 시 재정의된 메서드가 실행된다. 만일 오버라이딩 수행 시, 부모 클래스의 기능에서 약간의 코드를 더해 확장하고 싶으면 super()를 통해 부모 클래스에 접근할 수 있다.

코·드·소·개

```
class 자식클래스(부모클래스):
    def 메서드(self, ...):
        super().부모클래스메서드()

예시)
class Member:
    def set_name(self, name):
        self.name = name
class VIPMember(Member):
    def __init__(self, name):
        super().set_name(name)
```

위와 같이 super()는 부모 클래스에 접근하며, 이를 통해 부모 클래스의 애트리뷰트를 사용할 수 있다.

```
class FindPath:
    def find(self, start, dest):
        print(start, dest)

class FPBicycle(FindPath):
    def find(self, start, dest):
        super().find(start, dest)
        print("with Bicycle")

bicycle = FPBicycle()
bicycle.find("Seoul", "Busan")
```

실행 결과

```
Seoul Busan
with Bicycle
```

위 코드는 앞선 코드에서 자식 클래스 FPBicycle의 find() 메서드 오버라이딩을 수행할 때 부모 클래스의 find() 메서드를 사용하여 기능 확장을 실행한 것이다. 만일 부모클래스에서 수행할 기능에 추가 기능이 더해지는 경우 위와 같이 부모 클래스의 메서드를 포함시켜 간결하게 기능을 확장할 수 있다.

```
class FindPath:
    def find():
        ...

class FPBicycle(FindPath):
    def find(self):
        super().find()
```

> ● 더 알아보기
>
> **오버로딩(overloading)**
>
> 프로그래밍에서 오버로딩이라는 개념이 있다. 오버로딩(Overloading)은 같은 이름을 가진 다른 매개변수나 인자 유형을 갖는 여러 함수나 메서드를 정의하는 것을 의미한다. 이를 통해 비슷한 작업을 수행하지만 다른 종류의 입력이나 다른 수의 인자를 처리하는 함수를 만들 수 있다. 오버로딩은 코드의 유연성과 재사용성을 높여 주며, 동일한 작업의 다른 변형에 대해 단일 이름을 사용한다. 예를 들어, 두 수 중 큰 값, 세 수 중 최댓값을 리턴하는 함수 max_nums는 아래와 같이 설계할 수 있다.
>
> | | 실행 결과 |
> |---|---|
> | ```def max_nums(*nums):```
```   return max(nums)```
```print(max_nums(10, 20))```
```print(max_nums(10, 20, 30))``` |

20
30 |
>
> 위 코드는 입력 형태가 다를 뿐, 입력 숫자들 중 최댓값을 구한다는 점에서 동일한 기능을 수행한다. 오버로딩을 지원하는 다른 프로그래밍 언어는 인자 구성이나 타입에 따라 오버로딩을 수행하여 함수를 구성해야 하기 때문에 아래와 같은 방식을 사용해야 한다.
>
> | | 실행 결과 |
> |---|---|
> | ```def max_nums(n1, n2):```
```   return max([n1, n2])```
```def max_nums(n1, n2, n3):```
```   return max([n1, n2, n3])```
```print(max_nums(10, 20))```
```print(max_three(10, 20, 30))``` |

20
30 |
>
> 파이썬이 아니라 C++과 같이 오버로딩을 지원하는 다른 프로그래밍 언어에서는 같은 이름의 함수를 두 개 이상 선언할 수 있다. 만일 max_nums에 두 값을 입력하면 첫 번째 줄에서 선언된 max_nums를 호출하고, 세 값을 입력하면 세 번째 줄에서 선언된 max_nums를 호출한다.

```
class Character:
    def __init__(self, name):
        self.name = name
    def walk(self):
        print("walk")

class Player(Character):
    def __init__(self, name):
        super().__init__(name)
        self.walk()

p = Player("Kim")
```

```
walk
```

```
class Character:
    def __init__(self, name):
        self.name = name
    def walk(self):
        print("walk")

class Player(Character):
    def __init__(self, name):
        super().__init__(name)
        self.walk()
        super().walk()
    def walk(self):
        print("step")

p = Player("Kim")
```

```
step
walk
```

property

'챕터12 함수'에서 학습한 함수의 데코레이터 기능을 활용하여 클래스 내 인스턴스 변수에 간접적으로 접근할 수 있다.

```
class 클래스명:
    @property
    def 변수(self):
        실행 코드

예시)
class Member:
    @property
    def name(self):
        return self.name
```

위와 같이 @property를 사용하면 클래스의 인스턴스 변수에 접근할 때 해당 메서드가 실행된다.

실행 결과

```
class XY:
    def __init__(self, x, y):
        self._x = x
        self._y = y
    @property
    def x(self):
        return self._x


c = XY(3, 4)
print(c.x)
c.x = 30
```

```
3
AttributeError: property 'x' of 'XY'
object has no setter
```

위 코드는 클래스 XY에서 x를 property로 정의한 것이다. 실제 인스턴스 변수의 이름은 _x지만, c.x에 접근하면 c의 x 메서드가 호출되어 c._x값을 얻을 수 있다. 눈여겨볼 점은, 메서드를 호출하는 방법인 c.x()가 아닌 c.x로 인스턴스 변수 값을 확인하듯 작성해도 메서드가 호출된다는 점이다. 이 방법을 사용하면 c.x를 통해 c._x의 값을 읽어 올 수는 있으나 새 값을 대입하는 것은 에러를 발생시킨다. 위 코드의 마지막 줄에서는 c.x에 30을 대입하려 할 때 x에 대해서 setter가 정의되어 있지 않는다는 에러가 발생한다. 대입에 대해서도 정의하려면 에러 메시지에서 등장하는 setter를 데코레이터로 정의해 주면 된다.

```
class 클래스명:
    @property
    def 변수(self):
        실행 코드
    @변수.setter
    def 변수(self, 입력값):
        실행 코드

예시)
class Member:
    @property
    def name(self):
        return self._name
    @name.setter
    def name(self, value):
        self._name = value
```

위와 같이 메서드 이름과 동일한 이름에 .setter를 붙인 데코레이터를 작성하여 대입을 시도할 때 실행할 메서드를 설계할 수 있다.

```
class XY:
    def __init__(self, x, y):
        self._x = x
        self._y = y
    @property
    def x(self):
        return self._x
    @x.setter
    def x(self, value):
        if value < 0:
            print("Warning: value < 0")
        self._x = value
c = XY(3, 4)
print(c.x)
c.x = -3
```

```
3
Warning: value < 0
```

위 코드는 x를 property로 정의하고, x의 setter를 선언하여 대입 값이 음수일 경우 경고를 출력하지만 대입은 실행한다. 데코레이터 @x.setter를 거쳐 선언된 XY 클래스의 x 메서드는 인스턴스.x로 값을 대입할 때 실행된다. 인스턴스를 통해 값을 수정하는 것을 금지하거나 위와 같이 특정 경우에 경고를 출력하고 싶을 때 setter를 활용하면 된다.

🔵 더 알아보기

인스턴스 변수 숨기기

클래스에서 애트리뷰트를 숨길 수 있다. 애트리뷰트 이름을 두 개의 이중 밑줄로 시작하도록 하면 클래스 밖에서 애트리뷰트 이름으로 바로 접근할 수 없다.

```
class XY:
    def __init__(self, x, y):
        self.__x = x
        self.__y = y

c = XY(1, 3)
print(c.__x)
```

실행 결과

```
AttributeError: 'XY' object has no attribute '__x'
```

위 코드는 클래스 XY의 __init__ 함수에서 인스턴스 변수 __x, __y에 값을 대입하며 인스턴스 c.__x에 접근한다. 하지만 XY는 __x가 없다는 에러를 발생시킨다. 이는 이중 밑줄로 시작하는 값은 이름 뭉개기(name mangling)라는 동작이 수행되기 때문이다. 클래스 내부에서는 self.__x로 접근할 수 있지만, 외부에서 인스턴스를 통해 __x에 접근할 때는 밑줄 하나와 클래스의 이름을 붙이면 __x에 접근할 수 있다.

```
class XY:
    def __init__(self, x, y):
        self.__x = x
        self.__y = y

c = XY(1, 3)
print(c._XY__x)
```

실행 결과

```
1
```

```
class C:
    def __init__(self, r):
        self._r = r
    @property
    def r(self):
        return self._r
    @r.setter
    def r(self, new_r):
        print("r is changed")
        self._r = new_r
c = C(5)
c.r = 10
```

```
r is changed
```

staticmethod, classmethod

staticmethod

클래스에서 일반적인 메서드를 선언할 때, 첫 번째 인자는 자기 자신을 가리킨다. 보통 첫 번째 인자를 self로 두고 자기 자신 인스턴스의 변수 및 메서드에 접근할 수 있다. @staticmethod 데코레이터를 사용하면 정적 메서드(static method)*로 선언할 수 있다.

기초 용어 정리

* **정적 메서드(static method):** static의 뜻은 "정적인, 변하지 않는"의 뜻으로, 정적 메서드는 실행 과정에서 인스턴스 변수 값이나 클래스 변수 값이 변하지 않는 메서드이다.

```
class 클래스명:
    @staticmethod
    def 메서드(인자):
        실행 코드

예시)
class Member:
    @staticmethod
    def print_name(name):
        print(name)
```

위와 같이 @staticmethod 데코레이터를 사용하면 메서드를 정적 메서드로 선언하며, 정적 메서드는 첫 번째 인자를 자기 자신 인스턴스로 사용하지 않기 때문에 인스턴스 변수를 수정할 수 없다.

실행 결과

코드	결과
| ```
class XY:
    def __init__(self, x, y):
        self.x = x
        self.y = y

    @staticmethod
    def magnitude(x, y):
        return (x**2 + y**2) ** (1/2)

c = XY(3, 4)
print(c.magnitude(c.x, c.y))
print(XY.magnitude(5, 12))
``` | 5.0<br>13.0 |

위 코드는 XY 클래스에서 정적 메서드 magnitude를 선언하고 인스턴스와 클래스에서 각각 호출한다. magnitude 메서드는 자기 자신 인스턴스로서 self를 첫 번째 인자를 받지 않고 바로 입력하는 인자를 받는다. 메서드를 호출할 때는 인스턴스에서는 물론, 클래스에서도 바로 접근 가능하다. 인스턴스를 만들지 않고 호출할 메서드를 @staticmethod로 선언하면 편리하다.

Clear Comment

일반 메서드도 가능하지만

일반 메서드도 클래스에서 접근할 수는 있지만, self 인자에 별도로 의미 없는 입력을 필요로 합니다. 이렇게 작성된 코드 작성에 혼란을 줄 수 있으므로 지양하는 것이 좋습니다.
```

classmethod

@classmethod 데코레이터에서 선언된 메서드는 첫 번째 인자로 자기 자신 클래스를 가리킨다. @classmethod는 클래스 변수 값을 변경하거나 읽을 때 사용된다.

```
class 클래스명:
    @classmethod
    def 메서드(cls, ...):
        실행 코드

예시)
class XY:
    start = [0, 0]
    @classmethod
    def change_start(cls, x, y):
        cls.x, cls.y = x, y
```

위와 같이 @classmethod 데코레이터를 사용하면 메서드를 클래스 메서드로 선언하며, 클래스 메서드는 첫 번째 인자를 자기 자신 인스턴스가 아닌 클래스를 가리키기 때문에 클래스 변수에 접근하는 데에 사용된다.

Clear Comment

self가 아닌 cls

classmethod로 정의하는 메서드에서 파이썬 프로그래머들은 보통 첫 번째 인자를 class를 줄여 cls로 작성합니다.

```
class Korean:
    country = "Korea"
    @classmethod
    def change_country(cls, name):
        cls.country = name

k1 = Korean()
k2 = Korean()
k1.change_country("South Korea")
print(k1.country, k2.country)
```

South Korea South Korea

위 코드는 Korean 클래스에서 클래스 메서드를 선언하고, 호출하여 클래스 변수가 변경된 것을 확인한다. 클래스 메서드에서는 첫 번째 인자가 자기 자신 클래스를 가리키며 첫 번째 인자를 통해 변경된 클래스 변수는 동일한 클래스의 다른 인스턴스에도 영향을 준다. 위 코드에서 k1의 메서드 change_country를 호출하여 클래스 변수를 변경하였는데, k2의 country 값도 변경된 것을 확인할 수 있다.

손으로 익히는 코딩

```python
class Member:
    language = "python"
    def __init__(self, name):
        self.name = name
    @staticmethod
    def print_upper(name):
        print(name.upper())
    @classmethod
    def change_lang(cls, lang):
        cls.language = lang
m1, m2 = Member("Kim"), Member("Lee")
m1.print_upper(m1.name)
m1.change_lang("PYTHON")
print(m2.language)
```

```
KIM

PYTHON
```

getattr(), setattr()

getattr()

파이썬에서 getattr() 함수는 객체의 애트리뷰트를 문자열로 접근할 때* 사용하는 파이썬 내장 함수이다.

기초 용어 정리

* **동적 접근**: 애트리뷰트에 접근할 때 코드에 변수나 메서드 이름을 작성하여 접근하기 때문에 실행 단계에서는 어떤 애트리뷰트에 접근할지 제어하기 쉽지 않다. 동적 접근이 가능하다는 뜻은 실행 단계에서 제어할 수 있다는 의미이다.

코·드·소·개

```
getattr(객체, 이름[, 기본값])

예시)
class Member:
    def __init__(self, name):
        self.name = name
m = Member("Kim")
print(getattr(m, "name"))
```

getattr() 함수는 둘 혹은 세 개의 입력을 받으며, 첫 인자에 해당하는 변수(인스턴스)에서 두 번째 인자의 이름을 갖는 애트리뷰트를 리턴한다. 즉, 위 예시에서 getattr(m, "name")은 m.name을 리턴한다. 해당 애트리뷰트가 존재하지 않으면 에러를 발생시키며, 세 번째 인자를 입력할 경우 해당 값을 리턴한다.

실행 결과

```
class XY:
    def __init__(self, x, y):
        self.x = x
        self.y = y

c = XY(3, 4)
print(getattr(c, "x"))
print(getattr(c, "z", "no attribute"))
print(getattr(c, "z"))
```

```
3
no attribute
AttributeError: 'XY' object has no
attribute 'z'
```

위 코드는 getattr() 함수를 사용하여 XY 클래스 인스턴스의 변수 값에 접근하여 출력한다. c는 x와 y에 3, 4를 대입하는 생성자 메서드와 함께 선언된 인스턴스를 대입하고, 이후 getattr()의 입력으로 사용된다. 첫 번째 출력에서 c에 존재하는 c.x 애트리뷰트를 출력하며, 두 번째 출력에서 c.z는 존재하지 않으므로 getattr() 함수의 세 번째 입력이 리턴값으로 사용된다. 마지막 출력에서는 c.z에 대응하는 애트리뷰트가 없을 때 기본 값으로 사용되는 세 번째 입력이 없으므로 에러를 발생시킨다.

setattr()

파이썬에서 setattr() 함수는 클래스 객체의 애트리뷰트를 동적으로 할당할 때 사용하는 내장 함수이다.

```
코·드·소·개

setattr(객체, 이름, 값)

예시)
class Member:
    def __init__(self, name):
        self.name = name
m = Member("Kim")
setattr(m, "name", "Lee")
```

setattr() 함수는 세 개의 입력을 받으며, 객체의 이름 애트리뷰트에 세 번째 값을 대입한다. setattr() 함수의 리턴 값은 None으로, 리턴 값이 없다는 점에 유의해야 한다.

```
class XY:
    def __init__(self, x, y):
        self.x = x
        self.y = y

c = XY(3, 4)
setattr(c, "z", 8)
print(c.z)
```

실행 결과

```
8
```

위 코드는 클래스 XY의 인스턴스 c에 setattr() 함수를 통해 인스턴스 변수 z에 8 값을 대입한다. setattr() 함수 호출 후 인스턴스 변수 c.z 값을 출력하여 8이 출력된다.

__getattr__

파이썬 클래스의 __getattr__() 메서드는 인스턴스의 애트리뷰트에 접근할 때 호출되는 매직 메서드이다. __getattr__은 접근하려는 애트리뷰트 값이 있는 경우에는 호출되지 않고, 해당 인스턴스의 애트리뷰트가 존재하지 않을 때 호출되는 메서드이다.

```
class 클래스명:
    def __getattr__(self, name):
        실행 코드


예시)
class Member:
    def __getattr__(self, name):
        return "No name"
```

위와 같이 __getattr__은 self를 제외하고 한 개의 인자를 받는다. __getattr__() 메서드는 인스턴스.name의 name이 메서드 입력에 대응된다.

```
class XY:
    def __init__(self, x, y):
        self.x = x
        self.y = y
    def __getattr__(self, n):
        print("no attribute {}".format(n))
        return None


c = XY(3, 4)
print(c.z)

print(c.x)
```

```
no attribute z
None
3
```

위 코드는 클래스 XY에서 매직 메서드 __getattr__()를 정의하고 호출한다. c.z에 접근할 때 c에는 z 애트리뷰트가 없으므로 __getattr__() 메서드가 호출되어 설계한 print() 함수가 실행되고, None을 리턴하여 print(c.z)의 출력은 None이다. c의 x는 존재하는 애트리뷰트이므로 __getattr__ 메서드가 호출되지 않는다.

> **Clear Comment**
>
> **return None은 없어도 됨**
> 함수 설계에서 return이 없으면 함수가 끝날 때 자동으로 None을 리턴합니다. 따라서 return None은 불필요합니다. 본문에서는 print(c.z) 함수의 결과를 명확히 하고자 return None을 삽입하였습니다.

__setattr__과 __dict__

인스턴스의 애트리뷰트에 값을 대입할 때 __setattr__이 실행된다. 대입을 직접 정의할 때 사용되는데, 이 함수 내에서 인스턴스 변수 대입을 수행하면 다시 __setattr__을 실행하기 때문에 재귀함수로 작동하여 무한 루프에 빠질 수 있다.

```
class XY:
    def __setattr__(self, attr, value):
        setattr(self, attr, value)

c = XY()
c.x = 3
```

실행 결과

```
RecursionError: maximum recursion depth exceeded
```

위 코드는 __setattr__이 무한 루프의 재귀함수로 호출되게 설계하여 인스턴스 선언 후 인스턴스 변수 대입 시 에러가 발생한다. 이때, __dict__를 사용하여 에러 발생 없이 직접 대입을 정의할 수 있다. 인스턴스 내부의 변수 목록을 담은 딕셔너리에 키-밸류를 추가하는 방식으로 대입을 간접적으로 구현할 수 있다.

```
class XY:
    def __setattr__(self, attr, value):
        self.__dict__[attr] = value

c = XY()
c.x = 3
print(c.x)
```

실행 결과

```
3
```

에러에서 배우기

• __init__은 리턴 금지

```
class XY:
    def __init__(self, x, y):
        self.xy = [x, y]            TypeError: __init__() should return None, not
        return [x, y]               'list'

c = XY(1, 2)
```

위 에러는 __init__()에 return을 사용하여 발생한다. __init__()은 인스턴스가 만들어질 때 자동으로 호출되기 때문에 리턴 값이 쓰이는 곳은 없다. 따라서 파이썬에서는 __init__()이 리턴 값이 없어야 하도록 설계되어 있다.

- __len__은 입력받을 수 없음

```
class Members:
    def __init__(self, mems):
        self.members = mems

    def __len__(self, x):          TypeError: Members.__len__() missing 1 required
        print(self.members)        positional argument: 'x'

c = Members(["Kim", "Lee"])
print(len(c))
```

위 에러는 __len__ 메서드 정의에 추가 입력을 받도록 설계하여 발생한다. 에러 메시지는 __len__() 메서드가 x 입력을 받아야 한다는 의미이다. 하지만 len() 함수에 Members의 인스턴스를 입력하는 과정에서 x 입력을 추가로 줄 수 없다. 따라서 __len__ 메서드 선언에서 self 이외의 인자를 받게 하는 것은 무의미하다.

- __getitem__은 꼭 하나의 입력을

```
class Members:
    def __init__(self, mems):
        self.members = mems

    def __getitem__(self, idx, idx2):    TypeError: Members.__getitem__() missing
        print(idx, idx2)                 1 required positional argument: 'idx2'

c = Members(["Kim", "Lee"])
print(c[0, 1])
```

위 에러는 __getitem__ 메서드 선언에서 self 이외에 두 입력을 받도록 설계하여 발생한다. 에러 메시지는 __getitem__ 이 idx2 입력이 생략되었다는 의미이다. __getitem__ 메서드는 인덱싱, 카-밸류 접근과 같이 대괄호를 사용하여 접근 시 호출된다. 따라서 입력하는 값은 대괄호 내부의 값 하나뿐이므로 두 개 이상의 입력을 받을 수 없다.

- 부모 클래스 super()에는 꼭 괄호를

```
class Character:
    def __init__(self, name):
        self.name = name
    def walk(self):
        print("walk")
                                         TypeError: descriptor '__init__' requires a
                                         'super' object but received a 'str'
class Player(Character):
    def __init__(self, name):
        super.__init__(name)
        self.walk()

p = Player("Kim")
```

위 에러는 부모 클래스 접근 시 괄호를 생략하여 발생한다. 에러 메시지는 super의 __init__에 문자열을 사용할 수 없다는 의미이다. 위 코드에서는 super()가 Player 클래스의 부모 클래스를 가리키며 super는 부모 클래스라는 개념에 해당하기 때문에 원하는 부모 클래스인 Character에 접근할 수 없다.

- property는 호출되지 않음

```
class Member:
    def __init__(self, name):
        self._name = name
    @property
    def name(self):                    TypeError: 'str' object is not callable
        return self._name

m = Member("Kim")
print(m.name())
```

위 에러는 property를 괄호를 붙여 호출하여 발생한다. 에러 메시지는 m.name의 결과인 "Kim"은 문자열이고 이 문자열은 함수로 사용될 수 없다는 의미이다. @property로 선언된 함수는 호출되는 방식이 아닌 함수 이름만으로 접근하여 호출됨에 주의해야 한다.

- staticmethod에는 인스턴스에 접근 불가능

```
class XY:
    def __init__(self, x, y):
        self.x = x
        self.y = y
    @staticmethod                      TypeError: XY.get_xy() missing 1 required
    def get_xy(self):                  positional argument: 'self'
        return self.x, self.y

c = XY(1, 3)
print(c.get_xy())
```

위 에러는 @staticmethod를 일반 메서드처럼 사용하여 발생한다. 에러 메시지는 self 인자를 필요로 한다는 의미이다. @staticmethod로 선언된 메서드는 클래스 밖에서 선언된 함수와 동일하게 첫 입력이 자기 자신 인스턴스를 가리키지 않는다. 따라서 선언 때의 인자 개수와 메서드 호출 시의 인자 개수가 같아야 한다.

1. 기본 예제

문제 1 아래의 클래스 선언 코드 밑에 ①~⑤까지의 코드를 각각 추가한 후 실행한 결과로 옳은 것을 골라 보자.

```
class Reply:
    _used_in = "blog"
    def __init__(self, name, content):
        self.name = name
        self.content = content
    def print_content(self):
        print(self.content, end="")
    def get_name(self):
        return self.name
```

	문제	정답
①	`r = Reply("Kim", "Good")` `print(r.name)`	(Kim / Good)
②	`r = Reply("Kim", "Good")` `print(r.get_name())`	(Kim / Good)
③	`r = Reply("Kim", "Good")` `print(r.content)`	(Kim / Good)
④	`r = Reply("Kim", "Good")` `print(r.print_content())`	(GoodNone / Good)
⑤	`r = Reply("Kim", "Good")` `print(r._used_in)`	(Good / blog)

문제 2 아래의 클래스 선언 코드 밑에 ①~⑥까지의 코드를 각각 추가한 후 실행한 결과로 옳은 것을 골라 보자.

```python
class Reply:
    _used_in = "blog"
    def __init__(self, name, content):
        self.name = name
        self.content = content
    def __call__(self):
        print("{} say: {}".format(self.name, self.content))
    def __len__(self):
        return len(self.content)
    def __getitem__(self, idx):
        return self.content[idx]
    @classmethod
    def change_used(cls, new_used):
        cls._used_in = new_used
    @staticmethod
    def reply_msg(name):
        return "{} replies".format(name)
    @property
    def mr_name(self):
        return "Mr. {}".format(self.name)
```

	문제	정답
①	r = Reply("Kim", "Good") r()	(Kim say: Good / (출력 없음))
②	r = Reply("Kim", "Good") print(len(r))	(3 / 4)
③	r = Reply("Kim", "Good") print(r[0])	(G / K)
④	r1 = Reply("Kim", "Good") r2 = Reply("Lee", "Nice") r1.change_used("cafe") print(r2._used_in)	(blog / cafe)
⑤	r = Reply("Kim", "Good") print(r.reply_msg("Lee"))	(Kim / Lee)
⑥	r = Reply("Kim", "Good") print(r.mr_name)	(Mr. Kim / <function Reply.mr_name at ... >)

2. 심화 예제

문제 3 직사각형(rectangle)을 클래스로 정의하려 한다. 도형을 정의하면 모션 그래픽 등에 활용될 수 있다. 아래의 Rectangle 클래스에서 __init__의 인자인 h, w, x, y는 각각 직사각형의 높이, 너비, 왼쪽 위 꼭지점의 x, y 위치이다.

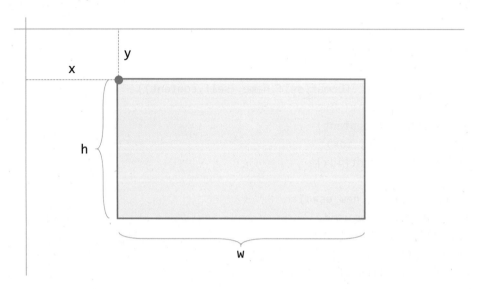

아래의 문제를 해결하면서 코드의 빈칸을 완성하여 직사각형 클래스를 정의해 보자.

```
class Rectangle:
    def __init__(self, h, w, x, y):
        self._h, self._w = h, w
        self._x, self._y = x, y
    def get_area(self):
        return ( ① )
    @property
    def x_right(self):
        return ( ② )
    @property
    def y_bottom(self):
        return ( ② )
    def is_inside(self, x, y):
        (    ③    )
    def __call__(self):
        (    ④    )
```

① [객관식] 위 코드에서 직사각형의 넓이 get_area() 메서드를 정의하려 한다. 직사각형의 높이와 너비가 주어졌을 때 직사각형의 넓이는 높이와 너비를 곱한 것과 같다. 아래의 보기 중, 위 코드의 (①) 빈칸에 들어갈 코드로 적절한 것은?

보기	
ⓐ	self._x * self._y
ⓑ	self._h * self._w
ⓒ	self._w – self._x * self.h - self._y
ⓓ	(self._w – self._x) * (self.h - self._y)

② [객관식] 위 코드에서 x_right, y_bottom은 각각 직사각형의 오른쪽 모서리의 x 좌표와 직사각형의 아래쪽 모서리의 y 좌표를 리턴하도록 설계하려 한다. 직사각형에서 오른쪽 모서리의 x 좌표는 왼쪽의 x 좌표에 너비를 더하면 된다. 아래쪽 모서리의 y 좌표는 위쪽의 y 좌표에서 높이를 더한 값이다.

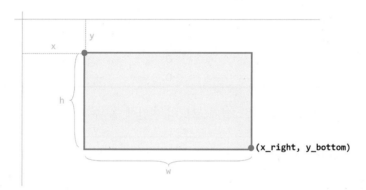

이를 토대로 아래의 보기 중, 위 코드의 두 (②) 빈칸에 들어갈 코드로 적절한 것은?

보기	
ⓐ	x_right: self._x + self._y y_bottom: self._h + self._w
ⓑ	x_right: self._x + self._h y_bottom: self._y + self._w
ⓒ	x_right: self._h + self._w y_bottom: self._x + self._y
ⓓ	x_right: self._x + self._w y_bottom: self._y + self._h

③ [객관식] is_inside 메서드로 직사각형이 어떤 좌표를 차지하는지 검사하려 한다. is_inside 메서드는 두 인자 x, y를 받아서 (x, y) 위치가 인스턴스 직사각형이 차지하는 공간이면 "O"를, 차지하지 않는 공간이면 "X"를 리턴하도록 설계한다(모서리도 직사각형이 차지하는 공간으로 가정한다). 예시 코드 및 코드 결과 출력은 아래와 같다.

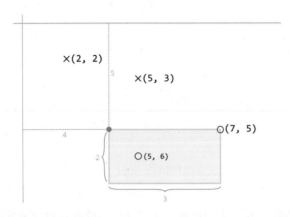

코드	출력
r = Rectangle(2, 3, 4, 5) print(r.is_inside(2, 2)) print(r.is_inside(5, 3)) print(r.is_inside(5, 6)) print(r.is_inside(7, 5))	 X X O O

아래의 보기 중, is_inside 메서드 설계 코드의 빈칸에 올 수 있는 것으로 적절한 것은?

```
def is_inside(self, x, y):
    if (        ):
        return "O"
    else:
        return "X"
```

보기	
ⓐ	self._x < x < self.x_right and self._y < y < self.y_bottom:
ⓑ	self.x_right < x < self._x or self.y < y < self._y
ⓒ	self._x <= x <= self.x_right and self._y <= y <= self.y_bottom:
ⓓ	self._x <= x <= self.x_right or self._y <= y <= self.y_bottom:

④ [객관식] __call__ 메서드는 x, y의 좌표 (0, 0)에서 (10, 10)까지의 위치에 대하여 직사각형을 문자열 출력으로 그리는 코드를 설계하려 한다. 좌표 상에서 직사각형이 차지하는/차지하지 않는 공간을 각각 공백문자, *로 표시한다(모서리도 직사각형이 차지하는 공간으로 가정한다). 예를 들어, 위 코드에서 Rectangle(2, 3, 4, 5)는 아래와 같이 표시된다.

코드	출력
r = Rectangle(2, 3, 4, 5) r()	XXXXXXXXXXX XXXXXXXXXXX XXXXXXXXXXX XXXXXXXXXXX XXXXXXXXXXX XXXXOOOOXXX XXXXOOOOXXX XXXXOOOOXXX XXXXXXXXXXX XXXXXXXXXXX XXXXXXXXXXX

아래의 보기 중, __call__ 메서드 설계 코드의 빈칸에 올 수 있는 것으로 적절한 것은?

```
def __call__(self):
    (        )
```

	보기

ⓐ	```for i in range(11):```
	``` for j in range(11):```
	``` print(self.is_inside(i, j), end="")```
	``` print("")```

ⓑ	```for i in range(11):```
	``` for j in range(11):```
	``` print(self.is_inside(i, j), end="")```
	``` print("")```

ⓒ	```for i in range(11):```
	``` for j in range(11):```
	``` print(self.is_inside(j, i), end="")```
	``` print("")```

ⓓ	```for i in range(11):```
	``` for j in range(11):```
	``` print(self.is_inside(j, i), end="")```
	``` print("")```

```
 1  standard_volume = 30000
 2  file_data = dict()
 3
 4  def get_file_data(path):
 5      f = open(path, "r", encoding="utf-8")
 6      entire_txt = f.read()
 7      f.close()
 8      return entire_txt.split("\n")[1:]
 9
10  entire_data = []
11  for i in range(1, 4+1):
12      entire_data += get_file_data("stock{}.txt".format(i))
13
14  def get_target_dates(data, standard):
15      dates = [line.split(",")[0] for line in data]
16      vols = [line.split(",")[5] for line in data]
17      target_dates = [d for d, v in zip(dates, vols) if int(v) > standard]
18
19      return target_dates
20
21  def get_target_ma(data):
22      ends = [int(line.split(",")[4]) for line in data]
23      target_ma = [sum(ends[j-2:j+1])/3 for j in range(len(ends)) if j >= 2]
24
25      return target_ma
26
27  def get_end_price_target_dates(data, standard):
28      ends = [int(line.split(",")[4]) for line in data]
29      vols = [line.split(",")[5] for line in data]
30      end_price_target_dates = [e for e, v in zip(ends, vols) if int(v) > standard]
31
32      return end_price_target_dates
33
34  file_data["target_dates.txt"] = get_target_dates(entire_data, standard_volume)
35  file_data["target_ma.txt"] = get_target_ma(entire_data)
36  end_price_target_dates = get_end_price_target_dates(entire_data, standard_volume)
37  mean_target_end = sum(end_price_target_dates) / len(end_price_target_dates)
38
39  for name, data in file_data.items():
40      f = open(name, "w", encoding="utf-8")
41      for d in data:
42          f.write(str(d)+"\n")
43      f.close()
```

위 코드는 '기초 입문편'의 프로젝트 코드를 직전 챕터까지의 학습 내용을 바탕으로 수정한 것이다. 계속해서 아래의 연습문제를 통해 프로젝트 코드를 보다 효율적으로 수정해 보자.

문제 4 주식 데이터를 분석하는 클래스 StockAnalyzer를 설계하여 위 코드의 기능을 담으려 한다. __init__ 메서드에서 파일 경로 리스트 paths를 받아서 self.entire_data에 리스트 경로의 전체 파일 내용을 담으려 한다. 아래 코드에서 __init__ 메서드 내 빈칸에 들어갈 코드로 적절한 것을 골라 보자.

```
class StockAnalyzer:
    def __init__(self, paths):
        self.entire_data = []
        for p in ①( paths / self.paths ):
            self.entire_data += ②( get_file_data / self.get_file_data )(p)

    @staticmethod
    def get_file_data(path):
        f = open(path, "r", encoding="utf-8")
        entire_txt = f.read()
        f.close()
        return entire_txt.split("\n")[1:]
    ...
```

③ [객관식] 프로젝트 코드에서 dates, vols, ends는 원하는 값을 계산할 때 반복적으로 사용되는 데이터들이다. 이 변수들을 효율적으로 설계하고 사용하기 위해 아래와 같이 설계하였다. 보기 중, 아래 코드의 빈칸에 공통적으로 들어가기에 적절한 것은?

```
class StockAnalyzer:
    ...
    def get_target_dates(self, standard):
        return [d for d, v in zip(self.dates, self.vols) if int(v) > standard]

    def get_target_ma(self):
        return [sum(self.ends[j-2:j+1])/3 for j in range(len(self.ends)) if j >= 2]

    def get_end_price_target_dates(self, standard):
        return [e for e, v in zip(self.ends, self.vols) if int(v) > standard]
    (      )
    def dates(self):
        return [line.split(",")[0] for line in self.entire_data]
    (      )
```

```
    def ends(self):
        return [int(line.split(",")[4]) for line in self.entire_data]
    (       )
    def vols(self):
        return [line.split(",")[5] for line in self.entire_data]
```

보기	
ⓐ	@property
ⓑ	@staticmethod
ⓒ	@classmethod
ⓓ	코드 없음(데코레이터 없음)

④ [객관식] 위 클래스 코드를 바탕으로, 아래의 보기 중 file_data, end_price_target_dates
를 구하는 코드로 적절한 것을 골라 보자.

```
class StockAnalyzer:
    ...
paths = ["stock{}.txt".format(i) for i in range(1, 4+1)]
sa = StockAnalyzer(paths)
(       )
mean_target_end = sum(end_price_target_dates) / len(end_price_target_dates)

for name, data in file_data.items():
    f = open(name, "w", encoding="utf-8")
    for d in data:
        f.write(str(d)+"\n")
    f.close()
```

보기	

ⓐ	`file_data["target_dates.txt"] = get_target_dates(standard_volume)`
	`file_data["target_ma.txt"] = get_target_ma()`
	`end_price_target_dates = get_end_price_target_dates(standard_volume)`

ⓑ	`file_data["target_dates.txt"] = get_target_dates(sa, standard_volume)`
	`file_data["target_ma.txt"] = get_target_ma(sa)`
	`end_price_target_dates = get_end_price_target_dates(sa, standard_volume)`

ⓒ	`file_data["target_dates.txt"] = sa.get_target_dates(standard_volume)`
	`file_data["target_ma.txt"] = sa.get_target_ma()`
	`end_price_target_dates = sa.get_end_price_target_dates(standard_volume)`

ⓓ	`file_data["target_dates.txt"] = sa.get_target_dates(sa, standard_volume)`
	`file_data["target_ma.txt"] = sa.get_target_ma(sa)`
	`end_price_target_dates = sa.get_end_price_target_dates(sa, standard_volume)`

문제 **1**

```
class Reply:
    _used_in = "blog"
    def __init__(self, name, content):
        self.name = name
        self.content = content

    def print_content(self):
        print(self.content, end="")

    def get_name(self):
        return self.name
```

①	`r = Reply("Kim", "Good")` `print(r.name)`	(**Kim** / Good)

r은 Reply 클래스의 인스턴스이다. 인스턴스가 선언될 때 __init__ 함수가 실행되며, 선언에 사용한 첫 번째, 두 번째 입력이 __init__ 메서드에서 각각 두 번째 인자, 세 번째 인자로 사용된다. 첫 번째 인자는 자기 자신 인스턴스를 가리킨다. 자기 자신 인스턴스의 name 변수에 인자 name("Kim")을 대입했고, r의 name을 출력했으므로 정답은 Kim이다.

②	`r = Reply("Kim", "Good")` `print(r.get_name())`	(**Kim** / Good)

get_name 메서드는 self.name을 리턴하는 메서드이다. self는 인스턴스 r이고, r.name은 __init__에서 "Kim"이 대입되었으므로 정답은 Kim이다.

③	`r = Reply("Kim", "Good")` `print(r.content)`	(Kim / **Good**)

r 인스턴스 선언에서 자기 자신 인스턴스의 content 변수에 인자 content("Good")을 대입했고, r의 content을 출력했으므로 정답은 Good이다.

④	`r = Reply("Kim", "Good")` `print(r.print_content())`	(**GoodNone** / Good)

r 인스턴스를 선언 후, print_content 메서드를 실행한 결과를 출력한다. print_content 메서드 내에는 self.content를 출력하고 리턴 값은 없으므로 None이 리턴된다. 결과적으로 두 번의 print 함수(순서대로 메서드 내, 문제의 코드)가 실행되므로, self.content 값 직후에 None이 순서대로 출력된다.

⑤
```
r = Reply("Kim", "Good")
print(r._used_in)
```
(Good / **blog**)

r은 Reply 클래스의 인스턴스이다. Reply 클래스는 _used_in 클래스 변수를 가진다. r._used_in 으로 인스턴스를 통해 변수에 접근하면 먼저 인스턴스 변수(r 내부 기준 self._used_in)를 찾고, 만약 없으면 클래스 변수에서 Reply._used_in을 찾아서 해당 값에 접근한다. r에서 _used_in은 클래스 변수만 있으므로 클래스 변수 값인 blog를 출력한다.

문제 ❷

```
class Reply:
    _used_in = "blog"
    def __init__(self, name, content):
        self.name = name
        self.content = content
    def __call__(self):
        print("{} say: {}".format(self.name, self.content))
    def __len__(self):
        return len(self.content)
    def __getitem__(self, idx):
        return self.content[idx]
    @classmethod
    def change_used(cls, new_used):
        cls._used_in = new_used
    @staticmethod
    def reply_msg(name):
        return "{} replies".format(name)
    @property
    def mr_name(self):
        return "Mr. {}".format(self.name)
```

①
```
r = Reply("Kim", "Good")
r()
```
(**Kim say: Good** / *(출력 없음)*)

인스턴스인 r을 함수처럼 괄호를 사용하여 실행하면 __call__ 메서드가 실행된다. 따라서, r() 실행 시, __call__ 메서드 내의 print 코드가 실행된다.

```
②    r = Reply("Kim", "Good")        ( 3 / 4 )
     print(len(r))
```

인스턴스인 r을 len() 함수의 입력으로 사용하면 __len__ 메서드가 실행된다. __len__ 메서드는 인스턴스의 content 인스턴스 변수를 len()에 넣은 결과를 리턴하므로 Good 문자열의 길이인 4를 리턴한다.

```
③    r = Reply("Kim", "Good")        ( G / K )
     print(r[0])
```

인스턴스인 r에 인덱싱 수행 시 __getitem__ 메서드를 실행한다. __getitem__ 메서드는 인스턴스의 content 인스턴스 변수의 인덱싱 결과를 리턴하므로 r[0]은 "Good"의 [0]번째 인덱스 값인 G를 리턴한다.

```
④    r1 = Reply("Kim", "Good")       ( blog / cafe )
     r2 = Reply("Lee", "Nice")
     r1.change_used("cafe")
     print(r2._used_in)
```

change_used 메서드는 classmethod로 선언되었다. 따라서 메서드의 첫 번째 입력은 각 인스턴스가 아닌 클래스를 가리킨다. 따라서 r1.change_used("cafe")를 실행하면 클래스 변수 Reply._used_in을 변경하기 때문에, r2._used_in의 결과까지 "cafe"로 변경된다.

```
⑤    r = Reply("Kim", "Good")        ( Kim / Lee )
     print(r.reply_msg("Lee"))
```

reply_msg 메서드는 staticmethod로 선언되었다. 따라서 이 메서드 내에서는 인스턴스 자기 자신에 접근할 수 없고, 메서드 인자 중 self 자리가 없기 때문에 메서드 호출 입력과 인자 위치가 일반 함수와 동일하게 대응된다. reply_msg에 "Lee"를 입력하였고, 이 입력을 인자로 받아 출력에서 해당 입력이 사용된다.

```
⑥    r = Reply("Kim", "Good")        ( Mr. Kim / <function Reply.mr_name at
     print(r.mr_name)                 ... > )
```

mr_name은 property로 선언되었다. 따라서 이 메서드는 괄호 없이 메서드 이름만으로 호출된다. 따라서 r.mr_name을 출력하면 mr_name 메서드를 실행한 결과가 리턴되어 나타난다. 메서드를 출력하는 듯하지만, @property가 붙으면 인스턴스 변수처럼 사용되는 점에 유의해야 한다.

문제 ❸

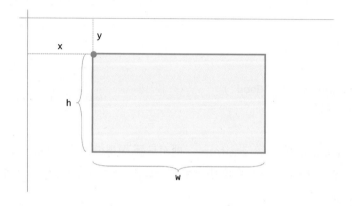

```
class Rectangle:
    def __init__(self, h, w, x, y):
        self._h, self._w = h, w
        self._x, self._y = x, y
    def get_area(self):
        return ( ① self._h*self._w )
    @property
    def x_right(self):
        return ( ② self._x + self._w )
    @property
    def y_bottom(self):
        return ( ② self._y – self._h )
    def is_inside(self, x, y):
        (      ③      )
    def __call__(self):
        (      ④      )
```

ⓐ   self._x * self._y

ⓑ   self._h * self._w

ⓒ   self._w – self._x * self.h - self._y

ⓓ   (self._w – self._x) * (self.h - self._y)

① 직사각형의 넓이는 높이와 너비를 곱한 것이고 이는 self._h, self._w이므로 둘을 곱한 결과이다. 정답은 ⓑ이다.

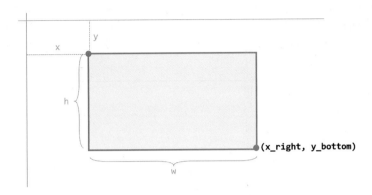

ⓐ	x_right: self._x + self._y y_bottom: self._h + self._w
ⓑ	x_right: self._x + self._h y_bottom: self._y + self._w
ⓒ	x_right: self._h + self._w y_bottom: self._x + self._y
ⓓ	**x_right: self._x + self._w** **y_bottom: self._y + self._h**

② x는 오른쪽 방향을 양(+)의 방향, y는 아래쪽 방향을 양(+)의 방향으로 둔다. 즉 x_right를 구하기 위해서는 x에 w를 더하고, y_bottom을 구하기 위해서는 y에 h를 더해야 한다. 이것을 코드로 적절히 구현한 것은 ⓓ이다.

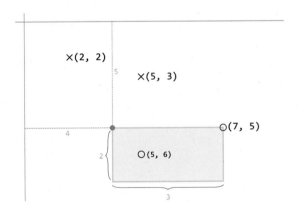

```
r = Rectangle(2, 3, 4, 5)
print(r.is_inside(2, 2))                    X
print(r.is_inside(5, 3))                    X
print(r.is_inside(5, 6))                    O
print(r.is_inside(7, 5))                    O
```

```
def is_inside(self, x, y):
    if (        ):
        return "O"
    else:
        return "X"
```

ⓐ   self._x < x < self.x_right and self._y < y < self.y_bottom:

ⓑ   self.x_right < x < self._x or self.y < y < self._y

ⓒ   **self._x <= x <= self.x_right and self._y <= y <= self.y_bottom:**

ⓓ   self._x <= x <= self.x_right or self._y <= y <= self.y_bottom:

③ x는 직사각형의 왼쪽 x(self._x)과 오른쪽 x(self._x+self._w == self.x_right) 사이에 있을 때 O이다. y는 직사각형의 위쪽 y(self._y)와 아래쪽 y(self._y+self._h == self.h_bottom) 사이에 있을 때 O이다. x와 y 조건을 둘 다 만족해야 하므로 or이 아닌 and 조건 연산자를 사용해야 한다. 또한 모서리도 직사각형의 영역에 포함되므로 =가 포함된 부등호를 사용해야 한다.

```
                                            XXXXXXXXXX
                                            XXXXXXXXXX
                                            XXXXXXXXXX
                                            XXXXXXXXXX
                                            XXXXXXXXXX
r = Rectangle(2, 3, 4, 5)                   XXXXOOOOXXX
r()                                         XXXXOOOOXXX
                                            XXXXOOOOXXX
                                            XXXXXXXXXX
                                            XXXXXXXXXX
                                            XXXXXXXXXX
```

```
def __call__(self):
    (        )
```

ⓐ
```
for i in range(11):
    for j in range(11):
        print(self.is_inside(i, j), end="")
    print("")
```

ⓑ
```
for i in range(11):
    for j in range(11):
        print(self.is_inside(i, j), end="")
        print("")
```

ⓒ
```
for i in range(11):
    for j in range(11):
        print(self.is_inside(j, i), end="")
    print("")
```

ⓓ
```
for i in range(11):
    for j in range(11):
        print(self.is_inside(j, i), end="")
        print("")
```

④ print 함수에서 값이 출력되는 순서는 왼쪽에서 오른쪽으로 출력되고, 줄바꿈이 되면 아래로 내려가서 다시 왼쪽에서 오른쪽으로 출력한다. 이중 반복에서 i 반복을 한 번 실행하면 j 반복에서는 줄바꿈을 왼쪽에서 오른쪽으로 출력하도록 설계할 수 있다. j 변수는 수평 방향의 인덱스이므로 x, i 변수는 줄바꿈(수직 방향)의 인덱스이므로 y를 담당하므로 self.is_inside(j, i) 순으로 입력해야 한다. print("")를 통해 줄바꿈을 수행하며 이것은 j 반복 바깥에서 수행되어야 하므로 보기 내에서 한 단계의 들여쓰기에 작성되어야 한다.

문제 4

```
class StockAnalyzer:
    def __init__(self, paths):
        self.entire_data = []
        for p in ①( paths / self.paths ):
            self.entire_data += ②( get_file_data / self.get_file_data )(p)

    @staticmethod
    def get_file_data(path):
        f = open(path, "r", encoding="utf-8")
        entire_txt = f.read()
        f.close()
        return entire_txt.split("\n")[1:]
    ...
```

① `__init__` 메서드에서 인자로 받은 paths를 반복 대상으로 사용한다. self.paths를 선언한 코드는 없기 때문에, self.paths를 사용한 코드는 에러를 발생시킨다.

② get_file_data는 @staticmethod로 선언된 StockAnalyzer의 메서드이다. staticmethod로 선언된 메서드는 클래스나 인스턴스의 변수를 변경할 수는 없으나 메서드 자체는 클래스, 인스턴스에 속해 있는 것이므로 self를 통해 접근해야 한다. 따라서 self.get_file_data를 사용해야 한다.

```
class StockAnalyzer:
    ...
    def get_target_dates(self, standard):
        return [d for d, v in zip(self.dates, self.vols) if int(v) > standard]

    def get_target_ma(self):
        return [sum(self.ends[j-2:j+1])/3 for j in range(len(self.ends)) if j >= 2]

    def get_end_price_target_dates(self, standard):
        return [e for e, v in zip(self.ends, self.vols) if int(v) > standard]

    (      )
    def dates(self):
        return [line.split(",")[0] for line in self.entire_data]
    (      )
    def ends(self):
```

```
        return [int(line.split(",")[4]) for line in self.entire_data]
    (        )
    def vols(self):
        return [line.split(",")[5] for line in self.entire_data]
```

ⓐ	**@property**
ⓑ	@staticmethod
ⓒ	@classmethod
ⓓ	코드 없음(데코레이터 없음)

③ get_target_dates, get_target_ma, get_end_price_target_dates 코드에서 dates, vols, ends는 앞에 self를 붙여 인스턴스에 소속된 변수로 취급했다. 이후에 선언된 dates, ends, vols는 메서드로 선언되었으므로 원래 이 값을 사용하려면 self.dates()와 같이 괄호를 붙여 사용해야 하지만, @property를 붙인 메서드의 경우 괄호를 붙이지 않고 인스턴스 변수처럼 접근하여 함수를 실행할 수 있다.

```
class StockAnalyzer:
    ...
paths = ["stock{}.txt".format(i) for i in range(1, 4+1)]
sa = StockAnalyzer(paths)
(        )
mean_target_end = sum(end_price_target_dates) / len(end_price_target_dates)

for name, data in file_data.items():
    f = open(name, "w", encoding="utf-8")
    for d in data:
        f.write(str(d)+"\n")
    f.close()
```

ⓐ	`file_data["target_dates.txt"] = get_target_dates(standard_volume)`
	`file_data["target_ma.txt"] = get_target_ma()`
	`end_price_target_dates = get_end_price_target_dates(standard_volume)`

ⓑ	`file_data["target_dates.txt"] = get_target_dates(sa, standard_volume)`
	`file_data["target_ma.txt"] = get_target_ma(sa)`
	`end_price_target_dates = get_end_price_target_dates(sa, standard_volume)`

| ⓒ | ```python
file_data["target_dates.txt"] = sa.get_target_dates(standard_volume)
file_data["target_ma.txt"] = sa.get_target_ma()
end_price_target_dates = sa.get_end_price_target_dates(standard_volume)
``` |
| ⓓ | ```python
file_data["target_dates.txt"] = sa.get_target_dates(sa, standard_volume)
file_data["target_ma.txt"] = sa.get_target_ma(sa)
end_price_target_dates = sa.get_end_price_target_dates(sa, standard_volume)
``` |

④ 인스턴스 sa는 클래스 StockAnalyzer의 인스턴스이다. sa의 메서드를 실행할 때는 sa.메서드이름(입력)으로 사용한다. 또한 staticmethod를 제외하면 메서드 설계상의 첫 번째 입력은 메서드 실행의 입력에서 생략해야 한다. 따라서 정답은 ⓒ이다.

1. 클래스

   클래스는 객체를 생성하기 위한 설계도이다. 클래스는 객체들이 가질 클래스 변수와 메서드의 집합을 정의한다. 클래스는 변수와 메서드를 함께 묶어 모듈화된 코드를 구성한다. class 키워드를 사용하여 클래스를 선언할 수 있다. class 키워드 줄 아래의 들여쓰기 영역에 클래스에 속하는 변수나 메서드를 추가로 선언하는 방식으로 클래스를 설계한다.

2. 인스턴스, 메서드, 애트리뷰트

   인스턴스(instance)는 클래스의 구체적인 발생 또는 실체를 나타내며, 해당 클래스의 기능을 수행할 수 있는 개별 객체를 의미한다. 메서드(method)는 클래스 내에 정의된 함수로, 인스턴스와 관련된 동작을 수행한다. 애트리뷰트(attribute)는 인스턴스나 클래스와 연결된 변수로, 클래스 혹은 인스턴스에 속한 모든 객체들을 지칭하는 용어이다. 인스턴스, 메서드, 속성은 함께 클래스의 기본 구성 요소를 형성하며, Python에서 객체를 생성하고 조작하는 데 사용된다.

3. self

   파이썬에서 self라는 단어는 클래스의 인스턴스를 가리킨다. 이는 클래스 메서드의 첫 번째 인자로 사용되며, 현재 클래스의 인스턴스를 가리킬 때 사용된다. 관례적으로 self는 이 인자에 주어지는 이름이지만, 기술적으로는 다른 이름을 사용할 수도 있다. self를 사용하면 클래스 내에서 속성과 메서드를 액세스하고 수정할 수 있다. self의 사용으로 클래스의 다른 인스턴스가 속성에 대해 서로 다른 값을 가질 수 있다.

4. 매직 메서드, __init__, __call__, __getitem__

   파이썬에서 매직 메서드는 이중 밑줄로 시작하고 끝나는 특수한 메서드이다. __init__은 객체가 생성될 때 초기화하는 데 사용되는 매직 메서드이며, 관례적으로 생성자라는 이름으로 불린다. __call__은 객체를 함수처럼 호출할 때 실행되어 인스턴스의 함수적 기능을 설계할 때 쓰인다. __getitem__은 인덱싱이나 슬라이싱과 같은 대괄호 표기법을 사용하여 객체에 접근할 수 있도록 한다. 매직 메서드는 산술 연산, 비교, 속성 접근과 같은 다양한 동작과 기능을 클래스에 구현하는 데 사용된다. 이외에도 다양한 매직 메서드가 있으며 사용자 정의 클래스를 직관적으로 표현할 수 있게 도와준다.

5. 상속

   상속은 클래스에서 다른 클래스의 애트리뷰트를 그대로 사용하는 기능이다. 자식 클래스의 클래스 이름 오른쪽에 괄호를 통해 부모 클래스를 상속받을 수 있다. 자식 클래스는 부모 클래스에서 정의한 메서드와 변수를 재작성하지 않고도 사용하거나 변형할 수 있다. 상속을 통해 공통 기능을 상속받는 특수화된 클래스를 만들 수 있으며, 동시에 사용자 정의 및 확장이 가능하다. 상속은 코드 재사용을 가능하게 하며 계층적인 구조를 설계할 때 유용하다.

6. property, staticmethod, classmethod

property는 클래스 속성에 접근할 수 있게 해 주는 특별한 메서드로, 괄호를 통한 메서드 호출이 아닌 인스턴스 변수에 접근하는 방식으로 메서드를 호출한다. property를 이용하여 값을 접근하거나 설정하기 전에 유효성 검사 등의 검사를 수행할 수 있다. staticmethod 데코레이터로 표시된 메서드는 정적 메서드로 인스턴스 변수 값이나 클래스 변수 값을 변화시키지 않는다. staticmethod는 인스턴스나 인스턴스의 애트리뷰트에 접근하지 않아도 되는 함수에 사용된다. classmethod 데코레이터로 표시된 메서드는 클래스 메서드로, 인스턴스 대신 클래스 자체를 조작한다. 첫 번째 인수로 인스턴스가 아닌 클래스를 받으며, 대체 생성자를 만들거나 클래스 레벨 변수를 수정하는 데 사용된다.

import

✓ 핵심 키워드

import, 모듈, 패키지, 라이브러리, 표준 라이브러리, 오픈 소스 라이브러리

여기서는 무얼 배울까

파이썬에서 기본 문법 및 함수 외에 확장 기능을 사용하기 위해 import를 사용할 수 있다. import를 사용하면 모듈이나 패키지, 라이브러리를 현재 코드에 가져와서 사용할 수 있다. 모듈은 파이썬 코드를 담은 파일로 편의상 .py 확장자를 사용하는 것으로 정의된다. 모듈을 import할 때는 파일 이름을 통해 해당 파일을 읽어 와서 모듈 내의 변수, 함수, 클래스를 사용할 수 있다. 패키지는 모듈들을 묶어서 관리하는 디렉터리이며, 이 디렉터리가 import의 대상이 될 수도 있다. 라이브러리는 여러 확장 및 편의 기능을 제공하는 코드 모음으로 모듈, 패키지의 형태로 존재한다. 라이브러리는 파이썬 설치에 포함된 표준 라이브러리와 오픈 소스 라이브러리로 나뉜다. 이를 활용하여 적은 시간 및 노력으로 원하는 기능을 구현할 수 있다.

01

import의 기본 문법

import가 필요한 이유

프로그래밍에서 언어가 기본적으로 제공하는 기능 외에도 추가적인 기능을 사용할 수 있다. 또한 설계하고자 하는 프로그램의 규모가 커질 경우 여러 파일에 걸쳐 파이썬 코드를 설계하는 것이 효과적일 수 있다. import 문법은 현재 파이썬 파일에서 다른 파이썬 파일을 참조할 때 사용한다. import를 사용하여 다른 이들이 미리 구축해 둔 코드를 가져와서 쓰거나, 큰 프로젝트를 목적에 따라 여러 파일로 나누고 import로 각 파일을 연결하여 사용할 수 있다. 예를 들어, 프로그램에서 2×2 행렬을 설계해야 하면, 아래와 같이 리스트를 요소로 갖는 리스트로 설계할 수 있다.

```
matrix = [[1, 2], [3, 4]]
```

위 코드는 변수 matrix에 리스트의 리스트를 사용하여 2×2 행렬 모양을 구현한 것이다. 위 코드의 행렬은 행렬 모양을 하고 있으나, 행렬의 여러 가지 수학적 특성은 반영되어 있지 않다. 예를 들어, 아래의 수식은 행렬의 사칙연산을 하듯 곱셈과 덧셈을 수행하지만, 행렬의 사칙연산을 구현한 것은 아니다.

실행 결과

```
matrix = [[1, 2], [3, 4]]        [[1, 2], [3, 4], [1, 2], [3, 4], [1, 2], [3, 4]]
print(matrix * 3)
print(matrix + matrix)           [[1, 2], [3, 4], [1, 2], [3, 4]]
```

행렬은 행렬의 덧셈, 곱셈, 역행렬 등 수학적 계산 공식이 있다. 하지만 위 코드의 연산은 행렬의 덧셈, 곱셈이 아닌 리스트의 연산자 정의에 따른다. 이 경우 클래스를 사용하여 행렬을 직접 설계할 수도 있으나, import를 사용하여 행렬에 대해 잘 설계된 코드를 가져와서 사용하면 목표하는 프로그램을 효율적으로 설계할 수 있다.

import 문법

import를 통해 다른 모듈* 또는 패키지**의 파이썬 객체들을 사용할 수 있다. 일반적으로 함수, 클래스를 import하며, 변수도 import해 올 수 있다. import 문법을 사용하는 방법은 아래와 같다.

코·드·소·개

```
import A
from A import B

변수1 = A.객체명
변수2 = B

예시)
import os
from random import randint

s = os.sep
r = randint(1, 10)
```
---

import A를 통해 모듈이나 패키지의 객체들에 접근할 수 있다. 클래스의 애트리뷰트에 접근하듯, 온점(.)을 통해 import한 객체에 접근한다. from A import B 문법에서는 A에는 모듈 및 패키지가 올 수 있고 B에는 클래스, 함수, 변수가 오며, 모듈과 패키지도 올 수 있다.

Clear Comment

보통은 클래스/함수/변수
from-import의 import 뒤에 모듈과 패키지가 오는 것이 문법적으로는 가능하지만, 일반적으로 from-import 문법에서 import 뒤에는 클래스, 함수, 변수를 가져옵니다.

코드	실행 결과

`import math`
`print(math.log10(100))`
`print(math.pi)`
`print(math.cos(math.pi))`
	`2.0`
	`3.141592653589793`
	`-1.0`

기초 용어 정리

* **모듈(module)**: 파이썬에서 모듈이란, 변수, 함수, 클래스 등이 설계된 파이썬 코드를 담고 있는 파일이다. 파이썬 모듈은 일반적으로 .py 확장자를 사용한다.

** **패키지(package)**: 파이썬에서 패키지란, 여러 모듈을 묶어서 관리하는 것이다. 일반적으로 파이썬 파일이 들어 있는 폴더를 패키지로 지칭한다.

위 코드는 수학과 관련된 코드가 설계되어 있는 math 라이브러리를 import하여 사용한 것이다. math 라이브러리에 있는 입력 숫자에 대해 밑 10의 로그 계산을 수행하는 log10 함수, 입력 숫자의 코사인 계산을 수행하는 cos 함수, 그리고 원주율 값을 가진 pi를 사용하였다. 이 밖에도 math 라이브러리는 수학과 관련된 여러 함수를 제공한다.

```
from math import pi
print(pi)
print(math.log10(100))
```

```
3.141592653589793
NameError: name 'math' is not defined
```

위 코드는 math 모듈에서 변수 pi를 가져온 것으로 math.pi가 아닌 pi로 사용하여 출력한다. 다음 출력에서는 math.log10 함수를 호출하는데, 코드에서 math 모듈을 import한 것이 아니기 때문에 math가 없다는 에러를 발생시킨다.

import 대상을 다른 이름으로 정의하고자 하면 as를 사용하면 된다.

코·드·소·개

```
import A as 변수
from A import B as 변수

예시)
import random as r
from os import makedirs
```

위와 같이 as를 사용하면 import로 가져온 것을 변수에 대입하여 사용할 수 있다.

```
import math as m
print(m.log10(100))
```

```
2.0
```

위 코드는 math 모듈을 import하되, m의 이름으로 접근한다. 따라서 m.log10을 작성하여, math 모듈의 log10 함수를 사용할 수 있다.

import 파일 경로 탐색

패키지 내부 접근

import하고자 하는 파일이 폴더 내부에 존재할 경우, 온점(.)을 통해서 아래와 같이 접근할 수 있다.

코·드·소·개

```
import 패키지.모듈

예시)
import os.path
```

위와 같이 import할 대상에 온점이 있는 경우 패키지 폴더 내부의 모듈.py 이름의 파일에 접근한다. 아래 코드 및 그림은 해당 그림의 폴더 구조에서 main.py 파일이 pkg 내부의 sub.py를 import한 것이다.

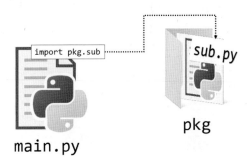

main.py	pkg/sub.py	실행 결과
`import pkg.sub` `print(pkg.sub.double(3))`	`def double(num):` `    return 2 * num`	6

위 코드에서 python 명령을 통해 실행되는 파이썬 모듈은 main.py이며, pkg 폴더 안의 sub.py 모듈은 main.py에서 import된다. main.py 코드에서 pkg.sub의 double 함수를 호출하여 sub.py 파일에서 설계된 대로 동작하며, 함수의 리턴 결과를 출력한다.

__init__.py

import를 사용할 때 패키지를 import할 수 있다. 패키지를 import하면 패키지 폴더 내부의 __init__.py가 실행된다.

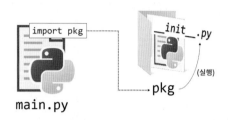

main.py	pkg/__init__.py	실행 결과
`import pkg` `print(pkg.triple(3))`	`def triple(num):` `    return 3 * num`	9

위와 같이 import pkg로 패키지를 import할 경우 pkg 폴더 내에 __init__.py의 코드에 접근한다. 그 결과 __init__.py에 설계되어 있는 triple() 함수를 pkg.triple을 통해 사용할 수 있다. 패키지를 import할 때 주의할 점은, 패키지를 import한다고 해서 해당 패키지 내의 모듈 파일에 접근할 수 있는 것이 아니라는 점이다. 아래와 같은 폴더 구조에서 import pkg 코드를 사용해도 pkg.sub를 사용할 수 없다.

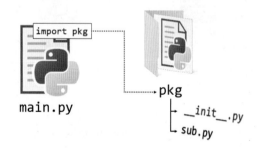

main.py	pkg/sub.py	실행 결과
`import pkg` `print(pkg.sub.double(3))`	`def double(num):` `    return 2 * num`	`AttributeError: module 'pkg'` `has no attribute 'sub'`

위 코드는 패키지를 import한 후 패키지 내 모듈에 온점(.)을 통해 접근을 시도하여 에러를 발생시킨다. 패키지를 import하는 것은 __init__.py를 import로 실행하며, 내부의 다른 파일 및 폴더는 접근하지 않기 때문에 import한 pkg에는 sub가 없다는 에러를 발생시킨다.

from .A import B

만일 import할 모듈이 다른 모듈을 from-import한다면 현재 패키지 내의 모듈을 가리킨다는 의미에서 .을 from에 사용한다.

```
from .모듈 import 객체

예시)
from .sub import double
```

---

from에서 모듈의 앞에 .을 붙여 import되는 파일과 같은 폴더에 있는 모듈에 접근하여 import를 수행한다.

직접 실행되지 않는 코드

온점을 사용한 .모듈을 from에 사용하는 경우 python 명령으로는 에러가 발생하며, import되는 파일에서만 유효합니다. 그렇기 때문에 다른 파이썬 프로젝트를 분석할 때, 파일에 from .을 사용한 파이썬 파일은 import 용도로 설계된 파일이라고 여기면 됩니다.

main.py	pkg/__init__.py	pkg/sub.py	실행 결과

```
import pkg
print(pkg.quad(3))
```

```
from .sub import double
def quad(num)
    return double(double(num))
```

```
def double(num):
    return 2*num
```

```
12
```

위 코드에서 main.py는 pkg 패키지를 import한다. 이 예시에서 핵심적으로 보아야 할 파일은 __init__.py이다. __init__.py에서 같은 폴더에 있는 코드 내 객체를 import하여 사용할 수 있도록 하였다. 그 결과, sub에서 가져온 double은 pkg에 속하게 되며, 이를 사용하여 설계한 quad를 main.py에서 import하여 사용한다.

pkg.double로 사용 가능

double은 sub.py에 설계되었지만, __init__.py에서 import하여 pkg에도 속하므로 pkg.double로 사용할 수 있습니다. 이와 같이 패키지 내 다른 파일의 요소를 __init__.py에서 import하고, 해당 패키지를 import하여 사용하는 설계 방식을 파이썬 프로그래머들은 많이 사용합니다.

 손으로 익히는 코딩

```
import math
print(math.pi * 2)
```

6.283185307179586

 손으로 익히는 코딩

```
import math as m
print(m.pi * 3)
```

9.42477796076938

에러에서 배우기

- 변수 이름으로 덮어쓰면 사라짐

```
import math as m
print(m.pi)
m = "math"              AttributeError: 'str' object has no attribute 'pi'
print(m.pi)
```

위 에러는 math 라이브러리를 나타내는 m 변수를 문자열로 덮어쓴 후 math에 접근하여 발생한다. 에러 메시지는 문자열에는 pi라는 애트리뷰트가 없다는 의미로, m은 두 번째 줄까지는 math 라이브러리를 가리키는 변수였지만, 세 번째 줄에서 "math" 문자열이 되므로 이후의 m은 더이상 math 라이브러리를 가리키는 변수가 아니다.

- 하위 경로는 온점

```
import os/path as p
print(p.sep)            SyntaxError: invalid syntax
```

위 에러는 os.path 라이브러리를 틀린 문법으로 접근하여 발생한다. 하위 경로를 표현하는 파이썬 문법은 온점(.)이다.

- .py는 빼고

```
import os.py            ModuleNotFoundError: No module named 'os.py';
print(os.path.sep)      'os' is not a package
```

위 에러는 라이브러리를 import할 때 .py를 붙여 발생한다. .py를 붙인다는 것은 .py 파일을 읽는 것이 아닌, os 아래의 py 파일을 import한다는 뜻이다. import할 때 파이썬 파일의 확장자인 .py는 작성하지 않고 불러와야 한다.

더 멋진 내일(Tomorrow)을 위한 내일(My Career) **내일은 파이썬**

표준 라이브러리 - standard library

OS

os 모듈은 운영체제와 상호작용하기 위한 함수들이 포함된 파이썬 표준 라이브러리 중 하나이다. os 모듈은 다양한 운영체제에 대해 파일 시스템에 접근하고, 환경 변수*, 프로세스 관리 등의 작업을 수행할 수 있다.

os.path.join

먼저, os.path는 파일 경로와 관련된 함수들을 제공하는 모듈이다. os.path.join() 함수는 여러 개의 문자열 입력을 받아 각 문자열을 조합하여 전체 경로를 결과로 리턴한다.

```
import os
print(os.path.join("pkg", "sub.py"))
```

실행 결과 Linux / MacOS
```
pkg/sub.py
```

실행 결과 Windows
```
pkg\sub.py
```

위 코드는 os.path.join() 함수를 pkg와 sub.py를 조합한 것으로, 파이썬이 실행되는 os에 따라 다른 결과가 나타나는 것을 확인할 수 있다. Linux나 MacOS 운영체제에서는 디렉터리의 구분자를 슬래시(/)로, Windows 운영체제에서는 구분자를 역슬래시(\)로 사용하며, 이에 맞춰 os.path.join() 함수가 다르게 작동한 것이다.

Quick Tip

os.path.sep에서 확인 가능
os 라이브러리에서 os.path.sep 변수를 확인해 보면 운영체제에 따라 다릅니다. Linux나 MacOS에서는 슬래시(/), Windows에서는 역슬래시(\)입니다.

기초 용어 정리
* **환경 변수(Environment variable)**: 환경 변수는 운영체제에서 사용되는 변수로 시스템의 설정이나 프로그램의 실행에 영향을 주는 값이 설정되어 있다.

os.path.exists/isfile/isdir

os.path.exists/isfile/isdir은 모두 하나의 문자열 입력을 받아 해당 문자열의 경로가 파일 시스템에 존재하는지 검사하는 함수이다.

- os.path.exists(): 인자로 전달된 경로가 존재하는지 여부를 검사한다. 해당 경로가 파일인지 디렉터리인지와 관계없이 존재하면 True, 존재하지 않으면 False를 리턴한다.
- os.path.isfile(): 인자로 전달된 경로가 파일인지 검사한다. 해당 경로가 파일로서 존재해야만 True이고, 디렉터리이거나 존재하지 않으면 False를 리턴한다.
- os.path.isdir(): 인자로 전달된 경로가 디렉터리인지 검사한다. 해당 경로가 디렉터리로서 존재해야만 True이고, 파일이거나 존재하지 않으면 False를 리턴한다.

함수	파일	디렉터리	미존재
os.path.exists()	True	True	False
os.path.isfile()	True	False	False
os.path.isdir()	False	True	False

main.py

pkg
├ __init__.py
└ sub.py

```
import os
if os.path.isdir("pkg"):
    print("pkg is directory")
if os.path.isdir("main.py"):
    print("main.py is directory")
```

```
pkg is directory
```

위 코드는 os.path.isdir 함수를 사용하여 디렉터리가 존재하는지 검사한 결과를 출력한 것이다. pkg의 경우 디렉터리로서 존재하여 출력을 실행하지만, main.py는 디렉터리가 아니기 때문에 출력을 실행하지 않는다.

os.makedirs

os.makedirs() 함수는 디렉터리를 생성하는 함수이다. 여러 깊이의 디렉터리를 생성할 수도 있다.

Quick Tip

exist_ok=True
os.makedirs(name, exist_ok=True)와 같이 exist_ok=True 입력을 주면 이미 폴더가 있는 경우 폴더를 생성하지 않습니다. 파이썬 개발자들은 보통 거의 모든 경우에 exist_ok=True 입력을 사용합니다.

실행 결과

```
import os
os.makedirs("folder1", exist_ok=True)
os.makedirs("folder2/new_folder",
exist_ok=True)
```

(folder1 폴더 생성)
(folder2, folder2/new_folder 폴더 생성)

위 코드는 os.makedirs() 함수를 통해 디렉터리를 생성한다. 두 번째 줄의 코드가 실행될 때 folder1 폴더가 생성되고, 세 번째 줄의 코드가 실행될 때 folder2와, folder2 내에 new_folder가 생성된다. 만일 폴더가 이미 존재하면 폴더를 새로 만들지 않는다.

os.remove

os.remove() 함수는 입력 문자열 경로의 파일을 제거하는 함수이다. 디렉터리는 제거할 수 없다.

> **Clear Comment**
>
> **shutil.rmtree로 제거**
> 잠시 후 설명할 shutil 라이브러리의 rmtree() 함수를 통해 디렉터리를 제거할 수 있습니다.

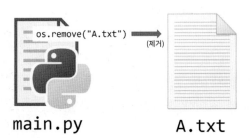

```
import os
os.remove("A.txt")
```

> (A.txt 제거)

위 코드는 os.remove() 함수를 통해 텍스트 파일을 제거한다. 함수 호출 시 별도의 출력이나 함수의 리턴 값은 없고 A.txt 파일은 제거된다.

손으로 익히는 코딩

```
import os
os.makedirs("from_python", exist_ok=True)
print(os.path.isdir("from_python"))
print(os.path.isdir("no_folder"))
```

실행 결과

```
True
False
```

math

파이썬의 math 라이브러리는 수학 계산에 필요한 다양한 함수와 상수를 제공한다. 이를 이용하여 원하는 계산을 빠르게 수행할 수 있다.

math.pi/e

math.pi와 e는 원주율 π(3.141592…)와 자연상수 e(2.718281…) 값을 가진 변수이다.

```
import math
print(math.pi)
print(math.e)
```

실행 결과

```
3.141592653589793
2.718281828459045
```

위 코드는 math 모듈에서 pi와 e를 출력한 것으로, 이 변수를 사용하면 pi값과 e값에 최대한 근접한 값을 사용할 수 있다.

math.log

math.log() 함수는 로그* 계산을 수행하는 함수로 두 번째
입력을 주면 해당 입력 숫자를 밑으로 하는 로그 계산을 수
행한다. 두 번째 입력이 생략되면 밑은 자연상수 math.e
값으로 처리된다.

Quick Tip

인자 이름은 base
base 인자 이름으로 주면 해당 입력이 밑
이라는 점을 명시적으로 드러낼 수 있습
니다.

실행 결과

```
import math
print(math.log(4))
print(math.log(4, 2))
```

```
1.3862943611198906
2.0
```

위 코드는 math.log() 함수를 통해 log 함수 계산을 수행한 것이다. 두 번째 줄에서는 math.log(4)
는 자연상수 e를 밑으로 하여 4의 로그함수 결과가 출력되고, 세 번째 줄에서는 2를 밑으로 하는
로그 4 값을 계산하여 2.0이 출력된다.

math.sin/cos/tan

math.sin/cos/tan 함수는 모두 삼각함수를 계산하며 각각 입력 숫자에 대한 사인, 코사인, 탄
젠트 함수 값을 리턴한다.

실행 결과

```
import math
p = math.pi
print(math.sin(p))
print(math.cos(p))
print(math.tan(p))
```

```
1.2246467991473532e-16
-1.0
-1.2246467991473532e-16
```

위 코드는 math.sin/cos/tan 함수를 사용하여 원주율 π에 대한 삼각함수 결과를 출력한 것이
다. 수학적으로 $\sin(\pi) = 0$, $\cos(\pi) = -1$, $\tan(\pi) = 0$으로, 0값에 대해서는 무리수 오차에 의
해 함수의 결과에도 약간의 오차가 발생한다.

기초 용어 정리

* **로그(log)**: 수학에서 로그는 어떤 수(진수)를 나타내기 위해 밑을 몇 번 곱해야 하는지를 나타내는 연산이다. 예를 들
어, $\log_2 8$은 밑이 2이고 진수가 8로, 8을 나타내기 위해 2를 3번 곱해야 하므로 $\log_2 8$ 값은 3이다.

```
import math
print(math.log2(8))
```

실행 결과

```
3.0
```

random

파이썬의 random 라이브러리는 난수 생성 및 무작위 데이터를 다루는 다양한 함수를 제공한다. random 라이브러리는 게임, 통계 등 여러 분야의 프로그래밍에 유용하게 활용된다.

random.randint

random.randint() 함수는 두 int형 숫자 입력을 받아서 두 수 사이 임의의 값을 리턴한다.

> **Quick Tip**
>
> **작은 수가 먼저**
> random.randint() 함수의 입력은 작은 수가 먼저 와야 하며, 같은 수를 입력할 경우 해당 숫자가 리턴됩니다.

```
import random
print(random.randint(1, 10))
```

실행 결과

```
5
```

위 코드는 random 라이브러리의 randint() 함수를 사용하여 1 이상 10 이하의 숫자 중 임의의 숫자를 출력한 것이다. 임의의 숫자를 리턴한 것이기 때문에 코드 결과가 위와 같지 않을 수 있으며, 1 이상 10 이하의 숫자 중 하나를 출력한다.

random.uniform

random.uniform() 함수는 두 숫자를 입력받아 작은 수에서 큰 수 사이의 실수형 숫자 중 임의의 값을 리턴한다.

Quick Tip

순서는 숫자 크기에 상관없지만

random.uniform() 함수의 두 입력은 큰 수와 작은 수 모두 앞에 올 수 있습니다. 하지만 가독성을 위해 작은 수를 앞에 두는 것이 좋습니다.

```
import random
print(random.uniform(1.5, 8))
```

실행 결과

```
2.071465799033665
```

위 코드는 random 라이브러리의 uniform() 함수를 사용하여 1.5 이상 8 이하의 숫자 중 임의의 숫자를 출력한 것이다. 임의의 숫자를 리턴한 것이기 때문에 코드 결과가 위 출력 결과와 같지 않을 수 있으며, 1.5 이상 8 이하의 숫자 중 하나를 출력한다.

random.shuffle

random.shuffle() 함수는 순서가 있는 객체를 입력받아 해당 객체의 요소 순서를 임의로 섞는다. 리턴 값이 없고 입력한 객체의 순서가 바뀐다.

Quick Tip

리턴 값은 None

a = random.shuffle([1, 2, 3])을 수행하면 a에는 None이 대입되고 섞인 [1, 2, 3]에는 다시 접근할 수 없습니다. 함수 입력에 값이 아닌 변수를 대입해야 유효하게 함수를 사용할 수 있습니다.

```
import random
arr = [1, 2, 3, 4]
random.shuffle(arr)
print(arr)
```

실행 결과

```
[2, 3, 4, 1]
```

위 코드는 random 라이브러리의 shuffle() 함수를 사용하여 리스트 변수 arr의 값을 임의로 섞은 것이다. arr은 임의로 섞였기 때문에 코드 결과가 위 출력 결과와 같지 않고 [1, 2, 3, 4]가 무작위로 섞여 있을 것이다.

 더 알아보기

의사 난수(Pseudo-random)

논리 계산에 기반한 컴퓨터는 난수를 만들 수 없다. 난수는 무작위로 만들어진 수열이며, 무작위의 의미는 다음에 나올 수를 절대 예측할 수 없는 수를 뜻한다. 그렇기 때문에 컴퓨터는 그 규칙이 충분히 복잡하고 분포가 확률적으로 치우치지 않은 수를 만들 때, 난수 대신에 난수로 취급할 수 있는 의사 난수(Pseudo-random)를 사용한다. 파이썬에서는 메르센-트위스터 방식이라는 난수 생성 방식 기반으로 난수를 제공한다. 알고리즘 자체는 다음에 나올 수를 예측할 수 없는 것처럼 보이지만 연속된 624개의 수열이 있으면 그 규칙을 알 수 있다는 허점이 있어 일반적으로 보안에 사용될 때는 추가적인 조치를 취하고 사용된다.

손으로 익히는 코딩

```
import random
print(random.randint(1, 2))
```

실행 결과

```
1
1
2
1
2
```

glob, shutil

파이썬의 glob과 shutil은 os와 더불어 파일과 디렉터리를 다룰 때 유용한 기능을 제공한다. glob.glob을 통해 파일 목록을 불러올 수 있고, shutil 모듈의 함수를 통해 복사, 이동, 삭제 등을 수행할 수 있다.

glob.glob

glob 모듈의 glob() 함수는 경로명을 사용하여 파일을 검색하여 리스트 형태로 리턴한다. 파일을 검색할 때 아래와 같은 메타 문자를 사용하여 검색할 파일 이름 조건을 지정할 수 있다.

Quick Tip

from glob import glob
중복 작성의 번거로움을 방지하기 위해 보통 import glob 후 glob.glob() 대신 from glob import glob 후 glob() 함수 호출로 사용됩니다.

*	0개 이상의 임의의 문자에 대응
?	임의의 한 문자에 대응
[ ]	대괄호 안에 있는 문자 중 하나에 대응

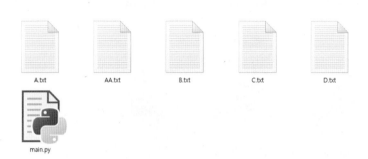

A.txt   AA.txt   B.txt   C.txt   D.txt

main.py

실행 결과

```
from glob import glob
print(glob("*.txt"))
print(glob("?.txt"))
print(glob("[BC].txt"))
```

```
['A.txt', 'AA.txt', 'B.txt', 'C.txt', 'D.txt']
['A.txt', 'B.txt', 'C.txt', 'D.txt']
['B.txt', 'C.txt']
```

위 코드는 glob 라이브러리의 glob() 함수를 사용하여 현재 디렉터리에서 특정 경로명 패턴에 대응하는 파일 경로 리스트를 출력한다. 두 번째 줄에서는 현재 디렉터리에 있는 .txt 확장자의 모든 파일 경로에 대한 문자열 리스트를 출력한다. 세 번째 줄에서는 현재 디렉터리 중 확장자를 제외하고 한 글자로 이루어진 경로 문자열 리스트를 출력한다. *과 달리 ?는 glob에서 한 글자로 제한된다. 마지막 줄에서는 현재 디렉터리의 파일 중 .txt를 제외한 파일명이 B이거나 C인 경로 문자열 리스트를 출력한다.

> **Clear Comment**
>
> **파이썬을 실행한 디렉터리**
>
> 문자열에서 파일에 접근 시 바로 파일 이름을 사용할 경우, 파이썬이 실행된 디렉터리와 같은 곳에 있는 파일을 탐색합니다.

shutil.copy/move

shutil 라이브러리의 copy()와 move() 함수를 통해 각각 파일을 복사하거나 이동할 수 있다. 두 입력을 받으며 첫 번째 입력 문자열 경로의 파일을 대상으로 하여 두 번째 입력 문자열 경로로 복사/이동한다.

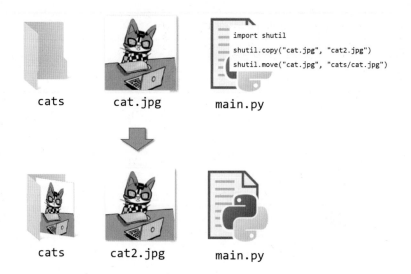

cats   cat.jpg   main.py

cats   cat2.jpg   main.py

```
import shutil
shutil.copy("cat.jpg", "cat2.jpg")
shutil.move("cat.jpg", "cats/cat.jpg")
```

실행 결과

(cat.jpg 복사 ▶ cat2.jpg)
(cat.jpg 이동 ▶ cats/cat.jpg)

위 코드는 shutil 라이브러리의 copy()와 move() 함수를 통해 사진 파일을 각각 복사/이동한 것이다. 각 함수의 코드 결과 파일 시스템 상에서 cat.jpg가 cat2.jpg로 복사된 후, cat.jpg가 cats 폴더 안으로 이동한다.

shutil.rmtree

shutil.rmtree() 함수를 통해 입력 문자열 경로 디렉터리를 삭제할 수 있다. 만일 해당 디렉터리 내부에 파일이 있더라도 파일을 삭제하므로 삭제할 디렉터리 경로를 신중하게 결정해야 한다. 파일은 shutil.rmtree()로 제거할 수 없다.

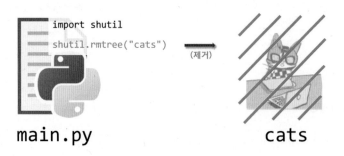

main.py   cats

```
import shutil
shutil.rmtree("cats")
```

(cats 폴더 삭제)

위 코드는 shutil.rmtree() 함수를 통해 문자열 경로 디렉터리 및 하위 경로의 파일과 디렉터리를 모두 제거한다. 함수 호출 시 별도의 출력이나 함수의 리턴 값은 없다.

time, datetime

파이썬에서 time 및 datetime 라이브러리는 시간 및 날짜와 관련된 함수들을 제공하며, 현재 시간이나 및 코드의 실행 시간 등을 계산할 때 유용하게 사용된다.

time.time

time.time() 함수는 현재 시간을 초 단위로 나타내며, 주로 프로그램 실행 시간 측정 등에 사용된다.

> **Clear Comment**
>
> **기준시간은 1970년 1월 1일**
> time() 함수는 1970년 1월 1일 0시 0분 이후를 기준으로 현재 시간까지 몇 초가 지났는지를 리턴합니다.

```
import time
start_time = time.time()
for i in range(10000):
    a = i**2
end_time = time.time()
print(end_time-start_time)
```

```
0.005997896194458008
```

위 코드는 time 라이브러리의 time() 함수를 두 번 호출하여 두 함수 호출 사이의 코드에 걸린 시간을 측정한다. start_time과 end_time의 차이가 반복문 실행에 걸린 시간이며, 출력되는 실행 시간은 동작 컴퓨터의 성능에 따라 달라질 수 있다.

time.sleep

time.sleep() 함수는 주어진 시간만큼 대기하는 함수로, 이 함수는 시간 지연을 구현할 때 유용하게 사용된다.

```
import time

print("start")
time.sleep(2)
print("2 second later")
```

```
start
⏱ (2초 경과 후)
2 second later
```

위 코드는 time 라이브러리의 sleep() 함수를 호출하여 두 출력 사이에 일정 시간만큼 대기하도록 하였다. 코드 실행 시, "start"가 출력된 이후 2초가 경과하고 나서 "2 second later"가 출력된다.

datetime.datetime.now()

datetime 모듈은 datetime 클래스를 통해 날짜와 시간을 다루며, 연, 월, 일, 시, 분, 초 등의 애트리뷰트를 가지고 있다. datetime 클래스의 now() 메서드를 통해 현재 시각을 얻을 수 있다.

from datetime import datetime
중복 작성의 번거로움을 막기 위해 import datetime 이후 datetime.datetime 대신 from datetime import datetime이 주로 사용됩니다.

```
from datetime import datetime

print(datetime.now())
print(datetime.now().hour)
```

```
YYYY-MM-DD HH:mm:SS.UUUUUU
HH
```

위 코드는 datetime.now() 함수를 통해 현재 시각 정보를 가져온다. datetime.now().hour는 현재 시각 정보 중 시(hour) 정보의 애트리뷰트이다. 위 코드 결과에서 각 알파벳에 해당하는 정보는 아래와 같다.

YYYY	연도 정보, year 애트리뷰트 (2002년의 경우 2002)
MM	월 정보, month 애트리뷰트 (12월의 경우 12)
DD	일 정보, day 애트리뷰트 (15일의 경우 15)
HH	시 정보, hour 애트리뷰트 (오후 2시의 경우 14)
mm	분 정보, minute 애트리뷰트 (32분의 경우 32)
SS	초 정보, second 애트리뷰트 (24초의 경우 24)
U	마이크로초 정보, microsecond 애트리뷰트

위 정보는 datetime 클래스로 저장되어 있으며, 각 애트리뷰트를 통해 int형 숫자 정보로 각 시간 정보를 얻을 수 있다.

에러에서 배우기

• os.makedirs는 exist_ok와 함께

```
import os
os.makedirs("new")                    FileExistsError: ... 'new'
os.makedirs("new")
```

위 에러는 이미 존재하는 폴더 이름으로 다시 파일을 만들어 발생한다. 에러 메시지는 실행되는 os에 따라 다르게 나타나지만, 모두 폴더가 이미 있으므로 만들 수 없다는 의미를 나타낸다.

03

서드파티 라이브러리 - third-party library

PyPI.org 살펴보기

서드파티 라이브러리는 파이썬 언어에서 기본적으로 제공되는 표준 라이브러리 이외에 다른 개발자나 기업에서 만들어 배포한 라이브러리를 의미한다. 이 라이브러리를 사용하면 개발자는 필요한 기능을 직접 구현하지 않고도 이미 구현된 코드를 활용하여 효율적으로 개발을 진행할 수 있다.

```
     name  age  gender  height
0     Kim   31  female   165.9
1    Choi   28  female   161.2
2    Park   33    male   173.6
3   Jeong   21    male   182.8
================================
     name  age gender  height
2    Park   33   male   173.6
3   Jeong   21   male   182.8
```

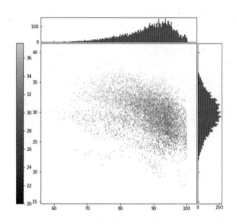

pandas를 활용한 데이터 처리 **matplotlib을 활용한 데이터 시각화**

PyPI(Python Package Index)는 파이썬 패키지를 공개하고 배포하는 온라인 저장소로, pip 패키지 매니저를 사용하여 PyPI에서 패키지를 다운로드 및 설치할 수 있다. PyPI에는 수많은 서드파티 라이브러리들이 등록되어 있고, 개발자들은 필요한 라이브러리를 검색하고 다운로드 하여 개발에 사용할 수 있다.

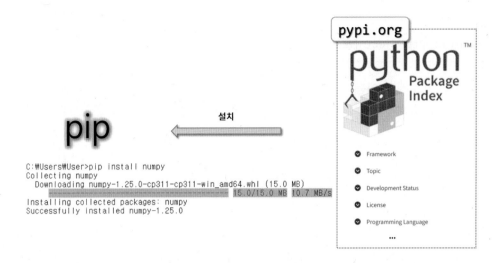

서드파티 라이브러리를 살펴보기 전에 유의할 사항은, 본 도서를 포함하여 책이나 문서를 통해

서드파티 라이브러리를 학습하고 활용할 때 해당 라이브러리의 버전을 확인해야 한다. 라이브러리의 버전이 업그레이드되면서 함수 이름, 애트리뷰트 이름, 인자, 리턴 값 등이 변경될 수 있기 때문이다. 이후 살펴볼 예시 라이브러리를 다룰 때 버전을 언급하고 설명하므로 독자들이 설치하는 라이브러리 버전과 차이가 크다면 독자들의 코드는 다르게 동작할 수 있음을 유의해야 한다.

> **Quick Tip**
>
> pip install library= =version
> 라이브러리를 설치할 때 = =version을 사용하여 특정 버전을 설치할 수 있습니다. 본 도서에서 사용한 라이브러리 버전과 같은 버전을 설치할 때 사용할 수 있습니다.

django

django란

django는 웹 개발을 위한 파이썬 라이브러리로 다양한 기능을 제공한다. 웹 개발에는 다양한 기능들이 구현되어야 한다. django를 시작할 때는 새 파이썬 프로젝트를 만들지 않고 터미널 명령을 통해 웹 서버 구축을 위한 파일을 자동으로 생성할 수 있다.

> **Clear Comment**
>
> **버전 4.2**
> 본 도서에서 사용하는 django 버전은 4.2입니다. 파이썬에서 확인하는 방법은 "import django; print(django.__version__)"을 통해 확인할 수 있습니다. 터미널 명령을 통해 확인하는 방법은 "python –m django – –version"입니다.

```
django-admin startproject {프로젝트이름}
```

위 명령을 실행하면 프로젝트 이름의 폴더가 생성되며, 해당 폴더 안에는 프로젝트를 관리하는 데에 필요한 파일들이 자동으로 생성된다.

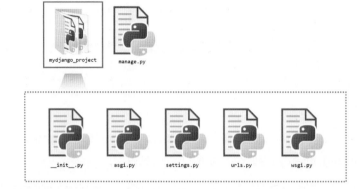

프로젝트 폴더에 들어가면 웹 서버 개발을 위한 다양한 기능을 제공하는 코드가 정리되어 있어 필요한 기능을 찾아보고 사용할 수 있다.

manage.py 살펴보기

위 명령어를 통해 생성된 폴더에 들어가면 manage.py 파일을 확인할 수 있다. manage.py 파일을 사용하여 웹 서버 개발에 필요한 유용한 명령어들이 정의되어 있다.

① 애플리케이션 생성

```
python manage.py startapp {앱이름}
```

위 터미널 명령을 통해 애플리케이션을 생성할 수 있다. 애플리케이션은 웹에서 특정 기능을 담당하는 단위로, 해당 애플리케이션에 필요한 기능들을 담고 있다.

> **Clear Comment**
>
> **애플리케이션(application)**
> 예를 들어, 블로그 웹 페이지를 개발하면 글 작성, 수정, 삭제, 사용자 인증 등의 기능들이 애플리케이션의 단위가 될 수 있습니다. 모든 기능을 하나에 구현할 수도 있긴 하지만, 각각의 기능에 대해 별도의 애플리케이션을 생성하여 구현하는 것이 일반적으로 더 효율적입니다.

② 서버 실행

```
python manage.py runserver
```

위 터미널 명령을 통해 서버를 실행할 수 있다. 이 명령을 통해 생성된 서버에 접속할 때는 기본적으로 8000번 포트*를 사용한다.

③ 데이터베이스 생성

```
python manage.py migrate
```

위 터미널 명령을 통해 데이터베이스를 생성할 수 있다. 데이터베이스는 웹 애플리케이션에서 필요한 데이터를 관리하며, 사용자 정보, 게시판 글, 상품정보 등 다양한 종류의 데이터가 저장된다.

django 확장

django 라이브러리는 웹 개발을 위한 기본적인 기능들을 제공하며, 응용된 기능들은 django를 기반으로 한 별도 서드파티 라이브러리로 제공된다. 주로 사용되는 django의 확장 서드파티 라이브러리는 아래와 같다.

django-allauth	django에서 사용자 인증 및 소셜 로그인을 쉽게 구현할 수 있도록 도와주는 라이브러리이다.
django-crispy-forms	django에서 폼**을 쉽게 구현할 수 있도록 도와주는 라이브러리이다.
django-rest-framework	django에서 API***를 효율적으로 개발할 수 있도록 도와주는 라이브러리로, API의 문서화 및 인증 및 권한 설정 등을 지원한다.

Clear Comment

소셜 플랫폼 로그인을 지원
페이스북, 구글, 트위터 등 다양한 소셜 미디어를 통한 로그인과 관련된 기능을 제공합니다.

기초 용어 정리
* **포트(port)**: 한 서버에서 다른 서버로 접속할 때 포트를 지정하여 이를 통해 접속한다. 인터넷 접속, 파일 전송 등 여러 목적으로 포트가 사용되며, 일반적으로 목적에 따라 다른 포트를 사용한다.
** **폼(form)**: 일반적으로 홈페이지에 접속했을 때 보여지는 요소들로 목록, 체크박스, 리스트 등이 폼의 일종이다.
*** **API(Application Programming Interface)**: 프로그램에서 서로 다른 컴퓨터 시스템 간에 상호작용에 사용되는 소프트웨어를 지칭한다. 웹에서 사용되는 대부분의 기능들(로그인, 클릭을 통한 사이트 접속, 검색 등)이 API를 동작시키는 것이라고 볼 수 있다.

numpy

numpy란

numpy는 여러 차원의 벡터, 행렬 연산을 지원하는 핵심 라이브러리이다. 이 라이브러리는 선형대수, 통계 등 수학적 계산에 필요한 함수를 제공한다. numpy 라이브러리는 데이터를 다루는 다른 여러 라이브러리들과 호환성이 높아 데이터 분석 분야에서 널리 사용된다.

> **Clear Comment**
>
> **버전 1.24.2**
> 본 도서에서 사용하는 numpy 버전은 1.24.2입니다. 파이썬에서 확인하는 방법은 "import numpy; print(numpy.__version__)"을 통해 확인할 수 있습니다.
>
> **C/C++로 빠른 계산**
> 큰 규모의 데이터 계산에서 속도 향상을 위해 내부 일부 코드는 C나 C++로 구현되어 있어 파이썬으로 동일한 기능을 구현한 것보다 빠르게 결과를 얻을 수 있습니다.

실행 결과

```
import numpy as np

v = np.array([1, 2, 3])
print(v)
print(type(v))
print(v*3)
print(v.shape)
```

```
[1 2 3]
<class 'numpy.ndarray'>
[3 6 9]
(3,)
```

위 코드는 numpy를 import하여 ndarray를 선언하고 출력한 것이다. v는 리스트 [1, 2, 3]를 입력으로 받은 array 함수의 결과로 [1, 2, 3] 벡터에 해당하는 ndarray를 리턴한다. v를 출력하면 v가 나타내는 벡터/행렬 값을 확인할

> **Quick Tip**
>
> **import numpy as np**
> 일반적으로 numpy를 사용하는 개발자들은 numpy는 np로 줄여서 사용합니다.

수 있고, v의 타입을 출력하면 numpy의 ndarray 클래스임을 확인할 수 있다. 세 번째 출력에서는 v에 3을 곱한 값으로 벡터의 곱 연산 결과가 출력되며, v의 shape는 (3,) 튜플이다.

numpy.ndarray 연산

numpy의 ndarray는 다른 ndarray나 숫자 값과의 연산이 가능하며, 인덱싱, 슬라이싱 또한 가능하다. ndarray는 파이썬에서 제공하는 산술연산자를 제공하며, 추가로 행렬 곱 연산자 @ 도 사용할 수 있다.

```
import numpy as np
a = np.array([1, 2])
b = np.array([4, 5])

print(a+b, a/b, a//b, a%b)
print(a==2, b**2)
print(a@b)
```

```
[5 7] [0.25 0.4 ] [0 0] [1 2]
[False  True] [16 25]
14
```

위 코드는 numpy.ndarray의 산술연산자들을 사용한 것이다. 첫 번째 출력에서는 ndarray끼리의 산술 연산을 수행하며, 연산 결과는 ndarray 내 각 위치마다 연산을 수행한 값이 담긴 같은 형상*의 ndarray이다. 두 번째 출력에서는 ndarray를 숫자 값과 산술 연산한 것으로 모든 위치마다 숫자 값과의 산술 연산을 수행한 결과를 얻는다. 세 번째 출력에서는 행렬곱 연산자 @ 를 실행한 것으로 1*4 + 2*5의 결과를 출력한다.

```
import numpy as np
a = np.array([[1, 2, 3], [4, 5, 6]])

print(a)

print(a.shape)
print(a[0, 1], a[1], a[1, :])
print(a[0, :2], a[:, 1])
```

```
[[1 2 3]
 [4 5 6]]
(2, 3)
2 [4 5 6] [4 5 6]
[1 2] [2 5]
```

위 코드는 numpy.ndarray의 인덱싱 및 슬라이싱 결과를 출력한 것이다. a는 (2, 3) 형상의 행렬로 2개의 행(row)와 3개의 열(column)을 가진다. a[0, 1]은 a의 [0]번째 행의 [1]번째 column 값인 2이며, a[1]은 a의 두 번째 행을 나타낸다. a[1]과 같이 shape를 모두 명시하지 않

기초 용어 정리

* **형상(shape)**: ndarray의 shape는 차원을 나타내는 튜플이다. 일반적으로 numpy를 사용하는 개발자들은 shape[쉐입]이라고 지칭한다. 형상, 모양 등의 한글 표현은 거의 사용하지 않지만, 본 도서에서는 의미를 명확히 하기 위해 ndarray의 shape를 나타낼 때 형상이라고 지칭하기로 한다.

을 경우에는 a[1, :]과 같이 나머지 차원*에 콜론(:)을 붙인 것과 같다. 리스트, 튜플과 마찬가지로 ndarray에서도 슬라이싱을 통해 범위를 지정할 수 있다. 마지막 출력에서 a[0, :2]는 [0]번째 행의 [0, 1]번째 열 값 [1 2]이고, a[:, 1]은 [1]번째 열에 해당하는 전체 행 [2 5]이다.

$$a = np.array([[1, 2, 3], [4, 5, 6]])$$

$$\begin{matrix} & 0 & 1 & 2 \\ 0 & \begin{bmatrix} 1 & 2 & 3 \\ 4 & 5 & 6 \end{bmatrix} \end{matrix}$$

자주 쓰이는 numpy 함수

① numpy.zeros/ones

numpy의 zeros()와 ones() 함수는 모든 값이 각각 0과 1인 ndarray를 리턴하며, 입력 형상과 데이터 타입을 지정하여 호출한다.

	실행 결과
```import numpy as np z = np.zeros([1, 2]) o = np.ones([3, 4], dtype=int) print(z) print(o)```	```[[0. 0.]] [[1 1 1 1] [1 1 1 1] [1 1 1 1]]```

위 코드는 numpy의 zeros()와 ones() 함수를 호출하여 리턴 값을 출력한다. 각 함수는 리스트나 튜플을 입력으로 받으며 해당 입력은 리턴하는 ndarray의 형상이 된다. dtype 인자에는 어떤 자료형을 사용할지를 입력하며 입력하지 않을 경우 float형을 사용한다. z에는 (1, 2) 형상에 float형 숫자 0이 채워진 ndarray가 대입되며, o에는 (3, 4) 형상에 int형 숫자 1이 채워진 ndarray가 대입된다.

기초 용어 정리

* **차원(dimension)**: 행렬에서 차원은 형상의 길이로 해석할 수 있다. 예를 들어, a[1, :]는 [0]번째 차원에 1, [1]번째 차원에 :를 사용한 것이라고 표현한다.

② numpy.mean/std

numpy의 mean()과 std() 함수는 각각 ndarray 내에서 평균과 표준편차*를 구하는 함수이다. 각 함수에 ndarray를 입력하고, axis 인자를 줄 경우 axis의 차원에 대해서 평균과 표준편차를 구한다.

```
import numpy as np
a = np.array([[1, 2, 3], [4, 5, 6]])
print(np.mean(a), np.std(a))
print(np.mean(a, axis=0))
print(np.mean(a, axis=1))
```

```
3.5 1.707825127659933
[2.5 3.5 4.5]
[2. 5.]
```

위 코드는 numpy의 mean(), std() 함수를 호출하여 평균과 표준편차를 구한 후 출력한다. 첫 번째 출력은 axis 인자를 주지 않아 ndarray의 전체 평균과 표준편차를 구한다. 두 번째 출력에서는 형상의 [0]번째 차원을 축으로 평균을 구한 결과가 나타난다. [0]번째 차원

> **Quick Tip**
>
> **a.mean(), a.std()도 가능합니다**
> a.mean(), a.std()와 같이 ndarray의 메소드를 호출하는 방법으로도 평균과 표준편차를 구할 수 있습니다. a.mean(axis=0)과 같이 axis 인자도 사용할 수 있습니다.

을 축으로 각각 1과 4, 2와 5, 그리고 3과 6의 평균인 [2.5, 3.5, 4.5]가 결과가 된다. 세 번째 출력에서는 형상의 [1]번째 차원을 축으로 평균을 구하며, 각각 [1, 2, 3], [4, 5, 6]의 평균인 [2, 5]가 함수의 리턴 값이 된다.

> **Clear Comment**
>
> **axis 차원의 형상이 사라집니다**
> 예시 코드에서 (2, 3) 형상의 ndarray에서 axis=0으로 mean()을 호출할 경우 결과는 [0]번째 차원이 사라진 (3,) 형상의 array가 됩니다. 반대로 axis=1로 mean()을 호출할 경우 결과는 [1]번째 차원이 사라진 (2,) 형상의 array가 됩니다.

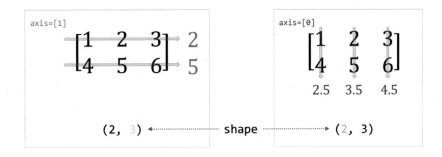

기초 용어 정리

* **표준편차**(standard deviation): 데이터의 숫자들이 평균으로부터 얼마나 흩어져 있는지의 정도를 나타낸 것으로, 분산을 제곱근한 것이다. 분산은 데이터에서 평균을 뺀 결과를 제곱한 것의 평균이다.

③ numpy.reshape

numpy의 reshape() 함수는 입력 ndarray를 새로운 형상의 ndarray로 변환한 결과를 리턴하는 함수이다. 첫 번째 입력으로 변환할 ndarray를 받고, 두 번째 인자로 변환하고자 하는 형상을 리스트나 튜플로 입력한다.

```
import numpy as np
a = np.array([[1, 2, 3], [4, 5, 6]])
print(a)

print(np.reshape(a, [6]))
print(np.reshape(a, [3, 2]))
```

```
[[1 2 3]
 [4 5 6]]
[1 2 3 4 5 6]
[[1 2]
 [3 4]
 [5 6]]
```

위 코드는 numpy의 reshape() 함수를 사용하여 ndarray의 형상을 변환한 결과를 출력한다. a는 (2, 3) 형상의 행렬이고, 두 번째 출력에서는 a를 (6,) 형상으로, 마지막 출력에서는 a를 (3, 2) 형상으로 변환한 결과를 확인할 수 있다.

$$a = np.array([[1, 2, 3], [4, 5, 6]])$$

$$\begin{bmatrix} 1 & 2 & 3 \\ 4 & 5 & 6 \end{bmatrix} \xrightarrow{\text{reshape([3, 2])}} \begin{bmatrix} 1 & 2 \\ 3 & 4 \\ 5 & 6 \end{bmatrix}$$

pandas

pandas란

pandas는 데이터를 효율적으로 분석할 수 있는 기능을 제공하는 라이브러리이다. pandas에서는 엑셀과 같이 2차원 표와 비슷한 구조인 DataFrame을 바탕으로 데이터를 분석한다. 앞서 설명한 numpy뿐만 아니라 데이터를 시각화하거나, 머신러닝을 통해 데이터를 분석하는 라이브러리와도 쉽게 호환된다.

Clear Comment

버전 2.0.0
본 도서에서 사용하는 pandas 버전은 2.0.0입니다. 파이썬에서 확인하는 방법은 "import pandas; print(pandas.__version__)"을 통해 확인할 수 있습니다.

matplotlib, seaborn
히스토그램 등 데이터 시각화 관련 기능을 제공하는 대표적인 라이브러리는 matplotlib과 seaborn이 있습니다.

scikit-learn, pytorch
머신러닝 분석과 관련된 기능을 제공하는 대표적인 라이브러리는 scikit-learn이나 pytorch가 있습니다.

---

pandas는 엑셀에서 데이터를 사용할 때와 유사한 상황에서 사용할 수 있지만, pandas는 엑셀보다 효율적으로 데이터를 분석할 수 있다. pandas는 데이터 처리에 있어 엑셀보다 효율적인 알고리즘을 사용하기 때문에 대용량의 데이터도 비교적 빠른 시간 안에 처리할 수 있다. 또한 앞서 설명했듯 데이터를 시각화하거나 통계 분석 등에 특화되고, 엑셀의 VBA 프로그래밍과 비교하여 더욱 유연하게 데이터를 다룰 수 있다.

```
import pandas as pd

c = ["name", "age", "gender", "height"]
d1 = ["Kim", 31, "female", 165.9]
d2 = ["Choi", 28, "female", 161.2]
d3 = ["Park", 33, "male", 173.6]
d4 = ["Jeong", 21, "male", 182.8]

df = pd.DataFrame([d1, d2, d3, d4], columns=c)
print(df)
print(df["height"].mean())
print(df[df["gender"] == "male"])
```

```
     name  age  gender  height
0    Kim   31  female   165.9
1   Choi   28  female   161.2
2   Park   33    male   173.6
3  Jeong   21    male   182.8
170.875
     name  age gender  height
2   Park   33   male   173.6
3  Jeong   21   male   182.8
```

위 코드는 pandas 라이브러리를 사용하여 사람들의 정보 데이터를 pandas.DataFrame으로 정리한다. d1~4는 각각 어떤 사람의 정보를 이름, 나이, 성별, 키 순서대로 나타내는 리스트이고, 각 정보 이름이 c 리스트에 들어 있다.

Quick Tip

import pandas as pd
일반적으로 pandas를 사용하는 개발자들은 pandas를 pd로 줄여서 사용합니다.

df에는 DataFrame에 d1, d2, d3, d4의 순으로 데이터가 들어 있고, columns로 c를 사용하여 각 열의 정보가 무엇인지 명시하였다. df를 출력하면 엑셀 시트와 같이 각 사람의 데이터가 행(row)에, 열(column)에는 어떤 정보가 있는지를 확인할 수 있다.

```
        name        age         gender       height
0       Kim         31          female       165.9
1       Choi        28          female       161.2
2       Park        33          male         173.6
3       Jeong       21          male         182.8
```

pandas 데이터 분석

아래의 코드는 DataFrame 클래스의 기능들을 사용하여 데이터의 특성을 분석하고 정리한 것이다.

```
import pandas as pd

c = ["name", "age", "gender", "height"]
d1 = ["Kim", 31, "female", 165.9]
d2 = ["Choi", 28, "female", 161.2]
d3 = ["Park", 33, "male", 173.6]
d4 = ["Jeong", 21, "male", 182.8]

df = pd.DataFrame([d1, d2, d3, d4], columns=c)
print(df["height"].mean())
print(df["gender"] == "male")
print(df[df["gender"] == "male"])
```

실행 결과
```
170.875
0    False
1    False
2     True
3     True
    name  age gender  height
2   Park   33   male   173.6
3  Jeong   21   male   182.8
```

위 코드에서 리스트 c와 d1~4, 그리고 DataFrame 변수 df는 앞서 설명한 코드와 동일하다. 첫 번째 출력에서는 모든 사람에 대한 키의 평균을 구한다. 딕셔너리에서 키 값을 대괄호([])에 줘서 밸류를 얻는 것처럼 df에 column 이름을 주면 해당 열의 데이터들을 얻을 수 있다. 두 번째 출력에서는 성별이 남자인 데이터를 찾기 위해 == 연산자를 사용하였다. 그 결과, 각 인덱스에 대해 == 연산 결과가 True 혹은 False로 출력된다. 마지막 출력에서는 두 번째 출력에서 사용한 == 연산을 대괄호 안에 사용한 것으로, True인 인덱스의 정보만 필터링하여 출력한다.

그 외

openpyxl

openpyxl은 파이썬에서 엑셀 파일을 다루기 위한 라이브러리로, 이 라이브러리를 사용하여 엑셀 파일 데이터를 파이썬에서 읽고 쓰는 등의 작업을 수행할 수 있다.

```python
import openpyxl

workbook = openpyxl.Workbook()
print(workbook.sheetnames)
```

실행 결과

```
['Sheet']
```

위 코드는 openpyxl을 import하여 엑셀 창을 표현하는 Workbook 클래스의 인스턴스를 선언한 것이다. Workbook() 인스턴스를 생성하면 파이썬 상에서 빈 엑셀 창이 생성되며, 이 엑셀 창 인스턴스의 sheetnames 변수는 시트 목록에 대한 정보를 갖고 있다. 초기 상태로 생성된 Workbook 인스턴스는 "Sheet"라는 이름의 빈 시트를 갖고 있다.

```
1   import openpyxl
2   workbook = openpyxl.Workbook()
```

```
import openpyxl
workbook = openpyxl.Workbook()

sheet = workbook["Sheet"]
sheet["A1"] = "name"
sheet["B1"] = "age"
sheet["A2"] = "Hong"
sheet["B2"] = 24

workbook.save("example.xlsx")
```

실행 결과

(출력 없음, example.xlsx 파일 생성)

위 코드는 Workbook 인스턴스를 만들어 데이터를 입력 후 파일로 저장한다. workbook 변수
는 엑셀 창을 표현하는 Workbook 클래스의 인스턴스이고, sheet는 workbook의 Sheet 시트
를 가리키는 변수이다. 특정 셀의 값을 읽거나 대입할 때는 엑셀 프로그램에서 셀의 위치를 표기
할 때처럼 숫자(행)와 알파벳(열)을 조합하여 셀의 위치를 표현한다. 위 코드에서는 네 개의 셀
에 값을 입력한 후, workbook.save() 함수를 사용하여 해당 엑셀 창을 example.xlsx 파일 이
름으로 저장한다. 이 코드를 실행하면 파이썬 코드를 실행한 디렉터리에 example.xlsx 파일이
생성되고, 파일 내용에는 위 코드에서 입력한 데이터가 작성되어 있는 것을 확인할 수 있다.

	A	B	C	D	E
1	name	age			
2	Hong	24			
3					
4					
5					
6					

matplotlib.pyplot

matplotlib.pyplot은 파이썬에서 데이터의 시각화에 사용하는 라이브러리로 matplotlib의 모
듈 중 하나이다. matplotlib.pyplot을 이용하여 데이터에 대한 선 그래프, 산점도, 히스토그램
등의 그래프를 생성할 수 있다. 앞서 설명했던 데이터를 표현하는 데에 사용되는 numpy,
pandas의 클래스들과 호환하여 사용할 수 있다.

Chapter 14. import • **313**

아래는 numpy의 array를 사용하여 산점도를 그리는 코드이다.

```
import numpy as np
import matplotlib.pyplot as plt

a = np.array([1, 2, 3, 4, 5])
b = np.array([2, 4, 6, 4, 2])

plt.scatter(a, b)
plt.savefig("scatter.png")
```

실행 결과

(출력 없음, scatter.png 생성)

위 코드는 다섯 개의 2차원 데이터에 대해 산점도를 그린다. a와 b는 각각 다섯 개의 값이 저장된 ndarray이며, plt.scatter()의 입력으로 사용된다. plt.scatter는 두 입력을 받아 각 입력에서 값을 하나씩 순서대로 꺼내와서 x, y 좌표로 사용하여, pyplot의 그래프 상에 해당 좌표의 점

Quick Tip

import matplotlib.pyplot as plt
일반적으로 pandas를 사용하는 개발자들은 matplotlib.pyplot을 plt로 줄여서 사용합니다.

을 찍는다. 생성한 산점도는 plt.savefig() 함수를 통해 파일로 저장한다. 위 파이썬 코드를 실행한 디렉터리의 scatter.png에 위 데이터의 산점도 이미지를 확인할 수 있다.

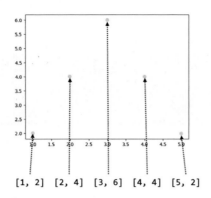

[1, 2] [2, 4] [3, 6] [4, 4] [5, 2]

```python
import numpy as np
import matplotlib.pyplot as plt

a = np.array([1, 2, 3, 4, 5])
b = np.array([2, 4, 6, 4, 2])

plt.scatter(a, b, s=200, c="black")
plt.title("scatter plot")
plt.savefig("new_scatter.png")
```

실행 결과

(출력 없음, scatter.png 생성)

위 코드는 동일한 데이터에 대한 산점도를 다른 형태로 그리고 제목을 추가하였다. plt.scatter()
함수에서 s 인자를 200, c에 "black"를 입력하여 각각 점 크기, 점 색깔을 설정하였다. 위 코드
를 실행하면 앞서 s, c 인자 없이 plt.scatter()를 실행한 코드와 같은 정보의 산점도를 다른 모
양으로 그릴 수 있다.

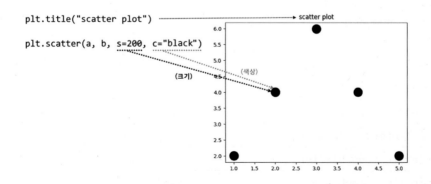

──04

연습문제

1. 기본 예제

문제 1 main.py, number.py, text.py 파일이 존재하며 각 파일의 코드와 경로 구조가 아래 그림과 같이 구성되어 있다.

코드(number.py)	코드(text.py)
test_var = 41 def double(num): 　　return 2*num	test_var = "41" def double(string): 　　return 2*string

(동일 폴더)

main.py　　number.py　　text.py

main.py의 코드를 실행했을 때(python main.py) 출력으로 적절한 것을 골라 보자.

	코드(main.py)	정답
	from number import test_var as tvn from text import test_var as tvs import number import text	
①	print(type(number.test_var))	(\<class 'int'> / \<class 'str'>)
②	print(type(text.test_var))	(\<class 'int'> / \<class 'str'>)
③	print(text.double("py"))	(pypy / ppyy)
④	print(number.double(41))	(82 / 4141)
⑤	print(text.double(tvn))	(4141 / 82)
⑥	print(text.double(tvs))	(4141 / 82)

문제 2 main.py, number.py, text.py 파일이 존재하며 각 파일의 코드와 경로 구조가 아래 그림과 같이 구성되어 있다.

코드(number.py)	코드(text.py)

num = 41
def double(num):
    return 2*num
	text = "text"
	def upper(string):
	    return string.upper()

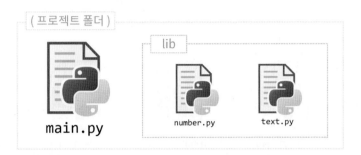

from A import B로 number.py의 num, text.py의 text 변수를 가져오고, number.py와 text.py 파일을 import하려 한다. 아래 main.py 코드의 빈칸의 보기 중, 적절한 것을 골라 보자.

코드(main.py) 보기
from ① (lib.number / lib.number.py) import num from ② (lib.text / lib.text.py) import text import ③ (lib/number / lib.number) import ④ (lib/text / lib.text)

문제 **1**

코드(number.py)	코드(text.py)
``test_var = 41
def double(num):
return 2*num```	```test_var = "41"
def double(string):
return 2*string```

(동일 폴더)

main.py　　number.py　　text.py

	코드(main.py)	정답
	``from number import test_var as tvn
from text import test_var as tvs
import number
import text```	
①	`print(type(number.test_var))`	(**<class 'int'>** / <class 'str'>)
②	`print(type(text.test_var))`	(<class 'int'> / **<class 'str'>**)
③	`print(text.double("py"))`	(**pypy** / ppyy)
④	`print(number.double(41))`	(**82** / 4141)
⑤	`print(text.double(tvn))`	(4141 / **82**)
⑥	`print(text.double(tvs))`	(**4141** / 82)

① number.test_var는 number.py 파일 내에 선언된 test_var 변수로, number.py 파일의 test_var는 int 자료형 41이다.

② text.test_var는 text.py 파일 내에 선언된 test_var 변수로, text.py 파일의 test_var는 str 자료형 "41"이다.

③ text.double 함수는 text.py 파일 내에 선언된 double 함수로, text.py 파일 내 double 함수는 인자를 받아 2를 곱한 결과를 리턴한다. 따라서 정답은 "py"에 2를 곱한 결과인 pypy이다.

④ number.double 함수는 number.py 파일 내에 선언된 double 함수로, number.py 파일 내 double 함수도 인자를 받아 2를 곱한 결과를 리턴한다. 따라서 정답은 41에 2를 곱한 결과인 82이다.

⑤ tvn은 number.py 파일의 text_var 값을 대입한 변수로 41이다. 여기에 text.py의 double 함수를 실행하면 2를 곱한 결과를 리턴하므로 정답은 82이다.

⑥ tvs는 text.py 파일의 text_var 값을 대입한 변수로, 문자열 "41"이다. 여기에 text.py의 double 함수를 실행하면 2를 곱한 결과를 리턴하므로 문자열을 두 번 반복한 결과인 4141을 출력한다.

문제 ❷

코드(number.py)	코드(text.py)

```num = 41```
 ```def double(num):```
 ```   return 2*num```
	```text = "text"```
	 ```def upper(string):```
	 ``` return string.upper()```

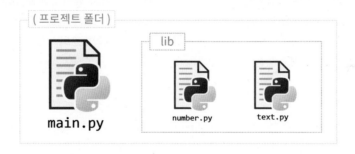

코드(main.py)

```from ① (lib.number / lib.number.py) import num```
 ```from ② (lib.text / lib.text.py) import text```
 ```import ③ (lib/number / lib.number)```
 ```import ④ (lib/text / lib.text)```

main.py의 위치에서 lib 폴더 내의 파일을 import하기 위해서는 lib 뒤에 온점을 사용해야 한다. 파일 이름에서 확장자인 .py는 생략해야 한다.

1. import

   import문은 파이썬에서 외부 모듈이나 라이브러리를 프로그램에 가져오는 데 사용된다. import 키워드 뒤에 모듈 이름을 붙여 해당 모듈에 정의된 함수, 클래스 또는 변수에 액세스할 수 있다. 또한 from 키워드를 사용하여 모듈에서 특정 구성 요소를 가져올 수도 있다. 이를 통해 모듈 이름을 매번 명시하지 않고도 해당 구성 요소를 직접 사용할 수 있다. 모듈을 가져오는 것은 기존 코드를 활용하고 기능을 확장할 수 있다는 점에서 파이썬 프로그램의 강력한 도구이다.

2. 모듈, 패키지, 라이브러리

   파이썬에서 모듈은 다른 프로그램에서 가져와 사용할 수 있는 파이썬 코드가 포함된 파일이며, 일반적으로 함수, 클래스 및 변수로 구성된다. 패키지는 관련된 모듈을 디렉토리 계층 구조로 구성하는 방법이다. 패키지에는 보통 __init__.py 파일이 포함되어 디렉토리를 패키지로 표시하여, 폴더 단위의 코드 모음을 한 모듈처럼 가져올 수 있다. 라이브러리는 파이썬에서 다른 기능을 제공하는 모듈이나 패키지의 모음을 가리킨다. 라이브러리는 파이썬 프로그래밍의 기능을 향상시키는 모듈이나 패키지의 모음이다.

3. 표준 라이브러리

   파이썬 표준 라이브러리는 파이썬과 함께 제공되는 다양한 모듈과 패키지의 모음이다. 파이썬 프로그래밍 개발 과정의 효율적인 기능을 제공한다. 예를 들어, 파일 처리, 네트워킹, 데이터베이스 작업 등을 위한 모듈 등으로 구성되어 있다. 표준 라이브러리를 활용함으로써 개발자는 효율적이고 간결하게 파이썬 프로그래밍을 수행할 수 있다.

4. 오픈 소스 라이브러

   파이썬의 오픈 소스 라이브러리는 파이썬 개발자들의 커뮤니티에서 자발적으로 개발되고 유지보수되는 라이브러리 모음이다. 이는 프로그래밍 작업을 효율화하기 위한 다양한 도구들을 제공한다. import 문을 사용하여 오픈 소스 라이브러리 파이썬 프로젝트를 손쉽게 가져올 수 있다. 예를 들어, 데이터 조작, 웹 개발, 머신 러닝 등을 효율적으로 개발하기 위한 오픈 소스 라이브러리들이 있다. NumPy는 수학적 계산, Pandas는 데이터 분석, Matplotlib은 데이터 시각화, Django는 웹 개발 등에 사용되며, 더 나은 프로그래밍 환경을 제공하기 위해 지속적으로 업데이트되고 있다.

심화 기능

bit 연산자, lazy evaluation, generator, map, filter, contextmanager

여기서는 무얼 배울까

이번 챕터에서는 파이썬의 심화 기능으로써 프로그램을 설계하는 다양한 기능 및 문법들을 학습한다. bit 연산자는 숫자를 비트(bit) 단위로 조작하며, 주로 이진수로 표현된 데이터를 처리할 때 사용한다. lazy evaluation은 계산을 코드 작성 단계에서는 준비만 수행하며, 값이 실제로 필요할 때까지 계산을 늦추는 것을 의미하는 프로그래밍 용어이다. 파이썬에서 lazy evaluation은 주로 제너레이터를 통해 구현한다. 제너레이터는 연산 결과의 모든 값을 메모리에 저장하지 않고 필요한 값을 하나씩 계산해 주는 객체이다. map과 filter는 반복을 수행하는 제너레이터로서 요소 반복을 lazy evaluation 방식으로 실행한다. map은 입력으로 주어진 함수를 map 입력의 모든 요소에 적용시킨다. filter는 반복 대상에 대해 주어진 함수의 조건을 만족하는 항목들만 추출한다. contextmanager는 코드의 실행 전후로 실행 환경을 관리하는 용도로 사용되며 주로 실행 로그 기록, 메모리 충돌 방지 등의 목적으로 사용된다.

더 멋진 내일(Tomorrow)을 위한 내일(My Career) **내일은 파이썬**

bit 연산자

숫자의 bit 표현

숫자의 bit 표현은 컴퓨터 내에서 숫자를 저장하고 처리하기 위해 사용된다. 컴퓨터는 숫자를 이진수 형태로 처리한다. int 자료형은 정수 값을 처리할 때 사용되며, 컴퓨터는 int형 숫자를 이진수 형태에서 각 자리를 2의 제곱수로 나타내어 아래와 같이 처리한다.

- 9: 00001001

- 72: 01001000

위 표현 방식은 각 숫자 9, 72를 8 bit(1 byte) 내에서 표현한 것으로, 각 자리 숫자는 오른쪽부터 2^0, 2^1, ..., 2^7의 자릿수를 나타내며, 9는 $2^3 + 2^0 = 8 + 1 = 9$, 72는 $2^6 + 2^3 = 64 + 8 = 72$ 이다. 9를 표현하는 8과 1은 각각 오른쪽에서 4번째(2^3), 1번째(2^0) 자리의 1로 표현되고, 72의 64와 8은 각각 오른쪽에서 7번째(2^6), 오른쪽에서 4번째(2^3) 자리의 1로 표현된다. 각 숫자의 이진수 표현은 bin() 함수*를 통해 확인할 수 있다.

> **Clear Comment**
>
> **파이썬의 int는 가변 byte**
> 다른 프로그래밍 언어는 일반적으로 각 자료형에 할당된 byte 수가 정해져 있습니다. 이 경우 해당 byte 내에서 표기할 수 있는 숫자 범위 이상은 표현할 수 없습니다. 하지만 파이썬에서는 표현하고자 하는 숫자가 int의 기본 범위를 넘을 경우 추가 byte를 자동으로 할당받아 표현합니다.

기초 용어 정리

* **binary, decimal, octal, hexadecimal**: bin은 이진수를 뜻하는 binary의 줄여 표현한 것이다. 팔진수는 octal(oct), 십진수는 decimal(dec), 십육진수는 hexadecimal(hex)이다. 십진수 dec을 제외한 각 영어 표현의 줄임말은 파이썬의 함수로서 해당 진수 표현으로 변환하는 기능으로 사용할 수 있다.

```
print(bin(9))
print(bin(25))
```

```
0b1001
0b11001
```

위 코드는 9, 10의 이진수 표현을 출력한다. 함수 코드 결과의 자료형은 문자열로, 앞의 두 글자 0b는 이진수라는 표현을 위해 붙는 문자열이며, 나머지 글자는 이진 자릿수로 bin() 함수의 입력을 나타낸 결과이다.

이번 절에서 설명하는 bit 연산자는 이진 자릿수에 대한 지식을 기반으로 수행된다. 컴퓨터는 이진 자릿수에 대한 연산을 빠르게 수행할 수 있기 때문에 bit 연산자는 일반적으로 다른 연산에 비해 빠르게 처리된다.

> **Clear Comment**
>
> **속도와 가독성의 tradeoff**
> 일반적으로 컴퓨터가 계산을 실행하는 원리로서 코드를 작성하면 속도는 빠르지만, 코드를 해석하는 데에 불편합니다. 반대로 사람이 이해하기 쉬운 방식으로 코드를 작성하면 해석은 편하지만 속도가 약간 느려질 수 있습니다. 프로그래머는 두 작성 방식의 장단점을 이해하고 작업 상황에 따라 코드를 작성해야 합니다.

1의 보수, 2의 보수(1's / 2's complement)

음수를 비트로 표현할 때 1의 보수와 2의 보수 두 방식이 있다. 1의 보수는 어떤 숫자 음수를, 그 수에 대응하는 비트를 모두 비트-반전시키는 방법이고, 2의 보수는 1의 보수를 한 뒤 1을 더한 수를 음수 표현으로 사용하는 방식이다.

$$9 \blacktriangleright \quad \textbf{0 0 0 0 1 0 0 1}$$

⬇ (1의 보수)

$$-9 \blacktriangleright \quad \textbf{1 1 1 1 0 1 1 0}$$

$$9 \blacktriangleright \quad \textbf{0 0 0 0 1 0 0 1}$$

⬇ (2의 보수)

$$-9 \blacktriangleright \quad \textbf{1 1 1 1 0 1 1 1}$$

표기 방식에 있어서는 1의 보수가 단순 비트-반전만 수행하면 되기 때문에 직관적인 방식이다. 하지만 1의 보수는 0을 표현할 때 +0, -0이 있거나 산술 연산에서 불편한 점이 있어 일반적인 컴퓨터 시스템에서는 2의 보수를 사용하는 경우가 많다.

bit 논리 연산자

파이썬의 bit 논리 연산자는 앞서 설명한 이진수 표기의 각 자리수에 대해 논리 연산을 수행하는 연산자이다.

bit AND 연산자 &

& 연산자는 bit 단위의 AND를 수행하는 연산자로 각 이진 자릿수마다 두 bit가 모두 1인 경우에만 1로 계산되며 그 외에는 0으로 계산된다.

bit AND 연산 결과는 십진수 값으로 표현되며, int 자료형이다.

	실행 결과
print(bin(9))	0b1001
print(bin(14))	0b1110
print(9 & 14)	8

위 코드는 9와 14의 bit AND 연산을 수행한다. 이진수 표현으로 9와 14는 각각 1001, 1100으로, 각 숫자의 이진수 표현에 대해 각 자리수가 모두 1인 자리는 1000 자릿수뿐이다. 그 결과, 자릿수에 대해 AND 연산을 수행한 결과는 이진수 1000이다. 따라서 마지막 출력에서 1000 이진수의 십진수 값인 8이 출력된다.

bit OR 연산자 |

| 연산자는 bit 단위의 OR를 수행하는 연산자로 각 이진 자릿수마다 두 bit 중 하나라도 1이면 1로 계산되며, 이진 자릿수의 두 bit 모두 0인 경우 0으로 계산된다.

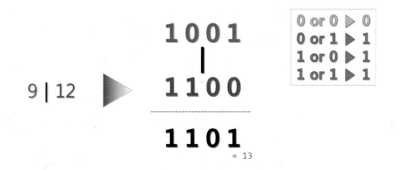

bit OR 연산 결과는 십진수 값으로 표현되며, int 자료형이다.

	실행 결과
print(bin(9))	0b1001
print(bin(12))	0b1100
print(9 | 12)	13

위 코드는 9와 12의 bit OR 연산을 수행한다. 이진수 표현으로 9와 12는 각각 1001, 1100으로, 연산 결과의 이진수는 10 자릿수만 0이 되고 나머지 자릿수는 1이 된다. 그 결과, 각 이진 자릿수에 대해 OR 연산을 수행한 결과는 1101이다. 따라서 마지막 출력에서 1101 이진수의 십진수 값인 13이 출력된다.

bit XOR 연산자 ^

^ 연산자는 bit 단위의 XOR*를 수행하는 연산자로 각 이진 자릿수마다 두 bit 중 하나만 1인 경우 1로 계산되며, 이진 자릿수의 두 bit 값이 같으면 0으로 계산된다. bit XOR 연산 결과는 십진수 값으로 표현되며, int 자료형이다.

실행 결과

```
print(bin(9))
print(bin(12))
print(9 ^ 12)
```
```
0b1001
0b1100
5
```

위 코드는 9와 12의 bit XOR 연산을 수행한다. 각 자릿수에 대해 값이 다르면 1, 같으면 0이 되어 연산 결과의 이진수는 10, 100 자릿수가 1, 나머지 자릿수는 0이 된다. 그 결과, 각 이진 자릿수에 대해 XOR 연산을 수행한 결과는 0110이다. 따라서 마지막 출력에서 0110 이진수의 십진수 값인 5가 출력된다.

bit NOT 연산자 ~

~ 연산자는 이진수의 각 자릿수 bit를 반전시키는 연산자이다. ~ 연산자는 음수 표현 -와 같이 하나의 값에 사용하는 연산자이다.

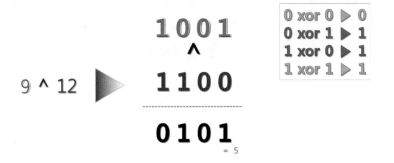

bit NOT 연산 결과는 십진수 값으로 표현되며, int 자료형이다.

```
print(~5)
```

기초 용어 정리

* eXclusive OR: 배타적 논리합으로 불리는 exclusive or는 주어진 값 중 하나만 1(True)일 경우 결과가 1(True)이며, 두 값이 같은 경우에는 결과가 0(False)이다. 배타적 논리합은 주로 XOR로 표현하며, EOR, EXOR로 표현하기도 한다.

```
-6
```

위 코드는 5의 bit NOT 연산을 출력한다. 5의 이진수 표현은 101이고, 해당 숫자의 반전 값은 010이고, 2의 보수로써 010에 대응하는 수는 -6이다.

$$\sim \ _{00\dots00}\mathbf{101}$$

$$\rightarrow \ _{11\dots11}\mathbf{010}$$

$$= -6$$

bit 시프트 연산자

파이썬의 비트 시프트(shift) 연산자는 비트를 왼쪽 또는 오른쪽으로 이동시키는 연산을 수행한다.

《	왼쪽 시프트(left shift) 연산자로, bit 자리를 왼쪽으로 이동시키는 연산을 수행한다. 이동한 후 남은 자리의 bit는 0으로 채워진다.
》	오른쪽 시프트(right shift) 연산자로, bit 자리를 오른쪽으로 이동시키는 연산을 수행한다. 이동한 후 남은 자리의 bit는 양수인 경우 0, 음수인 경우 1로 채워진다.

$$\mathbf{1010 << 2} \longrightarrow \boxed{\text{2칸 왼쪽}} \longrightarrow \mathbf{101000}$$

$$\mathbf{1010 >> 2} \longrightarrow \boxed{\text{2칸 오른쪽}} \longrightarrow \mathbf{10}$$

```
print(bin(10))
print(10 << 1)
print(10 << 2)
print(10 >> 1)
print(10 >> 2)
```

```
0b1010
20
40
5
2
```

위 코드는 숫자 10의 비트 시프트 연산을 수행한다. 왼쪽 시프트 연산에서는 비트를 왼쪽으로 각 각 한 칸, 두 칸씩 이동한 결과를 출력하고, 오른쪽 시프트 연산에서는 비트를 오른쪽으로 이동 한 결과를 출력한다. 왼쪽 시프트 연산의 경우 1의 위치가 2의 제곱수가 커지는 방향으로 옮겨 가므로 각각 2, 4를 곱한 결과를 출력한다. 오른쪽 시프트 연산의 경우 반대로, 1의 위치가 2의 제곱수가 작아지는 방향으로 옮겨 가므로 각각 2, 4를 나눈 결과를 출력한다.

손으로 익히는 코딩

```python
print(bin(30), bin(17))
print(30 & 17)
print(30 | 17)
print(30 ^ 17)
print(~30)
```

실행 결과

```
0b11110 0b10001
16
31
15
-31
```

더 멋진 내일(Tomorrow)을 위한 내일(My Career) **내일은 파이썬**

lazy evaluation

lazy evaluation이란

Lazy evaluation은 계산을 수행하는 객체의 선언 이후 실제로 값을 사용할 때까지 계산을 지연 시키는 방식*을 뜻한다. 이를 통해 필요하지 않은 계산을 줄여 성능 향상을 기대할 수 있다.

| **lazy evaluation** | "A~Z를 순서대로 내어주는 객체" |

| **Eager evaluation** | "ABCDEFGHIJKLMNOPQRSTUVWXYZ" |

파이썬에서 lazy evaluation을 사용하는 대표적인 기능은 range()이다. range()는 일정 범위 의 int형 숫자를 반복할 때 사용하지만, 해당 숫자들을 모 두 메모리에 저장한 것이 아니다. 따라서 메모리 사용량을 계산하는 함수를 통해 range()가 동일한 범위의 리스트보 다 메모리 사용량이 적은 것을 확인할 수 있다.

> **Quick Tip**
>
> **Standard library sys의 getsizeof**
> 파이썬의 표준 라이브러리 sys의 getsizeof 함수를 통해 어떤 객체가 메모리에서 차지 하는 바이트 수를 리턴합니다.

실행 결과

```
from sys import getsizeof
list04 = [0, 1, 2, 3, 4]
range5 = range(5)
list07 = [0, 1, 2, 3, 4, 5, 6, 7]
range7 = range(7)
print(getsizeof(list04))
print(getsizeof(list07))
print(getsizeof(range5))
print(getsizeof(range7))
```

```
104
120
48
48
```

기초 용어 정리

* **Eager vs Lazy Evaluation**: lazy evaluation은 실제로 값을 사용할 때 계산을 수행하는 방법이고, 반대말은 eager evaluation로 표현한다. 일반적인 파이썬의 동작(리스트의 메모리, 수식 등)은 eager evaluation이다. Eager evaluation은 strict evaluation이라고 표현하기도 한다.

위 코드는 리스트, range()를 통해 동일한 범위의 숫자를 나타내는 객체의 메모리를 출력한다.

리스트는 데이터를 선언한 순간 메모리에서 해당 범위의 숫자를 모두 저장해 두기 때문에 리스트 요소 개수에 따라 메모리를 차지하는 바이트 수가 달라진다. 하지만 range() 는 어떤 수의 시작, 끝, 간격에 해당하는 숫자를 갖고 해당 범위의 숫자들을 메모리에 저장해 두지 않기 때문에 range 의 범위가 커지더라도 range() 객체가 차지하는 메모리는 커지지 않는다.

제너레이터 - generator

제너레이터 선언

제너레이터는 파이썬에서 lazy evaluation 동작을 구현하는 대표적인 방법 중 하나이다. 제너레이터를 선언하는 문법은 함수의 선언과 유사하며, 데이터가 필요할 때마다 값을 하나씩 얻는 방식으로 동작한다.

코·드·소·개

```
def generator이름(인자):
    yield가 포함된 코드 블럭

예시)
def even_gen():
    num = 2
    while True:
        yield num
        num += 2
```

제너레이터를 선언할 때는 함수와 마찬가지로 def를 사용하며, 해당 제너레이터의 이름을 정하고 인자(들)을 받는 부분까지는 함수의 설계와 동일하다. 아래 들여쓰기 코드 영역에서 yield가 포함되어 있으면 이 문법은 제너레이터를 선언하게 된다.

```
def func(num):
    return 2 * num
def gen(num):
    yield 2 * num


print(func(3))
print(gen(3))
```

```
6
<generator object gen at 0x0000019DC0D48400>
```

위 코드는 return, yield를 제외하고 동일하게 설계된 함수를 통해 두 문법의 동작을 비교한 것으로, 첫 번째 출력에서는 func 함수에 3을 대입하면 바로 함수가 실행되어 6이 출력된다. 하지만 gen에 3을 대입하면 num 인자에 3을 대입한 상태로 아래 코드 영역을 실행할 준비가 된 객체를 얻을 수 있다.

next를 통한 제너레이터 실행

next 함수를 실행하면 입력 제너레이터의 코드를 실행할 수 있다. next() 함수를 사용하면 제너레이터가 yield문을 만날 때까지 실행되고, yield문의 값을 반환하고, 해당 지점에서 코드 실행이 일시 정지된다.

```
def gen(num):
    yield 2 * num
    yield 3 * num


gen_num = gen(5)
first = next(gen_num)
second = next(gen_num)
print(first, second)
```

```
10 15
```

위 코드는 제너레이터를 next를 통해 실행한 결과를 출력한다. gen은 두 개의 yield문을 가지며, 이 제너레이터에 5를 입력한 객체를 변수 gen_num에 대입한다. 이후 next() 함수를 이용해 gen 내부의 코드 영역을 실행하며, 첫 번째 next() 실행에서는 첫 번째 yield 2 * num 값을 출력으로 first에 대입한다. 제너레이터는 첫 번째 yield 지점을 기억하여 다시 next()가 실행되면 이 코드 줄 이후부터 다시 코드를 실행한다. 그 결과 다음 next() 실행에서는 두 번째 yield 3

* num 값을 출력으로 second에 대입한다. 그 결과 first, second 변수 값을 출력하면 순서대로 각각 2와 3을 5에 곱한 값임을 확인할 수 있다.

만약 아래와 같이 next() 함수를 통한 제너레이터 실행에서 yield를 만나지 않고 끝나면 StopIteration 에러를 발생시킨다.

	실행 결과

``
def gen(num):
    yield 2 * num
    yield 3 * num
 	
gen_num = gen(5)
print(next(gen_num))
print(next(gen_num))
print(next(gen_num))
``
	
	10
	15
	StopIteration

위 코드는 next() 함수에서 yield를 만나지 않고 제너레이터가 종료되어 StopIteration 에러가 발생한다. gen에는 두 개의 yield문이 있기 때문에 세 번째 next()에서는 더이상 yield를 만나지 않고 종료되므로 yield할 값이 없어 에러를 발생시킨다.

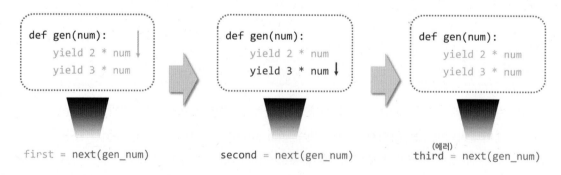

for문을 통한 제너레이터 실행

for문의 반복 대상으로 제너레이터를 사용하면 제너레이터의 코드 영역에서 yield를 더 이상 만나지 않고 종료될 때까지 반복한다.

```python
def gen(num):
    yield 2 * num
    yield 3 * num
    yield 4 * num

gen_num = gen(5)
for item in gen_num:
    print(item)
```

```
10
15
20
```

위 코드는 세 개의 yield문을 가진 제너레이터를 설계 후 해당 제너레이터 객체 gen_num을 for문에 반복하여 반복 요소를 출력한다. for문에서 매 반복마다 제너레이터 객체는 next()를 실행한 것과 같으며, 반복 요소 item에는 next() 코드 결과가 대입된다.

map

파이썬에서 map() 함수는 입력 함수를 반복 대상에 적용할 제너레이터를 리턴한다. map() 함수의 사용 방법은 아래와 같다.

코·드·소·개

```
map(함수, 반복객체)

예시)
map(lambda x: x**2, range(10))
```
---

map()의 첫 번째 입력에는 반복 객체의 각 요소에 적용할 함수를 입력하며, 반복 객체는 입력 함수를 적용할 반복 대상이다.

Clear Comment

괄호는 빼고

함수를 입력할 때 괄호는 입력하지 않습니다. 괄호를 사용하면 함수의 코드 결과가 입력되므로, 리턴 값이 입력되기 때문입니다.

실행 결과

```
nums = [1, 2, 3, 4]
def square(x):
    return x ** 2
num_square = map(square, nums)

print(num_square)
for item in num_square:
    print(item)
```

```
<map object at 0x0000019DC0D4EF20>

1
4
9
16
```

위 코드는 map() 함수를 사용하여 제곱을 수행하는 제너레이터를 설계한다. nums 리스트의 각 숫자들을 제곱한 값을 얻기 위해 제곱을 수행하는 함수 square를 선언하고, map()의 입력에 square, nums를 순서대로 입력하여 각 요소에 제곱을 실행하는 제너레이터를 num_square에 대입한다. num_square를 출력하면 아직은 해당 변수가 리스트의 각 요소를 제곱한 값을 메모리에 갖고 있지는 않다. 하지만 이 변수를 for문의 반복 대상으로 사용하면 매 반복마다 nums의 각 요소를 제곱한 값을 반복 요소로 사용할 수 있다.

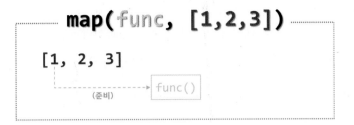

map() 함수의 반복 결과는 list comprehension을 통해 동일한 값을 얻을 수 있으나, list comprehension 결과와 달리 map() 함수의 리턴 객체는 lazy evaluation을 기반으로 실행되기 때문에, for문을 사용하기 전까지는 값을 갖고 있지 않다.

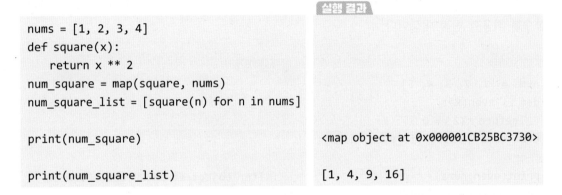

```
nums = [1, 2, 3, 4]
def square(x):
    return x ** 2
num_square = map(square, nums)
num_square_list = [square(n) for n in nums]

print(num_square)

print(num_square_list)
```

실행 결과

```
<map object at 0x000001CB25BC3730>

[1, 4, 9, 16]
```

위 코드는 map()의 결과와 list comprehension의 결과를 비교한 것이다. num_square는 nums 리스트의 각 요소에 제곱을 실행한 값을 생성할 준비를 하는 객체이며, num_square_list 는 이미 제곱을 실행한 결과를 담아둔 리스트 객체이다. num_square와 num_square_list는 for문의 반복 대상으로 사용할 시 같은 반복 요소를 사용하지만, 모든 반복 요소가 이미 메모리에 있는지 여부에서 그 의미가 다르다.

filter

파이썬에서 filter() 함수는 반복 대상에서 입력 함수의 결과가 True인 요소만 추려내는 제너레이터를 리턴한다. filter() 함수의 사용 방법은 아래와 같다.

코 · 드 · 소 · 개

```
filter(함수, 반복객체)

예시)
filter(lambda x: x%2==0, range(10))
```

filter()의 첫 번째 입력에는 반복 객체의 각 요소에 적용할 함수를 입력하며, 반복 객체는 입력 함수를 적용할 반복 대상이다.

실행 결과

```
nums = [1, 2, 3, 4, 5]
def is_even(x):
    return x%2 == 0
even_nums = filter(is_even, nums)

print(even_nums)
for item in even_nums:
    print(item)
```

```
<filter object at 0x0000020042D0AE60>

2
4
```

위 코드는 filter() 함수를 사용하여 리스트 내 요소들 중 짝수만 추려내는 제너레이터를 설계한다. nums 리스트의 각 숫자들 중 짝수만을 얻기 위해 2로 나눈 나머지가 0일 때 True, 1일 때 False를 리턴하는 함수 is_even을 선언하고, filter()에 is_even과 nums를 순서대로 입력하였다. even_nums를 출력하면 아직은 해당 변수가 nums 리스트의 짝수 값을 메모리에 갖고 있지는 않다. 하지만 이 변수를 for문의 반복 대상으로 사용하면 매 반복마다 nums의 각 요소들 중 짝수만을 반복 요소로 사용할 수 있다.

filter(is_even, [1,2,3])

[1, 2, 3]

is_even() → [2]

filter() 함수의 반복 결과는 map()과 마찬가지로 list comprehension을 통해 동일한 값을 얻을 수 있으나, list comprehension 결과와 달리 filter() 함수의 리턴 객체는 lazy evaluation을 기반으로 실행되기 때문에 for문을 사용하기 전까지는 값을 갖고 있지 않다.

실행 결과

```
nums = [1, 2, 3, 4]
def is_even(x):
    return x%2 == 0

even_nums = filter(is_even, nums)
even_nums_list = [n for n in nums if
 is_even(n)]

print(even_nums)

print(even_nums_list)
```

```
<filter object at 0x000001394DCC35B0>

[2, 4]
```

위 코드는 filter()의 결과와 list comprehension의 결과를 비교한 것이다. even_nums는 nums 리스트의 각 요소들 중 짝수를 추려낸 값들을 생성할 준비를 하는 객체이며, even_nums_list는 이미 nums에서 짝수들만 담아둔 리스트 객체이다. even_nums와 even_nums_list는 for문의 반복 대상으로 사용할 시 같은 반복 요소를 사용하지만, 모든 반복 요소가 이미 메모리에 있는지 여부에서 그 의미가 다르다.

손으로 익히는 코딩

```
def gen():
    yield 0
    yield 2
    yield 4
g = gen()
for i in g:
    print(i)
```

실행 결과

```
0
2
4
```

```
def gen():
    yield 0
    yield 2
    yield 4
g = gen()
print(next(g))
print(next(g))
```

```
0
2
```

```
m = map(lambda x: 2*x, range(3))
for i in m:
    print(i)
```

```
0
2
4
```

```
f = filter(lambda x: x%2==0, range(5))
for i in f:
    print(i)
```

```
0
2
4
```

- 제너레이터 선언은 함수가 실행되지 않음

```
def gen():
    yield 3                          TypeError: 'generator' object cannot be interpreted
for i in range(gen()):               as an integer
    print(i)
```

위 에러는 제너레이터를 함수 실행하듯이 사용하여 발생한다. 에러 메시지는 제너레이터가 정수형 숫자로 나타낼 수 없다는 의미인데, range()의 입력은 정수형 숫자만 받기 때문에 이와 같은 에러가 발생한다. gen()의 결과는 def gen() 아래의 들여쓰기 영역을 실행할 준비 중인 객체이다. 따라서 gen()은 이미 3 값을 가진 것이 아니라 반복문이나 next() 함수 결과로 3을 내보낼 준비를 하는 객체이기 때문에 에러가 발생한다.

- map, filter는 인덱싱, 슬라이싱 불가능

```
m = map(lambda x: x**2, [1, 2, 3])
print(m[1])                          TypeError: 'map' object is not subscriptable
```

위 에러는 map 객체에 인덱싱을 시도하여 발생한다. map 객체는 끝날 때까지 반복하거나 지금 상태에서 하나의 값을 yield하는 기능을 수행하기 때문에, 엄밀하게는 값의 순서가 있지 않다. map 객체가 yield한 순서를 인덱싱으로 사용하려면 list(m)과 같이 map 객체를 인덱싱이 가능한 객체로 자료형 변환을 수행해야 한다.

- map, filter의 첫 번째 입력 함수는 하나의 입력만

```
m = map(lambda x, y: x+y, [1, 2, 3])  TypeError: <lambda>() missing 1 required
print(next(m))                        positional argument: 'y'
```

위 에러는 map 선언에 두 입력을 받는 함수를 사용하여 발생한다. 두 입력을 받는 함수를 map, filter에 사용할 경우, 선언할 때는 문제가 되지 않는다. 하지만 next의 입력이나 for문의 반복 대상으로 사용할 때 함수 실행이 이루어지며 이 함수 실행은 반복 대상으로부터 하나의 값만을 받는다. 따라서 map, filter 선언에는 하나의 입력을 받는 함수를 사용해야 한다.

03

contextmanager

with문

with문은 파이썬에서 파일이나 네트워크 연결 등, 외부 리소스를 사용하거나 프로그램의 실행 환경을 설정할 때 쓰이는 문법이다. with문을 사용하면 리소스를 사용한 후 자동으로 리소스를 정리하거나 실행 환경을 복구시킬 수 있다. with문의 기본적인 구조는 아래와 같다.

코 · 드 · 소 · 개

```
with 리소스 as 변수:
    실행 코드

예시)
with open("file.txt", "r") as f:
    content = f.read()
```

리소스는 with문에서 사용할 리소스나 실행 환경을 설정하는 객체이다. 예를 들어, 파일을 다룰 경우 파일 객체를 사용한다.

```
with open("file.txt", "w") as f:
    f.write("from python")
```

실행 결과 **(file.txt)**

```
from python
```

위 코드는 file.txt 파일에 문자열을 쓰고 저장한다. with문을 통해 실행한 open() 함수의 리턴 값을 f에 저장하며, 아래 들여쓰기 코드 영역을 수행한 후 with문이 종료될 때 자동으로 f.close()를 실행한다.

with문을 사용하지 않을 경우 파일 입출력을 종료하는 코드를 실행해 주어야 하지만, with문을 사용하면 자동으로 해당 기능을 실행한다.

```python
with open("file.txt", "w") as f:
    f.write("from python")
fr = open("file.txt", "r")
print(fr.read())
```

실행 결과
```
from python
```

```python
f = open("file2.txt", "w")
f.write("from python")
fr = open("file2.txt", "r")
print(fr.read())
```

실행 결과
```
( 출력 없음 )
```

위 두 코드는 모두 새 파일을 쓴 직후 바로 해당 파일을 열어 값 확인을 시도한다. with문을 사용하면 with문이 종료될 때 저장하고 종료하는 함수인 f.close()를 수행하여 입력한 문자열이 파일이 저장소에 저장되어 직후의 "r" 모드 open()에서 해당 파일에 접근할 수 있다. 하지만 with문을 사용하지 않은 코드에서는 아직 입력한 문자열을 저장소의 파일에는 쓰지 않은 상태이다. 따라서 이 상태에서 "r" 모드 open()으로 파일을 읽을 경우, 파일에 쓴 문자열이 출력되지 않는다.

```python
with open("file.txt", "w") as f:  ········ (파일 생성)
    f.write("from python")
                                  ·············· (저장 후 닫기)
          (들여쓰기 종료)
```

```python
f = open("file2.txt")  ······················· (파일 생성)
f.write("from python")
```

__enter__, __exit__

'챕터13 클래스'에서 학습한 클래스에서 매직 메서드에 대해 학습하였다. 매직 메서드는 이중 밑줄로 감싸진 메서드를 뜻하며 덧셈, 함수처럼 호출 등 특수한 상황에 자동으로 호출되는 메서드이다. 클래스 인스턴스가 with문의 리소스로 사용될 때는 __enter__와 __exit__ 메서드가 실행된다.

__enter__ 메서드는 with문이 시작할 때 호출된다. 이 메서드의 리턴 값이 with문의 as 변수에 대입된다. __exit__ 메서드는 with문이 종료될 때 에러 발생 여부와 무관하게 호출된다. 두 메서드 __enter__, __exit__과 with문을 이용하여 에러로 인해 실행이 종료될 때 정리할 리소스를 처리하거나, 프로그램 동작 환경을 제어하는 데에 사용된다.

contextmanager 사용하기

Context manager란 특정 코드 영역을 실행할 때 필요한 실행 상황(context*)을 제공하고 이 상황에서 발생할 수 있는 예외 처리를 쉽게 할 수 있도록 도와준다. 파이썬에서는 표준 라이브러리 contextlib의 contextmanager와 with문을 조합하여 context manager를 구현할 수 있다.

코 · 드 · 소 · 개

```python
from contextlib import contextmanager

@contextmanager
def context이름(인자):
    실행 코드1
    yield 값
    실행 코드2

with context이름(인자) as 변수:
    실행 코드3

예시)
from contextlib import contextmanager

@contextmanager
def cm():
    print("starting log...")
    yield
    print("log finished")
```

기초 용어 정리

* **context**: context의 사전적 정의는 문맥이지만, 글의 맥락에 한정되지 않고 상황, 사건이 실행되는 맥락으로 해석된다. 프로그래밍에서는 context를 어떤 코드가 실행되는 맥락, 상황으로 해석할 수 있다.

context manager를 선언할 때는 제너레이터에 데코레이터를 통해 @contextmanager를 사용한다. 선언 내부는 yield의 전후로 실행 시점이 다르다. yield 이전 코드 영역인 실행 코드1은 with문이 시작할 때 실행되며, yield 이후 코드 영역인 실행 코드2는 with문이 종료될 때 실행된다. with문을 통해 context manager를 실행하면 yield에 사용된 값이 with문의 as 뒤의 변수에 대입된다. 만일 yield 값을 사용하지 않을 경우 as 변수는 생략할 수 있다.

```
@contextmanager
def context():
    do_1
    yield
    do_2


with context():  ········ (do_1 실행)
    do_3 ················ (do_3 실행)
··························· (do_2 실행)
        (들여쓰기 종료)
```

```
from contextlib import contextmanager
from time import time

@contextmanager
def time_check():
    start = time()
    yield
    end = time()
    print("total time = {}".format(end-start))

with time_check():
    for i in range(10000000):
        a = i**2
```

실행 결과 (file.txt)

```
total time = 0.8970000743865967
```

위 코드는 어떤 코드 영역을 수행하는 데에 걸리는 시간을 확인하는 context manager를 설계한 것이다. 코드 실행에 소요된 시간을 계산할 때는 일반적으로 코드 실행 직전과 직후에 시간을 확인하여 두 시간의 차를 계산한다. contextmanager의 with문 내 작동 방식을 응용하여 해당 기능을 구현할 수 있으며, yield의 전후에 time() 함수를 사용하여 코드 실행 직전과 직후의 시간을 확인하고 그 차를 출력한다.

> **Clear Comment**
>
> **출력 결과 숫자는 다를 수 있습니다**
>
> 파이썬이 실행되는 환경에 따라서 걸린 시간은 차이가 날 수 있으므로 출력 결과의 숫자가 실행 환경마다 다를 수 있습니다.

손으로 익히는 코딩

```
from contextlib import contextmanager
@contextmanager
def cm():
    print("start")
    yield "y"
    print("end")
with cm() as c:
    print(c)
```

실행 결과

```
start

y

end
```

에러에서 배우기

- @contextmanager의 def는 리턴 불가능

```
from contextlib import contextmanager
@contextmanager
def cm():
    print("start")
    return
    print("end")
with cm():
    print(5)
```

```
TypeError: 'NoneType' object is not an
iterator
```

위 에러는 contextmanager 선언 과정에서 return을 사용하여 발생한다. @contextmanager에 def 문법에서 정의된 함수에서 생성된 객체는 next에 사용된다. 따라서 def 문법에서 정의된 함수에서 생성되는 객체는 제너레이터여야 한다. 리턴 값이 제너레이터이면 가능은 하지만, 실무에서 제너레이터를 리턴하는 방식은 쓰이지 않는다.

04

연습문제

1. 기본 예제

문제 1 이진법 숫자를 십진법으로 나타낸 결과를 맞혀 보자.

	문제	정답
①	00000001	
②	00000010	
③	00000100	
④	00000101	
⑤	00001111	
⑥	01000000	
⑦	01111111	
⑧	10000000	
⑨	11111111	

문제 2 아래 코드의 결과를 맞혀 보자.

	문제	정답
①	print(5&12)	(2 / 4)
②	print(1&1, 1&2, 1&3, 1&4, 1&5)	(1 0 1 0 1 / 0 1 0 1 0)
③	print(3&1, 3&2, 3&3, 3&4, 3&5)	(0 1 2 3 0 / 1 2 3 0 1)
④	print(5|12)	(13 / 15)
⑤	print(1|1, 1|2, 1|3, 1|4, 1|5)	(1 3 3 5 5 / 1 1 3 3 5)
⑥	print(3|1, 3|2, 3|3, 3|4, 3|5)	(3 3 7 7 7 / 3 3 3 7 7)
⑦	print(5^12)	(7 / 9)
⑧	print(1^1, 1^2, 1^3, 1^4, 1^5)	(0 3 2 5 4 / 0 2 3 4 5)
⑨	print(3^1, 3^2, 3^3, 3^4, 3^5)	(2 1 0 7 6 / 2 1 0 6 5)
⑩	print(3<<1, 3<<2, 3<<3, 3<<4)	(6 9 12 15 / 6 12 24 48)
⑪	print(100>>1, 100>>2, 100>>3, 100>>4)	(50 25 12 6 / 50 25 12.5, 6.25)

문제 3 아래 각 코드 실행 시 결과를 맞혀 보자.

	문제	정답
| ① | ```
def gen():
    yield [1]
for i in gen():
    print(i)
``` | ( 1 / [1] ) |
| ② | ```
def gen():
    print("GEN", end='')
    yield 1
g = gen()
``` | ( GEN / 출력 없음 ) |
| ③ | ```
def gen():
    for i in range(3):
        print("GEN", end='')
        yield i
for i in gen():
    print(i, end='')
``` | ( GEN0GEN1GEN2 / GENGENGEN012 ) |
```

문제	정답

④
``python
def gen():
    for i in range(3):
        print("GEN", end='')
        yield i
g = gen()
print(next(g), end='')
print(next(g), end='')
``
	(GEN0GEN0 / GEN0GEN1)

⑤
``python
def gen():
    for i in range(3):
        print("GEN", end='')
        yield i
print(next(gen()), end='')
print(next(gen()), end='')
``
	(GEN0GEN0 / GEN0GEN1)

문제 4 아래 각 코드 실행 시 결과를 맞혀 보자.

문제	정답

①
``python
m = map(lambda x: 2*x, [1, 2, 3])
print(next(m))
``
	(1 / 2)

②
``python
f = filter(lambda x: x%2==0, [1, 2, 3])
print(next(f))
``
	(2 / 3)

③
``python
m = map(lambda x: x**2, range(5))
print([i for i in m])
``
	([0, 1, 2, 3, 4] / [0, 1, 4, 9, 16])

④
``python
f = filter(lambda x: x%2==0, range(5))
print([i for i in f])
``
	([0, 2, 4] / [1, 3])

2. 심화 예제

문제 5 내가 개발한 알고리즘의 동작 시간을 측정하는 기능 time_measure를 contextmanager로 구현하려 한다. 아래의 문제를 해결하여 time_measure를 완성해 보자.

① [객관식] time 라이브러리의 time() 함수는 함수가 실행된 시점의 시각을 알려 주는 함수이다. 아래 코드에 대한 설명으로 보기 중 **적절하지 않은** 것은?

```
from time import time
start = time()
nums = [i / 2 for i in range(10000000)]
end = time()
print(end - start)
```

	보기
ⓐ	end 변수 값은 start보다 크다.
ⓑ	마지막 줄의 print에서 출력되는 값은 양수이다.
ⓒ	세 번째 줄의 리스트 컴프리헨션에서 i/2를 i/10으로 바꾸면 출력 값은 작아진다.
ⓓ	세 번째 줄의 리스트 컴프리헨션에서 range(10000000)를 range(100)으로 바꾸면 출력 값은 작아진다.

② [객관식] 아래와 같이 contextmanager를 데코레이터로 사용하여 time_measure를 설계하였다. 아래의 코드에 대한 설명으로 **적절하지 않은** 것은?

```
from contextlib import contextmanager
from time import time
@contextmanager
def time_measure(do_print=False):
    start = time()
    yield
    end = time()
    if do_print:
        print(end-start)
```

보기	
ⓐ	return 키워드와 달리, def 아래 들여쓰기 영역의 yield 뒤 코드는 실행될 수 있다.
ⓑ	time_measure()를 with문에서 호출하면 with문 내에서 start, end를 사용할 수 있다.
ⓒ	만약 time_measure()를 do_print 입력 없이 with문에서 호출하면 경과 시간을 확인할 수 없다.
ⓓ	time_measure 내에서, with문이 시작할 때 start 변수가 선언되고, with문이 끝날 때 end 변수가 선언된다.

③ [객관식] 위에서 선언한 time_measure를 사용하여 두 소수 판별 알고리즘의 시간 성능을 비교하려 한다. 아래의 코드는 '챕터11 제어문 확장'에서 학습한 소수 판별 알고리즘들로, 소수를 판별하는 데에 시간 면에서 성능의 차이가 있다. 아래의 코드에 대한 설명으로 적절하지 않은 것을 골라 보자.

```
( ② 코드 )
def is_prime1(num):
    return not any(num%i==0 for i in range(2, num))
def is_prime2(num):
    return not any(num%i==0 for i in range(2, int(num**(1/2))+1))

with time_measure(do_print=True):
    print(is_prime1(901256437))
with time_measure(do_print=True):
    print(is_prime2(901256437))
```

보기	
ⓐ	두 with문의 들여쓰기 영역이 실행된 시간을 각각 측정하여 출력한다.
ⓑ	with문 내의 is_prime1, is_prime2 의 코드 결과는 동일하다.
ⓒ	두 with문이 각각 끝날 때 출력되는 시간 경과 출력은 값이 다르며, 들여쓰기 영역의 실행 시간이 빠른 with문이 출력 값의 크기가 더 작다.
ⓓ	is_prime1, is_prime2의 코드 결과를 출력하기 전에, 각 함수가 실행된 시간이 먼저 출력된다.

문제 1

①	00000001	1
②	00000010	2
③	00000100	4
④	00000101	5
⑤	00001111	15
⑥	01000000	64
⑦	01111111	127
⑧	10000000	128
⑨	11111111	255

위 이진법 숫자들은 8자리의 비트로 구성된다. 오른쪽부터 순서대로 1, 2, 4, 8, 16, 32, 64, 128의 숫자를 표현하는 자리수이며, 해당 자리수의 숫자가 1이면 표현하는 자리수만큼 더한다. ①~③은 오른쪽에서 1, 2, 3번째 자리 숫자에만 1이 있으므로 1, 2, 4이며, ④에서는 1, 3번째 자리 숫자에 1이 있기 때문에 1+4=5이다. 이와 같은 방법으로 ⑤~⑨의 자리수를 구할 수 있으며, 8자리의 비트로 구성할 수 있는 범위의 최댓값은 모든 자리가 1로 채워진 255이다.

문제 2

①	print(5&12)	(2 / 4)
②	print(1&1, 1&2, 1&3, 1&4, 1&5)	(1 0 1 0 1 / 0 1 0 1 0)
③	print(3&1, 3&2, 3&3, 3&4, 3&5)	(0 1 2 3 0 / 1 2 3 0 1)

① &는 비트 and 연산을 수행하며 이진법 자리마다 비교해서 둘 다 1인 자리만 결과 자리의 수가 1이 된다. 5와 12는 이진법 숫자로 각각 101, 1100이므로, 4의 자리(100)만 결과가 1이 되어 정답은 4이다.

②, ③ 1과 3은 이진법 숫자로 각각 1, 11이다. 1, 3과 & 비트 연산을 수행하면 4의 자리 이상의 숫자는 무조건 0이고, 1, 2의 자리의 비트 and 결과만을 고려하면 된다. 또한 1과 3과의 비트 and 결과는 각각 2, 4로 나눈 나머지와 같다.

④	`print(5|12)`	(**13** / 15)
⑤	`print(1|1, 1|2, 1|3, 1|4, 1|5)`	(**1 3 3 5 5** / 1 1 3 3 5)
⑥	`print(3|1, 3|2, 3|3, 3|4, 3|5)`	(3 3 7 7 7 / **3 3 3 7 7**)

④ |는 비트 or 연산을 수행하며 이진법 자리마다 비교해서 하나라도 1인 자리는 결과 자리수가 1이 된다. 5와 12는 이진법 숫자로 각각 101, 1100이므로, 1, 2, 4, 8의 자리 중, 2의 자리를 제외한 자리수에 1을 채워 정답은 1+2+8 = 13이다.

⑤, ⑥ 1과 3은 이진법 숫자로 각각 1, 11이다. 1, 3과 | 비트 연산을 수행하면 4의 자리 이상의 숫자는 비트 연산을 수행하는 다른 숫자와 동일하고, 1과 2의 자리에 각각 1, 11을 채운다. 그 결과 1, 3과 어떤 숫자 x의 비트 연산 결과는 각각 x의 이진법 표현상 가장 낮은 하나의/두 비트를 1로 채운 것이다.

⑦	`print(5^12)`	(**7** / 9)
⑧	`print(1^1, 1^2, 1^3, 1^4, 1^5)`	(**0 3 2 5 4** / 0 2 3 4 5)
⑨	`print(3^1, 3^2, 3^3, 3^4, 3^5)`	(**2 1 0 7 6** / 2 1 0 6 5)

⑦ ^는 비트 xor 연산을 수행하며 이진법 자리마다 비교해서 각 자리의 비트가 다르면 결과 자리수가 1이 된다. 5와 12는 이진법 숫자로 각각 101, 1100이므로, 1, 8의 자리의 자리수에 1을 채워 정답은 1+2+8=13이다.

⑧, ⑨ 1과 3은 이진법 숫자로 각각 1, 11이다. 1, 3과 ^ 비트 연산을 수행하면 4의 자리 이상의 숫자는 비트 연산을 수행하는 다른 숫자와 동일하다. 또한 0과 0의 xor을 제외하면 xor은 논리 연산 and의 반대이므로, 1, 3과의 ^ 결과는 각각 2, 4로 나눈 나머지를 크기 내림차순으로 정렬한 것과 같다.

| ⑩ | `print(3<<1, 3<<2, 3<<3, 3<<4)` | (6 9 12 15 / **6 12 24 48**) |
| ⑪ | `print(100>>1, 100>>2, 100>>3, 100>>4)` | (**50 25 12 6** / 50 25 12.5, 6.25) |

⑩, ⑪ 비트 shift 연산자 〈〈와 〉〉는 각각 비트를 큰 자리수, 작은 자리수로 옮기는 연산자이다. 이것은 숫자 계산 상 각각 2를 곱한 값, 2로 나눈 몫과 같다. 〉〉의 경우 자리수에서 탈락하는 비트는 버려지기 때문에 소수점 이하 계산이 아닌 2로 나눈 정수 몫을 계산하는 것이다.

문제 **3**

①

```
def gen():
    yield [1]
for i in gen():
    print(i)
```

(1 / **[1]**)

반복 대상인 gen()은 실행할 준비를 하는 제너레이터로, 반복이 실행될 때 yield문을 만날 때까지 def 아래를 실행하고 yield 값을 반복 변수에 대입한다. 리스트 안에 1이 담긴 [1]을 yield하므로 i에 대입되는 값은 [1]이다.

②

```
def gen():
    print("GEN", end='')
    yield 1
g = gen()
```

(GEN / **출력 없음**)

gen()은 실행할 준비를 하는 제너레이터로, next 함수나 for문의 반복 대상에 사용되지 않으면 코드는 실행되지 않는다. 따라서 위 코드로는 아무 출력도 발생하지 않는다.

③

```
def gen():
    for i in range(3):
        print("GEN", end='')
        yield i
for i in gen():
    print(i, end='')
```

(**GEN0GEN1GEN2** / GENGENGEN012)

for문의 반복 대상으로 제너레이터를 사용하면 더 이상 yield를 만나지 않을 때까지 반복한다. def gen() 내에서 yield문은 3번의 반복 동안 3번 yield되며, yield 직전에 GEN이 출력된다. 바깥의 for문에서 gen()을 반복 대상으로 사용하면 먼저 yield되기 전 GEN을 출력하고, gen() 내에서 yield된 값 i를 출력한다. 이 과정을 세 번 반복하므로 정답은 GEN0GEN1GEN2이다.

④

```
def gen():
    for i in range(3):
        print("GEN", end='')
        yield i
g = gen()
print(next(g), end='')
print(next(g), end='')
```

(GEN0GEN0 / **GEN0GEN1**)

next 함수는 제너레이터에서 yield를 만날 때까지 실행하여 yield 값을 리턴한다. def gen() 내에서 yield문은 3번의 반복 동안 3번 yield되며, yield 직전에 GEN이 출력된다. next 함수는 두 번 실행되므로 gen() 내에서 두 번의 반복까지 실행된다. yield 후에는 yield되었을 때의 코드 상태를 기억하므로, 다음 반복에서는 gen() 내의 다음 반복을 수행한다. 따라서 정답은 GEN0GEN1이다.

⑤
```
def gen():
    for i in range(3):
        print("GEN", end='')
        yield i
print(next(gen()), end='')
print(next(gen()), end='')
```
(**GEN0GEN0** / GEN0GEN1)

next 함수는 제너레이터에서 yield를 만날 때까지 실행하여 yield 값을 리턴한다. def gen() 내에서 yield문은 3번의 반복 동안 3번 yield되며, yield 직전에 GEN이 출력된다. next 함수는 두 번 실행되지만, 각각의 gen()은 새롭게 선언된 별개의 제너레이터이므로 yield를 수행하는 과정은 별도로 진행된다. 정답은 GEN0GEN0이다.

문제 **4**

①
```
m = map(lambda x: 2*x, [1, 2, 3])
print(next(m))
```
(1 / **2**)

map은 첫 번째 입력으로 함수, 두 번째 입력으로 반복할 대상을 받는다. map은 두 번째 입력의 반복 대상으로부터 값을 하나씩 꺼내서 첫 입력의 함수에 넣은 결과를 yield하는 제너레이터이다. m이 선언된 후 첫 next(m)은 [1, 2, 3]의 첫 번째 요소를 함수에 입력한 결과인 2가 리턴된다.

②
```
f = filter(lambda x: x%2==0, [1, 2, 3])
print(next(f))
```
(**2** / 3)

filter은 첫 번째 입력으로 함수, 두 번째 입력으로 반복할 대상을 받는다. filter은 두 번째 입력의 반복 대상으로부터 값을 하나씩 꺼내서 첫 입력의 함수에 넣어서 결과가 True이면 그 결과를 yield하는 제너레이터이다. f가 선언된 후 첫 next(f)은 [1, 2, 3]에서 2로 나눈 나머지가 0일 때까지 반복한 첫 리턴 값이므로 정답은 2이다.

③
```
m = map(lambda x: x**2, range(5))
print([i for i in m])
```
([0, 1, 2, 3, 4] / **[0, 1, 4, 9, 16]**)

m이 선언된 후, m을 반복 대상으로 하여 리스트 컴프리헨션을 수행하면 반복 대상의 요소 전체에 대해 함수를 실행한 결과를 얻을 수 있다.

| ④ | ```
f = filter(lambda x: x%2==0, range(5))
print([i for i in f])
``` | ( **[0, 2, 4]** / [1, 3] ) |

m이 선언된 후, m을 반복 대상으로 하여 리스트 컴프리헨션을 수행하면 반복 대상의 요소 전체에 대해 함수 결과가 True인 요소만 추려낼 수 있다.

문제 **5**

```
from time import time
start = time()
nums = [i / 2 for i in range(10000000)]
end = time()
print(end - start)
```

ⓐ end 변수 값은 start보다 크다.

ⓑ 마지막 줄의 print에서 출력되는 값은 양수이다.

ⓒ **세 번째 줄의 리스트 컴프리헨션에서 i/2를 i/10으로 바꾸면 출력 값은 작아진다.**

ⓓ 세 번째 줄의 리스트 컴프리헨션에서 range(10000000)를 range(100)으로 바꾸면 출력 값은 작아진다.

① 위 코드에서 다른 숫자로 나눗셈을 수행한다고 반복하는 횟수가 짧아지지 않기 때문에 나눗셈 숫자 변경으로 인한 속도 증가는 발생하지 않는다.

> **Clear Comment**
>
> **아주 정교한 단계에서는 가능**
>
> 파이썬을 포함하여 여러 코드들이 실행될 때는 각 언어를 만드는 사람들이 최적화를 수행해 놓은 경우가 있습니다. 따라서 특별한 경우에는 같은 나눗셈에 숫자만 달라지더라도 아주 약간 빨라질 수 있습니다. 대표적으로 2로 나누는 것은 비트 연산자 >>와 거의 유사합니다. 따라서 코드 실행 단계에서 비트 연산자로 대체하도록 설계되어 있다면 2로 나누는 것은 더 빨라질 수 있습니다.
```

```
from contextlib import contextmanager
from time import time
@contextmanager
def time_measure(do_print=False):
    start = time()
    yield
    end = time()
    if do_print:
        print(end-start)
```

ⓐ	return 키워드와 달리, def 아래 들여쓰기 영역의 yield 뒤 코드는 실행될 수 있다.
ⓑ	**time_measure()를 with문에서 호출하면 with문 내에서 start, end를 사용할 수 있다.**
ⓒ	만약 time_measure()를 do_print 입력 없이 with문에서 호출하면 경과 시간을 확인할 수 없다.
ⓓ	time_measure 내에서, with문이 시작할 때 start 변수가 선언되고, with문이 끝날 때 end 변수가 선언된다.

② def로 선언한 time_measure 내에서 선언된 start, end는 따로 yield값으로 내보내지 않으면 with문 내에서 이 변수들에 접근할 수 없다.

```
( ② 코드 )
def is_prime1(num):
    return not any(num%i==0 for i in range(2, num))
def is_prime2(num):
    return not any(num%i==0 for i in range(2, int(num**(1/2))+1))

with time_measure(do_print=True):
    print(is_prime1(901256437))
with time_measure(do_print=True):
    print(is_prime2(901256437))
```

ⓐ	두 with문의 들여쓰기 영역이 실행된 시간을 각각 측정하여 출력한다.
ⓑ	with문 내의 is_prime1, is_prime2의 코드 결과는 동일하다.
ⓒ	두 with문이 각각 끝날 때 출력되는 시간 경과 출력은 값이 다르며, 들여쓰기 영역의 실행 시간이 빠른 with문이 출력 값의 크기가 더 작다.
ⓓ	**is_prime1, is_prime2의 코드 결과를 출력하기 전에, 각 함수가 실행된 시간이 먼저 출력된다.**

③ with문이 끝날 때 time_measure에서 yield 뒤에 작성된 코드가 실행된다. 따라서 with문 내에서 숫자의 소수 판별 결과를 먼저 출력한 후 with문이 끝나기 때문에 각 함수가 실행된 시간이 나중에 출력된다.

1. bit 연산

    비트 연산자는 정수의 이진수 표현에서 자리수별 비트를 계산하는 연산자이다. 비트 연산자에는 비트 AND (&), 비트 OR (|), 비트 XOR (^), 비트 NOT (~)이 있다. & 연산자는 두 숫자의 해당 비트를 비교하여 둘 다 1인 경우에만 해당 자리수의 비트가 1이 된다. | 연산자는 두 입력 비트 중 하나라도 1인 경우에 해당 자리수의 비트가 1이 된다. ^ 연산자는 두 입력 숫자 사이에서 서로 다른 비트 값인 경우 해당 자리수가 1이 된다. ~ 연산자는 숫자의 모든 비트를 반전시킨다. 비트 연산자는 컴퓨터 구조와 관련된 이진 데이터 작업에 유용하게 사용된다.

2. lazy evaluation, 제너레이터

    lazy evaluation은 값이 필요한 시점에서 계산되는 프로그래밍 기법이다. 파이썬에서는 제너레이터를 통해 lazy evaluation을 수행한다. 제너레이터는 "return" 대신 "yield" 키워드를 사용하여 함수를 정의하고, 함수 내에서 코드 실행 상태를 저장하며 하나씩 값을 생성한다. 제너레이터는 대용량이거나 무한한 데이터를 효율적으로 표현할 수 있어, 대용량 파일 읽기, 수학적 시퀀스 생성 및 스트리밍 데이터 처리와 같은 작업에 사용된다.

3. map

    map()은 제너레이터를 생성하는 파이썬 함수로, 함수와 반복 객체 두 가지 인자를 받는다. map은 주어진 함수를 반복 객체의 각 요소에 적용할 준비를 하는 제너레이터로, map에 입력되는 함수는 주로 람다를 사용한다. map을 사용하면 대용량 데이터를 변형하거나 처리하는 데 유용하다.

4. filter

    filter()는 반복 대상에서 지정된 조건이나 함수에 따라 요소를 선택적으로 포함하여 제너레이터를 생성하는 함수이다. filter()는 함수와 반복 객체 두 가지 인자를 받는다. filter는 반복 객체의 각 요소를 주어진 함수에 통과시켜 결과가 True일 때 해당 요소를 yield하는 제너레이터이다. map과 마찬가지로 filter()도 람다와 함께 사용되어 간결한 방식으로 필터링 로직을 사용한다. filter()를 사용하면 대량의 데이터를 효율적으로 처리하고 원하는 기준을 충족하는 특정 요소를 추출할 수 있다.

5. contextmanager

    contextmanager는 파일이나 데이터베이스 연결과 같은 리소스를 편리하고 안전하게 관리할 수 있는 구조이다. contextmanager는 실행하는 코드 주변의 상황을 통제하거나 측정할 때 사용된다. 컨텍스트 매니저를 통해 with 문을 사용하여 리소스의 시작과 종료를 정의할 수 있다. 이를 통해 코드를 간소화하고 가독성을 높일 수 있다.

부록

연산자 우선순위

아래의 표는 연산자 설명 및 우선순위이다. 숫자가 작을수록(표의 상위에 있을수록) 먼저 실행되는 연산자이며 방향은 같은 우선순위의 연산자가 사용됐을 때 먼저 연산되는 방향을 의미한다.

연산자	설명	우선순위	방향
( ) [ ] { }	튜플과 우선 연산 괄호 리스트 딕셔너리, 집합 표현	1	→
x[index] x[index1:index2] x(arguments) x.attribute	인덱싱 슬라이싱 함수 호출 애트리뷰트 접근	2	→
**	거듭제곱	3	←
+x −x ~x	양수 음수 비트 NOT	4	→
* @ / // %	곱셈 행렬 곱셈 나눗셈 정수 나눗셈 나머지	5	→
x+y x−y	덧셈 나눗셈	6	→
<< >>	비트 시프트	7	→
&	비트 AND	8	→
^	비트 XOR	9	→
|	비트 OR	10	→

연산자	설명	우선순위	방향
in, not in is, is not 〈, 〈=, 〉, 〉= !=, ==	비교, 멤버 연산자	11	→
not x	논리 NOT	12	←
and	논리 AND	13	→
or	논리 OR	14	→
if-else	삼항 연산자/조건 연산자	15	→
lambda	lambda 함수 선언	16	→
=, :=, +=, -=, *= ...	대입 연산	17	←

연산 방향의 경우, 예를 들어 2/3/4는 → 방향이므로 2/3 수행 결과에 4를 나누고, 2**3**4는 ← 방향이므로 3**4 수행 결과를 2의 거듭제곱으로 사용하므로 2**(3**4)로 계산된다.

02

자료형에 따른 값의 True/False

아래의 표는 각 자료형에 대해, 값에 따른 True, False를 나타낸 것이다. bool(입력)을 통해 확인할 수 있다.

자료형	True	False
int	0을 제외한 모든 값	0
float	0.0을 제외한 모든 값	0.0
str	빈 문자열("", '')을 제외한 모든 문자열	"", ''
list	빈 리스트([])를 제외한 모든 리스트	[], list()
dict	빈 딕셔너리({})를 제외한 모든 딕셔너리	{}, dict()
set	빈 집합(set())을 제외한 모든 집합	set()
tuple	빈 튜플을 제외한 모든 튜플	()
range	반복 실행을 수행하는 range	반복 실행을 수행하지 않는 range 예: range(0), range(-1)
function	모든 함수	함수는 False가 없음
class	__bool__에서 정의 가능 __bool__()이 True를 리턴하는 경우	__bool__에서 정의 가능 __bool__()이 False를 리턴하는 경우

03

아스키 코드표

아래의 표는 아스키 코드표를 나타낸 것이다. Dec은 십진법, Hex는 16진법을 나타내며 Char는 해당 숫자가 표현하는 글자이다. ord(글자)를 통해 문자에 해당하는 아스키 코드 숫자를 확인할 수 있으며, chr(숫자)를 통해 아스키 코드 숫자에 해당하는 문자를 확인할 수 있다.

Dec	Hex	Char	Dec	Hex	Char
0	0	NUL(Null)	22	16	SYN(synchronous idle)
1	1	SOH(Start of heading)	23	17	ETB(end of trans. block)
2	2	STX(Start of text)	24	18	CAN(cancel)
3	3	ETX(End of text)	25	19	EM(end of medium)
4	4	EOT(End of Transmission)	26	1A	SUB(substitute)
5	5	ENQ(Enquiry)	27	1B	ESC(escape)
6	6	ACK(acknowlege)	28	1C	FS(file separator)
7	7	BEL(bell)	29	1D	GS(group separator)
8	8	BS(backspace)	30	1E	RS(record separator)
9	9	TAB(horizontal tab)	31	1F	US(unit separator)
10	A	LF(NL line feed, new line)	32	20	Space(" ")
11	B	VT(vertical tab)	33	21	!
12	C	FF(NP form feed, new page)	34	22	"
13	D	CR(carriage return)	35	23	#
14	E	SO(Shift out)	36	24	$
15	F	SI(Shift in)	37	25	%
16	10	DLE(data link escape)	38	26	&
17	11	DC1(device control 1)	39	27	'
18	12	DC2(device control 2)	40	28	(
19	13	DC3(device control 3)	41	29	)
20	14	DC4(device control 4)	42	2A	*
21	15	NAK(negative acknowledge)	43	2B	+

Dec	Hex	Char	Dec	Hex	Char
44	2C	,	78	4E	N
45	2D	–	79	4F	O
46	2E	.	80	50	P
47	2F	/	81	51	Q
48	30	0	82	52	R
49	31	1	83	53	S
50	32	2	84	54	T
51	33	3	85	55	U
52	34	4	86	56	V
53	35	5	87	57	W
54	36	6	88	58	X
55	37	7	89	59	Y
56	38	8	90	5A	Z
57	39	9	91	5B	[
58	3A	:	92	5C	₩
59	3B	;	93	5D	]
60	3C	⟨	94	5E	^
61	3D	=	95	5F	_
62	3E	⟩	96	60	`
63	3F	?	97	61	a
64	40	@	98	62	b
65	41	A	99	63	c
66	42	B	100	64	d
67	43	C	101	65	e
68	44	D	102	66	f
69	45	E	103	67	g
70	46	F	104	68	h
71	47	G	105	69	i
72	48	H	106	6A	j
73	49	I	107	6B	k
74	4A	J	108	6C	l
75	4B	K	109	6D	m
76	4C	L	110	6E	n
77	4D	M	111	6F	o

Dec	Hex	Char	Dec	Hex	Char
112	70	p	120	78	x
113	71	q	121	79	y
114	72	r	122	7A	z
115	73	s	123	7B	{
116	74	t	124	7C	|
117	75	u	125	7D	}
118	76	v	126	7E	~
119	77	w	127	7F	DEL

에러의 종류

아래의 표는 파이썬에서 기본적으로 제공되는 에러(Error, Exception)들을 나타낸 것이다.

에러	설명
AssertionError	assert문에서 False값을 받았을 때 발생한다.
AttributeError	애트리뷰트 대입이나 할당에 실패했을 때 발생한다.
EOFError	input() 함수에서 end-of-file을 만날 때 발생한다. MacOS: command + d Windows: command + z
FloatingPointError	3.11 버전 현재 사용되지 않는다.
GeneratorExit	제너레이터가 닫힐 때 발생한다.
ImportError	from, import를 통해 파일을 불러오는 데 실패할 경우 발생한다.
IndexError	순서가 있는 데이터(문자열, 리스트 등)에서 인덱스가 범위를 벗어날 때 발생한다.
KeyError	딕셔너리 키가 존재하지 않을 때 발생한다.
KeyboardInterrupt	사용자가 인터럽트 키(ctrl + c)를 누를 때 발생한다.
MemoryError	프로그램에 메모리가 부족한 경우 발생한다.
NameError	대응하는 변수 이름을 찾지 못할 경우 발생한다.
NotImplementedError	클래스가 개발되는 도중 실제 구현이 추가될 필요가 있음을 나타낼 때 사용한다. 개발자가 직접 설계에 사용하는 에러이다.
OSError	운영 체제에서 발생하는 예외 상황을 나타날 때 발생한다. 예를 들어, 파일을 찾을 수 없거나, 디스크가 꽉 찰 경우에 발생한다.
OverflowError	산술 연산의 결과가 너무 커서 표현할 수 없을 때 발생한다.
RecursionError	함수나 import에서 최대 깊이에 도달한 경우 발생한다.
ReferenceError	약한 참조(weak reference)가 이미 제거된 대상에 접근할 때 발생한다. 약한 참조에 대한 설명은 이 책의 지식 범위를 넘어서므로 생략하며, 자세한 정보는 weakref 모듈에서 학습할 수 있다.
RuntimeError	이 표에서의 에러 외의 경우에서 에러가 발생했을 때 사용되는 에러이다.
StopIteration	반복 대상으로부터 반복할 항목이 더 이상 없음을 나타낼 때 발생시키며, 보통 next() 함수에서 발생한다.

에러	설명
SyntaxError	문법 오류에 의해 발생한 에러이다.
IndentationError	비일관적인 들여쓰기 등 들여쓰기와 관련된 에러이다.
TabError	들여쓰기가 일관성이 없이 탭문자나 스페이스를 사용했을 때 발생한다. IndentationError 의 서브 클래스이다.
SystemError	파이썬을 실행하는 인터프리터 내부에서 에러가 발견된 경우 발생하는 에러이다. 이 에러가 발생한 경우 인터프리터의 관리자에게 알릴 것을 권장한다.
SystemExit	sys.exit() 함수가 발생시키는 에러로 보통 에러 메시지를 출력하지 않고 파이썬이 종료된다.
TypeError	연산이나 함수가 부적절한 자료형을 사용했을 때 발생한다.
UnboundLocalError	함수 내에서 지역 범위의 변수에 접근하지만, 해당 변수에 값이 대응되어 있지 않을 경우 발생한다.
UnicodeError	유니코드 관련 인코딩 혹은 디코딩 에러 감지 시 발생한다.
UnicodeEncodeError	유니코드 관련 인코딩 에러 감지 시 발생한다.
UnicodeDecodeError	유니코드 관련 디코딩 에러 감지 시 발생한다.
UnicodeTranslateError	유니코드 번역 중 에러 감지 시 발생한다.
ValueError	연산이나 함수가 자료형은 올바르지만 적절하지 않은 값을 받았을 때 발생한다.
ZeroDivisionError	나누기 혹은 나머지 연산에서 오른쪽 값에 0을 사용할 때 발생한다.

—05
breakpoint() 명령

아래의 표는 breakpoint()에서 사용할 수 있는 명령어들을 나열한 것이다. 아래 표의 명령어 혹은 약어를 입력할 경우, 설명에 해당하는 기능을 수행한다.

명령어	약어	설명
help	h	breakpoint()의 명령어에 대한 설명을 출력한다.
where	w	디버깅 모드의 현재 상태를 출력한다.
break	b	breakpoint() 중단 지점을 지정한다. 숫자를 입력할 경우 해당 줄에서, 함수 이름을 입력할 경우 해당 함수가 실행될 때 디버깅 모드가 다시 실행된다.
clear	cl	break에서 설정한 중단 지점을 삭제한다.
disable		break에서 설정한 중단 지점을 비활성화한다. clear와 다른 점은, disable에 의해 비활성화된 중단 지점은 아래 줄의 enable에 의해 다시 활성화될 수 있다.
enable		disable에 의해 비활성화된 중단 지점을 다시 활성화한다.
ignore		break에서 설정한 중단 지점의 무시 횟수를 설정한다. break에서 설정한 중단 지점이 반복문 내에 있는 경우에 원하는 횟수만큼 중단 지점 형성을 생략하고 싶을 때 사용된다.
condition		break에서 설정한 중단 지점에 조건을 설정한다. 이 명령을 사용하고 나면, 중단 지점에 도달했을 때 조건을 검사하여 만족하는 경우에만 디버깅 모드를 실행한다.
step	s	다음 줄을 실행한다. 함수 실행을 마주칠 경우 함수 내부로 들어가서 함수의 각 줄을 실행한다.
next	n	다음 줄을 실행한다. 함수 실행을 마주칠 경우 해당 함수 전체를 실행한다.
until	unt	숫자를 입력받아서 해당 숫자의 줄의 직전까지 실행한다. unt 10의 경우 15번째 줄 직전까지 실행 후 15번째 줄을 실행할 준비 상태의 디버깅 모드를 실행한다.
return	r	현재 실행 중인 함수가 종료될 때까지 실행한다.
continue	cont / c	디버깅 모드를 종료하고 실행을 계속한다.
jump	j	숫자를 입력받아서 해당 숫자의 줄을 실행할 준비를 한다. unt와 다른 점은 중간의 코드는 실행되지 않는다는 점이다. for문 내부와 같이 코드 설계상 jump가 불가능한 경우도 있다.
list	l	소스 코드를 확인한다.

명령어	약어	설명
p		입력받은 값을 출력한다.
pp		입력받은 값을 정돈해서 출력한다. 여러 값을 가진 리스트나 딕셔너리를 확인할 때 유용하게 사용할 수 있다.
whatis		입력받은 값의 자료형을 출력한다.
source		입력받은 값(파일, 클래스, 함수 등)의 소스 코드를 출력한다.
display		입력받은 변수가 변경되는지 추적한다. n, s 등에 의해 한 줄씩 실행될 때 값이 변경될 경우 기존 값과 변경된 값을 출력한다.
quit	q	프로그램 실행을 종료한다.

더 멋진 내일(Tomorrow)을 위한 내일(My Career)